——————————— 님의 소중한 미래를 위해
이 책을 드립니다.

부모,
당신 잘못이
아니에요

부모,
당신 잘못이
아니에요

자녀양육으로
지친 부모를 위한
자기돌봄 안내서

수전 폴락 지음

서광·효림·신효정·홍정순 옮김

메이트북스

메이트북스 우리는 책이 독자를 위한 것임을 잊지 않는다.
우리는 독자의 꿈을 사랑하고,
그 꿈이 실현될 수 있는 도구를 세상에 내놓는다.

부모, 당신 잘못이 아니에요

초판 1쇄 발행 2021년 10월 7일 | **지은이** 수전 폴락 | **옮긴이** 서광·효림·홍정순·신효정
펴낸곳 ㈜원앤원콘텐츠그룹 | **펴낸이** 강현규·정영훈
책임편집 안정연 | **편집** 유지윤·오희라 | **디자인** 최정아
마케팅 김형진·이강희·차승환 | **경영지원** 최향숙 | **홍보** 이선미·정채훈
등록번호 제301-2006-001호 | **등록일자** 2013년 5월 24일
주소 04607 서울시 중구 다산로 139 랜더스빌딩 5층 | **전화** (02)2234-7117
팩스 (02)2234-1086 | **홈페이지** blog.naver.com/1n1media | **이메일** khg0109@hanmail.net
값 18,000원 | **ISBN** 979-11-6002-353-4 03370

자신의 영혼을 깊이 바라보라.
그리고 먼저 자신에 대해서 배워라

• 지그문트 프로이트(심리학자) •

자기연민과 육아를
함께 아우르는 책

아이를 키우면서 이런 바람을 가져본 적이 있는가? 정말로 필요한 순간, 이를테면 막 걸음마를 시작한 아이가 자지러지게 울 때, 고등학생 딸이 학교에서 따돌림을 당할 때, 육아 문제로 배우자와 말다툼을 하게 될 때, 연휴 기간에 스트레스 지수가 치솟을 때, 감당하기 어려운 감정의 쓰나미가 몰려올 때, 현명하고 연민 가득한 누군가가 현관문 앞에 '짠!' 하고 나타났으면 하는 소망 말이다. 이 책은 바로 그런 경험이 있는 당신에게 필요하다.

수전 폴락 박사는 30년 넘게 어머니로 살았고, 그보다 더 오랜 세월을 임상심리학에 종사해오고 있다. 또 수십 년 동안 명상을 수행해왔으며 마음챙김과 자기연민을 심리치료뿐만 아니라 일상생활에 통합해온 선구자이기도 하다. 수전 박사는 흥미롭고 설득력 있는 사례들을 활용해 부모로서 맞닥뜨리게 되는 다양한 안팎의 도전을 명확하게 보여준다. 또한 독자들에게 자기 자신은 물론 가족과 새로운 관계, 즉 애정 어리고 잘 통하는 관계를 유지하도록 부드럽게 인도한다. 이것이 자기연민이다.

부모들은 대개 자기연민이라는 말을 처음 들으면 "오, 그거 나한테 필요한 거예요!"라고 말한다. 부모라면 누구나 사랑하는 이들을 향해 친절함과 연민 어린 태도를 보이는 데 한계를 느끼게 된다. 동시에 그럴수록 다른 사람들에게 더 많이 주려면 자기 자신을 잘 가꿔야 한다는 사실 또한 본능적으로 이해한다.

그러나 다른 이에게 기꺼이 베풀었던 친절과 이해를 우리 자신에게도 똑같이 주는 자기연민을 실천하는 데는 수많은 장애가 따른다. 여기에는 자기연민을 자기 동정이나 자기 방종 또는 이기심 등과 비슷하다고 느끼거나, 자기연민이 우리를 나약하게 만들 뿐 아니라 우리에게 동기를 부여하지도 못할 거라는 오해가 바탕에 있다.

하지만 요즘 급증하는 자기연민에 대한 연구 결과를 살펴보면 오히려 그와 정반대임을 확인할 수 있다. 자기연민적인 사람일수록 타인에게 더 연민적으로 행동하고 스스로를 더 잘 돌본다. 또 정서적 회복탄력성이 더 크고 문제를 보는 데 좀더 넓은 관점을 가지며 자신의 목표를 이루기 위해 더욱 많은 동기를 부여한다. 자기연민의 또 다른 장애는 개인적인 것들, 예를 들면 자기 자신은 무시해도 되고 그저 다른 사람들 특히 가족에게만 주의를 기울여야 한다거나, 산더미같이 쌓인 일들을 놔두고 자신을 돌본다는 것이 너무 사치스럽게 느껴진다는 과거의 메시지들이 그것이다.

우리에게 좋은 소식이 있다. 바로 누구나 자기연민적으로 되는 방법을 배울 수 있다는 것이다. 나는 2010년 텍사스대학교 연구 심리학자 크리스틴 네프(Kristin Neff)와 8주 훈련 프로그램인 마음챙김-자기연민(MSC; Mindful Self-

Compassion)을 개발해 전 세계에서 운영하고 있다. 자기연민 효과가 거의 즉시 느껴지기 때문인지, 이 분야에 대한 사람들의 관심은 엄청나다. 또한 이 프로그램으로 사람들은 다른 사람에게 종종 헛되이 기대했던 친절함과 이해심을 우리 각자가 우리 자신에게 줄 수 있음을 깨닫는다.

수전 박사는 일찍이 자기연민의 강력한 힘을 이해했다. 초기 MSC 지도자 중 한 사람인 수전 박사는 MSC 지도자 트레이너로 활동하고 있다. 나는 수전 박사가 이 책에서 자기연민을 깊이 통찰하고 MSC에 대한 지식을 공유해줘 매우 기쁘다.

나는 고군분투하며 연민을 이해하는 부모라면 누구나 자기연민을 배울 준비가 충분히 되어 있다고 본다. 그들은 그저 내면의 연민을 향해 가끔 유턴하는 것이 그들 자신뿐만 아니라 가족에게도 긍정적인 영향을 미친다는 사실을 발견하기만 하면 된다.

이 책에서는 내가 아는 한 가장 쉽게 자기연민을 소개했다. 단순히 자기연민을 가르치려는 것이 아니라 자신의 양육 경험과 연결해 어떻게 하면 마음챙김과 자기연민을 활용해서 육아의 힘겨움을 조금이나마 덜 수 있을지를 구체적 사례들과 개인적 일화, 명쾌한 실습 등과 함께 풀어놓았다.

이 책과 함께하는 것은 정말로 지혜롭고 연민 어린 친구를 곁에 두는 것과 같다. 그 친구가 내 앞에 나타나게 만드는 데 1분도 걸리지 않는다. 하지만 그보다 더 좋은 것이 있다. 이 책에서는 독자 개개인에게 어떻게 하면 자기 자신과 가장 현명하고 연민 가득한 친구가 될 수 있는지를 보여준다.

이 책은 다른 부모들과 비교하거나, 다른 아이들과 비교하거나, 불가피한 실수에 대해 자신을 비난하거나, 불필요하게 자녀 또는 배우자와 다투는 등 육아를 힘겹게 만드는 모든 행동을 버리라고 강조한다. 우리가 해야 할 일은 고군분투하는 한가운데에서 진실한 방식으로 자신이 느끼는 것에 호기심을 갖고 자신을 돌볼(마음을 기울이는 것) 뿐 아니라 바로 그 순간에 있는 그대로 자신을 허용하는 것이다.

크리스토퍼 거머

하버드대학교 의과대학 케임브리지건강협회

들어가는 글

차례

1장 멈추게 해주세요, 도저히 따라갈 수 없어요
✳ 양육은 벅찬 일이다

2장 왜 이렇게 힘들죠
✳ 구명보트처럼 자기연민 활용하기

6장 왜 모두 진정할 수 없을까요
✳ 피할 수 없는 뜨거운 감정 다루기

7장 너무 힘들어요
✳ 특히 힘든 시기에 연민의 힘 활용하기

8장 뿌리와 날개

✳ 우리가 아이에게 주는 선물

감사의 글

많은 부모에게
길잡이가 되기를

이 책에서 소개한 명상 실습은 명상수행의 유구한 전통 속에서 수많은 지도자가 수십 년에 걸쳐 수행하고 연구한 산물이다. 이런 지혜, 연민 그리고 영감을 얻을 수 있도록 배울 기회를 준 모든 이에게 깊은 감사를 표한다. 특히 달라이 라마 존자님과 잭 콘필드, 샤론 샐즈버그, 조셉 골드스타인, 트루디 굿맨, 페마 초드론, 람 다스, 틱낫한, 빌라야트 칸, 지아 이나얏 칸, 칼루 린포체, 실비아 부어스테인, 타라 브랙, 나라얀 헬렌 리벤슨, 래리 로젠버그 그리고 라마 윌라 밀러에게 감사를 드린다.

마음챙김과 연민수행에 대한 이해를 높여주고 이것이 심각한 장애뿐만 아니라 일상의 문제들에도 도움을 줄 수 있다는 사실을 일깨워준 개척자들인 실비아 부어스테인, 리처드 데이비슨, 잭 앵글러, 마크 엡스타인, 폴 길버트, 다니엘 골먼, 릭 핸슨, 스티븐 헤이즈, 존 카밧진, 마샤 리네한, 앨런 말래트, 리처드

슈워츠, 진델 시걸, 대니얼 시걸, 타냐 싱어, 존 테스달, 마크 윌리엄스에게도 감사를 표한다. 또 MSC 프로그램을 개발하고 지도해온 크리스 거머와 크리스틴 네프에게 깊은 감사를 전한다. 국제 MSC 센터의 동료들인 미셸 베커, 크리스틴 버렐러와 스티브 힉맨에게도 감사 인사를 드린다.

심리치료 기술과 과학·인간 발달의 복잡성 그리고 육아에 대한 이해를 도와준 많은 임상 슈퍼바이저와 교수님들의 지도에 감사드린다. 특히 로버트 보스낙, 다이애나 에크, 야나나 피셔, 하워드 가드너, 캐롤 길리건, 주디스 루이스 허먼, 알프레드 마굴리스, 리처드 니부어, 베넷 사이먼, 메리 화이트에게 감사드린다.

길퍼드출판사의 '드림팀'에 큰 빚을 졌다. 편집장 키티 무어와 기획편집자 크리스틴 벤턴은 내가 아는 가장 똑똑하고, 재미있고, 글을 잘 아는 여성들이다. 우리는 함께 작업하는 동안 참 많이 웃었다. 이 책을 비롯해 마음챙김과 연민에 대한 수많은 책에 변함없는 지지를 보내준 이들에게 감사를 전한다. 특히 직관적인 탁월함으로 기발한 표지 디자인을 완성해준 미술 책임자 폴 고든에게 감사한다.

내가 명상과 심리치료 분야의 연계성을 이해하는 데는 명상과 심리치료연구소에서 활동해온 나의 오랜 친구들과 동료들의 기여가 컸다. 도 베이커, 폴 풀턴, 트루디 굿맨, 이나 카잔, 사라 라자르, 빌 모건, 수전 모건, 앤드루 올렌스키, 메건 시얼스, 데이브 셰넌, 론 시걸, 찰스 스타이런, 재닛 서레이, 로라 워렌 그리고 크리스토퍼 월러드에게 감사한다. 이 책은 사실상 크리스와 나누었던 많은 대화에서 나왔다.

하버드대학교 의대과학 케임브리지건강협회(CHA)는 나에게 1996년부터 계속 마음챙김을 지도할 수 있는 터전을 제공해주었다. 마음챙김과 연민센터의

감사의 글

리즈 고프버그, 리샤 가완데, 토드 그리스월드, 브리지드 킬리 그리고 제브 슈만-올리비에 등에게 감사한다. 또한 보건진료 분야에서 마음챙김과 연민을 지지해준 CHA의 뎁 홀리한에게도 감사 인사를 전한다.

무엇보다 나에게 가장 영향력 있는 스승은 내담자들이다. 그들은 자신들의 극심한 의심, 좌절, 고민에 대해 나를 신뢰하고 마음을 열었다. 이 책이 나오도록 이끌어준 사람들도 결국 내담자들이다. 내담자들의 실제 이야기를 중심으로 이 책을 썼지만 그들을 보호하기 위해 개인정보는 각색했다.

마지막으로, 나를 지지해준 '멋진 여성들의 모임' 친구들에게 신세를 많이 졌다. 우리는 아이들이 어렸을 때부터 만나 함께 아침식사를 해왔다. 우리는 엄마라는 역할의 기쁨과 슬픔을 서로 나누며 지내왔다. 이 용감한 여성들은 매기 부즈, 리사 도버틴, 헤더 파리스, 크리스틴 허브스-소머스, 패티 헤이맨 그리고 캐리 존스다.

또한 수요 명상모임 회원인 제리 베스, 매트 제프린스키, 댄 폴리, 수전 호프먼, 조슈아 로웬스타인, 톰 페둘라, 톰 퍼트냄, 재닛 야센, 에드 이츠에게도 감사드린다. 몇몇은 세상을 떠났고 몇몇은 다른 곳으로 이사 갔지만 우리의 명상, 연구, 대화, 우정은 25년 넘게 진정한 피난처가 되고 있다.

나에게 지혜로운 조언을 아낌없이 해준 소중한 친구들인 엘리자 엘리, 스테파니 모건, 카린 로베르지, 샐리 앤 슈라이버, 니티 세스, 잰나 말라뮤드 스미스, 로리 스턴, 셰리 터키에게도 감사 인사를 전한다.

당연한 얘기지만 가족이 없었다면 이 모든 일이 불가능했을 것이다. 부모님 리타와 로버트 폴락 그리고 내가 초등학생이었을 때 명상과 요가를 가르쳐준 숙모 패이에 레비, 오빠 릭 폴락과 새언니 아니타에게 감사 인사를 전한다.

남편 애덤에게는 가장 큰 빚을 졌다. 그는 초고를 읽고 코멘트를 해주었으

16

며, 위로의 말은 물론 기술적 지원을 아끼지 않았다. 그리고 2년 넘게 책을 쓰는 동안 산만한 내 마음을 너그럽게 수용해주고 자신의 존재감이 사라지는 것도 거뜬히 참아주었다. 또한 든든하게 격려해주고 기분 좋은 말을 들려준 아들 너대니얼과 딸 힐러리 그리고 며느리 캐서린에게도 감사하는 마음을 전한다.

많은 부모와 아이들이 부디 이 책을 읽고 도움을 얻기 바란다.

수전 폴락

감사의 글

지금 그 자리에서
시작하자

최근 나는 몇몇 사촌과 함께 가족의 결혼식을 준비했다. 그들 중 엠마는 신생아를 포함해 어린아이를 셋이나 두었다. 우리는 자연스럽게 아이 키우는 이야기를 하게 되었다. "글쎄요. 제가 잘하는 걸까요?" 엠마가 걱정스러운 듯 내게 물었다. "내가 평가할 일은 아니지만." 나는 그녀를 안심시켰다. 한 아이가 관심을 끌려고 엠마의 다리를 잡아당겼을 때, 나는 내가 가장 좋아하는 작가 틸리 올슨의 수필 가운데 한 문장을 약간 바꿔 말했다. "엄마가 된다는 것[1]은 끊임없이 방해를 받는 것이지."

엠마가 웃으며 말했다. "그리고 끊임없이 아이를 바로잡아줄 수 있어야 하죠. 끊임없이 비난을 받기도 하고요. 저는 한 번도 저 자신이 제대로 한다고 느껴본 적이 없어요. 제 아이들이 가끔 제멋대로 굴면, 사람들은 제가 비행 청소년이라도 키운다는 듯 쳐다봐요. 저는 아이들을 훈련받은 개들처럼 입마개를 씌우거나 단단히 묶어두고 싶지는 않거든요. 제가 어렸을 때는 마음껏 달리고, 기어오르고, 소리치고, 거칠게 행동할 자유가 있었어요. 요즘 아이들에게는 떠들면서 즐겁게 노는 일이 허용되지 않죠. 마치 아이들이 계속 조용하고 차분해야 한다고 생각하는 것 같아요. 그런데 그건 불가능한 일이거든요." 엠마가 자신의 고충을 털어놓았다.

엠마가 한 말이 계속 머릿속을 맴돌며 나를 괴롭혔다. 엠마가 한 말은 내가 아는 많은 부모가 하는 말이기도 했다. 아이를 키우는 것은 누구에게나 힘든 일이다. 충분히 잘하고 있다는 느낌을 결코 받을 수 없다. 아이들은 우리가 바라는 대로 움직이지 않는다. 그럴 때마다 우리는 자신을 탓하고, 아이들을 비난하며 더 강하게 밀어붙이고, 더 많이 통제하려고 애쓴다. 우리는 점점 불안해지고 우울해진다. 우리 아이들 역시 불안해지고 우울해진다. 친구나 가족, 이웃들과 어깨 너머로 비교하며 잠을 이루지 못한다. 뭐가 잘못되었을까? 불행이라는 끝없는 회전목마에서 벗어날 방법은 없을까?

멈추고, 숨을 쉬고, 들어보라. 자신을 원망하는 말을 멈춰라. 여유를 가져라. 아이, 배우자는 물론 자신과 싸우기를 멈춰라. 엠마가 그랬듯이 프로이트도 육아가 매우 어려운 일이라는 걸 잘 알았다. 아이들을 제압하고 재갈을 물리려고 애쓰는 일 자체가 이미 지는 싸움이다. 전문가들이 말했듯이 근본적으로 우리가 예측하거나 통제할 수 있는 일은 거의 없다.

우리는 모두 지쳐서 불안해하고 걱정한다. 나만 그런 것이 아니다. 미국의 한 역사학자는 "아이 양육에 대한 문화적 불안이 이렇게까지 널리 퍼진 나라는 이제껏 없었다"라고 지적했다. 우리는 누가, 어떤 나라에서[2] 아이를 더 잘 키우는지 궁금해한다. 혹시 프랑스의 부모들이 마법의 레시피를 가지고 있는 건 아닐까? 아니면 '호랑이 같은 엄마들'이 노력 대비 더 나은 보상을 받는 건 아닐까? 인류학자들이 일본 아기들은 잘 자고 멕시코 형제자매들은 잘 싸우지 않는다고 하던데 그곳으로 이사를 가야 할까?

'유턴'하기

그렇지 않다. 당신이 있는 자리에서 시작하면 된다. 이 책에서는 마음챙김과 연민을 수십 년 연구한 결과를 바탕으로 근본적 관점의 전환을 제시한다. 더 행복하면서도 덜 투쟁하는 양육방식의 씨앗은 다른 곳이 아닌 바로 우리 안에 있다. 우리는 화내거나 무기력할 필요가 없다. 우리 자신과 아이들을 지치게 할 필요도 없다.

그렇게 하는 방법이 여기에 있다. 아이들을 고치거나 바꾸려고 끊임없이 분투하는 대신 유턴을 시도해보라. 자신에게 친절과 연민을 베풀어보라. 아이들이 잘 자랄 수 있도록 스스로 양육해보라. 뭐라고? 아마 당신은 고개를 절레절레 흔들며 눈알을 이리저리 굴릴 것이다. 당신은 바빠서 그럴 시간도 없을뿐더러, 이 말이 너무 이기적이고 비현실적으로 들린다고 할지도 모른다. 이것이 대부분 부모가 내게 하는 말이다.

나는 다 큰 자식이 두 명 있고 30년 넘는 임상 경험에다 하버드대학교에서 수련한 심리학자로서 그동안 수많은 부모, 아이들과 함께 작업했다. 그리고 아이를 기르는 방법을 다룬 책도 많이 읽었다. 그런 책들은 대부분 아이들을 교정하는 방법, 행동하게 만드는 방법, 잠자리에 들게 하는 방법, 좋은 대학에 보내서 성공을 보장받는 방법 등에 초점이 맞춰져 있다. 간단히 말하면 아이를 우리가 원하는 모습으로 키우는 방법이 담겨 있다. 하지만 원하는 결과를 얻는 일은 거의 없다.

아이와 함께하는 기쁨은 어디로 가버렸을까? 행복과 충만감은 어디로 갔을까? 더는 나 자신과 아이들에게 엄격하게 대할 필요가 없다. 최근 연구 결과를 보면, 비난보다는 연민을 가질 때 더 많은 동기를 부여할 수 있다고 한다. 사실이 그렇다. 우리는 끊임없이 무언가를 하려는 데서 있는 그대로를 보도록 시선을 옮겨야 한다. 이제 우리는 무작정 달리기를 그만두어야 한다. 교통이 가장 혼잡한 시간대에 차 안에서 서로 할퀴고 때리는 아이들에게 미친 듯이 고함을 지르며 축구장, 유소년 야구단, 발레단 등으로 달리는 일을 멈출 수 있다. 이런 말은 믿기 어려울 것이다. 나도 그랬으니 말이다.

나도 운전하는 동안 정신없이 달렸고, 너무 많은 일을 벌여놓고는 체력이 바닥나도록 일했다. 그러다가 그 모든 것을 더는 해낼 수 없는 지경에 이르렀다. 사실 그것은 어느 누구에게도 지속가능한 일이 아니었다. 나는 균형을 잡고 온전한 정신으로 돌아가기 위해 새로운 방법을 찾아야 했다.

이 책에는 내가 30년 이상 육아, 임상 작업, 명상수행을 한 경험이 담겨 있다. 이 모든 것의 이론적·과학적 기반은 변화라는 마법을 불러오는 '마음챙김-자기연민(MSC; Mindful Self-Compassion)' 과정[3]을 개발한 나의 동료 크리스 거머 박사와 크리스틴 네프 박사의 선구적 작업이다. 나는 MSC 과정이 처음 열린 2010년부터 이 과정을 사람들에게 지도해오고 있다.

이 책에는 MSC를 경험한 수만 명의 사례에 더해 내가 몇 년 동안 부모·아이들과 함께한 임상실습과 부모로서 개인적 경험에서 나온 이야기와 사례들이 담겨 있다(책에 나오는 사례들은 개인정보 보호를 위해 여러 가지를 합성했다). 나는 이 이야기들과 실습, 비추어 보기를 한 세트로 구성했다. 실습과 비추어 보기는 효과적이라고 검증된 방법들에 내가 이해한 내용을 더하고 이 실습으로 도움을 받은 많은 사람의 경험을 담아 고안했다.

　이 책이 당신이 선 자리를 알려주고 당신의 육아 딜레마에 도움이 되기를 희망한다. 상황이 꼭 그렇게 어렵기만 한 건 아니며 그렇게 고통스러워할 필요도 없다. 아이들도 마찬가지다. 이 책이 당신과 당신 가족에게 기쁨, 행복, 웃음 그리고 연민을 가져다주기를 바란다.

이 책 활용법

이 책을 활용하는 데 정답이 있는 건 아니다. 처음부터 순서대로 읽을 필요도 없다. 눈에 들어오는 부분과 이야기를 찾아서 거기서부터 읽어도 좋다. 마음챙김을 처음 접한다면, 앞부분에 있는 초보자를 위한 실습을 먼저 보면 된다. 나는 모든 사람이 쉽게 접근할 수 있도록 마음챙김과 연민실습을 '비추어 보기'에 잘 버무리려고 노력했다. 비추어 보기가 당신이 필요한 것에 초점을 맞추도록 고안된 만큼 노트와 펜을 가지고 응답들을 기록하거나, 휴대전화나 태블릿이 더 편하면 거기에 기록해도 좋다.

　책을 읽을 시간이 없는가? 아이들이 어렸을 때 나도 시간이 없었다. 길퍼드 출판사와 (사)한국명상심리상담연구원(www.ikmp.org)의 웹사이트로 가서(웹사이트 정보는 참고자료 참조) 오디오 실습(오디오 트랙 번호는 각 장의 실습지침에 안내함)을 내려받으면 도움이 될 것이다. 그런 다음 설거지를 하고 커피를 마시는 동안, 아이 도시락을 준비하는 동안, 운전하는 동안(운전중에는 실습한다며 눈을 감지는 말라) 활용해보라.

　만일 당신이 위기상황에 직면했다면? 바로 지원을 받기 위해 책 맨 뒷부분에 있는 '도구상자'를 펼쳐보자. 거기에는 당신을 힘들게 하는 일상의 상황, 예를 들어 유아의 잦은 울음에서 다 큰 아이의 짜증, 형제자매의 다툼이나 아픈 아이, 10대 아이와 기싸움 등 활용할 수 있는 실습과 비추어 보기를 정리해놓았다. 하지만 가장 중요한 사실이 있다. 몇 년 전 내 마음챙김 스승 중 한 분이 말했듯이, 당신은 틀릴 수 없다. "말도 안 돼. 정말이야?"라고 반문할지도 모르겠다. 정말 그렇다. 나는 일생을 별로 중요하지도 않은 사소한 내 실수를 탓하며 보냈다.

그런데 그 명상 스승은 이렇게 말했다. "실패로 가는 길은 없어." 그는 외계인인가? 그는 대체 무엇을 먹을까? 내게 나누어줄 수는 없을까? 나는 그 스승이 지닌 연민, 유머 그리고 지혜의 햇살 아래 머물면서 영화 〈해리와 샐리가 만났을 때〉에 나오는 "그녀가 먹고 있는 걸로 주세요"라는 잊을 수 없는 대사가 떠올랐다. 그리고 그 스승이 가지고 있는 것들을 갖겠다고 결심했다.

마음챙김과 연민의 자질은 우리 모두에게 있다. 그리고 우리 주위에 있는 사람들에게 그것을 나눌 수도 있다. 이것들은 얼마든지 개발할 수 있는 기술이다. 여기 나오는 실습들은 모든 것을 다 갖춘 평온한 사람들을 위한 게 아니다.

가만히 앉아 있기를 잘할 필요도 없다. 채식을 한다든가, 설탕을 안 먹는다든가, 카페인을 멀리할 필요도 없다. 과로, 불안, 신경증, 수면 부족 그리고 좀처럼 침착하기 힘들어도 상관없이 현재 모습 그대로 당신은 할 수 있다. 당신이 총체적 난국에 빠졌다 해도 괜찮다. 아이를 키울 때 나도 확실히 그랬다. 당신이 숨을 쉴 수 있다면(지금 확인할 필요는 없다. 이미 하고 있으니까) 당연히 할 수 있다. 이 책과 함께하는 여러분을 환영한다.

수전 폴락

지은이의 말

나만 부족한 게
아닙니다

세상의 많은 엄마는 갓 태어난 아이의 눈망울과 마주하는 순간, 생명의 경이로움에 이끌려 출산의 고통을 잊게 됩니다. 가장 좋은 것을 주고 싶고, 가장 멋진 모습을 보여주고 싶고, 가장 근사한 것을 해주고 싶은 부모의 마음은 완벽한 부모가 되고 싶은 소망으로 이어집니다.

그러나 현실은 언제나 우리의 생각과 같지 않지요. 밤에 시도 때도 없이 깨어나서 우는 아이를 보면서, 여름에 겨울 코트를 입고 가겠다고 떼쓰는 아이를 보면서, 30점 맞은 시험지를 팽개쳐놓고 게임하러 달려가는 아이를 보면서 완벽한 부모에 대한 소망은 여지없이 무너집니다. 어쩔 줄 몰라 하며 화내고 짜증 내고는 그러한 나의 모습이 부끄럽고 민망해서 스스로를 타박합니다. 어쩜 이리도 부족한지 부모로서 자격이 없는 것 같아 기분은 더 곤두박질칩니다.

나 혼자만 부족한 부모인 것 같고, 나 혼자만 어쩔 줄 몰라 하는 것 같을 때, 이 책은 괜찮다고, 당신만 그런 것이 아니라고, 우선 따뜻한 차 한잔 마시면서 스스로를 다독이라고 토닥토닥 위로해줍니다.

매일매일 반복되는 육아로 지쳐 있을 때, 내가 잘하고 있는지 두려움이 올라올 때, 휴일이 쉼이 아니라 오히려 스트레스라고 느껴질 때, 아이들에 대한 걱정으로 밤잠을 이루지 못할 때, 사춘기 아이들 때문에 매일매일이 전쟁터 같을 때 이 책을 펼쳐보시기 바랍니다.

실습과 명상을 가만히 따라가다 보면, 마음의 여유로운 공간을 발견하실 수 있게 될 것입니다. 아이들을 챙기느라 시간이 없으시다고요? 괜찮습니다. 3분 명상이 여유로운 공간을 만들어줄 것입니다. 그리고 그 공간에서 자신에게, 그리고 아이들에게 좀더 따뜻한 위로와 친절을 베풀게 될 것입니다.

완벽하지도 않고 잘나지도 않았지만, 지금 이 순간에도 좋은 부모가 되기 위해 애쓰고 있는 모든 부모님을 응원합니다.

옮긴이의 글

1장

•

멈추게 해주세요,
도저히 따라갈 수 없어요

양육은 벅찬 일이다

마음챙김이 우리를 도울 수 있듯이
아이들을 새로운 관점으로 보라.
그러면 우리가 자동으로 해야 하는 것들과
억울하고 고달프게 여겼던 것들에 다른 태도를 보일 수 있다.
얼마나 많은 세탁물을 정리했는지,
얼마나 많은 접시·냄비·팬을 씻어 말렸는지
세어보지는 않았지만 나를 믿어보라.

탈진하다

여느 때와 다름없는 아침이었다. 아기는 밤새 잠을 자지 않았고 남편은 출장을 갔다. 눈이 많이 내리는 1월, 아침에 네 살짜리 소피는 새 발레 드레스를 입고 유치원에 가겠다고 고집을 피웠다. 이미 늦었으므로 에이미는 아침을 먹지도 못한 채 아이들만 밥을 먹였다.

"오늘은 눈이 내리니까 발레 드레스와 발레 신발은 안 돼."

"아니야, 발레 옷에 발레 신발 신을 거야." 소피는 발레 동작을 하며 말대답을 했다.

아이와 싸울 기분이 아니었던 에이미는 "소피, 우리 진짜 늦었어"라고 애원하듯 말했다.

"우리 늦었어. 우리 늦었어." 소피는 엄마 목소리를 흉내 냈다.

"말대꾸 그만해. 지금 가야 하니까 당장 겉옷 입어." 에이미는 모든 좋은 양육서에 나와 있는 대로 침착하고 단호하게 말했다.

"나는 엄마가 시키는 대로 안 할 거야. 엄마는 나를 맘대로 할 수 없어." 소피는 랩을 하는 것 같았다. 소피는 춤을 추다가 털썩 주저앉아 혀를 내밀었다.

에이미는 화가 났다. 외투를 양손에 든 채 두 아이를 차로 끌고 가면서 "이제 그만해. 지긋지긋해"라고 소리쳤다. 한 손으로 차문을 열어 아기를 태우고 소피에게 외투를 던졌다. 소피는 곧바로 엄마의 인내심이 바닥 나 화가 끓어오르는 새로운 상황임을 알아챘다. 소피는 곧바로 거부했다.

"엄마는 내 보스가 아니야." 소피가 비아냥거렸다.

"꼼짝 말고 얌전히 앉아 있어. 네 생각 따위는 중요하지 않아." 에이미는 되받아치며 두 아이의 카시트에 안전벨트를 채우고 서둘러 출발했다.

소피가 울음을 터뜨리자 아기도 따라 울었다.

"이제 그만해." 화가 머리끝까지 난 에이미는 폭발했다. 분명히 지금은 육아에서 너무 힘든 순간이었다.

"아빠 어디 갔어?" 소피가 울면서 말했다. "아빠는 엄마처럼 하지 않아." 유치원에 도착했을 때 선생님은 소피의 눈물을 닦아주고 소피의 마음을 이해해주었다. 그리고 에이미에게는 동정 어린 미소를 보내며 안으로 들어오라고 했다. 몇 분이 지나자 소피는 색칠 놀이에 빠져들었고, 친구들과 함께 웃었다.

당황한 에이미는 손을 흔들며 그 자리에서 빠져나왔지만 자신이 나쁜 엄마가 된 것처럼 느껴졌다. 그리고 끓어오른 분노가 심한 수치심, 죄의식, 후회로 바뀌면서 에이미는 자신을 질책했다. "난 정말 형편없어. 끔찍한 엄마야."

그러고는 집으로 돌아가는데 차가 삐걱거리더니 결국 멈춰 섰다.

"이런 젠장." 에이미 남편 톰은 보통 차에 연료를 가득 채워놓지만 톰이 출장을 가 있는 동안 에이미는 연료가 떨어졌는지 확인할 겨를이 없었다.

에이미는 한숨을 쉬고는 아기를 캐리어에 싸 안고 주유소로 걸어갔다. 그 사이 눈이 펑펑 쏟아졌다. 에이미는 터져 나오는 눈물을 주체할 수 없었다. 그때 "빌어먹을. 지금 나한테 가장 필요한 게 뭐지?" 하는 문구가 떠올랐다. "어떻게 해야 앞으로 15년간 내가 아이들과 미치지 않고 살 수 있지?"

양육은 누구에게나
힘든 일이다

어쩌면 우리에게도 에이미 이야기처럼 극적이지는 않지만 끔찍하고 무섭고 운이 나쁜 날이 있었을 수도 있다. 아니면 에이미보다 더 일진이 나빴을 수도 있다. 이렇게 우리 모두 적어도 한 가지씩은 '그날'에 관한 이야깃거리가 있다. 배고프고, 화나고, 외롭고, 피곤한 우리는 모두 지칠 대로 지쳐 최악의 상태가 된다. 양육은 누구에게나 힘든 일이지만 특히 가족이 멀리 있을 때는 더욱 힘들다. 이런 경우 자신을 위한 시간을 내지 못하는 부모들도 많다.

이것은 힘든 일이 있을 때 도와줄 사람이 곁에 없는 우리 부모의 모습이다. 아이를 충만한 사랑으로 길러야 한다지만 우리는 많은 시간을 외롭고 격한 감정에 휩싸이는 경험을 한다. 그리고 우리가 어떤 도움을 받더라도, 항상 지불해야 할 대가가 있다.

아이를 기르다 보면 기진맥진하기 쉽다. 이때 어떻게 하면 양육을 계속하면서 재충전도 할 수 있을까? 나 자신이 행복을 되찾으면 양육의 질이 높아질까? 이 책에서는 당신이 양육하는 동안 침착함을 유지할 뿐 아니라 양육의 즐거움을 찾을 수 있도록 지지하고 돕는 기술, 일화, 유머는 물론 안내 도구상자(toolbox)를 제공하려고 한다. 우리는 당신이 아이 때문에 방해받는 삶을 산다고 생각하는 게 아니라 오히려 양육을, 지혜를 기르고 스스로 성장하는 기회로 삼아 문제를 바라볼 수 있도록 도울 것이다.

"저도 한마디 할게요." 당신은 비웃으며 질문을 던질지도 모른다. "분노는 어떻게 관리하죠? 차라리 신경안정제를 먹으면 어때요? 진한 칵테일 한잔이 낫지 않겠어요?"

우리도 그 지경까지 경험했으니 그 심정을 이해한다. 그러나 나는 이 책에서 화를 다스리고, 책임을 지고, 감정을 조절하고, 아이(혹은 아이들)와 즐기는 일은 당신 자신을 돌보며 할 때 훨씬 더 쉽다는 사실을 말하고 싶다. 작가 오드레 로드(Audre Lorde)는 자신을 돌보는 것은 한마디로 자기방종이 아니라 자기보호라고 말했다.

분 명 하 게
바 라 보 기
.
.

자신에게 마음챙김과 연민을 제공하는 것은 아이들이 싸우거나 집 안을 엉망으로 만드는데도 가만히 있거나, 책임을 회피하려 하거나, 소파에 앉아 자기 생각에 빠져 아이들을 방치하는 것이 아니다. 자기 자신에게 관대해지라는 것도 아니다. 오히려 마음챙김은 친절과 지혜를 바탕으로 분명하게 보고 행동하

.
.
.

도록 도와준다. 사실 마음챙김의 정의 중 하나는 '분명하게 바라보는 것(clear seeing)'이다.

그렇다면 마음챙김이란 무엇인가? 다양하게 정의할 수 있겠지만 부모이자 심리학자인 나를 이끌어준 정의는 매우 단순했다. 즉, '현재 순간을 친절과 수용을 바탕으로 자각하는 것'이다. 아이 때문에 밤에 잠을 자지 못했든, 아이가 떼를 쓰든, 형제간에 다툼을 하든, 시댁이 어렵든, 배우자가 비판적이든 우리는 부모로서 끊임없는 스트레스와 긴장감 속에서 우리에게 닥친 상황에 따뜻하고 자애롭게 대응해야 한다. 그럼 당신은 이렇게 말할지도 모른다.

"말은 그럴듯하지만 현실은 그렇지 않아요. 알다시피 세상은 그렇게 만만하지 않잖아요. 우리는 모두 끊임없이 평가당해요. 항상 친절하고 모든 걸 수용해야 한다고 생각하는 것은 무리지요. 게다가 가끔 저는 그냥 화가 나요. 어떻게 아이들에게 옳고 그름을 가르칠까요? 어떻게 아이들을 압박하지 않으면서 그들이 최선을 다하도록 동기를 부여할까요? 우리는 미래를 생각할 수밖에 없는데, 당신이 얘기하는 건 한마디로 현실적이지 않아요."

모두 훌륭한 의견이다. 나는 이런 의견을 다루려고 한다. 내가 제안하려는 것은 부모가 되는 근본적인 방법, 새로운 방식으로 아이들은 물론 우리 자신과 함께하는 방법이다. 우리는 대부분 자기 자신에게 소리치고 비난할 때 더 잘하게 되고, 더 효과적이고, 더 행복하고, 더 성공할 거라고 생각한다. 또 스스로 비난하며 자신에게 동기를 부여하는 데 익숙하다.

하지만 실제로 자기비난은 거의 효과가 없다. 자기연민을 포괄적으로 연구해 널리 알려진 크리스틴 네프(Kristin Neff)는 이 문제와 관련한 글을 많이 썼는데, 친절함과 연민으로 자기 자신에게 동기를 부여하는 것[1]이 자기를 비난하는 것보다 더 효과적이라고 보았다. "네, 맞아요. 참 어리석은 심리요법

(psychobabble, 쓸데없이 어려운 심리학 말투로 지껄이는 것-옮긴이)이네요." 그러면서 당신은 책을 덮어버릴지도 모른다.

그러나 잠깐 기다려보자. 이렇게 비난보다 친절함과 연민이 더 효과적이라는 아이디어는 비즈니스에도 영향을 미친다. 금융 지도자이자 자선가인 찰스 슈와브(Charles Schwab)는 "아무리 지위가 높아도 사람들은 비판할 때보다는 인정할 때 더 일을 잘하고 더욱 많이 노력한다"[2]라고 했다. 이를 치료하기 위해서가 아니라 그녀 말대로 '제정신'을 찾으려고 나에게 상담하러 온 에이미에게 적용해보자.

"치료는 필요 없어요." 에이미는 처음부터 단호하게 말했다. "하지만 양육 코치가 필요해요. 제가 뭘 어떻게 해야 할지 모르겠어요. 부모님이나 두 아이를 키우는 여동생은 비행기를 두 번이나 갈아타야 만날 수 있는 곳에 살아서 아무 도움을 받을 수 없어요. 게다가 어렵게 친해진 이웃들을 잃고 싶지도 않고요."

에이미의 이야기가 펼쳐지기 시작했다. 남편 직장 때문에 친구들과 가족을 두고 동부 해안으로 이사 온 그녀는 "여기 사람들은 날씨처럼 차가워요"라고 슬프게 말했다. "모두가 그렇게 보여요. 정말 엉망진창이 된 기분이에요." 에이미는 울기 시작했다.

"우리는 톰의 직장 때문에 여기로 이사 왔어요. 톰도 이전부터 있던 곳은 아니고요. 톰은 회사 일로 한 달에 두 번 출장을 가요. 그리고 집에 돌아오면 기진맥진해서 힘드니까 아이들은 모두 즐겁게 놀고 있고 집 안은 깨끗하기를 바라요. 그는 집이 매일 청소 서비스를 받는 호텔 객실이 아니라는 사실을 잊어버리는 것 같아요." 에이미는 말을 멈추고 숨을 내쉬었다.

"이건 그냥 일시적인 문제가 아니에요." 에이미는 잠시 침묵했다. "모두 제

일인데다가 저는 잠도 부족하고 솔직히 외로워요. 아이들이 남긴 음식을 먹다 보니 살이 너무 많이 쪘지만, 저는 늘 배가 고파요. 가끔 하루가 너무 빨리 지나가서 간신히 숨을 쉬는 것 같은 느낌이 들어요. 하지만 가장 무서운 것은 나 자신을 잃어가고 있고, 머릿속은 엉망진창이 되어버린 느낌이 든다는 거예요. 예전의 유능했던 나를 잃어버렸어요. 아무도 저를 신경 쓰지 않아요. 제게는 도움이 필요해요. 그것도 지금 당장. 자동차 휘발유가 떨어져 어쩔 줄 몰랐던 그 끔찍한 아침, 눈밭을 지나 역까지 걸어가다 '풀 서비스'라고 쓰여 있는 팻말을 보고 '나도 언젠가는 다시 채울 수 있을까? 왜 나는 항상 기진맥진하게 될까?' 궁금했어요."

나는 에이미가 자신감을 찾는 데 도움이 되도록 다음과 같은 '비추어 보기' 실습을 에이미와 함께 시도해보았다.

비추어 보기

자기 자신 발견하기

부모가 되었을 때 당신은 자신을 잃어버린 것만 같은 느낌이 들었나요? 잠시 시간을 내어 자신에게 "나는 누구인가?"라는 질문을 해봅니다. 다시 묻고 또 물어봅니다. 첫 번째로 떠오르는 답들 가운데 '부모'라는 대답이 나왔나요? 그 대답도 훌륭합니다. 그러나 당신은 부모 말고 그밖에 또 누구인가요? 양육에 압도당한다고 해서 내가 누구인지 본질을 잃어버릴 수는 없습니다.

자기 자신 돌보기

- 자, 가장 편안한 자세로 잠시 당신 자신을 안정시켜봅니다.
- 당신의 호흡을 발견해봅니다. 때때로 우리는 숨을 쉰다는 걸 깨닫지 못합니다. 호흡이 어디에 있나요? 호흡의 감각을 가장 잘 알아차릴 수 있는 곳은 어디인가요? 그곳에 집중하고 호흡이 들어오고 나가는 것을 느껴봅니다.
- 한 호흡이 온전히 느껴지도록 합니다.
- 당신이 숨을 쉬고 있다는 것을 어떻게 아는지 자신에게 물어봅니다.
- 당신의 몸에 어떤 감각이 있는지 알아차립니다.
- 무엇을 알아차리고 있나요? 배가 고픈가요? 피곤한가요? 어떤 감정을 자각하나요? 무엇을 느끼나요?
- 마치 당신 아이를 안고 부드럽게 흔들어주듯이, 당신 자신을 각각의 들숨과 날숨에 부드럽게 흔들리도록 내버려둡니다.
- 들숨과 날숨으로 당신을 부드럽게 하고, 위로하고, 편안히 머물게 해봅니다.
- 가슴이나 가슴과 배에 손을 얹고 따뜻한 손길이 주는 편안함을 느껴봅니다.
- 다섯 번 숨을 쉬어봅니다. 당신은 다섯 번 숨을 쉴 시간이 충분히 있습니다. 늘 당신은 숨을 쉬고 있으니까요.
- 당신 자신을 돌보고, 당신 자신에게 친절할 수 있도록 허락합니다. 당신은 다른 사람들을 돌보고, 그들이 원하는 걸 돌보는 데 많은 시간을 보냅니다. 잠시 시간을 가져봅니다. 당신은 무엇이 필요한가요?
- 당신 자신에게 먹고, 샤워하고, 휴식하고, 멈추는 것을 허락합니다. 그리고 호흡해봅니다.

나는 작업을 진행하면서 에이미가 아침에 일어났을 때 떠올린 크리스토퍼 거머의 『오늘부터 나에게 친절하기로 했다(The Mindful Path to Self-Compassion)』에서 영감을 받아 '자기 자신 돌보기' 실습을 추가했다.

이것은 어디서 시작해도 좋다. 우리는 당신이 바쁘고 당신에게 자유 시간이 없다는 것을 안다. 걱정하지 않아도 된다. 타이머를 맞추라. 3분밖에 걸리지 않는다(3분이 없다고 말하지 마라).

에이미는 몇 주 동안 이 실습을 시도했다. 어떤 날은 겨우 세 번 호흡하는 것만 할 수 있었지만 도움이 되는 것 같았다. 아주 간단해 보였지만 그것만으로도 자신이 차분해지는 것을 느꼈다.

"저는 가끔 밥 먹는 것을 잊거나 샤워할 시간이 없을 정도로 제정신이 아니에요. 활기를 완전히 잃었죠. 그런데 이제는 제가 남부사람(남부사람 특유의 공손하고 도덕적이고 유쾌하고 자신감 넘치고 낙천적이고 어려움을 극복하는 데 여유가 있는 특성-옮긴이)이었다는 사실을 깨달았어요." 에이미가 웃으며 말했다.

"엄마가 행복하지 않으면 아무도 행복하지 않아요. 저는 잠을 잘 수도 먹을 수도 없으면서 우리 가족이 별 탈 없이 순조롭게 지내기를 기대해요. 제가 돌볼 수 없게 되면 모두가 고통받지요. 저에게 큰 돌파구가 된 것은 저를 채우기 위해 다른 사람에게 의지할 필요가 없다는 거예요. 스스로 할 수 있어요. 저에게 영양분을 공급하는 데 남편이나 언니, 부모님이 필요하지 않아요. 아주 자유로웠어요."

마음챙김과 연민을 실습하는 방법은 여러 가지다. 모든 사람이 조용히 앉아서 내면을 들여다보기를 좋아하는 건 아니다. 그래도 괜찮다. 하나에 모두 다 맞출 필요는 없다. 나는 당신을 도울 것이다. 나는 사람들에게 짧은 '비추어 보기' 과정을 가르치기를 좋아하는데, 이로써 그들은 (아마 아이들이 잠자리에 들었을 때) 자신을 위한 시간을 갖고, 자기 요구와 바람을 생각하는 시간을 낼 수 있다. 이 실습이 끝나면, 당신에게 무슨 일이 일어나는지 자유롭게 적어보라.

에이미는 '비추어 보기' 실습을 시도했을 때 뿌리가 깊은 나무의 이미지와 연결된 자신을 발견했다. "부모와 형제들과 공동체를 떠나 이곳으로 왔는데, 그 연결감이 정말 그리워요. 처음에는 저에게 남편, 집, 아이들이 있으니 이제부터는 모든 일이 멋지게 펼쳐질 테고, 제게 필요한 모든 것을 가질 수 있다는 환상을 품었죠. 만족했어요. 하지만 제 생각이 완전히 틀렸죠. 저는 여기에서 고립된 기분이 들어요. 너무 외로워요. 다 할 수 있을 것 같았는데 할 수 없어요. 쉴 시간이 필요해요. 저는 모든 사람을 위해 24시간 내내 그곳에 있을 수 없어요. 저 나무에는 햇빛과 물과 영양분이 필요해요!"

에이미만 그런 게 아니다. 많은 부모가 그와 같은 고립감을 느낀다. 나는 지난 30년 동안 많은 부모가 고립감으로 힘들어하는 사례를 보았다. 때때로 우리는 퍼즐의 모든 조각, 즉 직업, 집, 괜찮은 수입이 안정적으로 자리 잡을 때까지 기다린다. "그래, 그게 바로 지금이야"라고 생각한다. 그때 우리는 임신하는 데 어려움을 겪을 수도 있고, 마침내 아이를 갖게 되었을 때는 친구들 대부분이 이미 아이를 다 키우고 직장으로 돌아갔을 수도 있다. 우리는 황금빛 햇살 아래 아이들의 그네를 밀어주며 친구들과 함께 있는 대신에 베이비시터를 구할 수도 있다.

우리는 갑자기 서로 마음이 맞지 않는다고 느낄 수도 있다. 아니면 우리가 소속된 회사가 우리를 다른 지방이나 심지어 다른 나라로 전근을 보낼 수도 있다. 그런 일들은 너무나 많이 일어난다. 아니면 남편이 이제는 자기 아내가 자기 일에 집중해야 할 차례라고 느낄 수도 있다. 그 경우 놀이터에서 남자는 내 남편뿐일 수도 있다. 이 유일한 남자에게 놀이터의 엄마들과 베이비시터들이

1장 멈추게 해주세요. 도저히 따라갈 수 없어요

친절하지 않을 수도 있고 이야기할 사람이 아무도 없을 수도 있다. 아무리 노력하고 계획을 세워도 결코 완벽할 수 없고 우리가 통제력을 가질 수도 없음을 깨닫는다(이런 상황이라면 당신 자신을 발견하고, 5장의 '모든 것을 통제할 필요는 없다'는 실습을 적용해보길 권한다).

비추어 보기

나에게 필요한 것은 무엇인가요?

아침 일찍 또는 아이들이 잠자리에 든 뒤 조용히 보내는 시간을 만듭니다. 괜찮다면 마음속으로 뿌리가 깊고 몸통이 튼튼한 힘센 나무를 상상합니다. 뿌리가 깊은 만큼 나뭇가지들이 높이 뻗어나가는 것에 주목합니다. 당신은 머리 꼭대기를 통해 숨을 들이마시고 '뿌리'나 발을 통해 숨을 내쉬고 있다고 생각할 수도 있습니다.

- 자신에게 "무엇이 필요한가?"라고 물어봅니다.
- 잠시 멈추고 단어 또는 이미지를 떠올립니다.
- 다시 물어봅니다. "나에게 정말 필요한 게 무엇인가?"
- 당신의 반응을 판단하거나 검열하지 말고, 무엇이든 떠오르는 것에 마음이 열리도록 잠시 시간을 가집니다.
- 무슨 일이 일어나는지 적어봅니다.

멈춤
배우기

특히 어린아이를 키우는 사람들은 마음챙김 실습을 할 시간이 없다고 자주 불평한다. 하지만 걱정하지 마라. 다 이해한다. 나도 역시 그랬다. 그렇기에 내가 제시하는 실습, 특히 첫 장에서 하는 실습은 너무 많은 것을 동시에 해야 해서 자기 자신을 생각할 시간이 없는 부모들을 위해 마련했다. 대부분 3분이나 그 이하로 할 수 있다. 연구자들은 우리에게 많은 시간을 내는 것보다 지속성이 중요하다고 말한다. 생각해보자. 치과의사는 양치질을 일주일에 한 번 40분간 하는 것과 하루에 두 번 3분씩 하는 것 중 어느 것을 추천하겠는가? 마음챙김을 실천한다며 가만히 앉아 있을 필요도 없다. 마음챙김은 걷거나 서거나 운전하거나(눈을 뜨고) 침대에 눕거나 심지어 기저귀를 갈면서도 할 수 있다.

마음챙김은 외딴 산꼭대기에 있는 명상 홀에서 혼자 묵묵히 하는 것이 아니다. 마음챙김은 너무 많은 것을 신경 써야 하는 부모에게 정신없고 바쁜 삶의 일부가 될 수 있다. 사실, 그때가 마음챙김이 가장 필요한 시기다.

접근하기가 무척 쉬운 실습 중 하나는 심리학자이자 명상 지도자인 타라 브랙(Tara Brach)이 각색한 '양육 멈추기(Parenting Pause)'다.[3] 타라 브랙은 한두 순간의 잠깐 멈춤이 상호작용의 어조와 방향을 바꿀 수 있으며 부모로서 그리고 모든 관계(특히 친밀한 관계)에서 할 수 있는 귀중한 기술이라고 가르친다.

도대체 왜
잠을 잘 수 없나
:

라이오넬은 영업부에서 정신없이 바쁘고 스트레스를 많이 받는 일을 했다. 결혼하기 전에 그와 아내 카이라는 아이 돌보기를 50대 50으로 나누기로 합의했다. 이것은 이론적으로는 가능했을지 모르지만, 아기 타이론은 조산아에다 태어날 때 호흡곤란을 겪었다. 점점 좋아지기는 했지만 부부는 여전히 타이론을 걱정했다. 타이론이 7개월이 되었는데도 부부는 여전히 밤새 잠을 잘 수 없었다. 카이라는 긴 시간 그리고 종종 주말에도 출근하는 소매업에서 일하고 있었다. 그녀가 출산휴가 중인 처음 몇 달 동안은 아기에게 언제든 젖을 먹였다. 그리고 부부는 타이론이 울 때마다 마음을 졸였다. 카이라는 복직했지만 카이라의 상사는 그녀가 낮 시간에 젖을 짜내는 것을 곱게 바라보지 않았다. 밤에 두 시간마다 일어나 아기에게 젖을 주는 것도 스트레스가 컸다.

라이오넬은 자신이 수유를 더 잘 할 수 있을 거라고 확신했고, 흔쾌히 밤에 아기에게 수유를 하겠다고 제안했다. "괜찮아, 잘할 수 있어." 그는 카이라를 안심시켰다. 그러나 수유는 그가 생각한 것만큼 간단하지 않았다. '바로' 수유를 돕기로 한 라이오넬은 카이라에게 자신이 얼마나 유능한 사람인지를 보여주고 싶어 타이론이 찡찡거릴 때마다 수유를 하고 다시 재우려고 노력했다. 그러나 한밤중에 아빠를 보고 기분이 좋아진 타이론은 지금이 노는 시간이라고 생각했는지 다시 잠을 자지 않았다. 밤 수유는 5분이면 될 것이 50분이나 걸렸고, 결국 탈진한 라이오넬은 회사 일에서 실수를 하고 말았다.

밤에 수유하는 일은 점점 힘들어질 뿐 나아지지 않았다. "훈련이 필요해요." 라이오넬이 말했다. "내 직장 생활이 엉망이에요. 일하다가 실수하고, 회사에서 졸고 있어요."

"그럼 타이론을 울리라고요? 절대 안 돼요"라고 카이라가 말했다. "그건 우리 아기를 학대하는 거예요. 저는 그렇게 할 수 없어요." 상담받으러 온 라이오넬과 카이라는 눈에 잠이 가득한 모습으로 말했다. 하지만 타이론의 잠버릇을 대하는 부부의 의견 불일치가 결혼생활에도 틈을 만들고 있었다.

부부는 심각한 수면부족 상태였을 뿐만 아니라, 이 문제는 카이라의 원가족에게서 비롯한 것이었다. 그녀는 울게 내버려두는 것이 아기인 타이론에게 아주 좋지 않을 거라고 확신했다. 라이오넬은 괜찮다고 주장하면서 카이라가 '지나치게 감정적'이라고 했다. 라이오넬의 이런 무심한 태도에서 자기 아버지가 어머니에게 어떻게 대했는지 떠올린 카이라는 라이오넬이 섬세하지 못하다며 맞섰다. 악순환에 빠진 이들은 아무도 물러서지 않으려고 했다. 이때가 타이론이 거의 한 살이 되었을 무렵이었다.

나는 갈등이 고조되는 이런 패턴을 지켜본 뒤 물었다. "여기서 뭔가 다른 것을 시도해보는 건 어떨까요? 우리는 그냥 악순환의 고리를 계속 돌고 있어요. 악순환을 끊는 데 도움이 될 만한 마음챙김 실습을 가르쳐줄까요?" "그건 우리를 절대 돕지 못해요." 카이라가 방어적으로 반응했다. "그건 우리에게 너무 근거 없는 믿음(woo-woo, 영적 신비주의 또는 대체의학과 관련된 과학적 근거 없는 믿음-옮긴이)이에요. 우리는 교회를 다니고 있고 유행하는 헛소리는 믿지 않아요. 거긴 안 갈 거예요."

"좋아요. 제가 가르치고 싶은 것은 밖에 있는 게 아니에요. 스트레스와 끊임없는 싸움을 줄이고, 잠을 좀 자는 방법을 실습하는 것입니다."

"음, 그건 기적이 되겠네요." 카이라가 비꼬듯이 말했다.

"시도해봐서 나쁠 건 없지요. 효과가 없다면 안 해도 되고요." 내가 말했다.

어디에도 기댈 곳 없는 카이라와 라이오넬은 '양육을 잠깐 멈추기' 실습을 시도해보기로 했다. 이 실습은 부부에게 효과적이지만 부모와 자식 사이에 긴장감이 있을 때도 도움이 된다. 타이머를 3분에서 5분으로 설정하라.

양육을 잠깐 멈추기

🌷

- 편안하게 앉아서 차분히 숨 쉬는 것으로 시작합니다.
- 만약 당신과 당신 배우자가 싸우고 있다면 분리된 공간으로 가는 것도 좋습니다.
- 잠깐 멈춥니다. 그냥 앉아서 쉽니다. 지금 당장 아무것도 고치려고 애쓰지 않습니다.
- 만약 스스로 지난 일을 돌아보는 것을 발견한다면, 그리고 머릿속에서 생각이 빙빙 돌거나 화가 올라온다면, 그것을 그냥 인정합니다.
- 비록 어렵더라도 당신이 무엇을 느끼든 그것과 함께합니다.
- 당신 자신에게 "힘들다, 아프다"라고 말해줍니다.

- 멈춥니다. 지금 당장 행동할 필요는 없습니다. 지금 당장 싸울 필요는 없습니다.
- 바닥에 닿아 있는 당신 발을 느껴봅니다. 그리고 몸에 있는 감각들을 알아차립니다.
- 당신이 무엇을 느끼든 그것은 지나갈 거라는 걸 압니다.
- 자신에게 약간 친절하려고 해봅니다.
- 조금 더 마음을 가라앉히고 집중하도록 두어 번 숨을 쉬어봅니다.
- 일상으로 돌아가기 전에, 지금 당신에게 당장 무엇이 필요한지, 그것에 주의를 기울일 수 있는지 봅니다.
- 당신이 하루를 보내면서 마음의 중심을 잡고 균형감을 가질 필요가 있을 때마다 잠시 멈춥니다.

"자, 무엇을 알아차리셨나요?" 실습을 해본 카이라에게 내가 물었다.

카이라는 웃었다. "저는 잠들었어요. 앉아 있었고요. 믿을 수 있겠어요?"

라이오넬은 "나도 졸았어요"라고 농담했다. "그래요. 마음챙김 실습은 수면 부족에 도움이 될 수도 있어요."

두 사람은 자신들이 얼마나 지쳤었는지는 물론, 이전에는 지쳤다는 것을 부정하고 논쟁했다는 사실을 인정하게 되었다. 그들의 숙제는 하루에 3분 동안 멈춤 실습을 하는 것이었다. 그들은 싸움이 시작되면 서로 잠시 멈추라고 한 말을 떠올렸는데, 이것이 약간의 유머와 균형감을 가져다주는 것 같았다. 타라 브랙은 이렇게 썼다. "우리가 잠시 멈추면 다음에 어떤 변화가 일어날지 아무도 모른다. 습관적인 행동을 중단함으로써 우리는 우리 욕구와 두려움에 대응하는 새롭고 창의적인 방법을 찾을 가능성을 열어두게 된다."[4]

나는 '양육을 잠깐 멈추기'가 나와 내담자들이 무너지지 않게 하는 일종의 부양 장치라고 생각한다. 아이들이 싸워서 멈출 수 없을 것 같던 그 시간에 나는 잠깐 멈춤을 할 만큼 해왔다. 늙어가는 아버지가 계속 바보 같은 똑같은 질문을 반복해서 더는 버틸 수 없었다. 그리고 "왜 또 그런 질문을 하는 거야? 조금 전에도 했잖아!" 하고 소리 지르고 싶을 때 잠깐 멈춤이 궁지에서 벗어나게 해주었다. 멈춤은 내가 한계에 다다랐을 때 즐겨 한 수행 중 하나다.

타티아나는 자기 엄마가 자신이 어렸을 때 실수한 것들과 얼마나 힘든 아이였는지를 자기 아이들 앞에서 말하며 망신을 주었을 때 이 실습을 사용했다.

"엄마와 인연을 끊기 일보 직전까지 갔어요. 엄마가 손주들을 영원히 만나지 못하게 할 거라고 했지요. 다행히 큰 실수를 하기 전에 잠시 멈추고 마음을 가다듬을 수 있었어요."

조너슨은 아이들이 텔레비전에서 광고하는 장난감이나 달콤한 시리얼을 사달라고 조를 때 이 실습을 사용했다. 처가 식구들에게 무능한 아버지 취급을 당한 앨은 장모가 육아에 대해 비판하고 어떻게 했어야 했는지 말할 때 자기가 이 실습을 하고 있다는 사실을 알아챘다.

"그건 나 자신을 추스르는 데 정말 도움이 되었습니다. 안 그랬으면 화를 내면서 '당신이 다이앤에게 어떤 어머니였는지 스스로 잘 알면서 내게 충고하다니요!'라고 너무 쉽게 내뱉었을 겁니다. 물론 그렇게 했더라면 비참한 결과를 불러왔겠지요. 화를 참아서 정말 다행입니다. 잠시 멈추는 것이 내가 소진되었을 때 의지하는 내 '초능력'이라고 생각합니다."

몇 주 동안 명상한 카이라와 라이오넬에게 나는 다음과 같은 제안을 했다.

"할 수 있을지 모르겠지만 타이론과 함께 잠시 멈추는 시도도 해볼 수 있을 것 같은데요."

"그건 말도 안 돼요"라고 카이라가 반박했다. "타이론은 아직 말을 하지 못하잖아요."

"하지만 아기들은 우리가 생각하는 것보다 더 많은 것을 이해합니다."

"그럼 우리가 무슨 말을 해야 하죠?" 카이라가 비꼬듯 말했다. "타이론, 이제 숨을 깊게 들이쉬고 잠깐 멈출까?'라고 합니까? 지금 장난해요?"

모두 웃었다. "이 문제를 끝까지 이야기해봅시다. 아기는 무슨 뜻인지 알아들어요, 카이라"라고 내가 말했다.

"라이오넬, 다음 주 동안 타이론 방에 들어가기 전에 잠시 멈춰보는 건 어때요? 비록 타이론이 소란을 피우고 울어도 상관없어요. 아기들은 원래 그렇습니다. 그것이 아기들 특징이에요. 아기들이 소란을 피우고 우는 게 무언가가 잘못되었다는 걸 의미하지는 않아요. 당신은 타이론이 스스로 진정하는 방법을 배우기를 바라잖아요."

"그렇게는 안 될 겁니다." 라이오넬이 말했다. "이 아이와는 안 돼요."

"저도 알아요. 저도 해봤어요"라고 내가 말했다.

"한 가지 이야기를 들려줄게요. 제 아이 중 하나가 거의 두 시간마다 한 번씩 깨는 바람에 제가 환자들을 보다가 그만 졸았어요! 너무 지쳐서 눈을 뜨고 있을 수 없었지요. 하지만 그건 좋은 태도가 아니잖아요. 코 고는 치료사는 도움이 되지 않을 거고, 제 환자들은 기분 나빠했어요. 직업을 잃기 전에 방법을 찾았어야 했지요!" 부부는 고개를 끄덕였다.

"당신이 곧 타이론에게 캐치볼을 가르쳐야 하듯이 이것을 타이론에게 가르쳐준다고 생각해보세요."

"저는 아기가 죽어라 소리치며 울게 내버려두지 않을 거예요. 고통과 두려움 속에서 크게 소리치는 것을 보고만 있지는 않을 거예요"라고 카이라는 주장했다. 그렇다면 "마음챙김 명상 실습을 멈출 거예요"라고 그녀는 경고했다.

그 후 몇 주 동안 이 부부는 타이론이 밤에 잠을 자게 하려고 노력했다. 그들은 부드럽게 천천히 시작했다. 라이오넬은 타이론이 밤에 울면 수유를 하기보다는 타이론의 등에 따뜻한 손을 얹었다.

"괜찮아, 왕자님. 먹을 게 더 필요한 것 같진 않고, 좋아 보이네. 아빠야, 사랑해."

때때로 라이오넬은 노래를 불렀는데, 어머니와 할머니가 종종 그에게 들려준 노래들 또는 교회에서 배운 것들이었다. 라이오넬이 노래를 부르자 타이론은 담요와 곰인형을 꼭 껴안고 미소를 지었다. 이 일에 익숙해지면서 타이론에게 필요한 건 가끔 등을 두드리는 것과 부드러운 말뿐이었다. "아빠야, 이제 다시 자러 가볼까. 좋지. 엄마랑 아빠가 사랑해요."

타이론은 여전히 가끔 소란을 피울 때도 있었고, 매일 밤 효과가 있지는 않지만 점점 나아졌다. 일이 잘되고 있었다. 타이론은 수유하지 않아도 다시 잠들 수 있다는 걸 배웠다.

"자기 리듬을 찾은 것 같아요. 노래의 리듬과 말, 박자를 잡고 몸으로 느끼는 것 같아요. 제가 장담해요." 라이오넬은 자랑스럽게 웃었다. "저는 음악가 집안에서 태어났고 타이론도 핏줄을 타고났나봐요." 몇 주 동안 이 부부는 타이론의 자연적인 수면 주기를 이해하고 존중하는 법을 배웠고, 타이론에게 더는 밤중 수유가 필요없다는 사실을 알게 되면서 타이론을 돌보기가 더 쉬워졌다. 라이오넬과 카이라는 스스로 잠시 멈춰서 해결하고, 수면 문제를 함께 다루면서 끊임없는 말다툼이 줄어들어 다시 서로를 온전하게 보기 시작했다. 그리고 세 사람 모두 밤에 잠을 충분히 자게 되었다. 라이오넬은 "처음에는 생각지도 못한 일이었지만 이 명상 실습이 정말 도움이 많이 되었어요"라고 말했다.

엄마는 이제
나를 사랑하지 않아

힘든 한 해였다. 메건은 고위험 임신의 마지막 몇 달을 침대에 누워서 보냈고 출산 과정은 복잡했다. 메건은 응급 제왕절개로 아기를 낳았지만 메건 자신은 물론 아기 라일라도 여전히 건강 문제가 심각했다. 메건은 연약한 아기와 제멋대로인 다섯 살 조니 그리고 자기 자신을 돌볼 힘이 거의 없었다.

엎친 데 덮친 격으로 메건은 임신했을 때 어머니가 세상을 떠난 일로 더 괴로워했다. 메건은 침대에 누워서 지내야 했으므로 어머니 임종을 지킬 수 없었다. 어머니와 애증이 엇갈리는 관계였던 메건은 어머니의 죽음으로 자신이 깊은 슬픔에 빠지리라 예상하지 못했다. 또 어머니가 이토록 그리울 줄도 몰랐으며, 특히 지금은 어머니가 마법처럼 나타나 도와주기를 바랐다.

메건은 어느 날 밤, 저녁 요리를 하면서 어머니를 생각했다. 보험에서 비용의 아주 일부만 보상해주었으므로 남편은 의료비를 벌려고 야근까지 했다. 그들은 할 수 있는 데까지 했지만 지치고 짜증도 났다. 조니에게 함께 놀 동생을 만들어주는 것이 재미있고 그들 삶도 편하게 해줄 거라고 생각했을 뿐 악몽 같은 생활이 이어지리라고는 전혀 예상하지 못했다.

"조니, 엄마가 저녁을 만드는 동안 라일라와 놀아줄래?"라고 메건이 물었다.

"어떻게 해야 하는데?" 하고 조니가 물었다.

"아, 동생에게 말을 하거나 노래를 불러줘. 아무거나 괜찮아"라고 메건은 말했다.

조니는 자기가 좋아하는 노래를 불렀지만 이내 부를 노래가 바닥났다. 라일라가 울기 시작했다. 무엇보다 영아 산통을 앓는 라일라가 끊임없이 우는 게 모두를 초조하게 했다.

메건은 "다른 것도 해봐" 하고 조니에게 제안했다.

"저녁 식사 거의 다 준비되었어. 몇 분만 더."

"라일라를 다시 병원으로 보낼 수는 없을까?" 조니가 말했다. "나는 라일라가 싫어. 너무 시끄러워."

"조니, 라일라는 네 동생이고, 게다가 아프잖아. 라일라도 우리 가족이야."

조니는 엄마에게 짓궂게 웃어 보이더니 자작곡을 지어 불렀다.

엄마는 너를 사랑해.
엄마는 나를 사랑하지 않아.
하지만 괜찮아.
나는 이제 엄마가 필요 없어.
엄마는 아주 무서운 사람이야.
나는 상관없어.
엄마는 너나 가져.
나는 이제 엄마가 필요 없어.

메건은 말문이 막혀 무슨 말을 해야 할지, 어떻게 해야 할지 몰랐다. 메건은 조니에게 소리를 지르고 타임아웃(아이를 조용한 곳으로 데려가 일정 시간 접근을 제한하고 아이가 자기 행동을 돌이켜보며 반성하게 하는 훈육 방법-옮긴이)을 주고 싶었다. 아니면 절대 하지 않겠다고 맹세했던 엉덩이 때리기를 하고 싶었지만 참았다. 메건은 자리에 눕는 것 말고는 아무것도 할 힘이 없었다. 게다가 조니는 엄마가 시키는 대로 한 것이다. 메건은 아이에게 화내거나 아이를 때리지 않고 참았을 뿐이다. "와! 엄마가 왜 우리를 그렇게 자주 때렸는지 이제 알 것 같아. 내 자식에게 이렇게 화가 날 줄은 몰랐어"라고 메건은 말했다.

메건은 "그래도 나는 너를 사랑해"라고 말했지만 조니는 믿지 않는 것 같았다. 그리고 솔직히 메건은 조니에게 화가 많이 나 있었다. 오직 아기 울음소리만 들려왔을 뿐 메건은 조니와 무거운 침묵 속에서 저녁을 먹었다.

메건은 아이들을 재우고 자기 방으로 갔다. 몸이 얼음처럼 차갑고 감각이 없는 것 같았다. 그녀는 남편이 집에 돌아왔을 때 겨우 말을 할 수 있었지만 담요를 몸에 두르고 덜덜 떨면서 봉제인형을 껴안고 몇 시간째 울고 있었다.

"오늘도 힘들었어? 이번엔 무슨 일인데?" 남편은 짜증스럽다는 듯이 물었다.

"나 상처받았어. 나는 너무 부족해. 조니에게 상처를 주었어. 조니는 나를 싫어해. 더는 못하겠어. 너무 버거워." 메건은 흐느꼈다. "나는 나쁜 엄마야."

병원 진료실에서 메건은 산후우울증 진단을 받고 약물치료를 시작했다. 메건이 안정되기 시작하자 우리는 그녀가 건강을 되찾고 어머니를 애도하며 더 많은 지원을 받을 수 있도록 도왔다. 메건은 마음챙김 실습을 하는 데 관심뿐 아니라 시간도 없었다. 그저 하루를 견뎌내는 것만으로도 다행이었다. 그러나 메건은 조니가 속을 썩이고 라일라가 영아 산통이 있는 많은 날 동안 '정신줄을 놓지 않게' 도와줄 일상적인 것들에 관심이 있었다.

우리는 함께 '아기 달래기 명상' 실습을 했다. 이 장 앞부분에서 말한 바와 같이 마음챙김을 실천하려고 앉아야 할 필요는 없다. 걷거나 서거나 누워서 실습하는 것도 괜찮다.

아기에게 당신이 암송하는 몇 구절을 덧붙여 들려줘도 좋다. 자유롭게 자신만의 리듬을 만들어내게 한다. 메건은 아기를 달래려고 이런 리듬을 만들었다.

아기 달래기 명상

---❀---

- 바닥에 닿아 있는 당신 발을 느끼는 것으로 시작합니다.
- 아기를 안아줄 수 있는 편안한 위치를 찾습니다.
- 앞뒤 좌우로 천천히 부드럽게 움직여봅니다.
- 아기의 온기를 몸으로 느껴봅니다.
- 심장 박동 소리를 들을 수 있게 아기를 가슴에 대어봅니다.
- 무릎을 굽혀 아기를 위아래로 부드럽게 움직여봅니다.
- 당신의 몸을 느끼면서 당신 자신이 땅의 지지를 받는 것을 느껴봅니다.
- 아주 살짝 몸의 방향을 바꾸며 춤을 추고 노래를 불러도 됩니다.
- 당신의 호흡을 조절해봅니다. 부드러운 움직임과 호흡을 맞추어봅니다.
- 당신의 호흡에 아기가 흔들리게 합니다.

너 내 아기고 난 널 미친 듯이 사랑해.

내가 너를 위해 여기 있어.

어렵게 왔지만 우리는 이겨낼 거야.

그래, 우리는 함께 이겨낼 거야.

우리는 길을 발견할 거야.

걸음을 걷거나 춤을 추어도 괜찮다. 이 실습을 얼마든지 당신 것으로 만들어라.

영아 산통은 몇 달 만에 가라앉을 거라는 의사 말이 맞았다. 메건은 라일라의 영아 산통이 괜찮아지자 다시 조니와의 관계에 관심을 두었지만 여전히 조니에게 화가 나 있었다.

"갇혀 있는 것처럼 답답해요. 심한 말인 줄은 알지만 조니가 싫어요. 조니와 함께 있고 싶지도 않고, 조니가… 미워 죽겠어요! 가끔 조니는 저를 화나게 하려고 아기를 꼬집어요. 아기가 울면 저는 또 화를 내죠." 메건은 잠시 멈추었다가 "엄마로서는 꽤 한심한 변명이죠"라고 말하며 고개를 저었다.

상담실 밖에서 부모들은 아이를 기르는 것이 힘들다는 이야기를 여간해서 하지 않지만 부모-자녀 관계에는 힘든(긴장하고 화나는) 시간이 종종 있다. 하지만 어떤 관계에서든 힘든 시간은 인간으로서 피할 수 없는 부분이다. 우리는 청소년기에만 갈등이 있을 거라고 생각하지만 부정적인 감정은 언제라도 생길 수 있다. 아이들이나 배우자에게 짜증이 나는 것은 아주 당연한 일이다. 그러나 우리는 부정적인 감정이 있는 것에 대해 뭔가 잘못되었다고 믿으며 죄책감을 느끼고 부정하거나 억압하는 경향이 있다.

연구자들은 "우리가 저항하는 일은 끊임없이 지속된다"라고 말한다. 그러니 만약 당신이 짜증이 나는 걸 알아차렸다면 짜증과 싸우지 마라. 짜증을 알아차리고 인정한 다음 내려놓아라. 생각과 감정이 30초 이상 지속되는 경우는 드물다. 그것에 대해 이야기를 만들어내지 않게 하라. 또는 짜증 나는 순간이나 사람을 흘러가는 것 이상으로 보지 마라. 이것이 여전히 잔소리로 들리면 우리가 연민 어린 NAG라고 하는 것을 실습해보라.

느낌이나 감각에 주목한다. (Notice)
느낌이나 감각이 일어나고 사라지는 것을 지켜보며 저항하지 말고 머물도록

1장 멈추게 해주세요. 도저히 따라갈 수 없어요

비추어 보기

🌰

무엇이 당신을 화나게 하나요?

부모에게 부정적인 감정을 일으키는 일에는 어떤 것들이 있는지 살펴봅니다.

- 잠시 멈추어봅니다. 지금 당신에게는 이 '비추어 보기' 실습이 필요하고 할 만한 가치가 있습니다.
- 몇 번 숨을 쉬고 주변의 소리를 들어봅니다. 소리를 받아들입니다. 당신 자신을 채웁니다.
- 무엇이 당신 부모님을 화나게 했는지 기억하며 아주 쉽게 시작할 수 있습니다. 당신이 어떻게 할 때 부모님이 화를 냈나요?

당신이 집안일을 하지 않았을 때였나요?

당신이 저녁을 먹고 나서 정리를 안 했을 때였나요?

당신이 말대꾸를 했을 때였나요?

당신이 우유나 음식을 엎질렀을 때였나요?

당신이 방 청소를 안 했을 때였나요?

당신이 형제들과 싸웠을 때였나요?

당신이 학교에서 친구들과 싸웠을 때였나요?

당신이 숙제를 안 했을 때였나요?

당신의 성적이 안 좋았을 때였나요?

- 당신은 어떤가요? 무엇이 당신을 화나게 화나요? 무엇이 당신에게 부정적인 감

정을 불러일으키나요? 당신이 알아차릴 수 있는 패턴에 주의를 기울이며 그것을 적어봅니다.

- 마지막으로 자신에게 약간의 연민을 가져봅니다(할 수 있다면 부모님에게도). 우리는 모두 인간이고, 때때로 이성을 잃어버립니다.

허용한다. (Allow)

그리고 내려놓는다. (Let it go)

종종 명상 지도자들이 '초심자의 마음'이라고 부르는 관점으로 아이를 바라보면 아이와 관계를 재설정하는 데 도움이 된다. 부정적인 행동 패턴에 갇히기는 매우 쉽다. 다행히 우리는 그렇게 부정적으로 보고 관계하는 방식을 바꿀 수 있다. 그 틀을 치우고 관계의 역동성을 바꿔야 할 때 '비추어 보기' 실습을 활용해보라.

메건은 다음에 나오는 '비추어 보기' 실습을 여러 번 했고, 그것이 조니를 사랑했던 시간과 다시 연결되도록 했다. 메건은 조니의 관점에서 사물을 보기 시작했다. 자신이 침대에 누워 쉴 때 조니가 얼마나 힘들었을지, 조니 안에서 시작된 가족구조의 균형 붕괴, 조니가 소외된 것처럼 느꼈던 방식 등을 보았다. 물론 그때 조니는 화를 내고 행동으로 표현도 했다. 조니를 이해하자 마음이 누그러졌다. 메건은 처음으로 자신의 분노가 평생 지속되지는 않을 수도 있겠다고 생각했다.

나는 조니와 메건이 함께 무언가를 해보도록 제안했다. 조니와 메건이 특별

친절한 눈으로 바라보기

당신 아이가 잘 때 이 실습을 해봅니다.

- 잠을 방해하지 않고 조용히 아이 옆에 앉아봅니다.
- 아이가 숨 쉬는 것을 지켜봅니다. 원한다면 당신의 들숨과 날숨을 아이에게 맞춰봅니다.
- 자신에게 가혹하지 않으면서 아이를 어떻게 보는지 진솔하게 비추어 봅니다. 지금 어떤 생각이나 감정이 일어나나요?
- 종종 우리 생각은 중립적이거나 비판적입니다. 당신은 아이에게 이런 말을 자주 하나요? "오늘은 왜 그런 옷을 입고 학교에 가니?" "왜 이렇게 지저분해?" "너는 내가 하는 모든 말과 행동에 대해 불평을 해야만 하니?" "채소를 왜 먹지 않니?"
- 아이와 어떻게 반응하고 상호작용하나요? 자신을 판단하고 질책하지 말고 호기심을 가져봅니다.
- 아이를 마치 처음 만나는 것처럼, 한 번도 본 적이 없는 것처럼 바라봅니다. 거기에서 휴식합니다.
- 무엇을 알아차렸나요? 아이 얼굴에서 새로운 것을 볼 수 있는지 확인합니다.
- 당신 아이의 취약성을 잠시 생각해봅니다. 약점뿐만 아니라 강점도 봅니다.
- 무엇이 아이의 고통을 불러일으키나요?
- 모든 존재와 마찬가지로 당신 아이가 어떻게 행복해지기를 원하는지 비추어 봅니다.
- 새로운 관점에서 아이를 볼 때 당신 마음이 부드러워지도록 허용할 수 있나요?

한 시간을 보내는 동안 주말에 한두 시간은 아빠가 아기를 돌볼 수 있지 않을까? 일이 이루어지는 데는 어느 정도 타협이 필요했다. 조니도 그 제안을 마음에 들어 했다.

첫날은 동네 피자집에서 조니가 가장 좋아하는 피자를 먹었다. 점차 점심을 먹는 것으로 발전했고, 나중에는 운동장에서 함께 축구공도 차게 되었다. 메건은 학교 운동장에서 축구를 하며 조니가 흉내 내려고 했던 화려한 발놀림을 보여주었다. 몸을 활기차게 움직이게 되자 기분이 좋아졌고 조니도 좋아했다. "멋져, 엄마." 조니가 감탄했다. "멋지다!" 상황이 나아지고 있었다.

그저 심한 감기에
걸렸을 뿐
:

그냥 심한 감기 같았다. "너무 걱정하지 마, 발레리." 남편이 혼내듯 말했다. "애들은 항상 감기에 걸리잖아. 당신이 과민반응하는 거야." 그러나 네 살짜리 매트는 불편해했다. 코가 너무 막혀서 숨쉬기 힘들어했고, 잠을 잘 수 없는 것처럼 보였다. 몸이 아프니까 짜증도 더 냈다. "어린이집에 보내. 별일 아니야. 애를 약하게 키우지 마." 매트는 그들에게 첫아이였다. 발레리는 살면서 자신이 너무 감정적이라는 말을 여러 번 들었다. 그래서 따뜻한 스웨터, 스카프, 장갑, 모자 등을 챙겨서 매트를 어린이집에 데리고 갔다. 다행히 매트는 열이 거의 나지 않았고, 발레리는 출근해야 했다.

몇 시간 후 매트의 선생님이 발레리에게 전화해서 "매트가 방금 토했어요. 어머니가 오셔서 데리고 가야 할 것 같아요"라고 했다. 발레리는 '그래, 오늘 일

:

　　　　　　　　　　　1장 멈추게 해주세요. 도저히 따라갈 수 없어요

은 여기까지만 하자'고 생각했다. 발레리가 어린이집에 가서 보니 매트의 체온은 37.7도가 넘었다. 매트는 얼굴이 유난히 창백하고 힘이 없어 보였지만 엄마를 보더니 좋아했다. 체온을 내리려고 조치를 했지만 열은 내리지 않았을뿐더러 오히려 더 올라갔다. 발레리는 남편에게 "매트가 이상해"라고 말했다. "매트를 병원에 데려가 봐야겠어. 많이 아픈 것 같아."

"오! 발레리, 잠을 좀 재워보자. 밤에는 전화 통화도 안 돼. 우리도 쉬어야 하고. 여러 사람 귀찮게 하지 말자. 그냥 독감일 거야."

다음 날 아침 매트에게 열이 계속 나자 발레리는 회사에 전화해서 하루 더 휴가를 냈다. "다른 사람들은 대체 어떻게 아이를 키우며 직장에 계속 다닐까?" 화가 난 발레리는 덫에 걸린 느낌이 들어 심란했다.

발레리는 열이 계속 오르는 매트를 데리고 소아과 의사에게 갔다. 매트는 숨을 쉬려고 애썼지만 몸은 축 처졌고 심장은 빠르게 뛰었다.

소아과 의사가 매트를 진찰하고는 차분하고 진지한 목소리로 말했다. "종합병원으로 데리고 가세요. 당장 약물치료를 받아야 합니다. 그리고 발레리." 의사는 잠시 말을 멈추더니 그녀 어깨에 손을 얹었다. "너무 걱정하지 마세요. 그리고 바로 병원으로 가세요. 집에 들르지 말고 곧장."

하지만 걱정을 하지 않을 수 없었다. 매트에게 안전벨트를 채우고 도심에 있는 어린이 병원으로 가능한 한 빠르게 차를 몰았다. 교통체증으로 막히는 시간대에 운전하는 것을 싫어했지만 선택할 여지가 없었다.

병원에 도착했을 때 매트의 열은 39.4도 이상으로 치솟아 있었다. 매트는 여전히 숨 쉬기 힘들어했다. 발레리는 병원에서 오랫동안 기다리며 자신이 혼자라고 느꼈다. "아이가 숨을 쉬려고 안간힘을 쓰는데, 제발 누가 아이 좀 봐주세요." 발레리는 응급실 진료 순서를 정하는 간호사를 붙잡고 사정했다.

잠시 후 응급실에서 의사, 간호사, 레지던트가 환한 조명이 비추는 금속 테이블 위에 매트를 올려놓았다. 갑자기 매트의 작은 몸에 기계와 튜브, 모니터가 연결되었다. 일이 너무 빠르게 진행되니 현실이 아닌 것 같았다.

"이만했을 때 데려와서 다행입니다"라고 주치의가 말했다. "아이가 호흡기 감염이 심합니다. 병원에서 하룻밤 있으며 지켜보는 것이 좋겠습니다."

발레리는 정신이 없었지만 매트가 바로 치료를 받을 수 있고 위급해지면 도움을 요청할 수 있으니 마음이 놓였다. 발레리는 마음챙김을 하려고 노력했지만, 매트가 힘들어하는 동안 호흡에 집중할 수 없었다. 호흡을 찾으려고 했지만 고통스러워하며 숨을 쉬려고 애쓰는 매트의 모습밖에 떠오르지 않았다. 발레리에게는 이 시련을 이겨낼 무언가가 필요했다. 병원 침대 옆 의자에서 지친 몸을 떨며 잠을 자려고 노력하면서 밤을 보냈다.

발레리는 인기 있고 실용적인 명상 방법 중 소리 듣기를 좋아했는데, 이 명상이 호흡을 따르는 것보다 더 효과가 있다는 사실을 알고 있었다. 그래서 병원에서 기본적인 '삶의 소리' 실습을 적용해보았다.

발레리는 실습 경험을 비추어 보았을 때, 매트 방에서 나는 소리를 듣는 것이 현재 순간에 머무르는 데 도움이 되었고 안 좋은 생각에 빠지지 않게 했다는 사실을 깨달았다. 이 실습을 하기는 아주 쉬웠다. "보통 때라면 모니터의 소음과 삐걱거리는 소리, 호흡기 소리에 짜증이 났겠지만, 그런 소리들이 매트를 보호해준다는 느낌이 들었어요. 심지어 그 기계들의 불빛과 소리가 매트를 살아 있게 한다는 것을 알았어요. 그것을 안다는 사실이 감정조절이 안 되고 엉망진창이 되는 상황을 막는 데 도움이 되었어요."

이 실습이 발레리가 극적인 상황을 헤쳐나가는 데도 도움을 주었다. 이 실습은 일상생활에서도 유용하다. 명상과 요가 지도자들은 호흡에 집중할 수 있

삶의 소리

---🌷---

- 앉거나 서거나 누워서 시작합니다. 자세는 중요하지 않습니다. 가능한 한 편안한 자세를 취합니다.
- 주변 소리에 귀를 기울입니다. 여기에는 난방기, 에어컨, 바람, 비 또는 자동차 소리가 포함될 수 있습니다.
- 소리 이름을 지정하거나, 소리를 붙잡거나 밀어낼 필요가 없습니다. 소리를 있는 그대로 들으면 됩니다.
- 당신이 위, 아래, 뒤, 앞에서 360도로 소리를 들으며 온몸으로 듣는다고 상상해봅니다.
- 모든 이야기와 마찬가지로 각각의 소리에는 시작, 중간, 끝이 있다는 것에 주목합니다.
- 어떤 소리는 성가시거나 짜증 나는 반면 어떤 소리는 반응을 불러일으키지 않습니다. 소리를 판단하지 않고 그냥 듣습니다.
- 마음이 산만해지더라도 괜찮습니다. 그냥 방 안의 소리를 들으며 현재 순간으로 되돌아옵니다.
- 지금과 같이 잠시 들리는 소리 속에서 쉴 수 있는지 봅니다.
- 비록 힘든 순간이지만, 이들 소리가 똑같은 방식으로 절대 다시 나타나지 않는다는 사실을 인식합니다.
- 준비되면 심호흡을 하고 손과 다리의 움직임을 알아차립니다. 눈을 감고 있다면 눈을 뜹니다.

지만, 호흡 명상이 모든 사람에게 가장 좋은 방법은 아니라고 말한다. 내면에 관심을 두고 닻을 내리는 것이 불편한 감정과 기억을 불러일으킬 수 있다. 불안과 트라우마를 경험한 적이 있는 사람들이 일상에서 명상하는 방법은 주변에서 나는 소리에 주의를 기울이는 것이다. 명상에 회의적인 사람도 소리를 듣는 실습은 더 쉽게 접근할 수 있다. 그리고 소리가 나도록 할 필요도 없고 따로 조종할 필요도 없어서 아무런 노력 없이 소리를 쉽게 들을 수 있다. 소리가 나면 듣고 현재에 머무르기만 하면 된다.

로사는 어린아이 셋에다 무릎 관절을 수술한 후 보살핌이 필요한 노쇠한 엄마 때문에 오는 스트레스를 관리하는 데 도움을 받으려고 나를 찾아왔다. 로사는 명상이 이렇게 바쁘게 사는 사람에게는 통하지 않을 거라고 생각했다. 나는 이 실습이 인내와 유머 그리고 자기 수용이 필요한 강아지 훈련과 같다고 말해주었다. 로사는 하루에 3분씩 시간을 내 실습하면서 한 번에 한 소리씩 순간으로 되돌아갈 수 있다는 사실을 발견했다. "한 번에 한 소리." 축구 경기장과 재활센터를 오가며 주변에서 나는 소리에 귀를 기울이는 것이 그녀가 덜 불안해지도록 도왔다.

알레산드라는 외상을 경험했을뿐더러 성적 학대를 받은 적이 있었다. 그녀는 마음챙김을 해보고 싶었지만 호흡을 느끼려고 하자 불안해졌다. 소리를 듣는 것은 그녀가 안정을 찾고 현재로 돌아오게 하는 좋은 방법이었다. 학대가 일어났던 시골집에 대한 기억이 떠오를 때 또는 딸에게 나쁜 일이 생길까봐 두려울 때, 에어컨 소리나 자동차 소리를 듣는 것은 알레산드라가 현재 삶에, 그리고 지금 순간에 의식의 닻을 내리는 데 도움을 주었다. 어렵게 얻은 새로운 삶과 아이 소리에 집중하자 트라우마에 반복해서 집착하는 생각이 가라앉았다. 우리는 걷거나 버스에 앉거나 설거지할 때도 소리를 들을 수 있고, 다른 감각을 이해할 수 있다. 마음이 미래로 달려가거나 과거에 갇혀 있는 동안에도 우리 감각은 항상 현재에 있다.

마음챙김과 연민은 단순히 묘기를 부리듯이 너무 많은 일을 잘하려고 애쓰느라 지치고 스트레스를 받는 부모들을 위한 실습 방법이 아니다. 마음챙김과 연민은 삶의 도구이다. 이런 기술들은 우리가 직면한 모든 도전적인 상황, 예를 들어 욕구 불만, 학대하던 가족, 병으로 인한 정서적 압박감, 경제적 부담, 한부모, 외상, 중독의 후유증 등을 관리하도록 돕는다. 마음챙김과 연민은 우리가 짊어진 부담과 새로운 관계를 맺고 개인사나 삶의 사건들에 얽매이지 않는 자유를 준다.

물에 빠져
죽을 것 같아

롭은 문제가 있어도 말로 표현하지 못하는 가정환경에서 자랐다. 자립적인 가족 분위기에서 도움이 필요하다는 것은 나약하다는 표시였다. 롭의 아내는 우울해하는 롭이 스트레스를 관리하려면 도움이 필요하다는 사실을 알았다. 다섯 형제 중 맏이인 롭은 열심히 일했다. 롭은 "저는 충직한 사람이에요. 항상 그 자리에서 믿을 수 있는 사람이 되려고 노력합니다. 아무도 실망시키지 않을 겁니다"라고 나에게 말했다.

"저는 불평하지 않아요. 그것은 무례한 행동이니까요. 간호사였던 어머니는 늘 강인했고, 이치에 맞지 않는 말은 하지 않았어요. 만일 아프다고 해도 학교는 가야 합니다. 머리에서 피가 나는 게 아니라면 말이에요. 어머니는 훌륭하고 정직한 분이죠. 아버지는 건설 일을 했는데 저는 아버지가 자랑스러웠어요. 아버지는 문제해결력이 좋았죠.

제가 10대였을 때 아버지가 직장에서 다치셨어요. 그래서 장애인으로 살아야 하자 아버지는 본격적으로 술을 마셨어요. 어머니가 나서서 아버지 대신 일을 배로 했어요. 저도 나섰습니다. 신문배달을 하고 동네 식료품점에서 봉지에 물건을 넣어주는 일을 했어요. 열다섯 살이라서 일을 많이 할 수 없었지요. 저는 어머니가 일하는 동안 어린 동생들도 돌봐야 했어요. 우리는 저녁으로 시리얼을 먹었죠. 그래서 음식 만드는 법을 배우기로 마음먹었습니다. 내세울 건 없지만 물은 끓일 수 있어요."

롭은 미소 지었다. "아버지는 지금 치매에 걸려서 거의 침대에 누워 계세요. 슬픈 일이죠. 정말 슬퍼요." 롭은 바닥을 내려다보며 고개를 저었다.

"저는 여전히 가족을 지원하려고 노력해요. 아버지는 의료비를 많이 내야 하거든요. 형제들도 도움을 주려고 해요. 하지만 각자 자기 가족을 위해 필요한 돈도 있잖아요. 장애수당으로는 충당하기가 어려워요.

저는 학교를 졸업하고 바로 가족이 운영하는 가구 사업에 뛰어들었어요. 가구 사업은 안정된 일이었어요. 그래서 나중에 그 사업을 저한테 넘겨주길 바랐지요. 가족들도 저에게 잘 대했고요. 한동안은 좋았어요. 저는 가정을 꾸렸고 살만했지요. 그런데 삼촌이 갑자기 암에 걸려서 가게를 계속 운영할 수 없었어요. 그렇지만 저는 그 사업체를 사들일 돈이 없었지요. 그게 다예요. '미안하다.' 삼촌이 말했어요. '내가 너를 위해 더 많은 것을 해줄 수 있었으면 좋았을 텐데….' 그러니까 10년 넘게 고생했는데 그 일에 대해 보여줄 수 있는 건 아무것도 없었어요. 퇴직금도 별로 없었고요. 저는 길바닥에 나 앉았죠.

저에게는 아내와 어린아이 셋이 있어요. 저는 좋은 가장이 되는 데 자부심을 느껴요. 그래서 이력서를 보내고 검색을 하고 친구들한테 전화도 하면서 새 일자리를 찾고 있어요. 그런데 아무것도 잡히는 것이 없네요. 그렇게 몇 달 지나니 이제는 걱정돼요. 돈이 궁해서 택시를 운전하는데 사람들은 저를 하인 취급해요. 부모님과 가족은 저에게 의존해요. 아내가 어린이집 선생님이지만 그것만으로는 우리가 먹고살기에 충분하지 않아요. 저는 쓸모없는 사람처럼 느껴집니다. 가끔 한밤중에 공황 상태에서 식은땀을 흘리며 잠에서 깨요. 숨쉬기가 힘들고 기분이 나쁜 날은 물에 빠진 것 같은 기분이 듭니다."

롭이 말했다. "어떤 날은 저 자신이 싫어요. 저는 정신이 산만해지고 화가 나서 아무것도 제대로 할 수 없을 것 같아요. 만일 제가 가게에서 우유 챙겨오는 걸 잊어버린다면 저 자신을 원망했을 겁니다." 롭이 가족에게 얼마나 헌신적인지, 가족을 위해 얼마나 열심히 노력했는지는 분명했다. 그리고 일이 계획대로 되지 않았을 때 얼마나 힘들어했는지도 말이다. 우리 중 75%는 친구보다 자기 자신을 더 힘들게 한다. 롭이 균형을 찾을 수 있도록 도우려고 가장 친한 친구라면 그에게 뭐라고 할 것 같은지 물었다.

"아, 힘든 시간을 보내는 것 같은데, 곧 나아질 거라고 말해줄 거예요."

"좋아요. 그런 균형을 유지하는 데 도움이 될 만한 실습을 해보면 어떨까요?"

"실습이 도움이 될 거라고 생각해요? 어떻게 그럴 수 있죠? 취업해서 가족을 먹여 살리는 데 도움이 될까요? 저는 단순한 해결책에는 관심이 없어요"라고 롭은 회의적으로 말했다.

나는 "효과가 있다는 연구 결과도 있어요. 한번 해봅시다. 저도 같이할게요"라고 말해주었다.

다음에 제시하는 '비추어 보기' 실습은 거머와 네프의 자기연민(MSC; Mindful

Self-Compassion) 프로그램을 적용한 것이다. 이 실습은 삶을 더 도전적으로 살아가도록 우리를 위로하고 도울 수 있다.

가장 친한 친구라면 어떻게 했을까요?

- 잠시 시간을 갖고 조용히 앉아봅니다. 친절하고 사랑스러운 친구를 생각해봅니다. 선생님, 멘토, 친척, 아니면 동물이나 영적인 존재일 수도 있습니다.
- 당신의 몸과 마음이 친구의 존재를 어떻게 느끼는지 알아차립니다.
- 이 친구에게 당신이 겪고 있는 일과 그것이 얼마나 힘들었는지 말해봅니다.
- 이 친구가 당신에게 뭐라고 말할 것 같나요? 단어, 어조, 표정까지 상상해봅니다. 편지나 메모 형태로 편하게 얼마든지 적어봅니다.
- 떠오르는 모든 말이나 이미지에 마음을 엽니다.
- 친구는 무엇을 할 것 같은가요? 등을 쓰다듬어주거나 부드럽게 껴안아주는 것을 생각해봅니다.
- 도움이 되었다면, 이 반응을 적어서 가방에 넣어 가지고 다닙니다. 그리고 도움이 필요하거나 안정이 필요할 때마다 그것을 꺼내 다시 떠올려봅니다.

롭은 고등학교 때 가장 친한 친구였던 잭을 떠올렸다. 잭은 롭의 암벽등반 파트너였고 여전히 좋은 친구였지만 다른 지역으로 이사를 갔다. 롭이 말했다.

"제가 운동하는데 잭의 말이 들리는 것 같았어요. '친구야, 그건 네 잘못이

1장 멈추게 해주세요. 도저히 따라갈 수 없어요

아니야. 네 잘못이라고 생각하지 마. 진정하고 조금만 참고 견뎌. 인생을 통제할 수는 없어. 넌 좋은 사람이야. 난 널 내 목숨처럼 믿어. 넌 날 실망시키지 않았어. 넌 이걸 돌려놓을 거야. 내가 믿을 수 있는 사람이 있다면 그건 바로 너야.' 그것은 누군가가 저에게 해준 가장 친절한 말이었어요." 롭의 눈가에 눈물이 고였다. "제가 그렇게 형편없지는 않은가 봐요." 그는 잠시 말을 멈추었다.

"모든 것을 비밀로 하지 않는 게 더 좋을 텐데, 많은 걱정이 저를 압박해요."

"롭, 잭이 당신에게 한 말은 명상 지도자 웨스 니스커(Wes Nisker)가 가르쳐준 것과 거의 같아요. 저는 그 말이 사실이라는 걸 알아요. 그는 사람들에게 '그 일이 너 때문은 아니야'라고 말합니다."

"제가 잘못한 것 같아요. 가족 사업체에서 일하지 말았어야 했어요. 그러나 그때는 그걸 몰랐어요. 그것이 최선 같았어요. 삼촌을 원망할 수는 없어요. 일이 잘 풀리지 않는 것에 대한 책임을 져야 할 것 같아요." 그는 잠시 멈추었다. "가끔 바보처럼 느껴져요."

"롭, 우리는 모두 우리가 할 수 있는 최선의 결정을 해요. 우리는 미래가 어떨지, 무슨 일이 일어날지 몰라요. 만약 어떤 결정을 해야 한다면 우리가 누구인지는 물론 우리 삶에서 일어나는 모든 상황을 고려해야 해요. 부모님, 유전적 요인, 문화, 성장 환경, 경제 상황, 심지어 세계적 사건 같은 복합적 요소 말이에요. 그것이 우리 행동에 책임을 지지 않는다는 뜻은 아니에요. 또한 우유를 가져오는 일을 잊어버리는 것 같은 모든 사소한 것, 모든 결핍, 모든 결점, 모든 시간에 대해 자신을 비난한다는 뜻도 아니고요. 우리는 어떤 직장이 지속될지, 누가 병에 걸릴지는 물론 주식시장의 변동, 날씨, 자연재해의 영향도 예측할 수 없잖아요."

롭은 마크 콜먼(Mark Coleman)의 영감을 받은 다음 실습을 매일 하면서 마음을 가라앉혔다.

당신 잘못이 아니에요[5]

❀

- 편하게 앉아서 마음을 가라앉히는 것으로 시작합니다. 당신은 앉거나 서거나 누워서 실습을 할 수 있습니다.
- 어떻게 당신 잘못이 아닌지를 비추어 봅니다. 이렇게 태어나라고 주문했나요? 이런 비판적인 마음을 갖게 해달라고 요구했나요? 당신이 이 나라에서 태어나려고 선택했나요? 당신의 성격 유형을 주문했나요?
- 제대로 기능하지 못하는(역기능적) 가족을 온라인으로 주문했나요?
- 우리 삶을 형성하는 많은 요소와 변수는 우리가 완전히 통제할 수 없습니다.
- 가능한 한 크게 보려고 합니다. 이 큰 그림은 우리가 삶에서 만나는 기이한 일과 도전에 대해 연민을 키우는 데 도움을 줍니다.
- 심리학자 카를 융(Carl Jung)은 우리에게 일어난 것이 우리가 아니라 우리가 되기 위해 선택한 것이 우리라고 했습니다.
- 자신을 판단하고 비난하고 원망하지 말고 자신의 힘듦에 친절과 연민을 보이면 어떨까요?
- 더 큰 관점에서 자기 삶을 보는 것이 어떤 느낌인지 비추어 봅니다.

1장 멈추게 해주세요. 도저히 따라갈 수 없어요

일상에서 마음챙김
실습하기

양육은 대부분 우리가 직접 양육을 경험하기 전에 상상했던 것처럼 사랑스럽
게 웃는 아기들을 돌보는 것과는 거리가 멀다. 프로이트(Freud) 박사가 양육을
'몹시 고된 직업'이라고 한 데는 이유가 있다. 다행히 이 책에서 제안하는 실습
들은 부모가 되면서 함께 오는 신체적·정서적 고통의 많은 부분을 상쇄할 힘
이 있다.

　체육관에서 몸을 단련하는 것과 같이 마음을 단련하는 것은 의사결정, 정
서적 유연성, 대응력, 이해력 등 양육에 매우 중요한 일상적인 일들을 돕는다.
지난 일을 후회하거나 미래에 대한 걱정에 사로잡히기보다 지금을 더 잘 느낄
수 있도록 훈련하는 것 또한 가족의 행복과 웰빙, 즉 탄력성, 침착, 평정, 연민,
서로 간의 연결감에 필요한 결정적 자질을 길러준다.

　신경과학자이자 선구적 연구자인 리처드 데이비슨(Richard Davidson) 박사

는 감정을 훈련할 수 있다고 강조한다.[6] 양육이라는 고된 일에 대한 우리 반응도 그렇다. 양육의 모든 측면을 사랑하는 초긍정 낙천주의자가 되라는 게 아니다(기저귀 갈기와 배변 훈련을 사랑하기는 어렵다). 하지만 우리는 적어도 즐거움을 주는 것들에 반응하는 선택을 할 수 있다.

아기를 키우는 부모들은 대부분 기저귀를 하루에 적어도 여섯 번에서 여덟 번까지 갈게 된다. 아기 한 명당 기저귀를 8천 개 정도 쓴다는 통계도 있다. 그럼 아이가 한 명 이상 있다면 기저귀를 몇 번 갈아야 할지 계산해보라.

아무리 마음챙김과 연민 수행을 많이 해도 일상생활에서 불쾌한 것들을 없애지는 못한다. 똥 묻은 기저귀가 마법처럼 사라지거나 금으로 변하지는 않는다. 하지만 기저귀를 가는 일에 알아차림을 적용한다면 어떤 일이 일어날까? 양육이라는 고된 일에 대응하는 방식이 일상생활에 영향을 줄 수 있다. 양육이라는 원치 않는 일들을 없애버릴 수는 없지만 양육과 관계를 맺는 방식은 선택할 수 있다.

명상 지도자 샤론 샐즈버그(Sharon Salzberg)는 마음챙김이 무슨 일이 일어나느냐에 따라 달라지지 않지만 '일어나는 일과 관계 맺는 방법'에 관한 것이라고 강조한다. "내 인생은 수렁에 빠져 있고 항상 그래왔고 앞으로도 그럴 것이다"라는 것과 "이것은 단지 현재 되풀이될 뿐이고 즐겁지는 않지만 내 아이에게 필요하고 이로운 일이다. 그냥 이 일과 함께하자"라는 것은 차이가 있다.

매일 아이를 돌봐야 한다는 요구가 압박으로 느껴져 우울해질 때, 일상생활에서 마음챙김 실습을 시도해보라. 근육을 단련하듯이 양육 과정에서 8천 번도 넘게 말 그대로 기저귀를 가는 단순 노동을 하며 자신을 훈련할 수 있다.

명상 지도자들은 하루 중 많은 시간을 조용히 앉아 있을 필요가 없다고 강조한다. 어떤 부모들이 그런 사치를 부릴 수 있겠는가? 하루 중 마음챙김을 하

아기 기저귀 갈기 명상

🌷

- 기저귀를 갈기 전에 잠시 멈추어봅니다.

- 숨을 쉬어봅니다. 발을 땅에 대고 느껴봅니다.

- 당신의 아기를 봅니다. 아기의 눈을 들여다봅니다. 미소를 지어봅니다.

- 반응하지 않고 수용하며 기저귀를 가는 동안 일어나는 감각, 생각, 감정, 냄새 등과 함께할 수 있는지 봅니다.

- 우리는 어떤 것을 좋아할 때 그것들을 잡고 싶어합니다. 우리는 어떤 것을 싫어할 때 짜증을 내거나 귀찮다고 생각하면서 그것들을 밀어내고 싶어합니다.

- 능숙하게 관계하는 한 가지 방법은 좋아하든 싫어하든 그 일이 사라지지 않는다는 사실을 인정하는 것입니다.

- 기저귀 가는 단계를 자각합니다. 즉, 물티슈, 연고, 파우더를 사용하고 옷을 벗겼다가 입힙니다.

- 아기가 소리를 지르거나 난리를 칠 수 있습니다. 이는 아기들이 흔히 보이는 반응입니다. 심호흡을 하며 마음을 가라앉힙니다. 이 순간은 지나갈 겁니다.

- 거부하지 않고 있는 그대로 상황을 허용하는 것이 어떤 느낌인지 봅니다.

- 이것은 삶의 일부분입니다. 틱낫한(Thich Nhat Hanh) 스님은 "진흙이 없으면 연꽃도 없다"라고 말하곤 했습니다.

- 마무리하면서 당신이 아기를 깨끗하고 편안하게 해주었다는 사실을 인식합니다.

- 원한다면 환하게 웃으며 포옹으로 마무리합니다.

- 이 일을 8천 번 반복합니다.

커피 마시기 명상

- 커피를 직접 끓인다면(만든다면) 물을 끓이는 동안 잠깐 멈추고 호흡합니다.
- 물소리 또는 커피메이커의 소리를 들어봅니다.
- 커피 향기를 맡아보고 향기를 들이마셔봅니다.
- 커피를 따를 때 뜨거운 증기에 주의하면서 색깔, 냄새를 느끼기 위해 모든 감각을 사용합니다.
- 우유, 크림, 설탕 등을 첨가하게 되면 젓는 행동에 주의를 기울입니다.
- 처음 한 모금을 마시기 전에 멈춥니다. 커피 향기를 들이마십니다.
- 컵의 온기를 느껴봅니다.
- 첫 모금을 즐기면서 아~ 소리를 내어봅니다.
- 커피를 본격적으로 마십니다.
- 무엇을 알아차렸나요? 혀에 어떤 느낌이 드나요? 삼키는 감각을 느껴봅니다.
- 잠시 앉아(또는 일상의 아침처럼 서) 있습니다. 커피를 마시면서 잠시 멈춰서 가능한 한 많은 순간을 알아차립니다.
- 몇 주마다 온전히 완벽한 주의를 불러오는 새로운 활동을 추가합니다. 이런 집중과 자각을 하루 일과로 삼을 수 있는지 봅니다.

1장 멈추게 해주세요. 도저히 따라갈 수 없어요

는 순간이 당신의 웰빙과 스트레스 대처 능력에 큰 차이를 만들 수 있다는 말이 그나마 위로가 된다. 내 스승 중 한 분은 한마디로 이렇게 말한다. "짧은 순간, 여러 번." 마음챙김을 대단한 것으로 만들 필요는 없다. 일상에서, 언제 어디서나 할 수 있다. 수행을 하는 목적은 잡다한 일이나 즐겁지 않은 활동을 하면서 현존한다는 사실을 배우는 것이다. 일상 수행의 요점은 우리는 항상 하는 일을 한다는 것이다. 또 우리 감각을 더 깊이 확인하며 우리가 하고 있다는 사실을 아는 것이다.

　밥 먹을 시간도 없는 바쁜 아침에 다음과 같은 연습을 해보라(걱정하지 마라. 허브차의 좋은 점은 늘어놓지 않는다). 온라인에서 본 사진 아래에 있던 글귀가 생각난다. "커피숍에서 전화도 노트북도 안 하고 커피만 마시는 남자가 있다. 사이코패스처럼." 당신은 커피를 마실 시간이 되면 커피를 얼마나 자주 마시는가? 마음챙김은 10분 동안 방석 위에 있을 필요가 없다. 커피와 함께 10분 동안 있을 수도 있다. 10분이 어렵다면 5분이어도 괜찮다. 부모로서 제정신을 유지하기 위해 커피와 5분, 이 두 가지는 꼭 필요하다.

지루한
작 업
:

마음챙김이 우리를 도울 수 있듯이 아이들을 새로운 관점으로 보라. 그러면 우리가 자동으로 해야 하는 것들과 억울하고 고달프게 여겼던 것들에 다른 태도를 보일 수 있다. 얼마나 많은 세탁물을 정리했는지, 얼마나 많은 접시·냄비·팬을 씻어 말렸는지 세어보지는 않았지만 나를 믿어보라. 심지어 기저귀보다 그

손에 대한 마음챙김

❀

- 하루 종일 하지 않으려고 했던 일, 싱크대에 쌓인 그릇을 닦거나 산더미처럼 쌓인 빨래를 정리하기 전에 잠시 멈추어봅니다.
- 당신의 손을 봅니다. 손가락을 꼼지락거리고 손목을 부드럽게 돌리면서 움직임을 자각해봅니다.
- 손을 꽉 쥐었다가 펴봅니다. 손바닥과 손등을 느껴봅니다.
- 감각, 맥박 그리고 몸의 미세한 진동을 알아차립니다. 설명을 붙일 필요 없이 그냥 느껴봅니다.
- 손가락, 손바닥, 손등을 각각 자각해봅니다.
- 당신 손에 머무는 것이 어떤 느낌인지 봅니다. 몸의 다른 부분들이 긴장을 풀고 이완되는 것을 발견해봅니다.
- 목, 어깨, 턱을 느껴봅니다. 뭔가 변화된 것이 있나요?
- 다음 활동을 시작하기 전에 당신 몸 안에서 쉽니다.

수가 훨씬 많다. 오랜 세월 청소는 즐겁지 않지만 꼭 필요한 끔찍한 집안일이었다. 그리고 모든 것과 마찬가지로, 설거지나 세탁이나 기저귀 가는 것과 같은 일은 선택할 여지가 없었다. 하지만 우리가 이 일들과 어떻게 관계를 맺을지는 선택할 수 있다. 투덜거리거나 불평할 수도 있지만 뭔가 새롭거나 어쩌면 즐거운 것을 찾으려고 노력할 수도 있다.

일상에서 더 많은 마음챙김을 가져다주는 또 다른 방법은 의도적으로 일

1장 멈추게 해주세요. 도저히 따라갈 수 없어요

상의 일을 발견 과정으로 만들고 호기심을 갖는 것이다. 여러 번 같은 일을 할 때, 그 안에서 새로운 것을 찾을 수 있는가? 세탁물더미, 그릇, 기저귀에서 전에 결코 알지 못했던 어떤 것을 알아차릴 수 있는지 보라. 아마도 그 기저귀에는 새로운 어떤 것이 있을 수도, 없을 수도 있다.

아이들은 원래 호기심이 많다. 특히 어렸을 때는 호기심을 표현한다. 당신이 아이들과 함께하는 일이 주는 감각과 경험을 주목하라. 아이들은 종종 "와! 물은 따뜻하고, 비누는 간지럽고, 거품은 재미있어"라는 감각 경험을 이야기한다. 그 기적을 일상에서 찾아보라. 아이들이 할 수 있다면 당신도 할 수 있다.

많은 명상 지도자가 믿을 수 없을 정도로 단순한, 손을 이용한 자각수행을 가르친다. 나는 타라 브랙에게서 그 수행 방법을 처음 배웠는데 여기서는 부모들을 위해 약간 변형했다. 이런 실습은 서로서로 도움이 된다. 비누 거품을 이용한 간단한 '비추어 보기' 실습을 해보라.

누군가가 틱낫한 스님에게 마음챙김을 어떻게 하는지 물었다. "내 비밀을 알고 싶은가요? 나는 가장 즐겁게 일할 수 있는 방법을 찾으려고 노력합니다. 주어진 일을 실행하는 데는 여러 가지 방법이 있습니다. 그러나 내 관심을 가장 많이 끄는 것이 가장 즐거운 것[7]입니다." 생각해보면 간단한 뇌과학이다.

틱낫한 스님은 항상 숨을 쉴 때 웃으라고 한다. 호흡을 즐겨보는 건 어떤가? 좀더 나아가 그릇들을 보며 웃으려고 해보자. 양육이나 그에 따르는 다른 일도 마찬가지다. 기저귀와 설거지, 빨래를 보고 화가 날 때 가정과 가족을 돌보는 세세한 일들에 부담을 느끼면서 화가 나고 짜증이 날 수 있다. 하지만 우리가 일상으로 하는 일에서 새로운 순간을 발견할 수 있다면, 일상적인 일에 대한 우리 경험을 바꿀 수 있다.

비누 거품

- 비눗물에서 처음 놀았을 때를 기억해봅니다.
- 어린아이들에게 비누 거품은 마법처럼 느껴질 수 있습니다. 아이들은 종종 그 속에서 무지개를 보는데, 어른들은 고된 일에 치여 무지개를 보지 못합니다.
- 저녁에 쓴 냄비와 프라이팬을 씻을 때 새로운 눈으로 비누 거품을 봅니다.
- 당신이 이 비누 거품을 처음 본다고 상상해봅니다. 실제로 그렇습니다.
- 손을 자각하고, 물의 따뜻함을 느끼고, 비누 냄새를 맡으면서 당신의 활동에 온전히 주의를 집중합니다.
- 이 작업에서 당신에게 일어나는 것을 자각해봅니다. 어떤 기분이 드나요? 그릇 더미를 씻어 말리는 과중한 일에 화가 났나요? 이 일을 처음 하는 것처럼 해보면 어떤 느낌이 들까요?
- 이처럼 당신이 하는 일을 자각하는 것을 다른 일상 활동에도 적용할 수 있는지 봅니다.

2장

•

왜 이렇게
힘들죠

────────

구명보트처럼 자기연민 활용하기

자기연민은 힘겨운 상황에서
우리 자신과 건강한 관계를 맺는 방식이다.
당신이 부모라면 아마 대부분의 시간에 연민이 필요할 것이다.
우리 자신의 모습을 보면서 불완전함을 인정하고
있는 그대로 자신을 받아들이려면 용기가 필요하겠지만,
자기연민은 우리뿐만 아니라
가족의 삶까지도 바꾸어줄 것이다.

우리는 모두
불완전한 부모다

아이에게 했던 말이나 행동 때문에 자신을 증오해본 적이 있는가? 불같이 화를 낸 적이 있는가? 두 번 다시 생각하고 싶지 않고, 아무도 몰랐으면 하는 행동을 한 적이 있는가? 어떤 잘못 때문에 감사하게도 현실에는 없지만 '육아전담 경찰'이 당신을 잡으러 올 거라며 절망한 적이 있는가?

걱정하지 마라. 당신만 그런 게 아니다. 완벽한 부모는 없으며 누구나 실수를 한다(나도 마찬가지다. 우리 아이들에게 물어보라). 여기에는 의심할 여지가 없다. 그러니 안심해도 된다. 이 장에서는 불완전함에 대한 관점을 새롭게 하고 친절로 반응하는 방법(자기혐오, 술 한 병, 아이스크림 한 통, 마약 복용 대신)을 설명한다.

그렇다고 나약해지자거나 책임에서 벗어나자는 말은 아니다. 자기연민을 배운다고 해서 '감옥에서 벗어나는' 행운의 카드가 주어지는 것도 아니다. 그것은

2장 왜 이렇게 힘들죠

우리 모두 불완전한 부모라는 사실을 받아들이는 것에 관한 얘기다. 하지만 자기연민을 배우면 실수를 곱씹으며 마음속으로 끊임없이 되새긴다거나 후회와 수치심의 나락으로 곤두박질칠 필요가 없어진다. 자책은 누구에게도 도움이 되지 않는다. 자기연민이 실제로 어떻게 적용되는지 크리시가 의붓딸과 투쟁한 사례에서 살펴보자.

네 살배기 아들 스티븐을 둔 크리시는 일곱 살짜리 딸 제니를 둔 제임스와 재혼할 때 모든 일이 순조로울 줄 알았다. 하지만 제임스의 딸 제니는 전혀 그렇지 않았다. 아빠가 연애를 넘어 새로운 결혼생활을 시작하는 데 동의하지 않았다. 아빠가 신혼여행을 가는 동안 조부모에게 맡겨지는 데 분노하면서 모욕으로 받아들였다. "저 여자랑 여행을 간다고요?" 제니는 투덜거렸다.

그들이 신혼여행에서 돌아왔을 때, 제니는 자기가 새엄마를 얼마나 끔찍하게 여기는지 크리시에게 계속 일깨워주었다. 아이는 점점 무례하고 반항적으로 변했다. 하루하루가 새로운 투쟁의 연속이었다. 크리시가 장난감을 치워달라고 하면 제니는 그 말을 무시하거나 거부했다. 크리시는 어떤 것도 제대로 할 수 없자 빠르게 자신감과 인내심을 잃어갔다.

"친구들은 저한테 냉정해지라고 해요. 그저 힘든 시기일 뿐이고 제니는 곧 괜찮아질 거라고요. 제가 언제까지 버틸지 모르겠어요. 이번 주말은 최악이었어요. 제임스가 출장 가서 우리끼리만 남았지요. 저는 재미있게 해주려고 무진장 애를 썼어요. 아이들이 엄청 좋아할 만한 영화를 봤고 제니가 함께 잘 친구를 데려왔기에 저녁으로 제니가 가장 좋아하는 스파게티를 만들어서 먹었답니다.

그런데 다음 날 아침, 그 친구가 자기 집으로 간 뒤 제니가 갑자기 폭발했어요. 제니는 지난밤에 잠을 많이 못 자서 몹시 피곤해하면서도 스티븐을 괴롭혔어요. 처음에는 스티븐을 놀리며 욕하더니 나중에는 스티븐이 가장 아끼는 캐

릭터 인형을 숨기더라고요. 그러고는 결정타로 우리가 하루 종일 만든 레고 탑을 부숴버렸어요. 그러자 스티븐이 엄청 화를 내더군요. 저도 화를 냈죠.

하지만 '재혼부모의 역할'이라는 책에서 본 내용을 떠올리려고 노력했어요. 그러고는 말했지요. '제니야, 이건 그냥 넘어갈 수 없다. 벌로 7분 동안 조용히 앉아 있어.' 전문가들이 제시한 대로 한 살당 1분으로 계산한 거예요.

처음에 제니는 반항하듯 서 있었어요. 제가 부엌 타이머를 맞추자 농담이 아니란 걸 알고는 자기 방으로 들어가더니 '당신이 정말 싫어요! 당신은 우리 엄마가 아니야. 절대로 우리 엄마가 될 수 없어. 그냥 죽어버렸으면 좋겠어'라고 소리를 질러 제 심장을 후벼팠습니다."

부정적 감정은
누구에게나 있다
:

크리시는 내 사무실에서 티슈 상자를 끌어안고 울면서 이 이야기들을 쏟아냈다. 그리고 자신이 얼마나 딸을 원했는지, 또 얼마나 새롭게 합친 가족과 행복한 삶을 기대했는지 설명했다.

나는 내가 첫아이를 낳았을 때 멘토가 나를 따로 불러내 해준 이야기를 들려주었다. "누구도 이런 말을 해주지는 않을 거다. 나는 네가 이 말을 잊지 않았으면 좋겠다. 지금 당장은 축복과 같다. 극심한 수면 부족도 거의 알아차리지 못할 정도로 온통 장밋빛과 무지갯빛 그리고 아이가 까르르 웃는 소리뿐이지. 하지만 내 말을 명심해. 어느 시점이 되면 너는 아이를 미워하게 될 거다. 내가 장담하지." 저는 깜짝 놀랐어요. 그런 일은 나에게 결코 일어나지 않아. 어떻게 저런 말을 하지! 하지만 그는 계속 말했어요. "그리고 그게 언제가 될지는 모르겠지만 네가 그렇게 되었을 때 기억해라. 네가 인간이라는 사실을. 그것은 우리 모두에게 일어나는 일임을 말이다."

크리시는 내가 말하는 동안 울음을 멈췄다.

"그때는 그 말이 마치 저에게 내리는 저주 같았어요. 동화에 그런 장면 있잖아요. 모두가 아이에게 멋진 선물을 주는데, 어떤 사람이 석탄 조각을 건네는 장면이요. 하지만 나중에는 그것이 누구도 나에게 말해주지 않았던 유용한 것 가운데 하나라는 사실을 알게 되잖아요. 저는 멘토가 해준 말 덕분에 화난 감정에 공간을 마련할 수 있었고, 그로써 그렇게까지 수치심을 느끼지 않을 수 있었어요.

동화 얘기가 나와서 하는 말인데요.[1] 제가 요즘 읽는 책에 이런 내용이 있어요. 동화들의 초기 버전을 살펴보면 아이들을 죽이려던 사람이 사실 새어머니가 아니라 생모였다는 거예요. 나중 버전에서 생모가 아닌 사악한 새어머니로 바뀐 건 우리가 인정하기 싫어하는 모성의 또 다른 측면인 분노, 공격성, 잔인성, 증오에 대한 문학적 장치였던 거죠. 엄마가 아이에게 갖는 감정과 아이가 엄마에게 갖는 감정의 복잡한 특징을 인정하기보다는 차라리 분리하는 편이 훨씬 쉬우니까요.

멘토가 저에게 부정적인 감정을 허용하게 해주었기에 저는 그 감정대로 행동하지 않을 수 있었어요. 그뿐만 아니라 죄책감과 수치심을 덧칠해 스스로 나쁘거나 부족한 엄마라고 느끼지 않을 수 있었죠."

그렇다. 당연히 우리도 화가 난다. 그리고 우리 모두 그것을 제어하지 못한다! 그 목록은 끝이 없고 우리는 모두 녹초가 된다. 그러나 자기연민은 우리 자신에게 휴식을 제공하고 새로운 시작을 만들어준다. 기억하라. 육아는 난이도

비추어 보기

당신은 언제 구명보트가 필요했나요?

육아는 엉망진창이 되는 일입니다. 그리고 압도감이나 부적절함을 느낄 때 또는 불같이 화를 냈거나 마더 테레사처럼 행동하지 않았을 때, 우리는 모두 아이에게 부정적인 감정을 갖게 됩니다. 당신만 그런 것이 아닙니다. 당신은 일상의 작은 사건들 앞에서 얼마나 자주 폭발했나요? 이런 경험이 있나요?

- 당신이 안고 있는 아이가 토를 하거나 오줌을 싸거나 응가를 해서 기겁했던 적이 있나요? 새 카펫 위에 우유를 엎질러서 몹시 놀랐던 적은요?
- 결혼식에 가려고 입은 멋진 새 정장에 아이가 포도주스를 쏟았을 때 자제력을 잃었던 경험은요?
- 깔끔하게 정돈된 레스토랑이나 할머니 댁 또는 친구네 거실에서 아이가 짜증을 부리며 음식을 내던지는 바람에 모두가 당신을 빤히 쳐다봐서 뚜껑이 열렸던 경험은요?
- 아이가 옷 입기를 거부해서 폭발한 적이 있나요?
- 아이가 형제나 자매 또는 친구의 자녀를 물거나 할퀴어서 화가 났던 경험은요?
- 배앓이로 12주 동안 끊임없이 우는 아이 때문에 미쳐버리겠다고 생각한 적이 있나요?
- 아이가 수두를 앓는 바람에 크리스마스 계획을 모두 취소해야만 했을 때 갇힌 기분을 느꼈던 적이 있나요? 그러면서 정말로 휴가가 필요했던 적이 있나요?
- 야구 경기가 동점인 상황에서 당신의 아이가 삼진 아웃을 당해서 혹은 농구 경기에서 결승 골을 넣는 데 실패해서 창피했던 경험이 있나요?

- 잘못된 아이를 낳았고 당신도 잘못된 삶을 산다고 결론지은 적이 있나요?
- 아이를 입양 보내버리고 그리스의 목가적인 삶으로 도망치고 싶다고 생각한 적이 있나요?

당신을 건져줄 장치가 정말로 필요했던 순간을 더 적어봅니다.

가 매우 높은 전문직이라는 것을 말이다.

크리시는 인정한다는 의미로 고개를 끄덕이며 말했다. "가장 힘든 부분은 자책할뿐더러 제가 저를 비난하기 시작했다는 거예요. 제가 만약 제니 친엄마였다면 소리치지 않았겠지. 더 좋은 엄마가 되었을 거야. 제니를 더 사랑했을 텐데. 이런 생각을 하다 보면 심한 날은 제가 속이 좁아터진 심술보가 된 것만 같아요."

나는 크리시에게 제니의 좋은 점을 물었다.

"음, 제니는 다른 사람들을 신경 쓰지 않는 성격이에요. 누구도 그 아이를 어떻게 하지 못할걸요. 또 결단력 있는 투사죠. 저는 제니에게 연민을 느껴요. 네 살에 엄마를 잃는다는 건 끔찍한 일이에요. 더구나 제니 엄마가 몇 년 동안 앓다가 돌아가셨더라고요. 그건 제임스에게도 너무 힘든 일이었죠."

우리는 얼마나 쉽게 우리를 부정하는 사람들에게까지 연민을 베풀 수 있을까?

우리는 종종 자신에게 너무 가혹하게 한다. 한때는 친절했고, 기꺼이 다른 사람에게 도움과 사랑을 베풀었으며, 심지어 누군가의 삶을 변화시키기도 했던 시절을 잊은 채 말이다.

마음챙김의 상태로 진입하는 쉬운 방법 가운데 하나는 선함을 기억하는 것
이다. 사실 마음챙김의 정의 중 하나가 '기억하기'다. 당신이 했던 선한 일을 기
억하고 음미해보라. 지금 당장 잠시 시간을 내어 시도해보라. 그런 다음 다시,
또다시 계속 해보는 것이다.

비추어 보기

— ✿ —

당신은 언제 다른 사람들에게 친절을 베풀었나요?

- 잠시 시간을 갖고 힘들어하는 다른 부모나 아이들을 향해 당신이 연민을 보냈
  던 때를 되돌아봅니다.
- (잠시 멈추었다가) 이제 한 가지를 선택해서 적어봅니다.
- 어떤 상황이었나요?
- 당신은 어떻게 반응했나요?
- 당신은 뭐라고 말했나요?
- 당신은 무엇을 했나요?
- 상대는 어떻게 반응했나요?
- 당신 자신에게 어떻게 느꼈나요?
- 어떤 경험이 떠오르든 그대로 수용합니다. 그것을 받아들이고 기억하는 시간
  을 갖습니다. 그대로 잠시 머물러봅니다.

2장 왜 이렇게 힘들죠

자기연민의
기본요소

크리시만 그런 게 아니다. 우리는 대부분 부모로서 불충분하다고 느낀다. 그래서 자기연민이 부모들에게 매우 중요한 것이다. 그것은 우리 내면의 대화를 끊임없는 자기비난과 자책에서 수용과 친절 그리고 감사로 바꿀 수 있게 해준다. 그리고 우리 자신도 우리 아이나 친구들, 사랑받는 다른 누군가처럼 친절과 이해를 받을 자격이 있다고 알게 해준다.

자기연민은 힘든 상황에서 우리 자신과 건강한 관계를 맺는 방식이다. 당신이 부모라면 아마 대부분의 시간에 연민이 필요할 것이다. 자기 모습을 보며 불완전함을 인정하는 그대로 자신을 받아들이려면 용기가 필요하겠지만 자기연민은 우리뿐만 아니라 가족의 삶까지도 바꾸어준다.

자기연민 분야의 세계적 전문가이자 선구적 연구자 가운데 한 사람인 크리스틴 네프(Kristin Neff) 박사는 자기연민을 최초로 정의하며 그것을 측정할 수 있는 척도를 개발했다. MSC 프로그램 과정은 탄탄한 경험적 토대를 기반으로 한다. 크리스틴 박사는 어린 아들이 자폐증 진단을 받자 자신 또한 이 모든 연구를 시험해야 하는 처지가 되었다. 그리고 초기 진단의 충격 속에서 자기 자신에게 비탄, 실망 그리고 '전혀 예상치 못했던' 여러 감정을 느낄 수 있도록 허용했다. 또 힘겨운 시간을 보내면서 자기 감정과 싸우지 않으며 스스로 위로하는 법을 배웠다.

크리스틴 박사는 충격이 가신 뒤 아들을 무조건 받아들이고 무슨 일이 있어도 사랑하겠노라고 결심했다. 이런 발견에는 모든 부모를 위한 시사점이 담겨 있다. 바로 자기 자신에게 사랑을 줄 수 있을 때 비로소 아이에게도 사랑을 줄 수 있다는 점이었다. 이는 크리스틴 박사가 가장 도전적인 시간 속에서도 최고 엄마가 될 힘과 자원을 발견하는 데 도움이 되었다.

당신에게도 이런 비슷한 경험이 있는가? 아니면 가까운 친구나 가족 가운데 비슷한 경험을 한 사람이 있는가? 우리는 고군분투 중인 많은 사람들을 알고 있다. 어쩌면 10대 자녀의 중독 문제나 정신건강 문제로 골머리를 앓는 이웃이 있을 수도 있고, 상실이나 장애 또는 건강상 큰 문제를 받아들이려고 애쓰는 누군가를 알 수도 있다.

이것은 삶의 중요한 도전에만 국한되는 것은 아니다. 일상에서 매일 반복되는 사소한 일들 또한 우리를 충분히 미치게 만든다. 호르몬의 영향으로 감정 기복이 심한 사춘기 직전의 아이, 마음대로 되지 않으면 뒤로 넘어가는 정서적으로 예민한 유아, 교내 연극에서 주연을 맡지 못한 비극적인 중학생, 대학팀에 들지 못해 슬럼프에 빠진 고등학생 등 아이들과 함께하는 일에는 당신을 미치게 만드는 뭔가가 늘 있기 마련이다.

그나마 누구나 자기연민을 배울 수 있다는 것이 다행이다. 왜냐하면 우리는 다른 사람들에게 무슨 말을 해줘야 하는지, 사랑하고 아끼는 사람들을 어떻게 대해야 하는지 알기 때문이다. 그저 우리는 우리 자신을 위해서도 그런 것들을 느낄 수 있게 허용해주기만 하면 된다.

자기연민에는 다음 세 가지 기본요소가 있다.

1. 자신에게 친절하기. 가혹하게 판단하는 대신 우리 자신을 돕고 우리에게 필요한 것이 무엇인지 알아보려는 동기 갖기
2. 우리 모두 불완전한 존재로서 불완전한 삶을 살고 있다는 인식. 보편적 인간 경험에 대한, 이런 인정은 고립감과 외로움을 덜 느끼게 해주고 다른 사람들과 더 깊이 연결하게 해준다.
3. 자기연민은 마음챙김의 토대 위에 있다. 자기연민은 우리에게 무슨 일이 일어나든지 간에 부정하는 데 급급하거나 모래 속에 머리를 박아버리거나 하는 대신 현재에 머무르는 법을 가르쳐준다. 이렇게 하려면 대개 용기와 힘이 필요하다. 이때 마음챙김이 즉각 반응하는 데서 한 걸음 물러나 새로운 관점을 갖도록 공간을 제공해준다.

크리시가 의붓딸과 관계에서 자기연민 활용법을 어떻게 배웠는지 살펴보자.

"우리는 누구나 소리를 질러요. 아이도 어른도 모두 폭발하죠. 하지만 친절함을 되찾아 관계에서 생긴 상처들을 치유하려고 노력하는 게 중요합니다. 당시에는 상황이 매우 힘들고 금방 끝나지도 않죠. 힘들 때 도움이 될 만한 것을 알려드릴까요? 제가 '부모를 위한 구세주, 자기연민'이라고 하는 건데요. 바로 힘든 상황에서 친절하게 대응하는 방법을 배우는 겁니다."

"글쎄요. 죄송하지만 저한테는 철없이 제멋대로 하라는 말처럼 들려요. 이

기적이고요. 저는 단단해져야 해요. 정신을 무장해 잔소리는 하지 않는 완벽한 새엄마가 될 거예요. 형편없이 행동하는 것은 절대 용납할 수 없어요."

"잠시만요. 사람들이 종종 오해하는데요. 자기연민은 약골이 된다거나 변명을 하고 무책임해지는 게 아니에요. 일이 엉망진창이 될 때 자기 자신에게 친절하게 반응하는 법을 배우는 겁니다."

크리시는 눈동자를 이리저리 굴렸다. "음, 그러니까 그 일들에 여유가 있는 듯이 말이죠? 저는 지금 세 명이나 책임지고 있다고요."

"좋아요. 그럼 달리 표현해볼게요. 당신이 제니를 위해 스파게티를 만들다가 화상을 입었다고 해봐요. 그럼 어떻게 하죠?"

"글쎄요. 욕부터 나올 것 같은데요. 멍청하다고 하겠죠. 얼음을 댄 다음 연고를 바르고 밴드를 붙여요."

"바로 그거예요. 우리가 몸에는 친절하게 반응하는 법을 아는데 삶 때문에 화상을 입었을 때는 친절하게 하기를 어려워합니다."

"좋아요. 일리가 있네요. 시도해볼게요. 그렇다고 제 성격이 바뀌는 건 아니겠지만요. 이렇게 해보라는 거죠? '아이고 불쌍해라. 네게 삶이 너무 잔인하구나. 자, 아침으로 초코케이크와 아이스크림을 먹으렴! 장난감도 더 사줄게. 학교 가지 말고 집에서 텔레비전이나 볼래?'"

"연민을 보인다는 것이 어리석어진다는 말은 아니에요. 당연히 이전처럼 경계를 설정할 수도 있고, 규칙을 정할 수도 있고, 부적절한 행동에 한계를 그을 수도 있죠. 아이들에게는 체계가 필요하니까요. 이렇게 해봐요. 시간도 많이 필요하지 않아요. 가슴에 손만 올려놓으면 돼요. 그 손길이 당신을 진정하게 해주고 위로를 해줄 겁니다. 아주 간단해요. 크리시, 고통의 열기가 올라오는 순간 시도해보세요. 모든 것이 너무 버겁게 느껴질 때 말이에요. 기적이 일어날 거라

부모를 위한 구세주, 자기연민 명상

---🌷---

- 이것이 고통의 순간이구나. 또는 아이! 힘들다. 정말로 정말로 힘이 드는구나.
- 당신 감정을 인정해줍니다. 말들이 자연스럽게 느껴지게 해봅니다.
- 육아란 고된 순간의 연속이구나. 많은 부모가 이런 식으로 느낄 거야. 나만 그런 게 아니야. 이건 삶의 일부야.
- 친절한 말을 덧붙여 봅니다. 나에게 친절하게 해봅니다. 크리시, 내가 너를 위해 여기 있어.
- 원한다면 당신 가슴에 손을 올려놓아도 좋습니다.

비추어 보기

---🌷---

삶 속에 자기연민 적용하기

'당신은 언제 구명보트가 필요했나요?'라는 실습에서 당신이 적었던 목록들을 바탕으로 모든 것이 버겁게 느껴졌던 순간을 쭉 떠올려봅니다. 그리고 그 순간에 이 실습을 활용할 수 있을지 살펴봅니다.

대부분 사람들에게는 오늘 하루 일어난 어떤 사건이 있을 것입니다. 아니면 지금 당장 일어난 일일 수도 있습니다. 아침식사 전의 다툼, 아이 등굣길에 일어난 사건, 형제자매 간의 경쟁, 저녁식사를 하다가 주고받은 험한 말들이 있을 수 있습니다.

- 오늘 하루 무엇이 힘들었는지 자기 자신에게 물어봅니다.
- 지금 당신에게는 무엇이 필요한가요?
- 혼자라고 느낀 순간이 있었나요? 인정받지 못한다고 느낀 순간이나 보이지 않는다고 느낀 순간 또는 직원이나 하인처럼 느낀 순간이 있었나요?
- 잠시 시간을 내어 '부모를 위한 구세주, 자기연민 명상'을 실습해봅니다.
- 몇 가지 간단히 메모해봅니다. 실습이 어땠는지, 당신 자신에게 친절을 베푸는 것은 어땠는지, 무엇을 알아차렸는지 적어봅니다.

고 말할 수는 없지만 도움이 될 거예요. 당신에게 제니 행동에 바로 반응하지 않고 더 잘 대응하는 방법을 가르쳐주고 싶어요."

크리시는 그 다음 주에 실습일지를 들고 다시 왔다.

"자기연민이 도움이 되었어요. 그런데 그 말들이 저한테 와닿지가 않아서 다시 써봤어요."

"훌륭합니다. 당신만의 것이 되었군요."

"이번 주에도 제니가 저를 괴롭히려고 했지만 평온함을 유지했죠. 완전히 망가지지 않았어요. 당신이 맞았어요. 제니는 제 주의를 끈 다음 문제를 일으키려고 해요. 그래서 스티븐이 가장 좋아하고 잘 때마다 꼭 껴안고 자는 곰인형 부우부우를 숨겨놓곤 한답니다. 그러면 스티븐이 길길이 날뛰죠. 물론 제임스는 늦게까지 일하느라 집에 없고요. 애들이 싸움이 붙어서는 서로 밀치고, 때리고, 물어뜯고, 머리를 잡아당기고 그런 난리가 없었답니다. 제가 그 둘을 떼어놓고 나서야 취침시간이 다시 조용하고 평화롭게 되었지요." 크리시가 비꼬듯이 말했다.

'엄마가 그만하라고 했지! 둘 다 떨어져. 진정하고 각자 자기 방으로 들어가.' 그런데 아이들이 모두 자기 방으로 들어가자 갑자기 허무해졌어요. 제 몸에서 그게 정말로 느껴져요. 그러면 생각에 빠져들곤 하죠. 제니뿐 아니라 저 자신도 미워져요. 뭔가 공평하지 않게 느껴지고 스스로 비난하게 되지요. 그러곤 이혼을 생각하는 것만이 유일한 탈출구가 됩니다. 너무 절망적이어서 '부모들을 구해주는' 실습을 해봤어요. 말은 조금 바꿨지만요. 그랬더니 더 실감이 났어요. 멋들어지게 포장된 말 따위는 걷어냈죠.

- 이건 말도 안 되는 일이야.
- 부모가 된다는 건 진짜 형편없는 일이야. 새엄마가 된다는 건 몇 배나 더 그래. 완전히 별로지. 불가능한 일이라고.
- 나 자신에게 친절하게 하자. 이런 일들은 다 지나갈 거야. 적어도 금세기 안에는 말이야.

가슴에 손을 올려놓았더니 마치 저 자신을 안아주는 것처럼 느껴졌어요. 기분이 좋아졌고 좀 차분해졌어요. 많이 진정된 다음 말했어요. '좋아, 애들아. 우리가 부우부우를 찾아야 해. 같이 찾아보자. 지금부터 우리는 탐정이 되는 거야.' 손전등을 켰어요. '누가 먼저 찾는지 볼까? 어! 부우부우 목소리가 들리는데? 부우부우가 도와달라고 소리치고 있어. 가자! 우리가 도와줘야 해.'

평소처럼 쓸데없이 싸우는 대신 제니도 참여시켰죠. 무슨 일이 일어났는지 아세요? 부우부우는 변기 뒤에 숨겨져 있더라고요. 당연히 제니가 찾아냈죠. 저는 절대 찾지 못했을 거예요. 우리는 부우부우를 깨끗이 씻었어요. 스티븐은 곰인형이 축축했는데도 신경 쓰지 않고 가지고 자더군요.

제니를 침대에 눕히고는 뽀뽀를 해주었어요. 그리고 제니의 좋은 점을 생각했죠. 저는 제니의 유머러스한 면과 적극적인 점이 좋거든요. 그래서 제니에게 말했어요. '아가야, 가끔은 힘들겠지만 우리는 잘 헤쳐나갈 수 있어. 사랑한다.' 제니가 미소 짓더니 봉제인형을 끌어안고 잠들었어요.

그 실습 덕분에 저는 다시 정신을 차릴 수 있었어요. 안 그랬다면 완전히 정신이 나가서 제임스를 떠났을지도 몰라요. 재혼마저 파경에 이르고 싶지는 않거든요. 한 번이면 충분해요." 크리시가 머리를 흔들었다.

"제임스는 제니를 객관적으로 보지 못해요. 제니 엄마가 죽은 것에 죄책감을 많이 느끼거든요. 그는 귀한 공주님에 대한 어떤 부정적인 말도 하지 못하게 해요. 꼭 저한테 화내죠." 크리시는 한숨을 내쉬었다. "이건 길고 지루한 싸움이 될 거예요. 그래서 저는 받을 수 있는 도움을 최대한 받으려고 해요."

감정을 능숙하게
다루기

우리 모두 힘겨운 감정을 경험하지만 그것을 효과적으로 다루는 방법은 대부분 배우지 못했다. 우리는 대개 이런 감정을 부정하며 무감각해지거나, 슬퍼하거나, 화나지 않은 척한다. 특히 이런 감정을 금기시하는 가정에서 자랐다면 더욱 그렇다. 크리시와 마찬가지로 딜런 또한 힘겨운 감정과 함께하는 새로운 방법을 찾으려 애쓰고 있다.

딜런은 잰에게 새롭고 흥미로운 일자리가 생기자 이번에는 잰이 자신의 커리어에 집중할 차례라고 결정했다. 그래서 딜런은 잰이 일하러 간 사이 집에서 근무하기로 했다. 그런데 그것이 그에게 고립감과 함께 초등학생의 부모가 된다는 것이 얼마나 도전적인 일인지 깨닫는 계기가 되었다. 딜런의 말을 빌리면, 큰애는 항상 '거칠고 어수선한' 반면, 이제 3학년인 둘째 나단은 '조용하고 예민해서' 도대체 둘째에게 어떻게 대해야 할지 확신이 서지 않는다고 했다.

습관적 행동패턴에서
벗어나기

해마다 열리는 교내 음악회가 다가오자 모든 아이가 흥분했다. 딜런의 말에 따르면 나단은 '솔직히 음악에 뛰어나지' 않았지만 놀 때나 샤워할 때 노래 부르기를 무척 좋아했다. 그리고 자신이 음치인 것에 크게 신경 쓰지 않는 것 같았다. 그러나 불행히도 음악 선생님은 그렇지 못했다. 음악 선생님은 어느 순간 연주를 멈추더니 많은 사람 앞에서 이렇게 말했다. "나단 존슨, 너는 그냥 입만 뻥긋거리는 편이 더 나을 것 같구나."

나단이 이 이야기를 아빠 딜런에게 말하기까지는 시간이 좀 걸렸다. 정말로 엄청난 충격을 받아 당황했기 때문이다. 나단은 의기소침해져서 말하기를 싫어했다. 딜런은 처음 그 문제가 불거졌을 때를 떠올리며 이렇게 말했다.

"저는 아이가 기운을 차릴 수 있도록 애를 썼어요. 그것이 그렇게 큰일은 아니라고도 말해줬고 잊어버리라고도 했죠. 그런데 아이가 그러질 못하더라고요. 저는 어떻게 해야 할지 몰랐어요. 더구나 힘내라고 한 말이 오히려 상황을 더 나쁘게 만들었죠. 아이를 돕기에는 저 자신이 너무 부족하게만 느껴졌어요.

제가 어릴 때 그런 일을 당했다면 분명 우리 아버지는 저한테 슬픈 표정을 하지 말라고 하셨을 거예요. 그게 다였겠죠. 저는 불편한 감정을 공감받지 못하는 가정에서 자랐어요. 어머니는 암 수술을 받은 후에도 누가 '어떠세요?' 하고 물으면 '아주 좋아요!'라고 대답하셨죠. 저는 나단을 기르기에 부족한 것만 같아요.

그 선생님이 아이가 입을 닫게 만들었다는 게 너무 화나요. 저 자신이 쓸모없게 느껴진다는 사실도요. 나단은 엄마가 그리운 모양이에요. 아내가 훨씬 더 좋은 부모고 저는 무능하다는 생각이 한번 들기 시작하니까 마음이 점점 더 안 좋더라고요. 다른 아빠들은 놀이터에 나오지 않거든요. 그들은 사무실에서 중요한 일들을 처리하고, 집에서는 일도 하지 않죠. 아이에게 소리 내지 말라고 창피를 준 그 선생님에게 화가 나다가도 아빠라면서 이렇게 형편없는 저 자신이 미워져요. 생각의 나래가 한번 펼쳐지면 이런 식으로 화가 나면서 엉망진창이 되곤 해요. 그러다 아이들이 잠들고 나면 혼자 술을 몇 잔 마십니다." 그는 속이 쓰린 듯 움찔했다. "숙취로 속만 쓰리게 되었죠."

우리는 모두 불편한 감정과 맞닥뜨리면 전형적인 반응을 보인다. 도망가거나 텔레비전, 스마트폰 또는 술이나 간식으로 피해버린다.

더구나 온전히 이해되지 않아서 그저 없애려고만 했던 감정을 다루는 방식은 딜런의 기분을 조금도 나아지게 하지 못했다. 딜런 또한 이것을 잘 알았다. 그래서 새로운 대응방식을 배우는 데 열려 있었다. 하지만 딜런은 힘겨운 감정과 함께하는 방법을 배우기에 앞서 자신이 고통 속에 있을 때 스스로 친절하게 대하는 법을 배워야 했다.

내가 전문의로 수련할 때 프로작(Prozac, 세계에서 가장 널리 쓰이는 우울증 치료제의 상품명-옮긴이)과 SSRIs(Selective serotonin re-uptake inhibitors, 선택적 세로토닌 재흡수 억제제로 항우울제의 일종-옮긴이)가 막 출시되었는데 팀의 정신과 의사 가운데 한 명이 그런 종류의 약을 '에고 접착제(ego glue)'라고 불렀다. 우리는 그 은유가 사람들이 경험하는 유익함을 잘 설명한다고 좋아했다. 사람들은 그 약이 자신들을 좀더 효과적으로 기능하게 해준다고 느꼈다. 이런 느낌은 다시 그들 자신에게 더 좋은 느낌을 갖게 해주었다. 마음챙김 역시 도움을 줄 뿐만 아니라 어떤 사람들에게는 약물치료만큼 효과적일 수 있다.

전에 명상 선생님 중 한 분이 명상(meditation)과 약(medication)은 딱 한

— 🌰, —

당신의 습관적 행동 패턴은 무엇인가요?

- 종이나 연필을 준비하거나 휴대전화에 메모를 해봅니다.(그렇다고 휴대전화로 문자나 SNS를 확인하거나 문자를 보내면 안 됩니다. 그건 나중에 해도 됩니다.)
- 잠시 숨을 몇 차례 쉬면서 그 상황으로 들어가 봅니다. 가슴에 손을 올려도 좋고 스스로 안아줘도 좋습니다.
- 자신에게 이렇게 질문해봅니다. "감정적으로 불편하면 당신은 어떻게 하나요?"
- 우리는 대부분 음식이나 술 또는 인터넷이나 기분전환 약물로 위안하며 정신을 딴 데로 돌립니다.
- 당신의 습관적인 선택은 무엇인가요? 그것을 적어봅니다.
- 판단하지 않고 친절한 마음으로 그것에 주목해봅니다.
- 당신 자신에게 연민을 보내봅니다. 물론 연민을 일으키고 느끼는 일은 쉽지 않지만 그저 잠시만이라도 연민 어린 마음으로 있어 봅니다.
- 자신에게 말해봅니다. "괜찮아. 내가 함께 있을게. 잠깐이지만 내가 느껴볼게."
- 몇 차례 부드럽게 숨을 쉬고 나서 준비되면 일상으로 다시 돌아옵니다.

글자 차이밖에 없다고 우스갯소리를 한 적이 있다. 거의 모든 지도자가 호흡을 이용한 전통 명상법을 여러 형태로 다양하게 가르치지만, 다음은 특별히 부모를 위해 만든 자기연민 실습 명상이다. 나와 딜런이 함께 이 실습을 한 뒤 딜런은 그 한 주 동안 하루 5분에서 10분 정도 실습을 했다.

딜런은 전에도 호흡수행을 해보았지만 좋아하지는 않았다. "저는 항상 호흡

부모를 위한 에고 접착제

---❀---

- 의자나 소파에 편안하게 앉아서 시작합니다.
- 고개를 들고 있기 힘들 정도로 너무 지친 상태라면 자유롭게 누워도 좋습니다.(여기에 죄책감을 느낄 필요는 없습니다. 저도 그랬답니다.)
- 몸을 웅크리거나 자세를 태아처럼 할 필요가 있다면 그것도 괜찮습니다.
- 두세 번 깊게 호흡하며 편안한 자세를 하고, 하던 일을 잠시 내려놓습니다.
- 당신에게는 지금 당장 해야 할 일도, 돌봐야 할 사람도 없습니다. 지금은 당신이 쉬는 시간입니다.
- 정말로 그렇습니다. 하아….
- 원한다면 스스로에게 약간의 친절을 베풀기 위해 손을 가슴이나 위로가 되는 곳에 올려놓아도 좋습니다.
- 당신이 달리 어떤 것을 하지 않더라도 당신 몸이 숨을 쉬고 있다는 걸 알아차립니다. 당신 몸이 당신에게 숨을 불어넣도록 합니다.
- 호흡을 세밀하게 관리할 필요도, 통제할 필요도 없습니다.
- 그저 호흡을 느끼면서 들어오고 나가는 호흡의 자연스러운 리듬을 느껴봅니다.
- 주의를 산만하게 하는 것들이 올라올 겁니다. 생각, 감정, 걱정, 불편함, 계획 등이 올라오더라도 그저 흘려보내면서 당신의 호흡으로 돌아갑니다.
- 깜박 잠이 들더라도 신경 쓰지 않습니다. 우리는 모두 지쳐 있습니다.
- 자신을 판단하지 않으면서 그저 올라오는 것들을 알아차립니다. '나에게는 이게 안 맞아. 나는 편히 쉴 수도 없어. 나는 희망이 없는 멍청이야. 나는 스

트레스 덩어리야'와 같은 생각을 그저 알아차립니다.

- 생각이나 감정이 일어난다고 해서 자신에게 화내지 않습니다. 그것을 인정하고 흘려보냅니다.
- 자책이나 비난을 하는 대신 새로운 반응을 할 수 있게 해봅니다. 그저 다시 시작해봅니다.
- 호흡에 머물지 못할 때마다 계속 친절함과 따뜻함으로 다시 시작하는 것이 실습에서 가장 중요합니다. 이것이 우리가 배양하려는 것입니다.
- 당신의 몸 전체가 호흡으로 부드럽게 흔들리게 해봅니다.
- 호흡으로 부드럽게 흔들리고, 유지되고, 안으로 어루만져지게 해봅니다.
- 마지막으로 잠시 그저 호흡의 편안함을 느껴봅니다.
- 당신의 호흡은 당신이 태어난 순간부터 계속 함께했습니다. 호흡을 친구라고 생각해봅니다.
- 이제 호흡에 대한 주의를 내려놓고 당신이 경험한 고요함 속에 앉아 있어 봅니다. 당신이 느끼는 것을 그대로 느끼면서 그저 있는 그대로 자신이 됩니다.

명상의 핵심은 호흡과 함께하며 마음이 배회하지 않게 하는 거라고 생각했거든요. 그래서 호흡명상이 싫었어요. 지루하고 바보 같은 짓이라고 여겼죠. 하지만 다시 시작하는 법을 배운다는 그 발상이 무척 마음에 들어요. 저 자신이 엉망이 되었을 때 끊임없이 질책하지 않을 수 있다는 것도요. 앞으로는 정말 유용하게 활용할 수 있을 거예요. 사실 아내나 그 선생님 그리고 우리 아이들과 제 인생 등에 대해 분노라는 무기를 쌓는 데만 급급했거든요."

"맞아요." 내가 말했다. "우리는 자신이 늘 하던 방식에서 벗어나는 법을 배

2장 왜 이렇게 힘들죠

우는 거예요."

이 실습은 MSC 핵심 명상을 응용한 것이다. 힘겨운 감정이 마구 공격한다고 느껴질 때, 그 순간의 열기 속에서 사용할 수 있는 실습이다. 내가 딜런에게 제안했듯이 이 실습을 매일 활용한다면 자기연민의 근육을 만들고, 회복탄력성을 높이며, 힘든 감정을 기술적으로 처리하는 능력을 향상시키는 데 도움을 받을 것이다.

자기연민:
가라앉지 않고 삶을 지탱하는 방법

한 내담자가 인터넷에서 찾은 밈(meme)을 언급했는데 그 내용은 이렇다. "육아란 똑같은 것들을 반복해서 말하며 다른 결과를 기대하는 것이다." 이는 묘하게도 정신이상의 정의와 같다. 이것이 우연의 일치일까? 그렇지 않은 것 같다.

우리 대다수에게 삶은 힘겨울 수 있다. 몹시 고달플 수 있다. 아이가 있는 것이 종종 상황을 더 어렵게 만든다. 그것은 전에 없던 방식으로 우리를 나약하고 불안하게 만든다. 그리고 스트레스를 기하급수적으로 늘린다. 우리는 갑작스럽게 완전히 무기력하고 의존적인 누군가를 책임지게 된다. 관계, 일, 욕구에 쏟던 시간과 주의를 빼앗아간다. 이전의 잘 정돈된 삶이 흐트러져 우리를 압도한다.

처음 부모가 된 사람만이 아니라 거의 모든 부모가 자신에 대해 부족하고 준비되지 않았다고 느낀다. 그리고 끝없는 의무와 소음, 화, 원망 그리고 재정적 압박이라는 덫에 빠진다. 이것은 비단 아이들이 어릴 경우에만 해당하는 것도 아니다. 아이가 생기면 문제가 될 수 있는 일이 너무도 많다. 아이를 낳는 것이 사서 고생하는 일처럼 느껴지기도 한다.

일이 뜻대로 흘러가지 않을 때 우리는 어떻게 반응하는가? 크리시와 딜런처럼 우리는 대부분 우리 자신에게 잘못이 있다고 여겨 스스로 비난한다. 이런 식으로 말이다. "저 자신에게 뭔가 문제가 있다고 느껴졌어요. 왠지 아빠라면 반드시 있어야 할 육아 유전자나 소프트웨어 칩이 빠져버린 것만 같은 그런 느낌이요."

우리는 대개 문제를 해결하려고 노력하면서 우리 자신을 바꾸려 하거나 십중팔구는 아이들을 바꾸려 한다. 우리 자신에게 "더 강인해져야 해"라고 하거나 "줏대를 가지라고" "권위를 가져야 해"라는 말을 하기도 한다. 또는 "아이들은 '배우기 위해' 경청하고 실천해야 할 뿐 아니라 규칙을 따라야만 하는 거야"라고 말을 한다. 대개 우리 자신을 바꾸려고 애쓰거나 아이들을 바꾸려고 애쓰지만 그 결과는 언제나 참혹할 뿐이다.

하지만 우리는 새롭고 건강한 방식으로 부모 역할을 배울 수 있다. 힘겨운 감정과 싸우는 대신 친절과 이해로 반응하는 방법을 배울 수 있다. 마치 우리가 깊이 사랑하는 누군가를 대하듯 우리 자신에게 반응하는 법을 배우는 것이다. 그리고 일단 우리 자신을 돌보는 법을 배우게 되면 아이들과 배우자에게도 똑같은 따뜻함과 친절함으로 반응하게 된다는 걸 알게 된다. 일반적으로 자기연민을 나약함의 한 형태로 보지만 관련 연구들은 오히려 그것과 정반대 결과를 보여준다.

예를 들어, 어느 날 당신 딸이 수학 과목에서 낙제점을 받아들고 집에 돌아왔다고 해보자. 만일 당신이 딸에게 "네가 너무 창피해. 넌 완전히 낙오자야. 그

점수로는 대학도 못 갈 거야"라고 한다면, 과연 이 말이 딸에게 어떤 동기부여를 해줄 수 있을까? 딸은 어떤 느낌이 들까? 아마 딸은 실패를 두려워하게 될 테고, 이른바 '수학 공포증'이 심해져 수학을 완전히 포기하고 말지도 모른다.

하지만 "그래, 이번 시험은 실패했지만 그것과 상관없이 나는 너를 사랑해. 우리가 어떻게 도와줄까? 우리 딸이 최선을 다할 수 있도록 어떻게 지원해줄까?"라고 한다면 딸은 어떤 기분이 들까?

여러 연구에서 연구자들은 자기 자신에 대해 연민적인 사람일수록 스트레스를 덜 받고, 덜 우울해하며, 덜 불안해하고, 더 나은 대처 능력을 지녔다는 사실을 발견한다. 그들은 자기 자신과 더 좋은 관계를 맺고, 실패를 덜 두려워하며, 다른 사람들과도 좀더 가치 있는 관계를 형성한다. 아이들은 일이 잘 풀리지 않을 때 부모를 자기연민의 본보기로 삼아 자기 자신에게 친절하게 대하는 법을 배우게 된다. 그리고 이것은 아이들이 평생 꺼내 쓸 수 있는 자원이 되어 나중에 더 탄력적이고 대처를 잘하는 사람이 되게 해준다.

그래서 일이 잘못되더라도 자기 자신(또는 우리 아이나 배우자)을 탓하고 비난하는 대신 자기수용을 실습하게 된다. 내가 지도했던 MSC 수업에서 로레인은 이렇게 말했다. "10대인 딸에게 분통을 터트린 뒤 저 자신에게 연민을 보였을 때 그날을 바꿀 수 있다는 걸 깨달았어요. 늘 하듯이 몇 시간 또는 며칠 동안 노발대발하면서 딸아이의 결점과 잘못한 일들을 모조리 나열하는 대신 일단 멈추어 저 자신에게 이렇게 말했죠. '그래, 지금은 힘든 순간이야. 흘러가게 그냥 두자.' 그렇게 해서 제 기분이 좀 나아지니까 그것이 딸에게도 도움이 되더라고요. 그 덕분에 제가 '분노의 질주'라고 하는 상태에서 벗어날 수 있었죠. 그런데 재미있는 건 우리 엄마는 10년도 넘은 일을 가지고 아직도 저를 비난한다는 거예요. 놀랍지 않나요?"

자기연민은 당신에게만 해당하는 일이 아니다. 자기연민은 전염성이 있어서 타인을 향한 연민의 토대도 마련해준다.

만일 당신이 힘든 하루, 힘든 시간, 힘든 한 해, 힘든 10년을 보냈다면 다음 실습을 시도해보라.

우리가 MSC 과정 안에서 이 실습을 하거나 육아 문제로 약간 도움을 받고 자 하는 부모들과 이 실습을 하게 되면 대부분이 친구에게 말하는 방식과 자

비추어 보기

당신이 고군분투할 때

- 친한 친구가 육아와 관련해 무슨 문제가 있었거나 불행, 실패 또는 무능감으로 분투했던 때를 떠올려봅니다. 반면 같은 시기에 당신은 아주 좋은 상황에 있었 습니다. 이런 상황에서 당신은 당신 친구에게 어떤 반응을 보일 건가요? 뭐라고 말해줄 건가요? 어떤 단어를 구사하고 목소리 톤은 어떤가요? 무언의 몸짓은 어떤가요? 자세는 어떤가요? 표정은 어떤가요?
- 잠시 당신의 반응을 적어봅니다.
- 이번에는 당신이 육아와 관련해서 어떤 식으로든 고통스러웠던 순간을 떠올려 봅니다. 불행, 실패, 상호 힘겨루기 그리고 부족함을 느끼던 때를 떠올려봅니다. 이런 상황에서 당신은 보통 어떻게 반응하나요? 당신 자신에게 뭐라고 얘기해 주나요? 당신은 어떤 단어들을 구사하나요? 당신 말투는 어떤가요? 비언어적 몸짓도 하나요?
- 잠깐 당신의 반응들을 적어봅니다. 무엇을 알아차렸나요? 다른 점이 있나요?

기 자신에게 말하는 방식이 너무 다르다는 사실에 깜짝 놀란다.

간호사이자 고군분투하는 싱글맘인 마야는 자신이 더 큰 수입을 올리지 못하는 것으로 자신을 한참 탓하던 시기에 이 실습을 하면서 깨달았다. "저는 결코 친구에게 낙오자라고 하거나 멍청이, 바보라고 하지는 않을 거예요."

브랜든은 긴장을 풀려고 이 실습을 하곤 했다. "저는 하루 일을 마치고 피곤해져서 도저히 아이들과 캐치볼을 할 수 없을 때 죄책감을 느꼈어요. 하지만 이제는 좋은 아빠가 되려고 아이들이 원하는 걸 모두 해야 한다는 강박에 쫓기기보다 아이들과 제게 도움이 되는 활동을 찾았죠."

제스는 자기 자신과 친구를 대하는 방식에 차이가 있다는 사실을 믿지 않으려고 했다. "제가 친구에게 그런 식으로 말한다면 아마 친구가 하나도 남아있지 않을 거예요. 세상에, 저는 우리 강아지한테도 그렇게는 하지 않거든요. '착한 강아지야!' 이렇게 말하지 '이 멍청이, 새 대가리!' 이런 말은 절대로 안 하죠. 이 실습 덕분에 아이들과 있을 때도 좀더 평화로워졌어요. 그리고 아이들에게 더 친절해졌죠."

우리는 대부분 우리 자신에게 친절하게 대하는 것보다 다른 사람들에게 친절을 베푸는 게 더 쉽다고 느낀다. 하지만 우리는 자신에게 친절을 베푸는 기술을 배울 수 있다. 스탠퍼드대학교의 건강심리학자인 켈리 맥고니걸(Kelly McGonigal)은 우리 뇌가 자신에게는 비판적이면서 다른 사람에게는 연민을 느끼도록 되어 있다고 주장한다.[2] 그러니까 우리는 우리 안에 있는 연민의 방향을 자연스럽게 밖으로뿐만 아니라 안으로도 돌리는 묘술을 배우기만 하면 된다.

하지만 이것 또한 종종 도전적일 수 있다. 많은 사람이 곧바로 자신을 향한 연민의 마음을 내는 데서부터 어려움을 느끼기 때문이다. 만일 어렸을 때 한 번도 연민을 가져본 적이 없으며, 부모가 그런 본보기를 보인 적이 없을 뿐 아니라 연민을 받은 경험이 없다면 연민을 어색하고 이질적인 것으로 느낄 수 있다. 하지만 그런 어려움 또한 자신에 대한 연민을 키우는 한 과정일 수 있으니 반드시 인내심을 가져야 한다. 만일 당신이 그렇다면 마음챙김으로 시작해서 한 걸음씩 연민을 향해 나아가는 연습을 해보는 것도 좋다. 앤톤의 사례는 이것을 실행해나가는 하나의 방법을 보여준다.

분 노
조 절 하 기
:

기술 관련 스타트업에서 일하는 앤톤은 스트레스를 많이 받았으며 성질 또한 불같았다. 월급이 빠듯한 데다 긴 근무시간과 끊임없는 출장 그리고 수면 부족 탓에 결혼생활은 물론 아이들과 관계가 엉망이 되고 말았다. "퇴근하고 집에 오면 너무 짜증 나요. 인정해요. 지쳤거든요. 회사에서 달달 볶였어요. 게다가 신경과민이에요. 저랑 함께 있으면 아무도 즐거워하지 않는다는 걸 저도 압니다. 아내한테는 딱딱거리고 애들에게는 소리를 지르죠. 그러다 갑자기 격해져요. 그러면 안 된다는 걸 알지만 가족이 제 성질을 건드린다고요."

"당신에게 화를 일으키는 요인이 뭐라고 생각하세요?" 내가 물었다.

앤톤은 무엇이 자신을 화나게 만드는지 곰곰이 생각했다.

"제 생각에 끝없는 말다툼 때문인 것 같아요. 끝이 없죠. 일곱 살, 아홉 살 아들 녀석 둘이 끊임없이 싸워요. 서로 싸움을 걸고 괴롭히죠. 집에 돌아왔을 때는 좀 조용했으면 좋겠어요. 회사에서도 하루 종일 밤낮없이 그런데다 주말까지 내내 말다툼하는 걸 다 참아내고 있어요." 그는 어이없다는 듯 미소 짓더니 큰 소리로 웃었다.

"세상에, 제가 언쟁하는 녀석들을 끊임없이 상대하는군요. 맞아요. 바로 그거예요. 한 번도 그 둘을 연결해서 생각해본 적이 없어요. 탈출구라고는 없었던 거네요."

그는 잠시 생각에 잠기더니 말을 이었다. "그런데 당신은 저를 어떻게 도와줄 건가요? 저는 무척 바쁩니다. 하지만 이 문제만큼은 해결하고 싶어요."

앤톤이 마음챙김이라는 말을 선뜻 받아들이기가 어려울 테고 자기연민이라는 개념에도 알레르기 반응을 보일 게 분명했다.

"앤톤, 이것이 당신에게 효과가 있었으면 좋겠어요. 저는 당신의 시간을 낭비하고 싶지 않거든요. 스트레스 줄이기를 먼저 시도해보면 어떨까요? 그것이 직장과 집에서 그리고 아이들과 함께할 때 도움을 줄 거예요. 당신 건강에도 도움이 될 거고요. 차트를 보니 혈압이 높으시네요."

"예." 앤톤이 인정했다. "주치의는 제가 긴장을 풀고 스트레스를 줄이기를 바라죠. 그런데 그럴 시간이 전혀 없어요."

"알겠습니다. 당신이 3분에서 5분 안에 할 수 있을 만한 걸 알려드릴게요. 회의할 때, 통화할 때, 저녁식사할 때 그리고 운전할 때도 이 실습을 할 수 있을 거예요. 거기다 당신의 웰빙과 신체 건강까지도 증진해줄 겁니다."

다음은 스트레스가 많은 부모들에게 정신없이 바쁜 일상 속에서도 평온함을 찾게 해주는 실습이다. 이 실습에서는 눈, 입술, 손, 다리, 발과 같이 몸이 '터치'하는 곳으로 주의를 가져간다. 이것은 질주하는 마음에서 벗어나 몸에 닻을 내리기 위해 주의를 이동하는 방법이다. 연구에 따르면 몸으로 주의를 가져오는 것은 마음을 진정시키는 데 도움이 된다고 한다.

2장 왜 이렇게 힘들죠

스트레스로 지친 부모를 위한 '터치 포인트'

———————————— ☙ ————————————

- 편안하게 앉아서 시작합니다. 당신이 아무리 기진맥진하고 스트레스를 받았다 해도 위엄 있는 태도를 보일 수 있는지 봅니다. 자녀 양육이라는 안개 속에서 종종 잃어버리곤 하지만 당신의 본질적 가치와 접촉하는 일은 '다시 시작할 수 있는' 좋은 방법이 됩니다.
- 몸이 쉴 수 있게 해봅니다. 얼굴에서 긴장을 풀고, 어깨를 떨어뜨리고, 머리와 목 그리고 등을 편안하게 합니다.
- 몸과 마음이 이완되도록 서너 번 숨을 쉬면서 현재의 순간으로 들어옵니다.
- 몸이 '터치하는' 부위를 주목하며 터치 포인트마다, 즉 눈꺼풀, 입술, 손, 궁둥뼈, 무릎 뒤편 그리고 바닥에 단단하게 닿은 발의 순서로 친절을 보입니다.
- 편안한 리듬을 찾아서 그 순서를 반복합니다. 그리고 눈, 입술, 손, 궁둥뼈, 무릎, 발 각각의 부위에 감사를 표합니다.
- 집중을 유지하는 데 도움이 된다면 이런 지점들을 조용히 말해볼 수도 있습니다.
- 당신 마음이 자리를 잡지 못하고 산만해지더라도 괜찮습니다. 자신을 비난하지 말고 그저 다시 시작하면 됩니다.
- 준비되면 심호흡을 하면서 스트레칭을 하고 팔과 다리를 움직입니다. 이렇게 집중되고 친절한 주의를 당신의 다음 활동으로 그대로 가져갑니다.

이것은 일상에서 활용할 수 있는 매우 실용적이고 기초적인 실습이다. 많은 사람이 바닥과 맞닿은 발에서 시작하기를 좋아하는데 순서를 바꿔서 해도 상관없다. 마리아는 저녁을 준비하는 동안 아이들이 그녀의 관심을 끌려고 싸울 때마다 이 실습이 침착함을 유지하는 데 도움이 된다는 사실을 발견했다. 리처드는 피곤해서 아이 넷이 거슬리기 시작하는 하루의 끝 무렵에 이 실습을 하곤 한다.

리처드는 세 살짜리 아이가 식탁 전체에 우유를 쏟아버리는 스트레스 상황에서도 침착함을 유지하는 간단한 실습을 찾고 있었다. 어쩔 수 없는 사건이 벌어졌을 때, 좀더 조심하라고 소리 지르는 대신에 잠시 발바닥, 무릎, 궁둥뼈 등으로 주의를 가져간다. 그리고 자신에게 이렇게 말할 수 있을 때까지 이 실습을 계속한다. "엉망이구나. 삶은 작은 혼란으로 가득 차 있지. 아이가 있다면 당연히 엉망진창이 될 뿐이지 세상이 끝난 건 아니라고."

음식
투정
:

그다음 주에 앤톤은 다음과 같은 어려움을 전했다.

"너무 바빠서 실습을 하지 못했어요. 집에서 음식 때문에 계속 싸우는 탓에 정신이 없었습니다. 아이들이 식성이 까다로운 편인데, 특히 막내 사미르가 심해요. 그 녀석은 항상 담백하고 심심한 맛에 색깔이 하얀 음식만 원해요. 저는 그게 너무 싫거든요. 흰쌀, 파스타, 치킨, 흰살생선에 토할 것만 같아요. 그래서 아내가 막내에게 음식을 만들어주고 나면 꼭 싸우게 돼요. 저 참 별로죠.

:

2장 왜 이렇게 힘들죠

아내가 저는 안중에도 없는지 흰살생선을 곁들인 하얀 파스타를 만들었길래 그 음식을 식탁에 놓기도 전에 제가 후추를 뿌려버렸어요. 당신이 비극이라고 생각할지 모르겠네요. 파국이죠! 사미르는 그 음식을 먹지 않겠다고 했어요. 저는 대꾸하고 싶지도 않았죠. 그 녀석이 얼마나 까다로운지 진절머리가 나요. '숟가락 놓고 방으로 들어가!'

제가 소리 지르자 아내가 중간에 끼어들었죠. '엄마가 후추를 걷어줄게. 사미르는 단지 후추가 싫은 거예요.' 아내가 사정했어요.

아내에게 애들을 망치지 말라고 소리쳤어요. 아내도 되받아 소리쳤죠. 그래서 저는 접시를 들고 거실로 와서 텔레비전을 보면서 저녁을 먹었어요. 모두 저한테 화가 났죠. 저는 집에서도, 직장에서도 나쁜 놈이에요. 말 좀 해주세요. 후추 좀 뿌린 게 뭐가 그렇게 잘못이죠?"

"아들은 뭐라고 하던가요?" 내가 물었다.

"아들은 후추가 너무 맵다고 하더군요." 앤톤이 말했다.

침묵이 흘렀다.

"앤톤, 아이를 공손하고 예의 바르게 행동하는 아이로 키우고 싶어하는 당신 뜻은 이해했어요. 그런데 궁금한 게 있어요. 누군가 당신에게 입에서 불이 날 만큼 매운 음식을 먹으라고 강요한다면 당신은 어떻게 할 건가요?"

"저는 막내가 나약하지 않았으면 좋겠어요. 아들이 약골이 되는 것도 원치 않고요. 버르장머리 없는 애는 더 참을 수 없죠. 아내는 막내 응석을 다 받아준다니까요."

나는 앤톤의 언쟁에 휘말리고 싶지 않아서 다른 방향으로 시도해보았다. "무슨 말인지 알겠어요. 쓰레기 치우는 문제로 다투는 부부만큼이나 많은 부모가 음식 때문에 아이들과 싸우죠."

앤톤이 웃었다.

"당신이 바쁘다는 것도 압니다. 저는 후추의 장점을 토론하며 시간을 허비하지 않기를 바랍니다. 저는 오히려 당신에게 관심이 있어요. 당신에게 무슨 일이 있는 거죠? 후추 문제는 한쪽으로 제쳐두고, 지금 당신에게 무슨 일이 일어나고 있죠?"

"저녁 시간이 좀 평화로울 수는 없을까요? 직장에서도 끊임없이 논쟁해요. 왜 이렇게 매사에 문제가 있는 걸까요? 어느 하나 괜찮은 것이 없어요!" 앤톤은 잠시 말을 멈추었다. "이게 내 인생이구나 싶어요."

"제 생각에는 우리가 뭔가 큰 걸 건드린 것 같아요. 몇 분만 이대로 있어 볼까요." 앤톤은 자신의 반응에 호기심을 느끼기 시작했다. 앤톤은 터치 포인트 실습이 균형감을 약간 갖게 해주자 시간이 지나면서 자기 마음이 어떻게 흘러가는지 충분히 알아차릴 정도로 진정되었다. 하지만 과연 그가 자신에게 친절해지는 법까지 배울 수 있을까?

때로는 여러 실습을 결합하거나 하나의 실습을 나누어 하는 것이 더 좋을 수 있다. 마치 우리가 추운 곳이나 에어컨이 있는 곳에서 필요에 따라 옷을 껴입듯이 말이다.

나는 다음 실습을 제안했는데 그 이름이 약간 불량스럽다. '도대체 이게 뭐지?'라는 실습이다. 두 가지 실습을 결합한 이것은 우리가 힘든 감정을 분류하고 관리하는 데 도움을 준다. 일단 우리가 우리 경험에 친절한 호기심을 갖기 시작하면 연민은 따라온다. 이 실습은 '이뭣고'라는 화두수행을 응용한 것이다. 원래는 분노와 걱정을 다루는 방법으로 고안되었지만 다음에 소개하는 버전은 특별히 부모들을 위한 것이다.

앤톤은 그다음 주에 와서 자신이 통찰한 것들을 들려주었다.

2장 왜 이렇게 힘들죠

도대체 이게 뭐지?

---　🌷　---

- 편안하게 앉아 스트레스를 받지 않도록 자세를 취해봅니다. 언제나 그렇듯이 누워도 괜찮습니다.
- 당신 주의를 차분하게 안정시키기 위해 잠시 시간을 가지세요. 시작하기 전 '스트레스로 지친 부모를 위한 터치 포인트' 또는 '부모를 위한 에고 접착제' 실습을 해봅니다.
- 육아와 관련해서 당신이 바로 지금 경험하는 것에 주의를 가져가 봅니다.
- 그것은 분노, 자기 의심, 걱정, 슬픔, 두려움일 수 있습니다. 당신에게 해당하는 것이 무엇인지 살펴봅니다.
- 따뜻한 호기심으로 당신이 느끼는 것에 주목해봅니다. 만일 그것이 너무 강렬해지면 다시 접촉하고 있는 몸을 느끼거나 호흡과 함께 머뭅니다.
- 괜찮다면 당신 가슴에 손을 올려놓고 친절과 관심을 주되 판단하지는 않으며 현재에 머무는 느낌이 어떤지 알아차립니다.

"음, '도대체 이게 뭐지?' 실습을 했는데 정신 차리는 데 도움이 되었어요. 3분이면 할 수 있더라고요. 제가 정말로 음식에 대해 지나치게 경직되어 있다는 걸 깨달았습니다. 아주 꽉 붙들고 있더라고요. 저한테 후추가 문제가 아니었어요. 후추가 아니라 그 이면에 숨겨진 이야기가 있더군요. 바로 그게 원인이었죠. 저는 정말로 열심히 일하고 있답니다. 뼈가 부서지도록 열심히 하죠. 아이들이 좀 더 나은 삶을 살았으면 해서 온갖 더러운 일도 참아내면서요.

그런데 제가 얻은 게 뭐죠? 고맙다는 말 한마디 없다는 게 저를 참 아프게 해요. 그러다 한 번씩 확 돌면 아이들은 물론 직장 동료들과 아내도 제 권위를 존중하지 않는다는 것이 걱정돼요. 그러고는 일종의 분노에 빠집니다. 제가 좋은 부모가 아닐까봐 신경 쓰여요. 충분히 곁에 있지도 못하죠. 아이들은 분명 저를 나쁘게 생각할 거예요. 그러다 갑자기 제 머릿속에서 아이들과 아내 그리고 동료들 등 모든 사람과 싸웁니다. 엄청나죠."

"마치 그 이야기 저변에서 무슨 일이 벌어지는지 당신이 알고 있다는 말처럼 들리네요." 내가 그 부분에 주목하며 말했다.

"맞아요. 정확해요." 앤톤이 대답했다. "저는 난생처음 제 안의 목소리를 들었어요. '앤톤, 그건 그냥 후추일 뿐이야. 비극이 아니라고.' 그때 저는 깨달았어요. 제가 마늘과 비트를 싫어한다는 것을요. 조금 편안해지더라고요. 우리 모두 어떤 음식은 좋아하고 어떤 음식은 싫어하잖아요. 거기에 무슨 대단한 의미가 있는 것도 아니고요. 그저 생각일 뿐이죠. 제가 그렇게 자제력을 잃으면 안 되었어요." 그는 잠시 말을 멈추었다. "어쩌면, 진짜 어쩌면 당신 덕분에 제가 심장마비를 피할 수 있었는지도 모르겠어요."

앤톤은 자신이 아이들과 함께해야 할 소중한 시간을 사소한 것들과 싸우느라 낭비한다는 사실을 깨닫게 되었기에 바뀐 것이다. 앤톤은 자신이 살면서 거의 모든 사람과 싸운다는 걸 깨달았다. 그가 끊임없이 분노하는 건 생산적이지도, 효과적이지도 않았다. 동료들은 그를 피했고, 가족 역시 그 곁에 있고 싶어하지 않았다. 앤톤은 자기 행동에 대해 마음챙김하는 호기심을 가짐으로써 자신의 자동반사적 분노 때문에 아이들과 즐겁게 지낼 수 없다는 사실을 이해했다.

후추를 좋아하지 않는 아들을 한 발 물러나 바라보니 앤톤 자신도 어떤 음식은 좋아하지 않는다는 걸 인정할 수 있었다. 자신에게도 어떤 기호가 있지만 그 때문에 세상이 끝나는 건 아니라는 사실을 받아들이게 되었다. 그러자 아이들이 아직 어리다는 걸 인정하고 그들이 좋아하고 싫어하는 것에 미소 지으면서 그들을 느긋하게 바라보는 여유가 생겼다. 앤톤은 실습을 하면서 자신에게 있는 줄도 몰랐던 유머와 내면의 자원들을 알아채기 시작했다.

만일 도움이 더 필요한 날이면 여러 실습을 병행해보고 싶을 수도 있다. 딜런은 아내가 집에 없는데 인내심과 자제력이 바닥난 날이면 "도대체 이게 뭐지?" 실습을 추가했다. "그건 뭔가 더 강력한 접착제를 추가하는 것 같기도 하고, 마치 요새를 점령하는 데 필요한 지원군을 확보하는 것 같은 느낌이 들어요." 딜런은 미소 지었다.

크리시는 제니와 힘겨운 날을 보내고 나면 이 실습을 추가했다. "그것들을 병행하면 여유가 좀더 생기는 것 같아요. '나 홀로 육아' 주간에는 제 곁의 친구가 '좋아, 친구. 지금 여기서 무슨 일이 있었지?'라고 말해주는 것 같았어요. 그것이 저를 한 박자 늦춰주면서 혼자라는 기분이 덜 들게 해주었죠."

오늘은 어른 노릇
못 하겠어요

어느 날 사무실로 운동복 바지에 티셔츠를 걸쳐 입은 알렉스가 들어와서는 "오늘은 어른스럽기가 힘드네요"라고 말했다. 겉모습만 봐도 그녀의 내면상태가 짐작되었다.

"셋째 아이가 태어날 때까지만 해도 그럭저럭 균형을 유지했어요. 요즘에는 제가 농담으로 셋째가 제 경력 킬러라고 말해요. 아주 먼 옛날 저는 변호사였어요. 하지만 지금은 그냥 옛날 옛적 얘기예요." 그녀는 자신이 뱉은 단어들을 알아차리며 순간 멈칫했다. "저 사람이 요즘 동화책을 엄청 많이 읽고 있구나 싶죠?" 그녀가 농담을 건넸다.

"그러니까 저는 그 모든 걸 다 해내려고 무진장 애를 썼어요. 잠도 안 자고 계속 일했죠. 아이들을 어린이집에 데려다주는 일도 했고요. 그런데도 엉망이었죠. 책상에서 낮잠을 자기 시작했다니까요. 회사 친구들이 정말로 응원을 많이 해줬어요. '알렉스, 너는 좀 기댈 필요가 있어.' 그들이 그렇게 말해줘도 금세 잊어버렸죠. 회사 친구들이 그렇게 말하면 '나는 단지 누울 수만 있으면 돼'라고 말하곤 했죠." 그녀는 웃었다.

"셋째 아이가 이제 겨우 6개월이고 첫째가 일곱 살, 둘째가 세 살인데 저는 너무 피곤해서 아이들을 똑바로 보기도 힘들어요. 첫째는 어린이 축구단에 들어가고 싶어하죠. 그런데 제가 어떻게 그 모든 연습과 경기를 맞출 수 있을지 도저히 자신이 없어요. 축구 뒷바라지하는 엄마가 된다고 상상하는 것만으로도 힘드네요."

"당신이 상상했던 일 아닌가요?" 내가 물었다.

"전혀요. 전 전업주부가 될 생각이 없었어요. 단 한 번도요. 저는 지루한 변두리에서 앞치마를 두르고 과자를 굽는 우리 엄마와는 다른 사람이 되고 싶었거든요. 누군가가 저를 위해 과자를 구워주길 바랐죠." 알렉스는 한탄스럽다는 듯 말했다.

"저 휴직했어요. 그러고는 종일 화내고, 원망하고, 낙담하며 보내요. 제가 우울증에 걸린 건가요? 아니면 엄마가 된다는 게 원래 이런 건가요?" 그녀는 하소연하듯 물었다.

알렉스만 그런 게 아니다. 대다수 엄마가 어린아이를 양육하는 스트레스에 짓눌릴 수 있다는 걸 예상하지 못할 뿐만 아니라 스트레스를 다루는 일에는 더욱 서툴다. 특히 힘들 때는 더욱더 그렇다. 게다가 요즘 많은 가정에서는 재정적 압박도 겪는다. 거기에는 연로한 부모님에 대한 책임을 비롯해 또 다른 압박도 더해진다.

우리는 단지 육아 스트레스만 겪는 것이 아니다. 대개 육아에다 삶이 우리

비추어 보기

무엇이 당신을 몹시 힘들게 하나요?

잠시 시간을 내어 당신에게 지금 당장 스트레스로 다가오는 것이 무엇인지 생각해봅니다. 어린아이들을 양육하는 것 외에 염려스러운 일이 있나요?

- 건강 문제인가요?
- 최근에 실직했거나 곧 실직당할 것 같나요?
- 아픈 부모나 형제자매가 있나요?
- 생활이 불안정한가요?
- 최근에 상실 또는 죽음이 있었나요?
- 직장에서 갈등이 있나요?

그밖에 당신을 몹시 힘들게 만드는 일들을 적어봅니다.

에게 던지는 다양한 스트레스가 보태진 상태다. 당신이 지치고 짓눌리는 것은 전혀 이상한 일이 아니다.

"부모에게는 때때로 우울증 징후와 비슷한 양상이 나타나기도 하죠." 나는 알렉스에게 그녀가 겪고 있는 일을 더 얘기해달라고 요청했다.

"저는 종종 짜증 내면서 투덜거려요. 그리고 아이들에게 쏘아붙이죠. 정말 지긋지긋해! 오~ 방금 당신한테도 그랬군요! 그리고 그 어느 때보다도 너무 자주 울어요. 첫째 앨리스에게 책을 읽어주곤 하는데 사실 아이에게 '이상한 나라의 앨리스'를 읽어줄 날을 줄곧 기다렸어요. 책을 막 펼쳤죠. 이 순간을 얼마나 고대했는지 몰라요. 제가 어렸을 때 엄청난 독서광이었거든요.

첫 장에서부터 앨리스가 토끼굴에 빠지는 부분까지 읽었죠. 작가 루이스 캐롤(Lewis Carrol)이 마약 중독자였고, 이 책을 쓸 때 분명 강력한 뭔가에 취해 있었을 거라고들 하는데, 이번에 읽어보니 그걸 실감하겠더라고요. 앨리스가 아래로, 아래로 계속 떨어지는 장면을 읽는데 눈물이 나기 시작했어요. 어렸을 때는 그 장면이 정말 멋지다고 생각해서 토끼굴을 찾아다녔거든요. 다른 세상을 발견하고 싶어서요. 저는 제가 속한 곳에서 벗어나고 싶어했죠. 그런데 그날 밤은 그 장면이 무섭게 느껴졌어요. 제가 우는 것을 눈치챘는지 딸이 괜찮냐고 물었어요. 저는 딸이 놀랄까봐 거짓말을 둘러댔죠. '응, 아무것도 아니야. 그냥 코가 좀 막혀서.' 하지만 사실이 아니었죠. 오늘 여기 온 이유는 제가 나락으로 떨어지는 것만 같아서예요. 끝이 없는 구덩이 속으로 떨어지는데 가족마저 그리로 이끄는 건 아닌지 걱정돼요."

2장 왜 이렇게 힘들죠

제가 우울한 건가요,
아니면 육아가 원래 이런 건가요

알렉스가 '부모 역할을 제대로 할 수 있게 해주는 두뇌'라고 부르던 마음챙김과 자기연민은 지치고 혼란스러운 시기에 마음을 다잡고 균형을 잡을 수 있게 해준다. 내 생각에 마음챙김과 연민에 대한 최고 설명은 심리치료가이자 마음챙김 지도자인 실비아 부어스테인(Sylvia Boorstein)에게서 들은 말이다.[3] 실비아는 마음챙김과 자기연민에 대해 "우리가 지혜의 자리에서 반응하도록 외부와 내면에서 일어나는 것에 주의를 불러일으키는 것"이라고 했다. 게다가 지금 어떻게 느끼는지 안다면 우리는 분노에 휩싸여 화내거나 토끼굴에 떨어지는 일이 줄어들 것이다.

부모들이 마음챙김과 자기연민을 활용할 때 중요한 사실 중 하나는 힘겨운 감정을 다룰 수 있도록 도움을 받는다는 것이다. 먹기를 거부하는 아이와 마주하는 도전적 상황과 일반적으로 따르는 반응(고함, 위협, 벌주기) 사이에서 멈출 가능성을 발견하도록 도와준다. 우리는 마음을 가라앉히고 다른 반응을 가능해보는 데 멈춤을 이용할 수 있다. 지치거나 좌절할 때 삼진아웃으로 쓰러져 버리기보다 잠시 시간을 내어 자동반사적 반응이 아닌 지혜롭게 반응하려고 시도해보는 것이다. 마음챙김 실습으로 이런 힘겨운 감정을 다루게 되면 그 감정을 며칠, 몇 주, 몇 년이 지난 뒤가 아니라 감정이 시작되는 순간 곧바로 알아차린다. 힘겨운 감정을 잘 살피면 우리는 두려움이나 수치심으로 이런 감정을 외면하지 않게 되고 또 아이나 배우자에게 화내지 않게 된다.

다음 실습에서 몸은 힘겨운 감정에 차분하게 집중하는 방법을 제시한다. 그래서 우리가 그 감정에 짓눌리지 않고 좀더 균형적이고 효과적으로 다룰 수 있게 해준다. 이 실습은 양육의 폭풍 속에서 균형을 좀더 잘 유지할 수 있도록 해줄 것이다.

양육에 휘몰아치는 바람

- 편안하게 앉거나 눕습니다. 눈은 감거나 시선을 아래로 향해서 내면에 머물게 합니다. 잠시 시간을 내어 주변의 소리를 들어보거나, 몸의 접촉 감각을 알아차리거나, 호흡의 편안함을 느껴봅니다. 당신이 어느 곳에 자각의 닻을 내리든, 그곳이 당신의 본거지이자 휴식과 위안을 주는 장소가 되게 해봅니다.
- 몸의 긴장이나 불편함 또는 압박을 알아차립니다. 어떤 것도 고칠 필요는 없습니다. 그저 무엇이 있는지 알아차립니다.

2장 왜 이렇게 힘들죠

- 내면의 날씨를 확인합니다. 지금 기분이 어떠한가요? 분노, 슬픔, 실망, 불안, 두려움이 있나요?
- 다시 들리는 소리나 터치 포인트 또는 호흡의 닻으로 돌아갑니다. 그런 다음 어떤 '강풍'이 당신을 데려가는지 봅니다. 그것을 당신의 주의 대상으로 삼습니다.
- 그 감정이 당신 몸 어디에 있는지 알아차립니다. 천천히 살펴봅니다. 가슴이 답답한가요? 이를 악물었나요? 어깨가 긴장되어 있나요? 명치가 그런가요? 두통이 있나요? 맥박이 빠르게 뛰나요? 당신이 느끼고 알아차리는 것에 친절한 호기심과 관심을 줍니다.
- 당신이 알아차린 감각과 느낌이 무엇이든 부드럽게 대합니다. 육아는 많은 것을 자극합니다. 당신 자신을 질책하거나 비난하려고 하는지 알아차립니다. 저녁에 무엇을 먹을지 고민하기 시작했나요? 무엇이 당신의 주의를 빼앗아가는지 알아차립니다.
- 가장 강렬한 감정이 느껴지는 곳으로 따뜻한 손길을 가져갑니다. 그곳을 부드럽게 하고 이완해봅니다. 그 불편한 부위에 활기를 불어넣고 싶을 수도 있습니다. 투쟁하거나 저항하지 않습니다. 그저 그 느낌을 알아차리고 허용합니다.
- 때로는 친근하고 호기심 어린 방식으로 감정을 자각하는 것만으로도 도움이 될 수 있습니다. 압도되거나 산만해지거나 동요하기 시작하면 단순히 소리, 터치 포인트 또는 호흡의 닻으로 돌아갑니다.
- 당신이 덧붙이는 판단이나 비난을 알아차리고, 그것들이 오고 가게 내버려 둡니다. 그것에 먹이를 주거나 그것을 따라가지 않습니다. 그러면 그것들은 사라질 겁니다.
- 준비가 되면 숨을 한 번 쉬면서 손가락·발가락과 팔다리를 약간 움직입니다. 이런 친절한 호기심을 당신의 다음 활동에도 가져오려고 해봅니다.

알렉스는 이 실습을 했을 때 자기 마음이 복잡했다고 말했다. "때때로 너무 언짢아요. 가끔은 짓눌리는 걸 느끼고요. 어떨 때 아이를 쳐다봤는데 아이가 막 웃으면 그렇게 행복할 수 없어요. 하지만 아이는 어떨 때는 울고, 어떨 때는 난리를 쳐요."

익숙한 얘기 아닌가? 새롭게 부모가 된다는 건 이런 것이다. 알렉스는 이미 똑같은 경험을 첫째와 둘째 아이 때 겪었음에도 지금 이렇게 말한다. "마치 기하급수적으로 늘어나는 것 같습니다. 그리고 가끔 혼란스러워요. 여기가 어디지? 어쩌다 아이를 셋이나 두게 되었지? 오늘이 며칠이지? 내가 누구 인생을 사는 거지? 이게 내 삶이라고? 이 모든 것에서 벗어나 섬에 가서 쉬고 싶다."

한 친구가 육아는 어둠 속에서 운전하는 것과 같다고 말한 적이 있다. 모든 것이 예전처럼 보이지 않고, 자신이 어디에 있는지도 확실치 않으며, 바로 코앞밖에 보이지 않는다. 알렉스도 어쩌면 당신도 자기 삶을 잃어버린 것 같은 기분을 느낄지 모른다. 그리고 아마 당신은 그런 기분이 드는 것 자체가 싫을 것이다. 알렉스가 원망스럽다는 듯 말한 것처럼 당신도 같은 심정일 수 있다. "하지만 누구에게도 말할 수 없어요. 그런 말을 하면 사람들이 나에게 건강한 아이가 세 명이나 있다는 것에 감사해야 한다고 할 테니까요. 그러면 저는 죄책감이 들면서 저 자신이 감사를 모르는 사람처럼 느껴지겠죠. 배부른 고민이라고나 할까요."

자책은 도움이 되지 않는다. 고통을 생각하고 말하며, 고통과 함께 작업하는 것은 자기 방종이 아니다. 정신과 의사 댄 시걸의 말처럼 "고통을 치유하려면 먼저 고통을 느껴야 한다." 그리고 "고통을 길들이려면 이름을 붙여야 한다." 다시 말해 힘겨운 감정을 다루는 유일한 방법은 그 감정을 느끼도록 자신을 인정하고 자신이 경험하는 감정이 무엇인지 아는 것이다. 이는 특히 알렉스처럼 말하는 사람들에게 중요한 부분이다.

"우리는 자라면서 아무것도 느끼면 안 되었어요. 내 감정에 대해 정확하게 말할 수도 없었죠." 딜런처럼 야단맞고 나서 슬퍼하거나 화내거나 어떤 고통스러운 감정이 올라오더라도 뚝 그쳐야만 했던 사람에게도 역시 이는 중요하다. 우리는 종종 아이를 우선시하고 잘 키우려고 애쓰는 데 너무 사로잡혀 우리 감정을 받아들이고 확인할 시간을 자신에게 허용하지 않는다. 다음에는 여기에 도움이 될 수 있는 이름 붙이기 실습을 소개한다.

힘겨운 감정에
이름 붙이기

감정에 이름 붙이기⁴는 잘 연구된 명상 실습이다. 2007년 데이비드 크레스웰 (David Creswell)과 동료들은 경험하는 것에 이름을 붙이는 과정이 뇌의 위험 경보센터(편도체)를 비활성화하고, 흔히 뇌의 제어센터 또는 CEO센터라고 불리는 전두엽 피질을 활성화한다는 사실을 발견했다. 그런 과정은 우리가 자동적 반응과 불쾌한 기분에서 벗어나 균형과 조망을 재정립할 수 있도록 돕는다.

어느 에세이에서 매슈 리버만(Matthew Liberman)은 이 실습을 알람시계의 스누즈 버튼(시계의 알람 기능 가운데 누르면 일정 시간이 지난 뒤 다시 알람이 울리는 버튼-옮긴이)을 누르는 것⁵에 비유했다. 어떤 부모가 스누즈 버튼을 누르고 싶지 않겠는가?

스누즈 버튼 누르기

❦

- 편안하게 앉은 다음 눈을 감거나 반쯤 뜨고 시작합니다. 원한다면 누워도 좋습니다. 심호흡을 몇 차례 하면서 진정합니다.
- 몸의 터치 포인트나 주변의 소리 또는 호흡의 편안함 같은 닻과 연결하는 시간을 잠깐 가집니다.
- 감정에 휩싸이면 그 감정이 무엇인지 간단히 적습니다. 따뜻함과 연민을 가지고 이 작업을 합니다. 예를 들어 '두려움, 두려움, 두려움'이라고 적어봅니다. 너무 정확하게 하려고 고민하지는 않습니다.
- 몸에서 느껴지는 감각을 확인합니다. 느낌을 고칠 필요는 없습니다. 있는 그대로 느낌을 허용합니다.
- 당신이 어떤 태도로 하는지도 알아차립니다. '분노, 분노, 분노'라고 적을 때 자신을 책망하지는 않나요? 이런 감정을 느끼는 자신을 나쁜 부모라고 말하지는 않나요?
- 다양한 감정을 받아들이도록 허용합니다. 모든 감정을 환영합니다. 친절, 수용, 따뜻함으로 이름을 붙일 수 있는지 봅니다.
- 감정이 너무 강렬해서 방향 감각을 잃거나 압도감을 느낀다면, 그저 호흡이나 터치 포인트 또는 주위의 소리로 돌아옵니다.
- 감정을 분석할 필요는 없습니다. 그런 감정을 둘러싼 이야기를 만들 필요도 없습니다. 그 감정의 역사를 파고들지도 않습니다. "우리 엄마가 나에게 화를 냈고, 나는 내 아이들에게 화를 냈다. 이건 결코 끝나지 않을 거야"라고 말할 필요도 없습니다.
- 감정에 이름을 붙이고 그저 지나가게 둡니다.

- 친절함과 연민을 가능한 한 많이 보내세요. 만일 부정적 감정에는 연민을 제공할 가치가 없다고 느껴진다면 그것 또한 적어봅니다.
- 즐거운 감정을 받아들이고 여기에도 이름을 붙입니다.
- 감정에 이름을 붙이는 일과 당신의 닻에 안주하는 작업을 번갈아 해봅니다.
- 준비되면 심호흡을 하고 손가락과 발가락, 팔과 다리를 약간씩 움직이면서 스트레칭을 합니다. 눈을 감았다면 뜹니다.
- 다음 활동으로 옮겨갈 때 당신의 감정적 반응을 계속 알아차리려고 노력합니다.

나중에 만났을 때 알렉스는 '훈련중인 부모'라고 적힌 밝은 초록색 양말을 신고 있었다. 나는 그녀의 차림이 너무 정확하게 표현하고 있다고 농담했다. 그녀도 나를 따라 웃었다. "엄청 우스꽝스럽죠. 이 양말 친구가 주었어요. 그 친구가 '나는 아기예요. 당신의 핑계는 뭔가요'라고 적힌 젖먹이 아기용 원피스도 주었어요. 그래서 웃었죠. 그 덕분에 항상 거지 같은 기분일 필요는 없다고 느끼게 되었어요. 스트레스가 조금은 날아가더라고요. 하루를 좋지 않게 보냈거나 울었거나 짜증 났을 때 변명해야겠다고 생각하며 자책했던 것 같아요. 가끔은 너무 힘들고 어른다운 대화가 너무 그리워요. 지금 저는 '훈련중인 부모'를 일종의 새로운 업무 기술쯤으로 여겨요."

'삶은 그저 끝없는 실수의 연발'이라고 했던 선사의 말이 떠오른다. 육아도 마찬가지라고 생각한다. 육아는 현장실습이다. 우리는 끊임없이 실수하고 끊임없이 무너져내린다. 우리는 누군가에게서 부모 역할을 배워본 적이 없다. 그리고 우리 문화는 부모 역할을 하는 데 좀처럼 도움을 주지 않는다. 그러니 너무

나 많은 부모가 외로움과 우울함을 느끼는 건 당연하다.

"스누즈 버튼 실습이 저한테 효과가 있었어요." 알렉스가 말했다. "안 좋은 감정이 올라오거나 아이들에게 화가 날 때 덜 동요하게 되었고, 저 자신을 덜 미워하게 되었어요. 엄마라면 이래야 한다는 어떤 구닥다리 이미지를 가졌던 것 같아요. 소리 질러서는 안 돼. 자제력을 잃으면 안 돼. 24시간, 일주일 내내 사랑이 넘치고 친절해야만 해. 끼니마다 음식을 직접 만들어야 하는 거야. 아이들이 집에 있을 때는 집에서 구운 과자를 먹여야 해."

그녀는 고개를 가로저었다. "이 실습은 집에 먼지 한 톨 없이 깨끗한 우리 엄마와 살림은 엉망인 나 사이에서 작은 틈, 작은 여유를 줘요." 자기감정에 주의를 기울이고 자신이 필요한 것에 신경 쓰며 자신에게 친절해지는 법을 배운 알렉스는, 아이들에게서 받는 일상의 스트레스를 완화해줄 실용적 조치에 눈을 돌리기 시작했다. 그러다가 '저임금 운전기사'처럼 아이들을 차에 태우고 이리저리 돌아다니는 일이 일상에서 큰 스트레스 중 하나였다는 사실을 깨달았다.

"대체로 기분이 나아지고 있어요. 앞으로 며칠은 그럴 것 같아요. 이 말을 덧붙여야겠네요." 알렉스가 말했다. "하지만 아이들은 여전히 아이들이에요. 아이들이 금방 평화로운 천사로 바뀌는 것도 아니고요. 끊임없는 싸움은 저를 지치게 해요. 입양을 보내는 방법도 알아봤어요. 그런데 그것도 그렇게 쉽지는 않더라고요." 그녀가 농담처럼 말했다.

아이들에게 짧은 시간 호흡에 집중하고 감정을 알아차리도록 가르쳐서 다른 사람들에게 거칠게 굴지 않도록 하는 마음챙김 교육자들이 있다.

마음챙김이 무엇인지 말할 때 내가 좋아하는 사례 가운데 하나는 한 어린이가 들려준 말이다. 그 아이가 다니는 학교에서는 아이들에게 마음챙김과 연민을 가르치는 프로그램을 시작해 매우 긍정적인 결과를 얻었다. 마음챙김을

자동차 안에서 마음챙김과 연민

🌷

- 집에서, 아마도 침대에서 아이가 자기 호흡을 발견하도록 도와줍니다.
- 이것을 하는 하나의 방법은 당신과 아이가 함께 아이 가슴이나 배꼽에 손을 얹고 숨을 쉴 때 몸이 오르내리는 걸 느끼는 겁니다. 어린아이들과 할 때는 배꼽에 손을 대고 느끼는 방법이 가장 쉽습니다.
- 어떤 아이들은 배꼽이 풍선처럼 커지는 이미지를 좋아합니다. 당신 아이에게는 어떤 이미지가 잘 맞는지 봅니다.
- 차로 이동하는 동안 말다툼이 시작된다면 다음 제안을 시도해봅니다. 당신이 적절한 방식으로 조정해도 됩니다.

이 시나리오는 알렉스네 집에서는 흔한 일입니다.
"엄마, 엄마, 앨리스가 꼬집었어."
"앨리스, 그만해."
"애가 나를 발로 찼단 말이야."
"안 그랬어."
"그랬잖아."
"당장 그만둬. 엄마 지금 운전중이잖아! (화가 점점 더 나면서) 내가 너희 싸움을 말릴 수 없구나. 엄마가 사고라도 나면 좋겠니?"
"하지만 애가 나를 때렸단 말이에요."
"만일 엄마가 차를 멈춰 세워야 한다면 너희 모두 아주 혼날 줄 알아!"

알렉스는 운전할 때 '길들이려면 이름 붙여라' 실습을 활용해보려고 노력했습니다.

"엄마, 엄마, 앨리스가 꼬집었어."

"좋아, 얘들아. 다들 자기 호흡을 찾아봐."

"아이, 엄마. 얘가 나를 꼬집었다고요."

"들었어. 우리는 지금 뭔가 다른 걸 해볼 거야."

"하지만 아프단 말이에요. 호흡 찾는 거 하기 싫어요. 바보 같아."

"자, 우리 **30**초만 조용히 해보자. 배에 손을 얹어봐."

"하기 싫어요."

"이건 진짜 멍청이 같아."

"진짜 화났어요."

"좋아. 거기에 이름을 붙여보자. 지금까지 바보, 멍청이, 화났다고 말했어. 또 다른 말은?"

"근데 아파요."

"그 말들을 계속해보렴. 바보, 멍청이, 화났다, 아프다도 있고. 계속해보자. 또 뭐가 있을까?"

"이건 불공평해요."

"불공평해요도 있고. 우리가 한 말들은 바보, 멍청이, 화났다, 아프다, 불공평하다. 또 있니?"

"이거 재미없어요. 바보들이나 하는 짓이에요! 이건 게임이 아니에요!"

설명해달라는 어느 기자의 요청을 받은 이 아이는 이렇게 대답했다. "그건 누군가에게 거칠게 굴지 않는 거예요."

'자동차 안에서 마음챙김과 연민' 실습은 알렉스 가족을 위해 우리가 개발한 명상이다. 차를 타고 가면서 보이는 광고판, 자동차, 새, 강아지나 고양이 등에 이름 붙이는 게임을 응용한 것이다. 말을 할 줄 아는 아이들에게는 부분을 보고 이름을 붙이는 것이 괜찮지만 더 어린아이들은 대개 호흡을 느끼는 걸 좋아한다.

알렉스의 아이들은 종종 마지막 부분에서 웃었다. 때로는 그들이 느끼는 걸 소리쳐 말하기도 했다. 하지만 대개는 싸움을 그쳤고 알렉스는 운전을 할 수 있었다. 그녀는 차 안에서 건강에 좋은 간식을 먹는 것도 싸움을 줄여준다는 걸 알게 되었다.

한 가지 중요한 주의사항은 이름 붙이기에는 따뜻함과 친절함 그리고 유머감각이 따라야 한다는 것이다. 그렇다. 우리는 모두 화가 나고, 뭔가 멍청하고 바보 같다는 생각이 들기도 하고, 상처받기도 한다. 이런 것들이 바로 자기연민 연구자들이 '인간 경험의 보편성'이라고 하는 것 가운데 일부분이다. 아이들은 때때로 실습에 저항하기도 하지만 알렉스는 실습이 싸움을 그만두게 하고 아이들을 웃게 만든다는 걸 발견했다.

당신도 다음에 아이들을 차에 태워 축구 연습장이나 학교에 데려다줄 때, 아이들이 싸우기 시작하면 차 안에서 마음챙김과 연민을 시도해보라. 실습을 놀이 삼아 해보고 당신 가족에게도 그것이 통하는지 알아보라. 실습하는 좋은 방법이 한 가지만 있는 건 아니다. 실습을 즐겁게 하려고 노력해보라.

이 실습은 또한 힘겨운 감정을 다루는 방법을 학습하는 장을 마련해줄 수 있다. 이 실습은 다른 사람의 생각을 들어보고, 사람들이 느끼고 경험하는 걸 경청하며 자신의 필요와 욕망을 전달하는 자연스러운 기회가 된다. 그리고 운이 좋으면 이 실습이 협상, 타협, 심지어 용서를 배우는 문을 열어줄 수도 있다.

이 실습이 단순히 골치 아픈 일 없이 축구 연습장에 도착할 수 있게 해주는 일종의 게임처럼 보일 수도 있지만, 사실은 그 안에 협력과 의사소통을 가르치는 것 같은 더 큰 목표가 숨어 있을 수 있다. 초콜릿 컵케이크 속에 몰래

비추어 보기

무엇이 당신에게 효과가 있을까요?

크리시, 딜런, 앤톤, 알렉스가 일상적 투쟁에 자기연민을 가져오는 법을 배우는 모습을 보면서 당신에게는 어떤 게 효과가 있을 것 같나요? 잠시 당신이 무엇을 배웠는지 그리고 그것들이 어떻게 당신을 침몰하지 않게 지탱해줄지 비추어 봅니다. 당신은 무엇을 일상에 통합하고 싶은가요? 아이들 때문에 더는 참기 힘겨울 때 '부모들을 위한 구세주, 자기연민' 실습을 활용해볼 수 있을까요? 아이들이 싸울 때면 올라오는 감정을 고통스럽고 힘들더라도 받아들이는 법을 배우고 싶은가요?

당신은 가정이나 직장에서 스트레스가 많은 상황에 잘 대처하나요? 육아의 안개 속을 헤맨다고 느끼지 않도록 혼란스러운 감정에 이름을 붙여보고 싶은가요? 이런 새로운 기술을 배우면서 당신 자신에게 친절하게 대하는 것은 어떤가요? 똑같은 실습으로 가족의 혼란을 진정시키는 친절을 베풀어보면 어떨까요?

갈아넣은 애호박처럼 말이다.

물론 도전적인 순간이 닥쳐올 것이다. 그러나 그러한 순간을 삶에 필요한 수단이라고 생각해보라. 우리는 삶이 어떤 방향으로 던져지든 당신이 무너지지 않고, 그 상황을 다루는 법을 배우도록 자기연민의 핵심을 구축하는 작업을 하고 있다.

'어느 운 좋은 날에' 알렉스가 말했다. "그런 날이 자주 오지는 않지만 가끔 토끼굴로 내려가서는 뭔가를 배워요. 그리고 저 자신에게 이렇게 말해요. '알렉스, 이건 새로운 굴이야. 새로운 세계야. 흥미로워. 여기서 무슨 일이 일어날까? 도대체 이건 무엇일까?' 이렇게 하니까 적어도 그 토끼굴에 대해서만큼은 계속 관심과 호기심을 유지하게 되더라고요. 그리고 제가 그다지 놀라지 않도록 하는 데도 도움이 된답니다." 그녀는 미소 지었다. "최소한 그다음 토끼굴이 나타나기 전까지는 말이에요."

3장

·

그것은 어디에서 왔을까요

양육에 영향을 미치는
마음의 짐 다루기

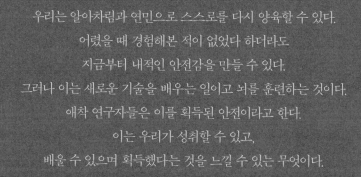

우리는 알아차림과 연민으로 스스로를 다시 양육할 수 있다.
어렸을 때 경험해본 적이 없었다 하더라도
지금부터 내적인 안전감을 만들 수 있다.
그러나 이는 새로운 기술을 배우는 일이고 뇌를 훈련하는 것이다.
애착 연구자들은 이를 획득된 안전이라고 한다.
이는 우리가 성취할 수 있고,
배울 수 있으며 획득했다는 것을 느낄 수 있는 무엇이다.

부모는 오래된 상처와
함께 성장한다

자신의 아동기가 자신에게 미친 영향과 관계하는 방식은 자기 아이를 양육하는 방식에 영향을 미친다. 아이한테 갑자기 화를 내면서 "그냥 하라는 대로 해!"라고 소리칠 때는 마치 외계인(또는 성난 엄마)이 내 몸에 들어온 것 같다. 생각할 겨를도 없이 자동으로 반응하는 것이 당황스럽기만 하다. "도대체 이런 모습은 어디서 온 것일까?" 갑작스러운 폭발이 부끄러우면서도 궁금해진다.

그러나 어떤 날은 애들이 소리를 꽥꽥 지르며 싸우는데도 부모로서 보여줄 수 있는 최고 모습으로 대응하기도 한다. 마치 러시아워에 얌체같이 끼어든 차량 운전자에게 보복운전을 하지 않는 것처럼 말이다. 아마 당신은 마음이 넓고 친절한 아버지가 몇 년 전 비슷한 상황에서 했던 말들을 떠올렸을지도 모른다. "괜히 시비 걸지 말고 그냥 가게 놔둬라. 아이가 아파서 병원에 가는 길일 수도 있잖니?"

이 장에서는 우리 삶을 더 깊이 이해하는 것이 어떻게 자녀, 배우자와 좀더 효율적인 관계를 맺도록 도와주는지 살펴본다. 어려움을 겪는 자신에게 연민을 보내고 자신을 제대로 볼 수 있어야 비로소 아이에게 필요한 돌봄, 친절함, 안전감의 토대를 만들 수 있다.

최근 연구 결과에 따르면 부모가 자기 삶의 경험을 이해하는 것이 아이가 부모와 안전하게 연결되는 능력을 키우는 일과 관련되어 있다고 한다. 어린 시절에 일어난 사건이 내 운명에 돌이킬 수 없는 영향을 미친다고 믿어왔지만, 다행스럽게도 이는 사실이 아니다. 복잡하고 힘들고 상처로 가득 찬 어린 시절을 보냈다 할지라도, 그때 사건들을 이해하려고 노력한다면 절대로 지난날과 비슷한 상호작용은 하지 않는다. 절대 늦지 않았다. 지금부터라도 아이들을 돕기 위해 당신 자신의 삶을 이해해야 한다. 원가족 안에서 지속되었던 해로운 상호작용 방식을 통찰할 수 있다면, 그런 방식이 다시 일어나지 않도록 피할 수 있다.

부모가 되면 잊어버리고 있었던 오래된 상처를 떠올림으로써 스스로 성장하게 된다. 익숙한 부모-자녀 관계로 돌아왔지만 역할과 관점이 바뀌어 이제는 부모가 된 것이다. 그래서 많은 부모는 자기 입에서 나오는 말에 자기가 충격을 받는다.

브라이언이 이런 말을 한 적이 있다. "제가 아무 이유 없이 아이한테 소리지른다는 걸 깨달았을 때 가슴이 철렁했어요. 마치 몇 년 전 돌아가신 아버지가 무덤에서 뛰쳐나와 갑자기 소리치는 것처럼 느껴졌어요. 도대체 이건 어디서 왔을까요? 무슨 일이 일어난 거지요?"

부모로서 비생산적인 패턴에 갇힌 자신을 발견할 때가 있다. 갓 태어난 소중한 아이를 처음 품에 안았을 때는 상상도 하지 못했던 일이다. 아무리 최선을 다하려고 해도 이런 일은 일어난다. 목표는 어린 시절의 기억을 거부하는 것이 아니다. 기억을 지울 수는 없다(지웠으면 할 때가 있지만 말이다). 그 대신에 그것들을 이해하고 새로운 관계를 만드는 것, 참지 못했던 그 순간에 자신에게 자기연민을 보내는 것이 목표다. 또한 우리가 성장 과정에서 경험했던 좋은 기억과 긍정적인 면을 받아들여 힘든 시간을 버틸 수 있기를 바란다.

샤론은 독감으로 고열에 시달리는 아들을 돌보느라 지쳐 있었다. 그때 자신이 아플 때마다 엄마가 '달님 안녕'을 반복해서 읽어준 일이 떠올랐다. 샤론은 그 기억이 힘든 시간을 버티는 힘과 끈기를 길러준다는 걸 알게 되었다. 다음에 제시하는 이야기와 실습이 자신이 무엇에 도전해야 하는지 더 잘 이해하도록 도울 것이다. 더 중요하게는 이를 통해 더 많은 연민으로 자신과 자녀들에게 반응하는 방식을 발견하기 바란다.

내 몸이
싫어요
⋮

우리는 1장에서 만난 에이미를 기억할 것이다. 그때 에이미 남편은 출장을 자주 갔고 에이미는 새로운 환경에서 혼자 젖먹이 아기와 네 살짜리 아이를 키우느라 스트레스와 외로움에 시달렸다. 그로부터 5년이 지났다. 젖먹이 아기는 유치원에 들어갔고 네 살이었던 소피는 아홉 살이 되었으며 에이미는 체중이 늘어 있었다.

"과자, 도넛, 아이스크림, 컵케이크. 우리는 모두 요리하고 먹는 걸 무척 좋아하거든요." 에이미는 계면쩍게 웃으며 말했지만 늘어난 체중을 어쩔 수 없이 받아들이는 것처럼 보였다. "스무 살의 허리 라인은 사라진 지 오래예요. 아주 영원히 사라졌지요." 에이미는 아쉬운 듯 미소 지었다.

"상담받고 싶은 내용은 제가 아니라 소피에 관한 거예요. 소피는 너무 뚱뚱해요. 친구들이 놀리기까지 해요. 요즘에는 모든 게 더 빨라졌더라고요." 에이미는 한숨을 쉬었다. "정말 요즘에는 모든 걸 예전보다 더 빨리 시작하는 것 같아요. 제가 소피 나이였을 때 몸무게에 대해서는 절대 고민하지 않았거든요." 에이미는 고개를 흔들었다.

"소피가 수영 레슨을 받아요. 보니까 수영을 아주 잘하더라고요. 경주할 때 동급생을 대부분 이길 수 있죠. 아마 이것이 질투를 유발한 게 아닌가 싶어요. 동급생 중 한 명이 라커룸에서 소피를 보고는 오만상을 찌푸리며 비웃고 놀렸어요. '뚱보래요. 뚱뚱뚱 뚱보'라고. 다른 친구들도 소리 내어 웃었고 몇몇은 함께 놀렸어요.

그 일이 있고 나서 소피는 수영 레슨을 가지 않으려고 해요. 그전에는 수영하러 가는 걸 정말 좋아했거든요. 재능도 있고요. 소피가 수영을 포기하는 걸 보기가 너무 힘들어요. 저도 중간에 포기한 활동이 몇 가지 있는데, 지금은 후회하거든요."

나는 그런 상황에서 소피가 어떻게 대처했는지 물었다. "소피는 그것에 대해 별로 얘기하고 싶어하지 않았어요. 그리고 농구를 시작했어요. 그곳에서는 소피의 키와 몸무게가 유리했고 당연히 수영복을 입을 필요도 없으니까요." 여기까지 얘기하고 나서 에이미는 잠깐 말을 멈추었다.

"제가 지금 고민하는 게 바로 이거예요. 소피는 잘 지내는데 오히려 제가 힘들어요. 죄책감이 들면서 스스로 비난해요. 소피에게 우아하고 호리호리한 몸을 주었어야 했는데, 식습관이라도 잘 잡아줬으면 얼마나 좋았을까 하면서 말이에요. 제가 너무 부족한 엄마처럼 느껴져요." 에이미는 한숨을 지으며 말했다. "예전과 똑같아요. 바뀐 게 하나도 없는 것 같아요."

"당신 혼자만 그렇게 생각하는 게 아니에요. 우리 중 아무도 충분히 좋은 부모라고 느끼지 않아요. 아이들이 가지고 태어나는 몸을 우리가 무슨 수로 통제하겠어요. 그러나 아이들이 스스로 존중하고 돌보는 방법을 배우게 도울 수는 있지요."

"예, 저도 알아요. 하지만 저는 여전히 제가 너무 싫어요." 에이미가 무시하듯 말했다. "소피의 마른 친구 중 한 명은 아침으로 달걀흰자와 밀 배아로 만든 시금치 팬케이크를 먹는대요. 참 나. 우리 집은 달걀로 만든 와플에 시럽을 얹어서 베이컨과 함께 먹거든요." 에이미는 고개를 저었다. "또 다른 친구는 간식으로 파슬리와 생케일을 먹는다네요! 정말이에요! 제가 그렇게 먹었다가는 아마 하루 종일 배가 고파 미칠 거예요."

나는 웃으며 말했다. "저도 그럴 것 같은데요."

에이미에게 정말 무슨 일이 일어난 걸까? 에이미는 자기 몸을 몹시 증오할 뿐 아니라 아이들이 어렸을 때 건강한 음식을 먹이지 못했다며 자신을 나쁜 부모라고 여기고 있었다. 심지어 그 음식들은 그녀 가족이 대대로 먹어온 '뼛속 깊이 익숙한' 음식이었는데도 말이다.

우리는 모두 부모와 조부모에게서 물려받은 짐 보따리를 지니고 있다. 하지만 무엇을 물려받았는지 잘 모를 때도 있다. 그것은 단순히 눈 색깔, 머리카락, 몸무게, 세상을 보는 방식만이 아니다. 그보다 더 깊은 것들이 있다. 당신이 물려받은 것에 호기심을 가져보는 건 충분히 가치 있는 일이다. 몸과 관련된 짐 때문에 중압감을 느끼는가? 그렇다면 다음 실습을 하면서 무엇이 떠오르는지 살펴보기 바란다.

에이미는 실습하면서 그동안 잊었던 것들을 떠올렸다. 그녀의 원가족에게

3장 그것은 어디에서 왔을까요

물려받은 짐

- 적어도 10분 동안은 방해받지 않을 공간을 찾아서 편안하게 앉아봅니다.
- 편안하게 안정을 취하도록 잠시 시간을 갖습니다. 원한다면 잠깐 주위에서 나는 소리를 듣거나 들숨과 날숨을 느낍니다.
- 편안하게 이완합니다. 지금은 당신을 위한 시간입니다.
- 조부모에 대한 기억이 있다면 그들을 떠올려봅니다(그들을 잘 알지 못한다면 이 지시문을 건너뛰고 부모를 떠올려봅니다).
- 그들은 자기 몸을 어떻게 대했나요? (간격) 음식에 대해 당신에게 무엇을 가르쳤나요? (간격) 당신 몸을 돌보는 것에 대해서는요? (간격) 그들은 당신 몸에 대해 어떤 말들을 했나요?
- 마음속에 떠오르는 것들을 자유롭게 적어봅니다.
- 준비되었으면 이제 부모님을 떠올립니다. 그들은 자기 몸을 어떻게 다루었나요? (간격) 음식에 어떤 태도를 보였나요? (간격) 당신에 대해 어떤 말들을 했나요?
- 부모님이 서로 다르게 반응했다면 차례대로 한 분씩 떠올립니다.
- 떠오르는 생각을 적어봅니다.
- 이제 당신이 지닌 것을 비추어봅니다. 떠올린 것들은 어떤 공통점이 있나요? 당신은 몸을 어떻게 다루나요? 어떠한 태도를 간직하고 있나요? 어떻게 먹나요? 당신 몸에 대해 어떤 신념이 내면에 있나요?
- '물려받은 것들'에서 무엇을 발견했는지 적어봅니다.
- 잠시 멈추고, 현실로 돌아오기 전에 새롭게 알게 된 것들을 비추어 봅니다.

는 튼튼한 몸이 건강의 상징이었다. 조부모가 농장을 운영했는데, 농장이 제대로 돌아가려면 사람들의 힘과 에너지가 필요했기 때문이다. "농장에서는 동트기 전에 일어나서 하루 종일 일했어요. 팬케이크만 먹고는 버틸 수 없었지요."

다음 세대인 에이미 부모님은 사무직에 종사했는데, 빠르고 간단한 것들을 좋아해서 아이들에게 주로 패스트푸드, 냉동음식을 먹였다. 게다가 에이미 엄마는 단것을 좋아해서 집 안에는 사탕, 과자, 아이스크림 등이 넘쳐났다. 아이러니하게도 에이미 엄마는 자기 몸을 싫어했고 계속 자신을 비난했다.

"10대 때 저 역시 뚱뚱했어요. 몇 년 동안 계속 패스트푸드를 먹었으니 당연했겠지요. 그러자 엄마의 비난은 제게로 향했어요. 비난이 끊임없이 이어졌는데 정말 끔찍했어요." 에이미는 울기 시작했다. "제가 너무 뚱뚱하고 못생겼다고 느껴졌어요. 그때는 너무 불안정하고 상처받기 쉬운 나이였지요. 근데 엄마는 너무 잔인했어요. 글쎄 저를 '뚱뚱한 돼지'라고 불렀다니까요. 그런데 지금 여기서 똑같은 일이 벌어지고 있어요. 소피에게 똑같이 했으면서도, 심지어 제가 그렇게 했다는 것도 깨닫지 못했어요. 너무 절망적이에요."

"에이미." 나는 부드럽게 불렀다. "당신은 절망적이지 않아요. 당신뿐만 아니라 많은 사람이 그렇게 해요. 이것이 우리가 배운 방식이니까요. 보통 아무 생각 없이 물려주잖아요. 그래도 당신은 소피를 놀리거나 비난하며 몰아세우지는 않았잖아요."

"맞아요. 분명히 좋아졌어요. 저는 잔인하지 않아요. 소피가 장애물에서 벗어나 자기 장점을 발휘할 판단력을 지녔다는 걸 알고 얼마나 기뻤는지 몰라요.

그렇지만 제 몸을 싫어하는 건 어떻게 멈출 수 있지요? 엄마가 끊임없이 다이어트하는 모습을 소피에게 보여주고 싶지 않아요. 사실, 저는 지난 25년간 유명한 다이어트라는 다이어트는 죄다 해보았어요. 바로 이게 제 엄마와 제가 연

몸에 친절함 불어넣기

❀

보디스캔은 마음챙김에 기반한 스트레스 감소 훈련을 만든 존 카밧진(Jon Kabat-Zinn)이 대중화했습니다. 거머와 네프는 마음챙김에 기반한 보디스캔에 연민을 더해[1] 우리의 몸을 향해 따뜻함과 선한 의도를 키우도록 돕습니다. 몸의 각 부위로 옮겨갈 때마다 감사와 애정, 연민 어린 말을 보내며 필요하면 부드럽게 어루만져줍니다. 이 실습은 20-30분이 걸립니다.

- 등을 기대고 편안한 자세를 취합니다. 실습하는 동안 자신에게 친절함을 보낸다는 걸 기억하는 의미로 한 손 또는 양손을 가슴에 가만히 올려놓습니다. 잠시 천천히 편안하게 숨을 쉽니다. 원한다면 손은 내려도 됩니다.
- 실습에서는 몸의 각 부위에 친절하게 주의를 기울이며, 애정 어린 방식으로 몸과 함께하는 방법을 발견해나갈 것입니다. 마치 어린아이에게 주의를 기울이듯이 호기심과 친절함을 가지고 몸에 주의를 기울일 것입니다.
- 몸의 어떤 부위와 관련해서 판단이나 불쾌한 연상이 떠오른다면 또는 아프거나 불편하다면 그 부위에 손을 가만히 올려놓고 친절함이 손과 손가락을 통해 몸으로 흘러 들어온다고 상상해볼 수도 있습니다.
- 이 실습은 가능한 한 부드럽고 편안하게 합니다. 너무 힘들다면 몸의 한 부위에 머무르지 않아도 됩니다.
- 몸에 있는 어떤 것도 변화시킬 필요 없이 그저 있는 그대로 허용합니다.
- 발끝에 주의를 기울이고 어떤 감각이 느껴지는지 알아차립니다. 발가락에 고맙다는 내면의 미소를 보냅니다.

- 그런 다음 발바닥으로 이동해 발바닥에 작은 감사를 보냅니다. 온종일 당신의 몸 전체를 지탱하며 아주 열심히 일해왔습니다.
- 어떤 불편감이 느껴진다면 그 부위가 부드러워지게 합니다. 불편한 감각을 알아차리고 그대로 허용하면서 불편한 감각에 친절한 말을 보냅니다.
- 이제 양발을 느껴봅니다. 불편감이 없다면, 그에 대해 감사를 보냅니다.
- 다리 위쪽으로 주의를 이동합니다. 한 번에 한 부위씩 어떤 감각이 느껴지는지 알아차립니다. 불편감이 있다면 친절함을 보냅니다. 천천히 발목, 종아리와 정강이, 무릎 순으로 다음 부위로 주의를 이동합니다.
- 마음이 떠돌고 방황할 수 있습니다. 이때는 다시 주의를 기울이던 부위의 감각으로 돌아옵니다.
- 허벅지, 골반, 배 사타구니, 엉덩이, 등 아랫부분, 등 윗부분, 가슴 순으로 이동합니다.
- 몸의 한 부위에서 다른 부위로 이동할 때 각 부위에 친절과 감사를 보내며 지금 순간에 느껴지는 감각을 알아차립니다.
- 계속 어깨, 팔 윗부분, 팔꿈치, 팔 아랫부분, 손, 손가락, 목구멍, 뒷목, 뒤통수, 이마, 눈, 코, 볼, 입술, 턱 그리고 얼굴 전체에서 느껴지는 감각을 알아차립니다. 하루 종일 당신을 안내하고 무언가를 알려주려고 애쓰는 눈, 코, 귀에 감사를 보냅니다. 정수리에도 그렇게 합니다.
- 몸의 각 부위에 사랑스러운 주의를 보내는 일을 모두 마쳤으면, 손을 다시 가슴에 얹고 몸 전체를 향해 애정의 샤워를 듬뿍 보냅니다.
- 천천히 깊이 호흡합니다. 준비되었으면 부드럽게 눈을 뜹니다.

3장 그것은 어디에서 왔을까요

결된 방식이지요. 그렇지만 무엇을 하든 몸무게는 다시 돌아오더라고요."

'물려받은 짐' 실습에서 자신과 몸의 관계가 항상 친절하거나 지지적이지 않다는 사실을 발견했다면 '몸에 친절함 불어넣기' 실습이 도움이 될 것이다. 실습하면서 몸과의 관계가 바뀔 수 있는지, 자신에 대한 비난을 멈출 수 있는지 살펴보기 바란다.

머릿속에서
나를 지배하는 부모
⋮

에이미는 몸에 친절함 불어넣기 실습을 하면서 자신을 비난하는 엄마가 자기 머릿속에 늘 살고 있었으며, 그동안 쫓아내지 못했다는 사실을 깨달았다.

"제가 저를 얼마나 많이 비난하는지 깨달았어요. 거의 모든 부위에 대해 비난하더라고요. 발은 너무 크고 다리는 짧고 굵어요. 살찐 허벅지에다가 모든 부위에는 셀룰라이트가 있어요. 엉덩이는 펑퍼짐하고 골반도 너무 넓어요. 늘어진 배는 성형수술을 해야 할 정도고요. 아이 둘을 키우느라 가슴은 쪼그라들었어요. 우울했을 거라고 여기겠지만 그렇지 않아요. 관점이 바뀐 것 같아요. 아이들을 쫓아다니고 안아주고 돌보고 달래는 일, 학교와 스포츠센터에 운전해서 데려다주는 일 등 하루 종일 제 몸이 하는 모든 일에 계속 고마워했어요. 제 몸은 너무나 많은 일을 해요. 게다가 아주 강하고 에너지가 넘치지요. 제가 그동안 보아온 모든 것은 단지 제가 슈퍼모델이 아니라는 것뿐이에요."

"바로 그거예요. 많은 사람의 머릿속에는 비난하는 부모가 있어요. 우리도 그 비난에 동참하지요. 하지만 그것을 바라보고 멈추면 없앨 수 있어요."

⋮

"젊은 여성을 보면서 내가 저 사람이라면 얼마나 좋을까 하는 그 순간에 제가 뭘 할 수 있을까요? 제 몸을 다시 비난하기 시작할 때는요? 젊은 그 여성은 나처럼 임신했다고 배 속에 있는 아이 몫까지 2인분을 먹고 늘어져 있지는 않을 거예요. 학교나 일상생활에서 다른 엄마들을 보면 또다시 저를 미워하게 돼요. 저는 정말 뚱뚱한 돼지거든요. 소피도 뚱뚱한 돼지가 될 거예요. 시금치 팬케이크를 진작 알았더라면 얼마나 좋았을까요?" 에이미는 자조하듯 되뇌었다. "멈출 수 없어요. 계속 다른 사람들과 비교하지만 늘 그들에게 져요."

"당신뿐만 아니라 엄마들 대부분이 그래요." 나는 동의했다. "아이를 낳고 키운 몸이 어떻게 그전과 같을 수 있겠어요. 얼마 전 학자이자 번역가인 타니사로 스님(Thanissaro bhikkhu)이 쓴 아주 감동적인 에세이[2]를 읽었어요. 그는 우리가 다른 사람의 시선을 내면화하고 비교하느라 길을 잃어버린다고 하더라고요. 객관화의 함정에 빠져 우리 몸이 잡지에 나오는 모습처럼 되어야 한다고 생각하는 거죠. 그건 정말 말도 안 될 뿐만 아니라 대부분 평범한 사람에게는 불가능한 일이거든요."

〈트랜스페어런트(Transparent)〉라는 텔레비전 쇼의 작가이자 연출가인 질 솔로웨이는 2017년 〈뉴욕타임스〉와 인터뷰[3]하면서 "보이고 싶은 모습이 우리의 진정한 모습을 방해한다"라고 말했다.

당신 몸이 싫어질 때가 있을 것이다. 거울이나 진열장에 몸을 비추었을 때, 사진을 볼 때, 더 어리고 더 마르고 더 섹시한 사람을 볼 때 당신은 비교와 질투 속으로 빠져들 것이다. 그럴 때 다음의 '비추어 보기' 실습을 해보자.

몸의 이미지 리셋하기

- 잠깐 멈추어봅니다. 걷던 중이더라도 잠깐 멈춥니다.
- 당신이 가지고 있는 '가정'과 접촉하기 위해 잠시 시간을 갖습니다.
- 당신 몸의 가치가 외적 아름다움이나 겉모습으로 매겨진다고 믿나요?
- 그렇다면 당신 자신에게 친절함을 보내봅니다. 당신은 혼자가 아닙니다.
- 부모로서 당신의 힘과 가치는 겉모습이 아니라 아이를 양육하는 능력에 있다는 확신을 가집니다. 이렇게 생각을 바꾸는 걸 '인지 재구조화'라고 합니다.
- 아름다움은 부서지기 쉽고 일시적입니다. 노화한 흔적을 아무리 없애려고 해도 어느 순간 나이가 들게 됩니다.
- 당신의 몸에 대한 주관적 경험에 초점을 맞추어봅니다. 따뜻함, 감각, 호흡이 오르락내리락하는 걸 느껴봅니다.
- 당신 몸이 하는 선한 일들 그리고 당신 몸이 매일 아이들을 어떤 식으로 돌보는지에 주의를 기울여봅니다.
- 당신 몸이 타인을 어떻게 돌보고 지지하는지 성찰해봅니다.
- 당신 몸을 친절함과 관대함을 표현하는 수단이라고 생각해봅니다.
- 주름, 셀룰라이트, 늘어짐은 선함과 본질적 가치에 위협이 되지 않습니다.
- 다른 사람의 시선이나 평가를 상상하기보다는 그냥 지금 여기, 현재의 경험 속에서 편하게 쉬어봅니다.
- 내면화한 다른 사람의 시선에서 벗어날수록 더 자유로워짐을 느낄 겁니다.

부모가 이루지
못한 꿈

⠿

라이오넬과 카이라를 처음 만났을 때 이들의 아들 타이론은 젖먹이 아기였고 수면 문제가 있었다. 조산으로 발달지체가 약간 있었으나 병원 치료와 부모의 지지 덕분에 다섯 살쯤에는 유치원에 다니고 말을 잘했으며 읽기도 시작하면서 아주 잘 지냈다. 타이론은 이제 일곱 살이 되었다. 부모는 새로운 도전을 시도했는데, 그것은 어린이 야구단에 들어가는 일이었다. 그러나 타이론은 다른 아이들처럼 빨리 뛸 수 없었고 눈과 손이 제대로 협응하지 않아 공을 잡거나 던지기가 매우 힘들었다.

"타이론은 팀의 일원이라는 걸 정말 좋아해요. 경기하는 것도 좋아하고 특히 유니폼 입는 걸 너무 좋아해요. 그게 소속감을 주나봐요." 라이오넬이 뭔가 아쉬운 듯 말했다. "타이론은 외동이라 대부분 혼자 지내요. 그런데 타이론의 친구들이 타이론더러 빠르지 않다며 놀릴 때는 좀 안 되었어요." 라이오넬은 슬퍼 보였다.

"타이론의 목표는 메이저리그 야구선수가 되는 거예요. 얼마나 열정적인지 몰라요. 학교에서 돌아오면 위층에서 요란한 소리를 내요. 한 번은 너무 큰 소리가 나서 카이라가 위층으로 올라가 괜찮은지 살폈대요. 그랬더니 타이론이 뭐라고 했는지 아세요? '엄마, 나 방금 도루에 성공했어요.' 등이 엎어져서 난리가 났지만 너무 좋아하니까 혼낼 수도 없었다고 하더라고요.

그러나 그건 꿈과 환상일 뿐이고 결국 현실과 직면해야 하잖아요. 현실은 너무 다르지요. 그것이 제가 여기 찾아온 이유예요. 어떻게 해야 할지 모르겠어요. 아이가 어려서 앞으로도 한참 야구를 할 텐데, 스트라이크를 던질 만한

⠿

147

아이가 없다 보니 경기가 얼마나 지루하게 진행되는지 몰라요. 경기가 있을 때면 타이론이 경기하는 모습을 보려고 사무실에서 일찍 나와요. 제가 경기장에 있다는 것이 타이론에게 아주 중요하거든요. 그래서 가능하면 가려고 합니다. 한번은 점수가 막상막하였어요. 우리 팀 코치는 대단해서 아이들을 정말 사랑하고 경기하는 것도 좋아해요. 그에게 스포츠맨 정신은 다른 사람들과 잘 어울리고 팀으로써 함께하는 거지요. 그런데 상대팀 코치는 어떻게 해서라도 이겨야 하는 사람이었어요.

결국 동점이 되었고 안타 하나면 우리 팀이 이기는 상황이었지요. 그런데 상대팀 코치가 출전선수 명단을 보더라고요. 그때가 투아웃이었거든요. 그 코치는 타이론이 쉽게 아웃될 거라고 생각했겠죠. 글쎄, 그 빌어먹을 놈이 타이론 앞에 있던 선수들한테 일부러 볼 4개를 던져 1루로 그냥 걸어가게 하더라고요(야구에서 고의사구라고 하는 것으로, 다음 타자가 상대적으로 약할 때 그 타자를 상대로 아웃을 이끌어내기 위해 사용한다-옮긴이). 그래서 결국 모든 베이스가 채워졌어요. 그때 타이론 순서가 되었어요. 높은 공이었는데 타이론은 무조건 배트를 휘두르더라고요. 결국 원 스트라이크가 되었어요. 다음 공은 낮았어요. 또 휘둘렀지만 결국 투 스트라이크가 되었지요.

'진정하고 공을 똑바로 봐. 좋은 공이 올 때까지 기다려야 해.' 코치가 말했어요. 세 번째 공이 날아왔고 타이론은 휘두르지 않았어요. 그런데 심판이 스트라이크라고 외치더군요. 결국 타이론은 아웃되었고 경기는 끝나버렸어요. 타이론은 울었어요. 상처받은 거지요. 타이론이 그렇게까지 낙담하는 모습을 본 적이 없어요. 동료들이 투덜거리며 타이론을 기분 나쁘게 쳐다보았어요.

코치는 모든 걸 그냥 지켜보았지만 저는 너무 화가 났어요. 상대팀 코치를 때려눕히고 욕을 퍼붓고 싶었어요. '어떻게 그럴 수 있지? 어떻게 내 자식을 이렇게 취급할 수 있지?' 피가 거꾸로 솟는 것 같았고 정말 그 놈을 죽이고 싶었어요. 카이라가 저를 말렸지만요.

그런데 정말 최악인 게 뭔 줄 아세요? 제 모습이 제가 그동안 꿈꾸고 바랐던 아버지 모습이 아니었다는 거였어요. 너무 화가 난 나머지 제 아버지처럼 말한 거예요. '괜찮아, 아들. 최선을 다했잖아'라고 말하는 게 아니라 소리를 질렀어요. '빌어먹을! 공을 계속 보았어야지. 주의집중도 좀 하고! 좀더 노력하라고!' 저는 절대 자식한테 그러지 않을 거라고 맹세했거든요. 너무 부끄러워요." 라이오넬은 얼굴을 두 손으로 감쌌다. "그날은 한숨도 잘 수 없었어요. 저에게 너무 실망스러울 뿐입니다."

"예전에 당신에게 비슷한 일이 있었나요?" 내가 물었다.

"몇 년 전 당신을 만나러 왔을 때 제 어린 시절을 말하지 않았어요. 그럴 시간이 없었죠. 결혼생활과 타이론의 수면 문제에 초점을 맞추어야 했으니까요. 저는 7남매 중 막내예요. 형제들 가운데 몸집이 가장 작고 몸도 약했는데, 아버지는 제가 약하다는 사실을 늘 상기시켜줬어요. 아버지와 형들은 저를 괴롭히고 심지어 때렸어요. 모두 덩치가 커서 키가 180센티미터도 넘었거든요. 그들은 농구, 하키, 축구를 하곤 했지만 저는 도저히 함께할 수 없었죠.

야구만이 유일하게 제가 잘할 수 있는 경기였어요. 저는 작지만 빨랐거든요. 야구는 유일한 탈출구였죠. 그래서 야구로 대학을 가고 싶었어요. 대학 스카우트팀에서 우리가 경기하는 모습을 보러 왔는데, 너무 긴장되더라고요. 배트를 들고 타석에 딱 섰어요. 그런데 무슨 일이 일어났는지 짐작되시죠? 삼진아웃을 당하고 말았어요. 타이론처럼 말이에요."

라이오넬은 고개를 저었다. "아버지는 드러내놓고 저를 경멸했고 저더러 '실패자' '애송이'라고 했어요. 절대로 아버지를 용서할 수 없을 거예요. 타이론이 삼진아웃당하는 걸 보는데 마음이 찢어지는 것 같았어요. 예전에 느꼈던 수치심이 다시 떠올랐어요. 아이 얼굴이 일그러지는 걸 보는데 뭔가 이상하더라고요. 아이가 슬퍼하는 모습을 보니 정말 견딜 수 없었어요. 도대체 뭐가 잘못되었을까요? 뭔가 길을 잃은 것 같아요. 아버지와 똑같이 하다니⋯ 이런 일이 일어날 거라고는 한 번도 생각해보지 않았어요, 절대로요."

"잘 살펴봐요. 당신과 아들을 위해서요. 그리고 나서 어떻게 바로잡을지 얘기해보죠. 자, 당신에게 무슨 일이 있었던 거죠?"

"꿈이 있었어요. 타이론이 제가 이루지 못한 운동선수가 되기를 바랐어요. 홈런을 치거나 공을 멋지게 잡아내서 스타가 되는 거요. 저도 알아요. 이 꿈이 가능하지 않다는걸. 하지만 저는 그냥 아이가 좀더 편했으면 한 것뿐이에요. 이게 무리한 요구인가요? 물론 야구에 대한 제 환상도 있었지만요."

"우리는 항상 아이들이 좀더 편하게 지내길 원해요. 그렇지만 거의 그렇게 되지 않더라고요." 내가 말했다. "그리고 우리는 모두 아이에게 환상을 가지고 있어요."

"아버지는 화를 자주 냈어요. 항상 바람에 맞서 싸우게 했지요. 정말 혹독한 바람이었어요. 바람에 맞서 싸워 살아남아야 한다고 가르쳤지요. 가학적인 면도 있었어요. 퇴근하고 집에 와서는 주머니에서 동전을 꺼내 계단에 던져요. '자, 싸워봐'라고 소리치고는 우리가 돈을 차지하려고 싸우는 걸 보며 웃었어요. 형제들과 가끔 피투성이가 될 정도로 싸웠어요. 그건 마치 닭싸움 같았죠. 아버지는 맥주를 마시면서 싸우는 걸 쳐다보며 계속 웃었어요.

선생님, 어떡하면 좋을까요? 저놈의 코치를 죽이거나 아들에게 굴욕감을 주는 것 말고 뭘 할 수 있을까요? 아니면 폭행죄로 감옥에 가는 것밖에 방법이 없을까요?"

"스위스의 정신과 의사인 융(Carl Jung)은 이렇게 말했어요. '아이가 짊어져야 할 가장 큰 짐은 부모가 이루지 못한 삶이다.' 당신이 이루지 못한 일은 무엇이죠? 아들 얼굴이 일그러지는 걸 보았을 때 뭔가 이상했다고 했는데, 그때 뭐가 떠올랐을까요?" 내가 물었다.

"예, 맞아요. 바로 그거예요. 저는 아들이 제가 이루지 못한 모든 걸 이루길 바랐어요. 아들 인생이 너무 빛나서 눈을 뜰 수 없을 정도로 앞날이 창창하길 바랐죠. 제가 할 수 없었던 모든 걸 아들이 하기를 바랐어요. 하지만 아들 또한 자신만의 어려움이 있는 평범한 아이일 뿐인 거예요. 스타가 아니고요. 저는 아들에게 너무 많은 걸 원했어요. 너무너무 많은 걸요."

"그렇죠. 이것은 거의 모든 부모에게서 나타나는 모습이에요. 저는 이것이 아이를 키우는 데 가장 취약한 부분이라고 생각해요. 정말 어렵거든요."

우리 둘은 한동안 조용히 있었다. "준비되면 함께 '비추어 보기' 실습을 해봐요. 그런 다음 도움이 될 만한 명상을 알려줄게요. 당신에게 일어난 일들을 다룰 수 있도록 도와줄 거예요."

비추어 보기

당신에게는 어떤 환상이 있나요?

• 당신이 대부분의 부모와 같다면 지금 무언가가 느껴질 겁니다. 갈망일 수도 있고, 비통한 마음, 텅 빈 것 같은 허무함일 수도 있습니다. 이 순간 무엇이 느껴지

는지 알아차립니다.

- 잠시 마음을 가라앉히고 당신의 호흡, 주위의 소리, 몸에서 느껴지는 감각 또는 터치 포인트에 주의를 기울입니다.
- 지금 바로 당신에게 친절함을 베풉니다.
- 위로가 필요하다면 부드럽게 쓰다듬어도 좋습니다.
- 아이에게 어떤 환상이 있었나요? 아들이 메이저리그 야구선수가 되기를 원했나요? 딸이 유명한 발레리나가 되기를 바랐나요?
- 올림픽 금메달리스트가 되었으면 하고 꿈꾸었나요? 아니면 퓰리처상을 받는 기자? 성공적인 사업가? IT 천재? 유명한 영화배우? 잘나가는 영화감독? 암 치료제를 개발하는 과학자?
- 괜찮습니다. 우리는 모두 아이들이 무언가가 되었으면 합니다. 자신을 비난하지 마세요.
- 그러나 아이들이 우리 환상을 채워주는 일은 거의 없습니다.
- 잠시 아이에게 품었던 꿈들을 적어봅니다. 이것을 누군가에게 보여줄 필요는 없습니다.
- 부드럽고 친절하게 장밋빛 안경을 벗고 우리의 환상을 내려놓습니다.
- 당신 아이의 장점들을 바라봅니다. 그의 재능을 봅니다.
- 당신이 지닌 꿈과 환상의 짐을 내려놓고 아이를 있는 그대로 바라봅니다.
- 이루지 못한 당신의 꿈을 보태지 말고 아이가 그저 그 자신이 되도록 합니다.
- 이것은 쉽지 않습니다. 당신의 환상을 보고 그것들을 내려놓습니다.
- 잠시 당신과 당신 아이를 위해 고요하게 머물러봅니다.
- 환상을 내려놓고 일상으로 돌아온 당신 자신에게 친절함을 베풉니다.

라이오넬은 이 실습이 도전적이지만 도움이 된다는 사실을 깨달았다. "저는 타이론에게 꿈이 있었어요. 그러나 그건 현실에 맞지 않았죠." 라이오넬이 말했다. "그동안에는 내 꿈이 해로울 건 없다고 스스로에게 말했어요. 하지만 이제는 알았어요. 제가 타이론을 제대로 보지 않았다는 걸요. 아들이 할 수 있는 것보다 더 많은 걸 원했어요. 그것들은 너무 어려운 일이었어요. 타이론은 아마 홈런을 치지 못할 거예요. 어린이 야구단에서조차요. 그리고 자전거를 타는 것도 어려울 거예요. 마음이 아프겠지요. 그러나 그에게 화를 덜 내게 될 것 같아요. 요구도 덜하겠죠. 제 기대는 아들의 능력을 벗어난 것이니까요." 그는 바닥을 내려다보며 말했다. "그렇지만 좋은 것도 있어요. 그건 제가 상대팀 코치를 때려눕히지는 않을 거라는 겁니다."

라이오넬이 옳았다. 부모의 환상은 아이에 대한 기대를 왜곡하고, 부모와 아이 모두에게 고통을 준다. 라이오넬만 그런 건 아니다.

앨리슨과 그녀의 딸 케이트도 스케이팅 때문에 갈등하고 있었다. 동계스포츠 관람을 무척 좋아하는 앨리슨은 케이트가 엘리트 피겨스케이팅 선수로서 우아함과 힘, 조화를 갖추길 원했다. 케이트는 에너지 넘치는 선수였지만 치열한 승부욕이 없었고 점프와 회전을 마스터하는 데 어려움을 겪었다. 또한 케이트는 친구들과 있고 싶어했으며 평일뿐 아니라 주말까지 연습하는 걸 싫어했다.

앨리슨은 이것이 케이트의 꿈이 아니라 자기 꿈이었다는 걸 깨닫고 나서야 '아이를 모든 경기장에 끌고 다니는 정신 나간 엄마'를 내려놓을 수 있었다. "제 생각에는요." 앨리슨이 슬픈 표정으로 말했다. "이것은 케이트의 꿈이 아니라 제 꿈이었어요." 이후 앨리슨과 케이트는 스트레스를 덜 받게 되었고 관계도 더 좋아졌다. 에너지 넘치고 빠른 스케이트 선수였던 케이트는 아이스하키를

발바닥 명상

❁

- 발을 앞뒤로 움직이면서 시작합니다. 발뒤꿈치부터 발가락까지 움직인 다음 좌우로 움직입니다. 원한다면 발목을 돌리고 발가락을 움직입니다.
- 마치 행진하는 것처럼 한 발을 올렸다 내린 다음 또 다른 발을 올렸다 내립니다. 이때 감각을 느껴봅니다.
- 발이 바닥에 단단하게 고정된 걸 느껴봅니다. 모든 감각을 알아차립니다. 발바닥의 감각을 느껴봅니다.
- 괜찮다면 발밑에 뿌리가 있다고 상상해봅니다. 그 뿌리는 닻을 내려서 당신을 지탱하고 있습니다. 땅과 연결되어 있다고 느껴봅니다.
- 그대로 쉬면서 편안해질 때까지 기다립니다. 공격적인 감정이 올라왔다가 사라지도록 허용합니다.
- 행동할 필요는 없습니다. 해를 끼치거나 무언가 행동하고 싶은 충동을 그대로 놓아둡니다.
- 이 순간에 머무르지만 어떤 것도 고칠 필요가 없습니다.
- 모든 것을 그저 있는 그대로 내버려둡니다.
- 당신 인생에 닻을 내릴 필요가 있을 때마다 당신 발바닥으로 주의를 가져올 수 있습니다.

시작했는데, 이는 친구들과 시간을 보내며 팀으로 경기하고 싶어했던 케이트의 소망과 딱 맞아떨어진 것이었다.

'발바닥 명상'은 라이오넬이 어린이 야구단 경기장에서와 같은 일을 맞닥뜨렸을 때 도움이 되는 명상이다. 그는 이 명상을 직장에서도 활용했는데, 특히 고객에게 화가 났을 때 도움이 되었다. 앨리슨은 케이트의 아이스하키팀이 경기에서 지고 있을 때 승리에 집착한 나머지 너무 화가 나면 이 명상을 했다.

이 명상은 필요하다고 생각되면 언제든 해도 좋다. 관람석에 앉아서 점점 더 불안해지고 어쩔 줄 모를 때, 코치와 선수를 때려눕히고 싶거나 배우자, 아이에게 화가 났을 때 시도해봐도 좋다. 부모와 아이들이 빠르게 안정감을 느끼도록 도와준다. 공격적이고 충동적인 감정과 씨름할 때 특히 유용하다. 앉아서 해도 되고 서서 해도 된다. 필요할 때마다 할 수 있다. 어떤 경우에 하든 도움이 되는 훌륭한 명상이다.

발바닥 명상 실습을 한 뒤 라이오넬이 말했다. "아주 좋아요. 발바닥에 집중하는 게 놀랄 정도로 도움이 되었어요. 이걸 하면서 나 자신으로 돌아올 수 있었습니다. 가끔 너무 짜증 날 때는 무언가에 사로잡힌 것처럼 느껴지거든요."

많은 부모가 이런 경험을 한다. 치료자들은 이런 현상을 '주의가 장악당했다'고 한다. 과거의 상처 또는 해결되지 않은 고통과 마주했을 때 종종 이런 경험을 하게 된다. 해결되지 않은 과거의 상처가 있음을 아는 것[4]과 그것을 치유하기 시작한다는 것은 완전히 다르다. 마크 콜먼(Mark Coleman)에게서 영감을 받은 다음의 '비추어 보기' 실습이 도움이 될 것이다.

❧

우리 안에 있는 상처

- 우리는 종종 고통에서 뒷걸음질을 치지만, 잠깐이라도 고통을 향해 방향을 돌려봅니다. 당신의 고통에 호기심을 가지려면 무엇이 필요할까요?
- 10분 동안 방해받지 않을 수 있는 곳을 찾아봅니다.
- 눈을 감고 몸 전체의 감각에 주의를 기울입니다.
- 어린 시절의 상처를 떠올리고 관심을 기울여봅니다. 그 상처를 몇 살 때 입었나요? 그것은 아동기에 있었던 일인가요, 아니면 청소년기에 있었던 일인가요?
- 가만히 머물러서 당신 몸에서 어떤 감정이 올라오는지 알아차립니다.
- 당신은 무엇을 방어하나요? 무엇을 보호하려고 애쓰나요?
- 상처받기 쉬운 취약한 감정이 느껴질 때 어떻게 반응하나요? 외면하나요, 아니면 저녁 식사나 좋아하는 텔레비전 쇼 생각에 빠지나요?
- 고통스러운 상처와 연결될 때 그 상처를 맞이하는 모습을 상상해봅니다. "안녕" 하고 인사하며 손을 흔들어봅니다.
- 상처에 친절한 주의를 기울여봅니다.
- 너무 강렬한 감정이 느껴지면 주의를 호흡이나 발바닥으로 가져옵니다.
- 상처와 함께 있는 어떤 공간을 만들어봅니다. "내가 친절한 마음으로 상처와 함께할 수 있기를" 또는 "내가 상처를 돌볼 수 있기를"과 같은 치유적이고 친절한 마음을 담은 문구들을 자신에게 들려줍니다.
- 잠깐 쉽니다. 고통이 느껴지는 곳에 가만히 한 손을 대봅니다.
- 다음 며칠 동안 고통이 느껴지면 문구들을 반복해서 들려주며 실습해봅니다.
- 준비되면 천천히 눈을 뜨고 기지개를 켜봅니다.

우리 안에 있는
두려움

"겁쟁이 같아서 말하기가 좀 부끄럽네요. 사실 저는 비행기 타는 게 너무 공포스러워요." 첫 상담에서 안젤리가 말했다. 그러나 안젤리가 상담실에 온 까닭은 자신의 비행 공포 때문이 아니었다. 자신의 공포가 여섯 살 아들 수디르에게 이어져 아들을 '신경과민하게 만들까봐' 두려워서였다. 최근 그녀는 부모님 댁을 방문하기 위해 어쩔 수 없이 수디르와 함께 비행기를 타야 했다. 그런데 비행 도중 난기류를 만났고, 수디르는 겁에 질려 어쩔 줄 몰라 했다. 안젤리 또한 너무 겁에 질렸기 때문에 그를 안심시킬 수 없었다.

"수디르는 제가 겁에 질렸다는 걸 알았을 거예요." 안젤리가 말했다. "이륙하는 동안 팔걸이를 움켜쥐고 이를 악물고 있었거든요. 난기류를 만났을 때는 완전히 겁에 질려 하얗게 되었어요. 과호흡도 했지요. 수디르가 내게 몸을 돌려 물었어요. '엄마, 괜찮아? 비행기 떨어지는 거야? 나 죽어? 너무 무서워.' 그리고

3장 그것은 어디에서 왔을까요

나서 크게 울었어요. 저는 아들이 저와 같은 공포를 느끼지 않았으면 좋겠어요. 아들이 더 충만되고 덜 제한적인 인생을 살기를 바라요."

몸이 기억하는
공포
:

나는 안젤리에게 비행과 관련된 나쁜 경험이 있었는지 물었다. 잘 기억나지는 않지만 오빠에게 들은 이야기가 있다고 했다. 안젤리가 세 살이고 오빠가 일곱 살이었을 때 거센 바람과 천둥·번개를 동반한 악천후 속에서 작은 비행기로 비행한 적이 있다. 모든 사람이 비명을 지르며 울부짖었고 조종사가 비상착륙을 해야만 했다. "아마 엄마는 우리가 죽을 거라고 생각해서 목이 터져라 비명을 질러댔을 거예요." 안젤리가 말했다. 다행히 안전하게 착륙했지만 안젤리 엄마는 다시는 비행기를 타지 않았고 오빠도 마찬가지였다. 그러고는 이 일에 대해 안젤리 엄마는 한마디도 하지 않았다.

"음… 이 두려움을 정직하게 들여다봐요." 내가 말했다 "공부하면서 배운 문구가 하나 있는데, 그게 지금 떠오르네요. '신경증에는 역사가 있게 마련이다' 라는 거예요."

"그럴지도 모르죠. 하지만 기억이 없어요." 안젤리가 의문을 제기했다.

"맞아요. 하지만 몸은 기억해요. 그것을 몸의 기억(body memory)이라고 불러요. 무용수였던 마사 그레이엄(Martha Graham)이 그것을 우아하게 표현한 적이 있지요. '몸은 결코 잊지 않는다'라고요."

안젤리는 깊이 생각했다. "왜 그런지 알 수는 없지만 뭔가 강하게 본능적인 경험을 한 적은 있어요. 비행기를 탔을 때 몸에서, 특히 목에서 긴장감이 느껴졌는데, 그건 마치 '도와주세요, 도와주세요. 여기서 나갈 수 있게 제발 도와주세요'라고 울부짖고 싶은 것 같았어요. 내가 미쳤다고 생각했지요."

절대 미친 소리로 들리지 않는다고 안젤리를 안심시킨 뒤 그때는 너무 어렸고 아무도 그 일을 말하지 않았기 때문에 전체 사건이 의식에서 지워진 것 같다고 설명해주었다. 그러면서 비행할 때 활용할 수 있는 알아차림과 자기연민 실습을 해보는 게 어떤지 제안했다. 안젤리는 '너무 나약하고 감정적이고 감상적'으로 느껴진다며 단박에 거절했다. 안젤리는 약을 처방받으려고 온 것이었다.

"좋아요." 내가 말했다. "당신 의견을 존중할게요. 관심 없는데 억지로 치료받게 할 생각은 없어요. 신경안정제를 처방해줄게요. 비행할 때 도움이 될 거예요."

"고마워요." 안젤리가 가방을 챙기며 말했다. "사무실에 가봐야 하거든요. 그런데 수디르에게는 어떻게 해줘야 하죠? 아무도 그에게 약을 처방해주지는 않을 거예요. 그가 진정될 수 있도록 어떻게 도와줘야 하는지 아는 게 정말 중요해요. 다른 무엇보다도요. 수디르와 함께 할 수 있는 무언가를 5분 안에 배울 수 있다면 기꺼이 배울게요. 저는 좋은 부모가 되고 싶어요. 모든 것을 혼자 해야 하기 때문에 더욱요." 안젤리는 내 눈을 똑바로 보았다. "뭐든 해볼게요. 너무 우스꽝스럽지만 않다면요."

"알았어요." 내가 미소 지으며 말했다. "하지만 당신도 함께 해야 해요. 그렇지 않으면 아이를 가르치기 어려울 거예요."

나는 다음 실습을 '맹렬한 연민'이라고 한다. 우리는 대부분 연민을 약하거나 수동적이라고 생각한다. 즉, 모든 것에 예라고 대답하고 이리저리 휘둘리며 다른 사람들이 불공정하게 대우해도 모두 허용한다는 것이다. 그러나 연민은

맹렬한 연민

- 편안히 앉아서 몸을 최대한 안정하고 불필요한 긴장감을 내려놓습니다.
- 당신의 등을 느껴봅니다. 등의 강함을 느껴봅니다. 줄지어 있는 모든 척추뼈를 상상해봅니다. 당신의 척추와 연결합니다. 자신에게 '강인한 척추'라고 말해줘도 좋습니다.
- 위엄 있고 강인한 척추에서 시작해 어디서 공포가 느껴지나요?
- 공포를 몰아내거나 사라지라고 할 필요는 없습니다. 마치 어린아이를 대하듯 공포를 향해 방향을 돌려봅니다.
- 당신 몸에서 공포를 찾아봅니다. 공포가 느껴지는 부위에 한 손 또는 양손을 가만히 얹어봅니다.
- 어떤 손길이 필요한지 귀기울입니다. 두 손을 포개어 마치 보호하며 안아주는 것처럼 가슴 위에 올려놓을 수도 있습니다.
- 자신을 위로할 수 있는 다양한 방법을 시도해봅니다.
- 잠시 편안한 상태 그대로 머무릅니다. 지금 일어나는 일들을 받아들이는 데는 시간이 필요합니다.
- 호흡에 귀를 기울입니다.
- 어떤 말이 당신에게 도움이 될까요?
- 무엇이 당신을 편안하게 할까요?
- 비행기 안에 있는데 비행기가 흔들린다면 부모가 먼저 산소마스크를 써야 한다고 말합니다. 같은 원리가 여기에도 적용됩니다.
- 먼저 당신의 두려움을 다스린 뒤 아이에게 주의를 돌립니다.
- 일단 아이가 척추의 힘을 느끼게 한 다음 어떤 위로의 손길이 필요한지 살펴

봅니다.

- 어떤 말들이 도움이 될까요?
- 아이가 당신에게 어떤 말을 들으면 도움이 될까요? "엄마 여기 있어. 네 옆에 있어" 또는 "너는 혼자가 아니야"와 같은 말을 해주는 것이 도움이 됩니다.

책임을 미루거나 당하고도 가만히 있거나(door-mat) 분별력을 잃는 것이 아니다. 익숙한 반응패턴에서 벗어나 한 발짝 발을 내딛는 것은 그 자체로 용기 있는 행동이다. 이 실습은 비행기 공포증뿐 아니라 많은 유형의 공포증에 도움이 될 것이다.

안젤리는 맹렬한 연민 실습이 강하게 시작해서 좋다고 했다. "저는 판단력이 떨어질까봐, 약해질까봐 두려워요. 사건을 모두 알아내고 싶지는 않아요. 그것에 압도되어 어쩔 줄 모르고 싶지 않거든요. 저는 혼자예요. 저를 돌볼 사람이 아무도 없어요."

"물론 그때의 사건을 다시 떠올리고 싶지 않겠지요." 내가 말했다. "그것이 바로 치료에 대해 일반적으로 오해하는 거예요. 우리는 과거로 거슬러 가서 무슨 일이 있었는지 모두 조사하지는 않아요. 그러나 무엇이 가는 길을 막는지는 알아야 치유할 수 있어요."

14세기 페르시아의 시인 하페즈(Hafez)는 다음과 같이 말했다. "두려움은 집에서 가장 안 좋은 방이다. 나는 당신이 좀더 좋은 환경에서 지내는 걸 보고 싶다."

우리는 대부분 안젤리처럼 자신이 다소 비좁은 곳에서 산다는 걸 안다. 어

3장 그것은 어디에서 왔을까요

떻게 해야 '맹렬한 연민' 실습이 당신에게 좀더 좋은 환경을 제공할까?

양육은 우리가 원하든 원하지 않든, 인정하고 싶지 않은 우리 안의 어떤 부분과 맞닥뜨리도록 이끈다. 내 친구는 그것이 마치 아이들이 선사처럼 "엄마, 깨어나, 깨어나"라고 말하는 것 같다고 했다. 아침이 아닌데도 말이다.

우리는 대부분 우리 안의 상처나 불안한 감정을 환영해주는 가족 안에서 성장하지 못했다. 그건 약해 빠진 것이며 자기를 동정하는 것일 뿐이라는 말을 수도 없이 들었다. 씩씩한 표정으로 자신 있고 괜찮은 척해야 한다고 배웠다. 그러나 압도되거나 취약하다고 느껴지는 자신의 일부분을 돌보는 일이야말로 진정으로 용감하고 연민 어린 행동이다. 우리는 모두 아동기 때 맞닥뜨렸지만 아직 해결하지 못한 과제를 가지고 있다. 이는 양육에 영향을 미치며 부모와 아이 모두에게 불필요한 고통과 아픔을 가져다준다.

나를
떠나지 말아요
⋮

1장에서 소개한 메건을 기억하는가? 당신이 첫째 아이에게 최선을 다하려고 노력하면서 새로 태어난 둘째 아이와 씨름한 적이 있다면 그녀 이야기를 인상 깊게 기억할 것이다. 특히 산후우울증으로 심하게 고생한 적이 있다면 더 그럴 것이다. 메건의 우울증은 심리치료와 약물, 명상으로 좋아졌다. 그러나 몇 년 뒤 새로운 과제가 나타났다. 분리불안, 그것도 아이들이 아니라 그녀 자신의 분리불안이었다.

"애들 생일 파티나 놀이 모임에 가야 할 때가 있는데 정말 가고 싶지 않아요. 아이들한테 무슨 일이 일어나거나 아이들이 다칠까봐 걱정돼요. 제가 머뭇거리며 핑계를 댈 때마다 조니는 눈을 부라리고 남편은 짜증을 내요. 그러나 라일라는 제가 걱정하는 걸 알아차렸는지 제게 매달려요. 그러면 저는 라일라가 불편해한다고 둘러대요."

메건의 부모는 어린 메건의 욕구에 민감하게 반응해주지 못했다. 메건은 어릴 때부터 자주 아픈데다가 너무 예민하고 걱정이 많았다. 부모가 외출할 때마다 메건이 화를 내며 난리를 피워서 부모는 뒷문으로 몰래 나가거나 인사도 하지 않고 사라지곤 했다. 메건은 부모가 외출하고 자신과 베이비시터만 남겨졌다는 사실을 알았을 때, 신경질적으로 되어 깊은 슬픔에 빠졌다. 긴 소파에 올라가서 창밖을 바라보며 하염없이 흐느껴 울었다.

아동 정신분석학자 도널드 위니컷(Donald Winnicott)은 어렸을 때 느꼈던 이런 버림받을지도 모른다는 두려움을 '원초적인 고통(primitive agony)'이라고 했다. 안전감을 느끼지 못하고 평생 이런 두려움을 잠재의식에 가지고 다닌다.

"그건 마치 꿈속에서 느끼는 감정과 비슷해요. 반복적으로 꾸는 꿈이 하나 있거든요. 계속 아래로 떨어지는 꿈인데, 아무도 저를 잡아주지 않아요." 메건이 말했다.

"우리 엄마는 부모 교육책을 한 권도 읽지 않았고, 아이를 어떻게 키워야 하는지 누구와도 이야기하지 않은 게 분명해요. 그렇지 않고는 어떻게 그렇게 할 수 있는지 도대체 이해할 수 없어요.

오빠와 저는 자주 싸웠어요. 다른 아이들처럼요. 그런데 가끔은 싸움을 멈출 수 없었어요. 우리 중 누구도 양보하지 않았기 때문에 상황이 더욱 나빠졌죠. 엄마는 우리를 떼어놓거나 한계를 지어주거나 타임아웃을 해야 한다는 걸 전혀 알지 못했어요. 육아 관련 기술이 전혀 없었던 거지요. 그래서 어떻게 했는지 아세요? 아마 믿을 수 없을 거예요. 엄마는 우리가 너무나 지긋지긋하고 끔찍한 아이들이라며, 멀리 떠나서 돌아오지 않을 거라고 말했어요. 그러고는 정말 차를 끌고 나가버렸는데, 그게 가끔 몇 시간처럼 느껴졌어요. 그러면 저는 이성을 잃었고, 오래된 공포가 되살아나 신경질적이 되었어요.

물론 싸움은 그만두었죠. 오빠는 저를 진정시키려고 애썼어요. 오빠는 착해서 저를 잘 돌봐줬어요. 우리는 단지 잠깐 싸웠을 뿐이거든요. '걱정하지 마, 메기. 엄마는 곧 돌아올 거야. 엄마는 항상 돌아오잖아.' 하지만 저는 그때 오빠도 겁에 질렸다고 확신했어요. 저는 엄마가 돌아올 거라고 믿지 않았어요. 전혀 안정감을 느낄 수 없었거든요.

그건 지금도 마찬가지예요. 저는 사람들이 계속 옆에 있을 거라고 믿지 않아요. 이것은 그냥 노이로제가 아니에요. 아빠도 우리를 떠났고 오빠도 몇 년 전 교통사고로 죽었어요. 엄마는 제가 라일라를 임신했을 때 돌아가셨어요. 가족은 모두 떠났고 저는 너무 약하게만 느껴져요. 너무 공포스럽고 걱정될 때는 무언가를 생각하거나 똑바로 볼 수조차 없어요."

그녀는 이것을 설명하려고 내 사무실로 오는 도중에 쓰레기 청소차와 구급차를 헷갈린 이야기를 들려주었다. "그래도 이런 얘기는 웃으며 할 수 있지요. 저는 항상 다음 재앙을 기다려요. 심지어 그 재앙들은 하나가 아니에요. 가장 최악의 시나리오를 끊임없이 상상해요."

우리는 종종 과거의 외상 경험 때문에 아무것도 아닌데 위험을 느낀다. 우리 선조들에게는 독사와 나무막대기를 혼동하지 않는 것이 중요했다. 다행히 이제 우리에게 이런 위험은 중요하지 않다. 그러나 여전히 우리 뇌는 위험을 감지한다. 과학자들은 이를 뇌의 '부정성 편향(negativity bias)'이라고 한다.

상실이나 외상으로 고통받아왔다면 당신의 부정성 편향은 아주 심각할 것이다. 이때 알아차림과 연민 실습으로 지금 이 순간에 완전히 머무르도록 도움을 받을 수 있다.

'지금 이 순간' 명상은 신경과학자 릭 핸슨(Rick Hanson)의 작업에서 영감

지금 이 순간

- 몸에서 느껴지는 긴장이나 스트레스를 내려놓으면서 시작합니다. 그것들을 멈출 수 있는지 가만히 바라봅니다.
- 당신 자신을 여기에, 바로 지금 이 순간에 있게 합니다. 머릿속에 떠도는 대화, 논쟁은 떠나보냅니다. 현재 이 순간, 바로 여기, 바로 지금에 머물러봅니다.
- 주위를 둘러봅니다. 그리고 자신에게 물어봅니다. '지금 이 순간, 바로 지금, 나는 안전한가?'
- 무엇이 일어나고 있나요? '음, 나는 지금 안전해. 하지만 오늘 밤이나 내일, 다른 날에는 아닐 수도 있잖아'라는 말이 떠오른다면 지금 이 순간, 바로 여기, 바로 지금, 당신이 안전하다는 사실을 깨달으면서 다시 지금 이 순간으로 돌아옵니다.
- 당신의 몸이 부드러워지고 이완되기 시작하는지 봅니다.
- 당신 자신에게 연민을 보냅니다. 스트레스를 풀기 위해 위로의 손길을 보낼 수도 있습니다.
- 지금 이 순간의 현실로 계속 돌아옵니다.
- 준비되었다면 일상으로 돌아갑니다. 그러나 가능한 한 자주, 지금 이 순간을 알아차릴 수 있도록 돌아옵니다.

을 얻었다.[5] 메건이 라일라를 놀이 모임에 데리고 가야 하는데 출발하기가 어려울 때, 조니를 파자마 파티에 데려가고 싶지 않을 때 도움이 될 것이다. 또 공황이 올 것 같을 때, 아이를 키울 때, 교통체증으로 차가 꼼짝도 하지 않을 때, 긴장될 때, 대중 앞에 서야 할 때, 고소공포증이 있을 때, 엘리베이터나 에스컬레이터를 타는 것에 스트레스를 받을 때, 다리 위에서 운전해야 할 때 등 다양한 상황에서 활용할 수 있다. 심지어 울적하고 혼자 있다고 느낄 때도 도움이 될 것이다.

'지금 이 순간' 명상을 하면서 메건은 많은 시간을 쳇바퀴 돌듯이 끊임없는 긴장과 재앙 시나리오 속에서 보낸다는 사실을 깨달았다. "조니가 놀이터에서 놀다가 떨어져 다리를 다치면 어쩌지 하고 걱정해요. 아직 떨어진 적은 없지만 언젠가는 떨어질지도 모르잖아요. 그러면 조니를 빨리 병원에 데려가야 하니까 저는 조니에게 눈을 떼지 않고 항상 주시해야 해요. 그러면서 소리를 지르죠. '조니, 조심해. 너무 높이 올라가지 마'라고 말이에요. 그러고 나서는 무얼 하는 줄 아세요? 만약 그를 병원에 데려가야 한다면 누가 라일라를 돌보지? 나는 무엇을 해야 할까? 어떻게 대처해야 할까? 그렇게 계속 생각해요." 메건은 기가 막힌다는 듯 웃었다. "하루하루 일어나지도 않은 재앙을 생각하며 보내요. 제 마음은 정말 지옥 같아요."

메건만 그런 건 아니다. 아직 눈에 드러나지 않았다 하더라도 부모가 되고 나서 이런 과보호적인 부정성 편향이 전면에 나타나는 경우가 많다. 소설가이자 에세이 작가인 앤 라모트(Anne Lamott)가 한 말 중 내가 정말 좋아하는 게 있다. "내 마음은 위험한 이웃이다. 그래서 나는 거기에 혼자 가지 않으려고 애쓴다."

우리는 다음에 나타날 재앙을 피하려고, 땅에 떨어진 나무막대기가 독사가 아니며 휴가 때 예약한 오두막집에 있는 거미가 독거미가 아니라는 걸 확신하려고 너무 열심히 노력한다. 아마 당신은 마크 트웨인(Mark Twain)이 한 말을 들어본 적이 있을 것이다. "나는 나이를 아주 많이 먹은 늙은이요. 살면서 걱정을 많이 해왔는데, 그것들은 대부분 결코 일어나지 않았답니다."

우리는 알아차림과 연민으로 스스로를 다시 양육할 수 있다. 어렸을 때 가져본 적이 없었다 하더라도 지금부터 내적인 안전감을 만들 수 있다. 그러나 이는 새로운 기술을 배우는 일이고 뇌를 훈련하는 것이다. 애착 연구자들은 이를 '획득된 안전(earned secure)'이라고 한다. 이는 우리가 성취할 수 있고, 배울 수 있으며, 획득했음을 느낄 수 있는 그 무엇이다. 어렸을 때 부모가 우리에게 줄 수 없었던 도구와 기술을 우리 자신에게 줄 수 있다. 당신과 당신 자녀를 위로하는 방법을 발견하는 것이 그것을 시작하기에 가장 좋은 방법이다.

3장 그것은 어디에서 왔을까요

일상에서의
마음챙김

부모라면 모두 분노발작(tantrums)을 경험해봤을 것이다. '미운 네 살' 시기의 아이가 아니라 우리 자신에게서 말이다(그렇다. 이 또한 보편적인 인간 경험이다. 당신의 발작이 네 살 때 멈추었다고 하지 마라).

당신 또는 아이의 멘탈이 무너지고 있다는 걸 감지한 순간, 다음에 제시하는 위로(또는 지지)의 손길 실습이 도움이 될 것이다. 이 실습은 마음챙김 자기연민 프로그램(MSC) 커리큘럼에 포함되어 있다. 멘탈이 무너지기 전에 위로의 손길을 보낼 수 있다면 큰 도움이 될 것이다. 또 이 실습을 아이들에게도 가르쳐보라. 유아들에게 특히 반응이 좋을 것이다. 좀더 놀이식으로 하기 위해 좋아하는 인형과 함께 위로의 손길을 따라 하게 할 수도 있다. 몸은 마음보다 자기돌봄에 좀더 빠르게 반응하는 경향이 있다. 그렇기에 화가 올라오는 순간에 하면 아주 좋은 실습이 된다. 다음은 내가 좋아하는 다양한 위로의 손길이다.

:

168

한 손을 가슴 위에 올려놓기

두 손을 가슴 위에 올려놓기

한 손은 가슴 위에, 한 손은 배 위에 올려놓기

두 손을 배 위에 올려놓기

손을 뺨에 대기

두 손으로 얼굴을 부드럽게 감싸기

두 팔을 부드럽게 토닥거리기

두 팔을 교차하여 자신을 부드럽게 안아주기

한 손으로 다른 손을 부드럽게 잡기

위로와 지지가 좀더 필요하다면 2장에서 제시한 부모를 위한 자기연민 구세주 실습을 추가해도 좋다.

화가 올라오는 순간 위로의 손길 보내기

늦은 오후, 당신과 아이는 피곤하고 배도 고픕니다. 그러나 저녁거리를 준비하려면 슈퍼마켓에 가야 합니다. 아이가 사탕을 보고는 사달라고 조릅니다. "안 돼." 당신이 말합니다. "밥 먹기 전에 먹으면 밥맛 없어서 안 돼." "먹고 싶단 말이에요. 당장 사줘요." 아이가 소리칩니다.

다른 사람들이 당신을 흘긋 봅니다.

"안 돼. 너한테 안 좋아."

"사줘. 빨리 사달라고." 아이가 슈퍼마켓 바닥에서 뒹굴고 소리 지르며 발버둥칩니다. 오, 맙소사, 본격적인 발작을 시작한 겁니다. 사람들이 쳐다봅니다. "나! 는! 지! 금! 사! 탕! 먹! 고! 싶! 단! 말! 이! 야!" 아이는 악을 쓰며 소리를 지릅니다. 빨리 무언가를 하지 않으면 모든 사탕 상자를 바닥에 쏟을 겁니다. 설상가상으로 누군가가 휴대전화를 꺼내 이 모습을 찍습니다. 맙소사! 당신은 인터넷상에서 뜨겁게 달구어질 겁니다. 아동학대로 잡혀갈지도 모르고요. 어떻게 해야 하죠. 제발… 도와주세요!

- 아이를 들어 올립니다. 몸부림치고 소리 지를 수 있으니 아이를 꽉 잡습니다.
- 당신이 할 수 있는 가장 부드러운 목소리로 다음과 같이 말합니다. "그래, 엄마도 이게 아주 힘든 일이라는 걸 알아."
- 가능하다면 사탕에서 멀리 떨어집니다. 그래야 아이가 사탕에 정신이 팔리지 않을 수 있습니다.
- 함께 실습했던 위로의 손길을 보냅니다. 아직 실습을 하지 못했다고요? 괜찮습니다. 한 손은 아이 가슴에, 또 다른 손은 아이 배에 부드럽게 올립니다.
- 부드러운 목소리로 아이가 느끼는 감정에 이름을 붙일 수 있도록 도와줍니다. "그래, 속상하지… 너무 화가 날 거야, 엄마도 알겠어."
- "가끔 너무 화가 날 때가 있단다. 그럴 때는 참 힘들지."
- "괜찮아, 엄마가 여기 있잖아. 사랑해."
- 당신 가슴에 한 손을 얹어도 좋습니다. 당신 또한 당신 감정에 이름을 붙여봅니다.

- "괜찮아, 지나갈 거야"라는 관점을 계속 유지합니다.
- "엄마가 함께 있어, 사랑해."
- 아이를 품에 안고 부드럽게 흔들며 폭풍이 가라앉을 때까지 아이가 좋아하는 노래를 불러줍니다. 제 말을 믿으세요. 이 발작은 끝납니다.
- 모든 상황이 끝나고 안전하게 집에 돌아와서 아이에게 저녁까지 먹였다면, 자신을 위해 마티니 한 잔을 진하게 마십니다. 부모가 된다는 건 결코 쉬운 일이 아닙니다.

비 오는 날의
휴가

휴가를 가려고 몇 달을 기다렸다. 가족과 함께 특별한 바닷가에서 휴가를 즐기기 위해 절약하고 저축해서 물 위에 떠 있는 작고 귀여운 숙소도 예약했다. 휴가를 기다리며 지난 몇 달 동안 꿈꿔왔던 것들이 있었다. 따뜻한 햇볕이 내리쬐고 달콤한 바닷바람 냄새로 가득한 곳에서 아이들은 행복하게 모래성을 쌓는다. 모두 함께 아름다운 일몰을 바라본 다음 누군가가 요리해주는 저녁을 먹으러 간다. 물론 마르가리타 칵테일도 한두 잔 하면서 말이다. 그러나…… 모든 일이 항상 계획대로 되는 건 아니다.

어느 해에 우리의 휴가는 순조롭게 시작되었다. 날씨는 좋았으며 세 살, 여섯 살짜리 아이들은 물에서 노는 걸 아주 즐거워했다. 다채로운 색깔의 플라스틱 바구니에 작은 피라미를 잡아서 넣고 달팽이 껍데기에 숨어 있는 소라게를 찾으며 말이다. 이것은 내가 꿈꿔왔던 황홀한 휴가 자체였다. 그러나 딱 하루뿐이었다.

다음 날 갑자기 날씨가 바뀌더니 비가 오기 시작했다. 그것도 며칠이나 말이다. 번개와 천둥에 엄청난 바람과 비가 들이닥쳤다. 통나무로 간단하게 만든 작은 숙소에는 텔레비전이 없었고 인터넷도 되지 않았다. 급기야 어디서 곰팡이 냄새도 났고 옷은 모두 눅눅해졌다. 설상가상으로 남편은 회사에 급한 일이 생겨 돌아가야만 했으므로 두 아이와 나만 남게 되었다. 아이들은 점점 지루해하더니 끊임없이 싸웠다. 더 할 수 있는 일이 없었다.

어느 암울한 아침, 한탄과 함께 부정성 편향이 스멀스멀 올라왔다. 왠지 날씨가 나를 놀리고 모욕하는 것처럼 느껴졌다. "왜 하필 휴가 때 비가 오는 거야?" 알 수 없었다. "나는 정말 휴가가 필요하단 말이야." 듣는 사람이 없으니 혼자 중얼대기 시작했다.

나는 '곰돌이 푸'에 등장하는 늙은 당나귀 이요르처럼 '걱정 많고 우울한 상태'로 빠져들었다. 그때 아이들에게 곰돌이 푸 책을 자주 읽어주고 있었다. "아, 귀찮아." 나는 생각했다. "이건 도저히 어떻게 해결할 수 없어. 원하는 대로는 절대 되지 않을 거야. 이번 휴가는 망했어. 할 수 있는 게 아무것도 없어. 그냥 집에 있었어야 했어. 괜히 돈만 날렸네"(이 지점에서 나는 내 원가족에서 비롯된 부정적 특성에 더 깊이 빠져들었던 것 같다).

기분은 끝없이 곤두박질쳤고, 점점 더 낙담해 의욕을 잃었다. 그때 누군가 나를 불렀다. 올려다보았더니 모래밭에 한 남자가 서 있었는데, 그는 옆 숙소에 머무는 가족의 아빠였다. 화가인 그는 젖은 모래밭에서 이젤과 물감을 놓고 행복하게 그림을 그리고 있었다. 마침 전날 그 가족을 만났는데 그들에게도 어린 아이들이 있었다.

"보세요." 그가 말했다. "저 아름다운 하늘 좀 보세요. 마치 램브란트나 베르메스가 그린 그림 같아요. 17세기 네덜란드 풍경을 그린 그림 말이에요. 멋있지 않아요?"

나는 그제야 비로소 내가 그동안 봐온 것은 비구름과 어두운 하늘뿐이었다는 사실을 깨달았다. 문제만 본 것이다. 어떻게 아이들을 즐겁게 해줘야 하는지에 너무 몰두한 나머지 하늘이 얼마나 아름다운지를 미처 알아차리지 못했다. 이슬비를 맞으며 모래밭으로 걸어가 하늘을 올려다보았다. 그의 말이 맞았다. 정말 아름다웠다.

이것이 하루를 변화시켰다. 그가 해준 말들은 그 이후 내내 나에게 자극이 되었다. 치료자는 아니었지만 그가 해준 말들은 내가 만난 최고의 '인지 재구조화' 가운데 하나였다. 그의 열정은 나에게 마음속 날씨와 실제 날씨를 모두 경험하는 또 다른 방법이 있다는 걸 깨닫게 해주었다. 그리고 그것은 내 인생에서 또 다른 폭풍우를 경험할 때도 도움이 되었다.

우리는 아이들을 모두 불러모았고, 가지고 있던 게임, 놀이도구, 음식들도 한데 모았다. 그리고 함께 놀고 그림을 그리며 남은 휴가 기간을 무척 행복하게 보냈다. 이로써 나는 어두운 구름이 나쁜 일만 몰고 오는 건 아니라는 사실을 깨달았다. 때때로 그것은 근사한 17세기 풍경화가 될 수도 있다. 그 후 우리는 오랫동안 좋은 친구로 지냈다.

살면서 함정에 빠졌다고 느껴질 때가 있다. 그 함정은 날씨일 수도 있고 곰팡이 핀 집일 수도 있다. 혼자 아이를 양육해야 하거나, 아이들이 계속 싸우거나, 당신이 바랐던 휴가가 아닐 때 등등 많을 것이다. 이럴 때 아이들과(또는 아이들 없이) 함께 다음 실습을 해보기 바란다.

우스꽝스럽게 걷기

아이들은 우스꽝스럽고 유치한 것을 좋아하며, 특히 부모도 같이 우스꽝스러워질 때 즐거워합니다. 이 실습은 앞에서 설명했던 '발바닥 명상'을 기반으로 만들었습니다.

- 바닥에 닿아 있는 발바닥을 느끼면서 시작합니다.
- 몸의 무게를 느껴봅니다.
- 땅과 연결되어 있음을 느끼면서 무릎을 약간 구부려봐도 좋습니다.
- 발을 앞뒤로 움직여봅니다. 발뒤꿈치부터 발가락까지 움직인 다음 좌우로 움직입니다.
- 마치 행진하는 것처럼 한 발을 올렸다 내린 다음 또 다른 발을 올려봅니다.
- 발바닥의 감각을 느껴봅니다.
- 발아래에 뿌리가 있어서 땅과 연결되어 있다고 상상해봐도 좋습니다.
- 이제 걸으면서 마음껏 놀아봅니다. 보폭을 크게 해 과장되게 걸어봅니다. 바닷가의 게처럼 옆으로 걸어보기도 하고 뒤로 걸어보기도 합니다. 이런 것들이 어떻게 느껴지는지 지켜봅니다. 점프하거나 깡충깡충 뛰어볼 수도 있고 한 발로 뛰거나 빙글빙글 돌 수도 있습니다. 아이와 함께한다면 개구리처럼 뛰거나 토끼처럼 폴짝폴짝 뛰어봅니다. 우스꽝스러워지세요. 그리고 즐기세요.
- 우스꽝스럽게 걸으며 당신 몸 안에서 완전히 머무를 수 있는지 지켜봅니다. 자유롭게 행동할 때 느껴지는 감각을 알아차립니다. 당신이 어떻게 보일지

> 걱정하지 마세요. 목표는 시간을 즐겁게 보내는 것이며 완전히 당신 몸 안에
> 머무르는 것입니다.
> • 몸을 움직이는 것을 그냥 즐깁니다.

요가 선생님, 선사, 치료자들이 이 실습을 활용하는 걸 보았다. 당신과 아이들이 피곤하거나 지루할 때 또는 좋지 않은 장소에 있을 때, 이 실습은 특효약이 될 수 있다. 혹시 더욱 우스꽝스러워지길 원한다면, 유튜브에 있는 몬티 파이선(Monty Python)의 '우스꽝스럽게 걷기'의 오리지널 버전을 찾아보기 바란다.

일상생활에서 할 수 있는 또 다른 실습은 폭풍우 치는 구름 속에서 아름다움을 발견했던 내 친구에게서 영감을 받았다. 이 실습은 바닷가, 호수, 공원이나 놀이터, 정원 또는 도로에서 아이들과 함께 할 수 있다. 이 실습으로 당신을 미소 짓게 하는 무언가를 찾기 바란다.

아름다움 발견하기

• 아이들과 함께 산책 모험을 나섭니다. 휴식이 필요하다면 혼자 걸어봅니다.
• 주위에 무엇이 있는지 알아차리는 것으로 시작합니다. 땅, 동물, 곤충, 풀, 인도 등 주위에 있는 것들을 알아차립니다.

- 어떤 소리가 들리나요? 새소리, 매미가 우는 소리, 자동차나 버스 소리, 사람들이 통화하는 소리가 들리나요? 어느 하나의 소리에 집중하지 말고 모든 소리에 귀를 기울여봅니다.
- 하늘과 구름을 바라봅니다.
- 공기를 들이마십니다. 기온을 느껴봅니다. 따뜻한가요? 시원한가요? 아니면 습한가요? 건조한가요?
- 피부에서 어떤 느낌이 일어나는지 봅니다.
- 걸으면서 무언가 재미있거나 당신을 미소 짓게 만드는 것이 있는지 눈을 크게 뜨고 살펴봅니다. 그것은 도토리, 꽃, 껍질, 돌, 작은 나뭇가지, 잡초일 수 있습니다. 또는 새끼새, 나비, 개미, 달팽이, 딱정벌레일 수도 있습니다.
- 이 실습을 하려고 휴대전화를 가지고 가는 것도 괜찮습니다. 자유롭게 사진을 찍으세요. 실습했던 학생들 가운데 한 명은 붉고 파란 색깔이 얼룩덜룩한 소화전에서 아름다움을 발견했답니다.
- 당신에게 무엇을 말하는지 바라봅니다. 그 대상과 함께 시간을 보내며 진심으로 그것을 바라봅니다.
- 하나의 사물을 진심 어리게 바라보는 데는 3~5분이 걸릴 수 있습니다.
- 이런 대상과의 연결이 다시 당신에게 지구와 연결되어 있다는 느낌이 들게 해줄 것입니다.
- 아이와 함께 한다면 그들이 좋아하는 대상인 개미, 지렁이, 물웅덩이 등(아이들이 그것들을 30~60초 동안 바라볼 수 있다면 주의 집중을 개발하는 데도 도움이 됩니다)을 발견하도록 도와줍니다.
- 도토리, 잡초, 돌멩이, 껍질 등 가져갈 수 있는 것이라면 집으로 가져가서 당신에게 아름다움과 즐거움을 일깨워줄 필요가 있을 때 닻으로 사용할 수 있습니다.
- 이것은 당신이 균형감을 유지할 수 있도록 도와줍니다.

나는 이 실습을 다양한 방식으로 해왔다. 내 딸이 어렸을 때, 딸은 내가 뽑은 잡초에서 아름다움을 발견했고, 심지어 자기가 좋아하는 아름다운 잡초도 생겼다. 이전에는 절대 알지 못했던 것이다. 이제 나는 잡초를 볼 때마다 미소 짓게 된다. 언젠가 명상 수업에서 밖으로 나가 15분 동안 무언가를 바라보라는 숙제가 주어졌다. 처음에는 그 시간이 영원처럼 길게 느껴졌다. 그때 피튜니아 (정원에 심는 화초 중 하나)를 바라봤는데, 언뜻 봤을 때는 평범하고 약간 단조로운 꽃이라고 생각했다. 그러나 15분 동안 피튜니아를 바라보면서 그 꽃이 얼마나 복잡하고 아름다운지를 알고는 깜짝 놀랐다. 이제 나는 피튜니아를 다른 관점에서 바라본다.

무엇을 발견하건, 그것은 우리가 관심을 기울이고, 균형감을 갖고, 마음 상태를 바꾸는 데 도움을 준다.

피아는 하루를 힘들게 보냈다. 직장 동료는 피아를 무시하고 무례하게 행동했으며, 고용이 보장될지도 걱정이었다. 저녁 시간에 그녀는 식탁에 수저를 놓던 딸에게 빨리 하지 않는다고 잔소리를 늘어놓았다. "엄마, 잠깐만요." 딸이 방으로 들어가더니 무언가를 가지고 나왔다. 그것은 함께 걸을 때 피아가 가져온 달처럼 생긴 달팽이 껍데기였다. "우리가 해변에서 발견했던 아름다운 껍데기예요. 이게 도움이 될 거예요."

"도움이 된 것은 껍데기 자체가 아니라 좀더 상징적이었어요." 피아가 말했다. "그것은 우리가 함께 걸으며 느꼈던 친밀감을 떠올릴 수 있게 도와주었어요. 그리고 딸이 제가 하루를 힘들게 보냈다는 걸 알아채고 저를 도와주려고 노력했다는 데 감동받았죠. 그 작은 사랑과 돌봄이 저를 변화시켰어요. 급하게 상을 차릴 필요가 없다는 걸 알아차리게 해줬어요. 달팽이는 아주 느리게 움직이잖아요! 그 덕분에 저는 상황을 다시 균형감 있게 바라볼 수 있었어요. 딸에게 소리 지를 필요가 없었지요. 직장에 대한 걱정을 들고 와서 딸에게 쏟아부을 필요도 없었고요. 적어도 달팽이처럼 제 등에 집을 지고 다니고 싶지는 않아요." 그녀가 웃었다.

우리 안에는 가족의 짐이나 정서적 응어리들만 있는 게 아니다. 자신의 강점, 부모의 지혜를 기억해낼 수도 있다. 또한 균형감을 유지하고, 회복력을 가지고, 현재 순간에 머무를 수 있도록 도와주는 마음챙김 실습이라는 내면의 도구상자 또한 가지고 다닐 수 있다.

4장

•

아무리 해도
부족할 뿐이죠

———

비교의 덫 피하기

마음챙김은 새로운 관점으로 우리 마음을 훈련하고,
다른 존재들을 우리와 같은 욕구, 소망, 취약성을 지닌
존재로 볼 수 있게 해준다.
그리고 육아 경험을 우리와 그들 사이의
승리와 패배라는 스포츠 경기로 느끼게 하는 대신
인간 대 인간 사이의 더 깊은 경험으로 전환하는 데 도움을 준다.

아이가 우리에게 주는
행복을 누리자

많은 문화권에서 아이들은 성공해야 한다는 엄청난 압박을 받는다. 아이들의 성공 여부에 따라 부모로서의 가치 또한 판가름 난다는 잘못된 믿음이 태아 때부터 아이들을 경쟁과 비교의 논리에 사로잡히게 만든다. 종종 부모들은 자신의 직관과 성향을 거스르는 방법을 사용하면서까지 아이가 유리한 고지를 먼저 차지하기를 바란다.

줄리는 고전음악을 정말로 싫어했지만 임신했을 때 태아가 위대한 음악에 대한 감상력을 계발하기를 바라며 모차르트, 베토벤, 바흐 곡을 연주했다. 찰스는 자신은 결코 받아보지 못한 조기교육을 아들이 받게 해주고 싶었다. 그는 아들이 컴퓨터 전문가가 되기를 바라며 베이비 아인슈타인 비디오 시리즈를 구입했다. 딸을 명문대에 보내기 위한 경주에서 오는 압박감에 지친 레이는 '육아 바이러스'에 걸리지 않으려고 필사적으로 애쓴다며 쓴웃음을 지었다. 그

바이러스에 저항한다는 것이 때때로 불가능해 보이기도 하고, 전염성이 확실한 것처럼 느껴진다며 말이다.

우리 아이들이 어렸을 때 다닌 소아과의 의사는 현명했지만 다소 무뚝뚝한 편이었다. 은퇴하기 전 마지막 모임에서 그는 60년 동안 개업의로 일하며 느꼈던 변화를 회고했다. 그중 나에게 인상 깊었던 한 가지는 아이를 완벽하게 만들어야 한다는 부모들의 불안감이 점점 커지고 있다는 말이었다.

그는 보스턴 특유의 억양으로 이렇게 말했다. "절대 잊지 마십시오. 모든 것에 뛰어난 사람은 아무도 없습니다. 그게 정상이지요." 그는 부모들이 아이의 성공만 뒤쫓으며 아이와 자신들의 삶을 재단하느라 부모로서 누릴 수 있는 즐거움과 기쁨을 점점 느끼지 못한다고 개탄했다. "그것은 겨우 삶의 한 요소일 뿐 가장 중요한 게 아니랍니다." 그가 나에게 말했다. 그의 충고 덕분에 나는 육아의 롤러코스터에서 어느 정도 사리를 분별할 수 있었고 '바이러스'의 고통에 사로잡힌 부모들을 위로할 수 있었다.

아 이 가 해 내 지
못 하 면 어 떡 하 지
:

이 장에서는 경쟁을 좀더 넓은 안목으로 바라보게 함으로써 걱정을 줄이고 아이가 주는 행복과 당신의 삶을 좀더 누릴 수 있게 돕고자 한다. 하지만 성취해내는 것이 무엇보다 가장 중요한 요소로 여겨지는 때가 있다. 아이가 새로운 기술을 배우려고 고군분투하는데 잘해내지 못하면 우리는 좌절하기 쉽다. 그리고 당혹감과 수치심을 느끼며 종종 자신을 비난하기도 한다.

:

발레리는 아들 매트의 유치원에서 있었던 일이 염려되어 나를 찾아왔다. 이제 여섯 살인 매트는 1장에서 설명했던 질병 때문에 유급해서 막 유치원 2년 차가 되었다. 발레리는 하루도 빠짐없이 매트와 함께 유치원까지 걸어가 교실에서 잠시 머물렀다. 그리고 선생님이 아이들에게 그날 활동으로 색칠하기, 블록 쌓기, 손가락 그림 그리기 등을 하라고 하면 옆에서 매트를 도왔다.

문제의 그날, 아이들은 동물을 그려서 가위로 오려야 했다. 순간 매트가 가위질을 할 만큼 운동신경이 발달하지 못했다는 생각에 자신이 보였던 반응을 털어놓으면서 발레리는 당혹스러워했다. "별일이 아닐 수도 있는데요."

그녀가 말했다. "아들이 아직 가위질을 할 줄 몰라요. 그래서인지 제 눈에는 매트가 속상해서 완전히 얼어버린 것처럼 보였죠. 턱을 떨었거든요. 아들이 곧 울음을 터뜨리며 공황 상태에 빠질 거라고 확신했죠. 저는 진땀이 났어요. 너무나 걱정되었죠. 그래서 얼른 가위로 매트가 그린 모양을 오렸어요. 그때 매트의 선생님이 제게 다가와서는 마치 학생을 혼내듯 이렇게 말했어요. '아이가 혼자 할 수 있도록 두셔야 합니다.'

저 자신이 얼마나 바보처럼 느껴졌는지 몰라요. 또다시 세세한 것까지 참견하는 극성스럽고 이상한 엄마가 되어버린 거죠. 당신도 알다시피 제가 모든 일을 걱정하잖아요. 하마터면 울 뻔했지만 매트가 옆에 있었기 때문에 '하지만 선생님, 우리 아들은 가위질을 못한다고요'라고 말할 수도 없었어요. 다행히 그때 다른 활동 시간으로 넘어가는 벨이 울렸죠. 선생님은 저더러 돌아갈 시간이라고 했어요. 저 자신에게 너무 화가 나더라고요. 그래서 그날 하루를 완전히 망쳐버렸죠.

일단 아이들이 원을 만들어 앉고 선생님이 책을 읽어주자 매트는 괜찮아 보였어요. 그런데도 저는 괜찮지 않더군요. 정말 혼란스러웠거든요. 선생님이 저를 싫어할 거라고, 신경 과민한 헬리콥터 부모(자녀의 학교 주변을 헬리콥터처럼 맴돌며 자녀에게 사사건건 잔소리하고 학교와 교사에게 간섭하는 부모-옮긴이)라고 여길 거라 결론 지어버렸죠. 다른 학부모들도 저를 좋아하지 않을 것만 같았고요. 제가 재빨리 자리를 떠났다면 오히려 매트가 행복했을지, 제가 아이를 숨 막히게 한 건 아닌지 궁금했어요. 그러나 한편으로는 아이가 따라가지 못할까봐 여전히 두려워요.

성인이 되어서도 가위를 꼭 써야만 하는 직업이 많지는 않으니까 참 어리석은 짓이었다 싶으면서도, 혹시 이게 시작에 불과한 건 아닐까 두려워요. 스포츠 활동을 할 때도 우리 아들이 맨 마지막으로 뽑히고, 고등학교에도 못 들어가고, 좋은 대학에도 못 가고, 직업도 못 갖고, 자기 밥벌이도 못하게 되는 건 아닌지 두려워요."

부모들은 아이들의 미래에 대한 염려가 눈덩이처럼 불어나 걱정에 휩싸이면 최악의 상황을 상상하기 쉽다. 발레리가 농담 삼아 매트를 가르칠 가위질 교정 수업이 있는지 물었지만, 나는 자기연민 연구자 크리스틴 네프[1]에게 영감을 받아서 직접 만든 '넓은 안목으로 바라보기' 실습을 해보자고 제안했다.

실습을 하고 난 후, 발레리는 자신의 전문 직업이 손으로 하는 기술과 아주 밀접하게 관련되어 있으며, 또한 자신이 예술과 공예에 정말로 능숙하다는 걸 알게 되었다. 그래서 매트가 가위질을 잘하지 못하는 걸 속상해하면서 의도치 않게 다른 친구들을 따라잡도록 무언의 압력을 가했다는 사실을 깨달았다. 또한 발레리는 자신이 사회적 관계에서는 '그저 평균 정도'라는 것도 알았다.

"저는 어색해하고 수줍어해요." 그녀가 말했다. "정신이 없어지기도 하고요. 종종 뭔가를 이야기하는 데 서툴고, 일종의 사회적 신호들을 놓치곤 해요. 곰곰이 생각해보니까 매트는 천성적으로 친화력이 있고 외향적이에요. 아이들은

비추어 보기

————— ✿﹐ —————

넓은 안목으로 바라보기

우리 자신을 명확하게 바라보기는 매우 어렵습니다. 대부분 사람들은 사회가 중시하는 기술과 자질에서 자신이 평균 이상이 되어야 한다고 느낍니다. 다음의 실습이 우리에게 약간의 안목(내지 유머)을 갖게 해서 불완전한 우리 자신(그리고 우리 아이들)을 수용하는 법을 배우도록 도와줄 것입니다.
잠시 시간을 내어 당신 자신에 관해 비추어봅니다.

1. 당신이 평균 이상의 수준으로 하는 것들을 몇 개 적어봅니다.

2. 당신이 평균 정도 수준으로 하는 것들을 적어봅니다.

3. 당신이 평균 이하의 수준으로 하는 것들을 적어봅니다.

매트와 함께하는 걸 좋아해요. 학부모들도 매트를 좋아하고요. 매트는 놀이 모임에 늘 초대받아요. 매트는 재미있고 우스꽝스럽게 행동해서 웃음을 주는 능력을 타고났답니다."

아들의 훌륭한 자질들을 떠올린 발레리는 표정이 편안해지더니 얼굴에 미소가 번졌다. 그리고 자기 자신의 단점도 여유 있게 바라보게 되었다. 발레리는

187

4장 아무리 해도 부족할 뿐이죠

자신을 '자전거나 스키 타는 법을 배워본 적이 없는 얼뜨기'라고 불렀고, '겁쟁이 운전자'라서 고속도로를 피하려고 몇 킬로미터나 돌아가야 했던 이야기를 하며 웃었다.

발레리도 그리고 당신도 그저 인간이기에 누구나 지닌 수많은 불완전함에 대해 자신만의 문장을 만들고 반복함으로써 자기연민을 북돋울 수 있다. 다음은 발레리가 좋아했던 문장들이다.

성취가 전부는 아닙니다

🌷

- 내 마라톤 실력으로 올림픽 금메달이란 어림도 없다.
- 나 또는 매트의 자전거 실력으로는 '투르 드 프랑스' 메달은 어림도 없다.
- 홈런을 쳐서 명예의 전당에 들어갈 일은 없다.
- 내 인생에 슈퍼볼 우승 반지는 없다.
- 매트의 작품이 루브르박물관에 전시될 일은 없다.
- 올림픽 아이스스케이트 경기에서 트리플 악셀을 성공시키겠다는 기대는 그만두자.
- 그럼에도 삶은 계속된다. 세상이 끝난 것도 아니다.

당신과 아이를 위해 어떤 말들을 적용해볼 수 있을까?

발레리는 자신의 두려움과 선입견에서 한 발 물러서는 법을 배우게 되자 매트를 '또 다른 작은 나'로 만들려고 애쓰기보다는 매트의 특성을 분명하게 바

비추어 보기

─────────── ❦ ───────────

당신은 무슨 걱정을 하나요?

우리는 모두 걱정이 있습니다. 하지만 그것에 대해 이야기하면 종종 신경질적이 되거나 당혹감을 느낄 수 있기 때문에 말하지 않습니다. 이곳은 판단하지 않는 구역입니다. 잠시 비추어 보는 시간을 가져봅니다.

당신은 무엇을 걱정하나요?

- 당신 아이가 치열한 생존경쟁에서 살아남지 못할까봐 걱정하나요?
- 당신 아이가 세상에 나갈 만큼 충분한 용기가 없는 것을 걱정하나요?
- 당신 아이에게 추진력이나 야망이 충분치 않아 보여서 걱정하나요?

잠시 당신의 걱정을 살펴봅니다. 원한다면 휴대전화나 종이에 적어봅니다.

당신은 당신 아이를 어떤 이유로 걱정하나요?

- 운동량이 충분하지 않아서?
- 충분히 매력적이지 못해서?
- 사교성이 부족해서?
- 충분히 외향적이지 않아서?
- 충분히 똑똑하지 않아서?
- 충분히 용감하지 않아서?

4장 아무리 해도 부족할 뿐이죠

라보며 아이에게 감사함을 느낄 수 있었다. 그리고 부족한 자신에 대한 책망도 내려놓게 되었다. "저는 결점을 지니고 있고 실수도 할 수 있는 인간이에요. 그래도 괜찮아요. 저는 자책하는 것도, 아들을 미치게 만드는 것도 멈출 수 있으니까요." 그녀가 농담했다.

때때로 우리는 아이에게서 감지되는 실패와 부적절함에 대한 걱정으로 밤잠을 설친다. 또 우리 자신이나 배우자 또는 아이들 모습이 우리가 그려온 관념과 맞지 않다는 이유로 비난하기도 한다. 이때가 바로 구조하기 위해 연민이 나서야 할 지점이다.

연민의
기본원칙

명상 지도자들은 종종 우리가 상황을 있는 그대로 보지 않고 자신의 관점으로만 바라보려 한다고 말한다. 아이들을 바라보는 시선 또한 우리 경험에 따라 왜곡된다. 우리는 아이들이 뭐든 잘하고 성공하기를 바라며, 우리에게는 없는 장점이 있기를 원한다. 우리 사회의 모습을 보면 발레리가 그랬듯이 많은 부모가 아이들이 사랑받고 인정받으려면 특별해져야 한다며 노심초사한다. 하지만 앞의 '넓은 안목으로 바라보기' 실습으로 발레리가 깨달았듯이 아무리 인정하고 싶지 않다고 해도 우리는 모든 면에서 뛰어날 수 없다.

라디오 프로그램으로 인기를 끌었던 위비곤호수(Lake Wobegon)라는 가상 마을이 있다. 그곳에서는 '모든 여성이 힘이 세고 모든 남성이 잘생겼고 모든 아이가 평균 이상'이다. 이런 핵심 설정은 미국인의 뿌리 깊은 취약성을 보여준다. 우리는 아이들을 성공하고 성취하라며 내몰다 종종 상당한 대가를 치르곤

191

한다. 실제로 심리학자들은 '워비곤호수 효과'라는 용어를 써서 자신과 아이를 우월한 존재로 여기려는 욕구에 대해 설명한다.

1등이 되려는 비합리적 욕구를 설명하는 연구가 있다. 대학교수들 중 94%는 동료들보다 자신이 더 낫다고 생각한다. 연구에 따르면 사람들은 자신이 다른 사람들보다 더 재미있고, 더 매력적이고, 더 논리적이고, 더 믿을 만하고, 더 지적이라고 생각하는 경향이 있다. 그리고 아이러니하게도 객관적으로 평가되는 자신의 능력 또한 평균 이상이라고 생각한다는 것이다.[2]

일이 힘겹고 잘못되어갈 때, 다른 사람들이 알아채지 못하기를 바라며 일을 중단해버리는 건 그리 이상한 게 아니다. 그것을 부인하려고 애쓰는 만큼 사실 우리는 모두 결함이 있을 뿐 아니라 불완전하다. 그러나 우리는 종종 우리 자신이나 결혼생활, 특히 아이들 문제가 '결코 더 나아질 수 없는데도' 그저 잘한다며 체면을 유지하고 싶은 욕구를 느낀다. 그렇게 사회적 가면을 쓴 우리는 다른 사람과 거리를 만들고 우리에게 전혀 도움이 되지 않는 환상을 만들어낸다.

우리 아이들이 다닌 공립초등학교에서는 장애아동과 비장애아동이 함께 교육받는 '통합교육'을 실시했다. 그래서 경쟁의식이 상대적으로 약했는데도 불구하고, 많은 학부모가 자기 아이의 재능이 아주 우수하다고 믿고 싶어했다. 우리는 이를 두고 농담을 하기도 했으며, 자기 아이가 월등히 특출하지 않다는 사실을 알면서도 '고급' 읽기반이나 '고급' 수학반에 뽑히지 못한 걸 못마땅해하며 불평하곤 했다. 또 아이에게 '최고' 교사가 배정되었는지, '도전' 과제들을 아이가 충분히 수행하는지 확인을 재촉하곤 했다.

어떤 부모들은 아이가 경쟁하는 걸 일찍 배울 필요가 있다고 생각했다. 그래서 유소년 야구 리그, 유소년 축구, 아이스하키, 수영팀 등에 참가하라고 압력을 가하며 종종 학업 이외에도 한 시즌에 스포츠 두세 종목을 동시에 시켰다. 공을 제대로 패스하지도 못하는 다섯 살짜리 아이를 극성스러운 부모들이 '티볼'(유소년 야구 리그를 위해 아이들을 준비시켜주는)에 등록시키는 방법은 놀라웠다. 연습하려고 주변 마을은 물론 도시 전역을 직접 운전해서 이동하느라 시간이 지날수록 엄마들은(그렇다. 거의 언제나 엄마들이다) 지쳐갔으며(아이가 2명이거나 그 이상이면 힘든 정도는 몇 배로 증가한다), 운동신경이 뛰어난 아이들과 그렇지 못한 아이들 사이에 분열을 일으켰다.

이런 상황은 상위권 학교에 진학하기 위한 운동장학금 경쟁으로 고등학교와 대학교까지 이어졌다. 더구나 모든 것이 경쟁이 된다는 걸 인식하지 못하는 부모들 사이에도 거리가 생기기 시작했다. 그 결과 많은 부모가 통합교육의 장점을 경험한다고 느끼는 대신 경쟁체제에서 아이들이 불필요하게 고립된다고 느끼게 되었다.

연민이 어떻게
도움이 될까

'함께 고통스러워함'을 의미하는 연민이라는 말에는 관계적 특질이 있다. 연민은 우리 모두 불완전하고 고통을 겪는다는 것에 대한 깊은 이해에서 나온다. 힘든 시기에 어느 한 부모가 느끼는 고통은 필연적으로 다른 부모들도 느낀다. 우리는 종종 외부 상황, 즉 우리가 살고 싶은 모습으로 살고, 우리 생각에 마땅한 내 모습을 갖추며, 아이들도 우리가 생각한 모습이 되도록 통제할 수 없다는 데 무력감을 느낀다. 그러면서도 우리는 원하는 삶의 방식에 대한 비전에 매달린다.

그러나 상황이 원하는 대로 흘러가지 않을 때 종종 당혹스러움을 느끼고 자신을 책망하며 뭔가 부적절함을 느낀다. 사건과 상황을 공통된 인간 경험에 비추어 보기보다 고립과 단절감을 느낄 확률이 훨씬 더 높다. 내 내담자 중 라토냐는 아들 이사야가 작은 학교에서 친구를 쉽게 사귀지 못하는 상황을 자세히 얘기해줬다. "아들은 자기가 다른 아이들과 다르다고 생각해 분리감을 느꼈어요. 아들은 소속감을 느끼기 어려워했죠. 운동에 열광적이지도 않고 앞으로도 그런 일은 없을 거예요. 지금 아들은 자신의 정체성을 탐색하고 있어요. 점점 악순환이 되고 있죠. 아웃사이더가 될수록 아들이 느끼는 고립감과 상처도 더 커져요."

이사야가 점점 더 우울해하고 낙담해서 학교에 가는 것조차 거부했으므로 라토냐 부부는 그에 대한 조치로 아들을 위한 다른 학교를 찾아 전학시켰다. 비록 통학 거리는 더 길어졌지만 이사야는 더 크고 다양성이 보장되는 그 학교에서 버림받은 사람처럼 느끼지 않을 수 있었다. 이 학교는 어떤 학생도 배제하지 않고 함께 모이는 데 중점을 두었다. 라토냐도 새로운 친구들을 사귀었다. 그녀와 학부모들은 농구 경기 관람석에서 아이들의 서투른 경기를 비판하지 않고 따스함과 유머로 실수를 받아들이며 서로 응원했다. 이사야는 연극팀에 들어가 자기 목소리와 새로운 표현 방법을 발견하고 있다.

일이 예상대로 진행되지 않을 때 우리는 종종 뭔가 잘못되었다고 느끼며 마음속으로 왠지 이건 옳지 않다고 생각하는 경향이 있다. 마치 우리 삶은 순조롭게 흘러가게 되어 있으며, 그렇지 못하면 그것은 우리 잘못이라고 생각하는 것과 같다. 대부분 그런 식으로 생각한다.

몇 년 전 아이들이 유치원에 다닐 때, 우리는 크게 수리해야만 하는 낡고 오래된 집을 사들였다. 공사 인부들이 연이어 새로운 문제들을 찾아내는 동안 우리는 비좁은 아파트에서 살아야 했다. 그러다가 더는 새집 입주를 미룰 수 없게 되어, 어쩔 수 없이 부엌도 쓸 수 없고 욕실은 겨우 한 개만 사용할 수 있는, 수리가 덜 끝난 그 집으로 들어가야 했다. 우리는 전자레인지에 데운 핫도그와 질 나쁜 포장음식을 먹으며 살았다.

몇 달간의 혼란 끝에 마침내 안정을 찾았고 인부들도 거의 떠났다. 그렇게 삶이 정상으로 돌아가는 것처럼 보였다. 그러던 어느 날 아침 딸아이가 코피를 쏟으며 잠에서 깼다. 우리는 대수로운 일이 아니라고 생각했다. 집을 고치느라 나온 먼지를 들이마신 게 틀림없었다. 그러나 출혈이 멈추지 않았다. 출혈이 있고 한 시간이 지나서야 소아과 의사에게 전화했다. 나는 으레 그 의사가 출혈을 멈추게 할 새로운 방법을 제시하거나 딸아이를 데려오라고 하겠거니 생각했다. "아이를 아동병원 응급실에 데려가야 해요. 그러면 거기서 출혈을 멈추게 해줄 거예요." 의사가 말했다.

'내가 짐작했던 그대로군.' 나는 생각했다. 나는 내담자와 잡은 약속을 취소한 뒤 딸아이 코를 화장지를 둘둘 감아서 막아주고 출근길 교통체증을 뚫으며 병원까지 달려갔다. 그런 다음 한참을 기다려 딸아이가 마침내 진찰을 받았을 때, 당직의사는 아이를 한번 보더니 나를 쳐다보았다. 의사는 눈살을 찌푸렸다. "아이 몸에 왜 이리 멍이 많아요?" 의사가 물었다. "멍이라니요? 어떤 멍이요?" 내가 물었다. 의사는 아이 다리에 있는 수많은 멍을 가리켰다. "아! 유치원에서 뭔가에 부딪혔나 봐요." 의사가 나를 흘끗 보았다. 아마도 내가 딸아이를 학대했다고 생각하는 것 같았다.

"이 발진은 일어난 지 얼마나 되었어요?" 의사가 물었다. "무슨 발진이요?" 전혀 몰랐던 나는 세상에서 아이에게 가장 무관심한 엄마가 된 것 같은 기분으로 되물었다. "아이의 온몸에 난 붉은 반점이요." 나는 고개를 저었다. 그저 햇볕에 노출되어 그렇다고 생각했다. 이전에 한 번도 자세히 본 적이 없었다. 의사가 발진을 누르며 말했다. "피부 속에서 출혈이 계속되고 있어요. 즉시 혈액검사를 해야 해요."

그때쯤 남편이 왔다. 자초지종을 들은 남편은 얼굴이 창백해졌고 눈에 눈물이 고였다. "예감이 안 좋아." 그가 내 귀에 속삭였다.

왜 나에게
이런 일이 일어나지?

:

수많은 시간을 기다리고 수많은 검사를 한 뒤 의사는 다섯 살짜리 우리 딸이 희귀한 혈액질환을 앓고 있다고 진단했다. 이렇게 된 이유는 불확실했지만 아이는 입원해야 했다. 나는 일에 너무나 몰두했던 나 자신을 책망했다. 왜 나는 몰랐을까? 왜 나는 그 멍이 정상이라고 무심하게 넘겼을까? 왜 나는 아이 피부가 하얘서 쉽게 그을린다고 생각했을까? 어째서 그 발진을 햇볕 때문이라고 생각했을까? 어떻게 그렇듯 어리석었을까?

종양학과 혈액학 병실에서 수많은 날을 보낸 후에야 딸아이는 안정되었고, 집으로 데려가도 된다는 허락을 받았다. 질병이 완치되려면 수개월, 어쩌면 일 년이 넘게 걸릴지도 모른다는 이야기를 들었다. 그것도 운이 좋으면 말이다.

"이 아이는 넘어지면 안 돼요." 의사가 말했다. "그네도 안 되고 철봉도 안 돼요. 달리기도 안 되고요. 모래놀이터에서 노는 것은 괜찮아요." 의사가 심각하게 경고했다.

:

체조 유망주인 다섯 살짜리 딸아이에게 좋아하던 걸 하면 안 될 뿐 아니라 매주 피를 뽑아야 한다고 어떻게 설명하겠는가? 우리를 담당한 소아과 의사는 유머 감각이 엉망이었다. "마치 빅토리아 시대의 어린이와 비슷할 거예요. 그림 그리기와 책 읽기를 많이 해주시고요." 의사는 잠시 말을 멈추고 나를 진지한 표정으로 쳐다보았다. "수잔, 달리 방법이 없어요. 이 병은 위험해요. 아이가 나아질 거라고 기대해보자고요."

나는 아이가 유치원에 가면 분명히 다른 학부모들이 우리를 응원해줄 거라고 기대했다. 다시 예전의 일상으로 돌아간다는 게 너무나 행복했고, 그 작은 공동체로부터 따스한 환영을 받을 거라고 기대했다. 그러나 예상과 달리 많은 학부모가 딸의 병이 혹시 전염되지 않을까 염려해 우리를 버림받은 사람 취급을 하며 등을 돌렸다. 그때 한 친구가 다가와 "이 일로 얼마나 무서웠니? 끔찍했을 것 같아"라며 친절하게 안아주자 나는 눈물이 왈칵 쏟아졌다. 육아가 이렇게 외로운 일임을 나는 몰랐다. 그 당시 나는 마음챙김 수행을 한 덕분에 고통을 다룰 수 있었다. 끝이 보이지 않던 그 긴 시간에 내가 자기연민에 대해서도 알았다면 얼마나 좋았을까.

딸의 병은 거의 2년이 지나서야 완치되었다. 그사이 나는 밤마다 종종 식은 땀을 흘리며 깨어나서는 상황이 어떻게 진행될지 걱정했고, 나에게는 아이의 질병을 통제할 힘이 전혀 없었다는 사실도 깨달아갔다. 두려움이 가득했던 그때 친구의 포옹과 따스한 말은 더없이 위안이 되었다. 연민 어린 친구가 내가 경험한 일들이 얼마나 무서운 건지 인정해준 그 순간을 떠올릴 때마다 나는 멈출 수 있었고, 그것을 인정할 수도 있었다. 또 그 친구가 주는 연민을 느끼며 내 가족이 겪은 일에 연민을 느끼도록 나 자신을 허용할 수도 있었다. 그렇게 느낀다고 해서 산산조각 나서 무너지는 건 아니었다.

많은 부모가 아이를 키우느라 애쓰는 동안 얼마나 외롭고 고립감을 느꼈는지 말한다. 가족은 주위에 없거나 소원해졌고, 배우자는 일과 가족 부양 그리고 그들 자신의 문제 등에 몰두해 있다. 친구들은 경쟁적이고 판단하려 들 때가 많다. 한부모 가정도 많은데, 그들은 그날의 시련을 나눌 배우자조차 없다. 어떤 학교는 너무 경쟁적이어서 한순간도 경계를 늦출 수 없다고 한다. 만일 당신이 그렇다면 수다를 떨거나 악의적으로 소문을 내는 사람들이 두려울 것이다.

비추어 보기

❦

당신은 어땠나요?

잠시 시간을 내어 떠오르는 것을 적어봅니다.

- 육아에서 외로움을 언제 느꼈나요?
- 새로운 동네로 이사했나요? 아니면 새로운 학교에 왔나요?
- 혹시 친구가 없었나요?
- 수줍음이 많은가요? 별로 외향적인 성격이 아닌가요?
- 당신이 다르다고 느꼈나요?
- 당신은 주류 문화에 속하지 않나요? 다른 인종인가요?
- 환영받는 느낌을 못 받았나요? 어울리지 못하나요?

당신이 적은 것을 봅니다. 지금이 바로 우리에게 자기연민이 더욱 필요한 순간입니다.

사람들에게 진정한 지지를 받기는 쉽지 않다. 다른 사람이 당신에게 연민을 베풀어주기를 기대하기보다 당신 스스로 연민을 제공해야 할 이유는 너무도 많다. 이것이 바로 자기연민이 삶의 구세주가 되는 지점이다. 앞에서도 언급했듯이, 연민이 전적으로 따스하고 감상적인 것만은 아니다. 때로 연민은 당신과 아이 모두를 필사적으로 보호해주기도 한다.

나는 딸의 질병으로 인한 도전적 경험과 친절하고 공감적인 친구와의 경험을 바탕으로 다음의 자기연민 실습을 만들었다. 당신 아이가 도전적인 상황을 겪을 때, 당신이 어떤 추가적 지지를 활용할 수 있다는 느낌을 받고 싶을 때 시도해보라.

자신의 든든한 힘이 되어주기

- 부모, 형제자매, 친구, 선생님, 친척 등 누군가가 당신을 보호해주던 순간을 떠올립니다.
- 그것이 당신의 턱, 척추, 어깨 등 몸에서 어떤 느낌이었는지 떠올립니다. 당신이 느꼈던 강인한, 단호한, 감사하는, 안도하는, 어쩌면 맹렬한 같은 감정도 상기해봅니다.
- 이제 확인한 그 느낌을 자신을 위해 사용해봅니다. 당신 자신과 한편이 되고 자기 자신의 지지자가 되는 건 어떤 느낌인가요? 당신 자신의 이익을 최우선으로 생각하고, 당신을 보살피고 보호하는 사람이 되는 겁니다. 당신은 중요합니다. 당신의 필요는 중요합니다.

4장 아무리 해도 부족할 뿐이죠

- 다양한 반응이 올라올 수 있습니다. 어쩌면 당신에게는 다른 보호나 지지가 필요하다는 당혹감이 들 수도 있습니다. 아니면 당신은 도움을 원하면 안 된다는 감각이 올라올 수도 있습니다. 이런 감정을 그저 알아차리며 한 발 물러서서 무가치함 또는 당혹스러움 같은 감정과 당신 사이에 따스한 햇살이 비추도록 허용해봅니다. 당신 자신을 지지해주기 위해 언제든 다시 여기로 돌아옵니다. 그리고 지지받는 느낌과 함께 머무릅니다. 더 깊어지게 합니다. 잠시 멈추고 몇 차례 숨을 쉽니다.
- 당신 자신을 위해 그 따스함에 머물렀던 순간을 기억합니다. 계속 자신에게 지지를 보내며 질병을 앓았던 때처럼 당신이 힘겨운 시기를 지나는 동안 당신을 기죽이고 상처 준 사람들에게 큰 소리로 말해봅니다. 당신 몸으로 지지를 느끼며 그 느낌과 함께 머물러봅니다.
- 자신의 든든한 힘이 되는 것이 어떤 느낌인지 알아차립니다. 진정으로 당신 자신을 보살피는 것이 어떤 느낌인지 느껴봅니다. 당신 몸에 그 느낌을 머물도록 해봅니다. 스며들게 해봅니다.
- 이것을 당신이 필요할 때마다 언제든 사용할 수 있는 '슈퍼파워' 같은 내면의 자원이 되게 합니다.

감정을 위한
공간 만들기

딸아이가 아팠을 때 나에게는 너무나 슬프고 외로운 나날이었다. 나를 제외한 모두가 건강한 아이를 키우는 것만 같았다. 다른 아이들이 뛰어다니고 철봉에 매달려 놀 때, 우리 아이는 모래놀이터에 앉아서 그들을 때때로 동경의 눈빛으로 바라보곤 했다. 나는 딸 때문에 고통스러웠고, 나 자신까지도 불쌍해졌다. "왜 나지? 왜 하필 우리 아이만 이런 희귀한 병을 앓는 거지? 딸이 회복될 수 있을까? 다시 달릴 수 있을까?" 때때로 나는 '평범한' 가족의 세계에서 고립되고 단절된 느낌을 느꼈다.

불안, 우울, 약물중독, 섭식장애, 따돌림, 심각한 질병 등 아이를 키우면서 투쟁하는 많은 문제들이 있다. 그리고 모든 부모에게는 그들 자신만의 걱정과 슬픔이 있다. 나 자신을 가엾게 느끼기 시작하자 최선을 다하기 위해 애쓰는 다른 부모들이 눈에 들어왔고, 양육이 누구에게도 쉽지 않은 일임을 깨달았다.

4장 아무리 해도 부족할 뿐이죠

매주 딸아이의 혈액 수치를 검사하려고 병원을 방문하는 일이, 이런 힘든 시기를 겪는 사람이 나만이 아니라는 사실을 명확하게 상기해주는 계기가 되었다. 반드시 중대한 질병이나 재난이 있어야만 외로움을 느끼는 건 아니다. 배우자 간의 자녀 양육·훈육 방법 불일치 또한 분열의 원인이 될 수 있다. 서로 마음이 일치하기는 좀처럼 쉽지 않고, 아이를 키우는 방법에 동의하지 않을 때가 더 많다. 아이들은 영리하게도 부모의 의견 차이를 파악하고는 자기가 원하는 것을 얻을 수 있는 기회를 찾거나 극적인 상황을 연출하려고 종종 장난을 치기도 한다. 정말로 우리가 우리 자신에게 친절해야 할 이유는 너무도 많다.

우리 안에 내재한 연결감을 인식하면 육아를 대하는 방식을 바꿀 수 있다. 우리가 실수하거나 아이들이 힘겨워할 때, 또 상황이 '잘못' 흘러갈 때, 우리 자신에게 이것 역시 인간 경험의 한 부분이라는 것을 연민의 심정으로 떠올릴 수 있다. 다른 사람들 역시 비슷하게 힘겹다는 걸 알게 될 때, 우리는 외로움을 덜 느낀다. 그리고 아픔과 고통을 외면하지 않는 법을 배우게 된다. 물론 여전히 아프지만 그렇다고 거기에 분리, 부적절함 그리고 자기 증오의 감정까지 보탤 필요는 없다.

나와 몇 년간 함께 일한 자넬은 아들의 약물중독으로 힘겨운 싸움을 할 때, 아들 학교의 다른 부모들이 자기 가족을 위해 발 벗고 나서는 모습을 보며 놀라고 감사함을 느꼈다고 한다. "당신도 알다시피." 그녀가 말했다. "우리는 상처받고 약할 때 뭉쳐야 해요. 정상에 있을 때도 아니고 돈을 엄청 벌 때도 아니고 말입니다. 사람들은 내가 고군분투하는 데에 감동받았대요. 아이들이라면 누구나 한 번쯤 무모하고 무책임한 행동을 할 수 있어요. 사실 어른도 마찬가지죠. 우리는 다른 점보다 같은 점이 훨씬 더 많아요."

비교와 경쟁은 학교와 이웃 사이에만 작용하는 것이 아니다. 가족 내 경쟁은 특히 교묘하고 치명적일 수 있다. 성장하는 동안 형제자매간의 경쟁은 견딜 만하지만 종종 성인이 되어서도 그 상황이 지속되면 외롭고 덫에 빠진 느낌이 강하게 든다. 어린 시절 관계에 실망하고 좌절한 흔적은 어린 시절에는 견제 대상이 아니었을 뿐 아니라 성장하면 벗어날 수 있을 거라 생각한다. 하지만 불행히도 성인이 되어서도 계속될 수 있다. 특히, 명절 때 말이다.

끔찍한 명절에
되풀이되는 문제
:

알렉스 아버지는 작년에 갑자기 돌아가셨다. 알렉스 어머니는 추수감사절이 되면 보통 가족을 초대했지만, 그렇다고 그 시간이 그렇게 즐거운 건 아니었다. 알렉스는 갓난아이가 있는데도 가족에게 연휴를 보내러 오라고 제안했다. 한 가지 문제라면 알렉스가 요리를 못하고, 남편 또한 마찬가지라는 점이었다. 친척 20여 명이 저녁을 먹으러 집으로 올 예정이었지만 알렉스는 무엇을 준비해야 할지 아무런 아이디어가 없었다.

알렉스는 나중에 그날을 이렇게 회고했다. "그것은 '정말 최악의 추수감사절'이었어요. 일이 얼마나 많을지 예상이 안 되었지만, 그래도 이제 어른이 되었으니까 저녁식사도 준비하고 뭔가 달라지고 싶었거든요. 그게 힘들면 얼마나 힘들겠어요? 안 그래요?

오빠와 올케언니는 약속 시간을 한 시간이나 넘겨서 도착했어요. 아름다운 옷을 완벽하게 차려입었을 뿐 아니라 머리카락 한 올 삐져나오지 않은 괴물들을 데리고 말이죠. 저런! 아이들이라고 해야 하는 거죠! 오빠는 가게에서 산 호

:

4장 아무리 해도 부족할 뿐이죠

박파이와 맥주 여섯 팩을 들고 왔더군요. 인심이 후하기도 하지요. 단 한 번도 정성스럽게 음식을 준비해서 오는 법이 없어요. 숙모들과 삼촌들이 하나둘 도착하셨는데 다들 술만 사왔어요. 술은 우리 가족에게 아주 중요한 기호식품이거든요. 저녁이 아직 준비되지 않아서 모두 술을 먼저 마셨어요. 떠들썩했고 혼잡했죠. 칠면조는 여전히 준비중이었고요.

그때 큰오빠 윌리엄이 늘 그렇듯 빈정거리기 시작했어요. '이봐, 동생. 나 배고파. 저녁은 언제 되는 거야?' 저는 칠면조 요리가 예상보다 시간이 오래 걸린다고 설명했죠. 그랬더니 오빠가 어떻게 이런 준비도 없이 용감하게 칠면조 요리를 하겠다고 가족을 초대했느냐며 짓궂게 놀렸어요. 음식을 맛보기도 전에 말이죠. 순간 갑자기 25년 전으로 되돌아간 것만 같았죠. 오빠와 제가 언성이 높아지는 걸 들은 남편이 얼른 오빠에게 크래커와 치즈를 권하며 오빠를 부엌에서 데리고 나가 미식축구 이야기를 하더군요. 오빠는 고등학교 때 미식축구 스타였거든요.

저는 훌쩍였어요. 너무 외로웠죠. 그리고 아버지가 몹시 그리웠어요. 모임을 주최한 사람이 바로 저 자신이라는 사실에 화가 났어요. 엄마는 눈치를 못 챘는지, 사실 거의 모르는 척하는 경우가 많지만, 절대 제 편인 적이 없었어요. 오빠는 언제나 완벽했거든요. 다행히 고모가 저를 도와주셨어요. 수프를 준비하고, 칠면조 자르는 걸 도와주셨죠. 칠면조를 자를 때 심장, 폐, 간, 모래주머니 등 지저분한 내장이 들어 있는 주머니를 제거하지 않았다는 사실을 깨달았어요. 제가 그것들을 꺼낼 생각을 하지 못했다는 것이 믿어지지 않았죠. '세상에나! 내가 모두를 독살하는 거 아냐? 그래서 우리 모두 결국 응급실로 직행하는 거 아니야?' 저는 혼자 중얼거렸어요.

'걱정하지 마. 괜찮을 거야. 나도 처음 추수감사절을 준비할 때 똑같은 일이 있었단다.' 고모는 저에게 살짝 윙크하면서 위로해줬어요. 아마 제가 잔뜩 겁에 질린 표정이었을 거예요. '얘야, 그 유명한 줄리아 차일드(Julia Child, 프랑스 요리를 미국 가정에 맞게 소개하는 활발한 저술·텔레비전 프로그램 활동으로 미국 요리의 대모라는 호칭을 얻은 사람-옮긴이)도 텔레비전 쇼에서 칠면조를 바닥에 떨어뜨린 적이 있단다. 그 얘기 알지?' 고모가 딱딱한 영국식 억양으로 말했어요. '걱정하지마. 아무도 모를 거야.' 알렉스는 여기까지 말하고는 갑자기 자지러지게 웃었다. "정말 그날은 고모가 구세주나 마찬가지였어요. 다행히 아무도 아프지 않았고요."

비추어 보기

—— 🖤, ——

당신의 가족은 어떤가요?

내 경험에 비추어 보면 대부분의 사람들에게는 '이해하기 힘든' 가족이나 친척이 한둘 있기 마련입니다. 당신은 어떤가요?

위험이 도사리고 있는 명절 장면을 회상해봅니다. 무엇이 당신을 뚜껑 열리게 만들고 격분하게 하나요?

- 술에 취해서는 정치 또는 기타 등등의 주제로 논쟁이나 싸움을 걸어오는 친척이 있나요?
- 참기 어려운 농담(인종 차별, 성차별, 민족주의자, 동성애 혐오 등)을 하는 친척이 있나요?

- 칠면조 요리(또는 어떤 음식이든지)가 탔나요?
- 아무도 음식을 준비해오지 않았나요?
- 당신이 모든 걸 다해야만 했는데도 아무도 전혀 고마워하지 않았나요?
- 치우는 일을 도와주는 사람이 아무도 없었나요?
- 저녁식사가 두 시간이나 늦게 시작되는 바람에 당신과 아이들이 너무 배가 고파 힘들었나요?
- 아이들이 버릇없고 너무 정신없이 구는 바람에 도울 수 없었나요?
- 치우는 것을 도우려고 남은 음식을 버렸다가 모두가 있는 데서 시어머니에게 꾸중을 들었나요?(그런 규칙이 있다는 것을 어떻게 알겠는가. 당신은 이전에 본 적이 없는데.)

당신 가족의 건강하지 못한 분위기에는 어떤 것이 있나요? (누군가에게 털어놓고 싶은 이야기들을) 전부 적기 바랍니다. 이것을 도와줄 실습들이 곧 이어질 것입니다.

알렉스의 고모가 낮에는 그녀를 구해주었지만, 너무 흥분해서 잠이 오지 않았던 그날 밤 알렉스 곁에는 고모가 없었다. 알렉스는 침대에서 천장을 응시하며 그날 저녁 오빠 윌리엄에게 받았던 굴욕감을 곱씹었다. 윌리엄이 한창 자기 아이들 자랑을 지루하게 늘어놓는 동안 저녁을 다 먹은 알렉스의 아이들이 산만하게 굴자 윌리엄이 못마땅한 얼굴로 알렉스의 아이들을 쳐다보았는데, 알렉스는 거기서 굴욕감을 느꼈다.

알렉스 마음속에서 언제나 승자였던 윌리엄과의 비교 게임이 한창일 때, 알렉스는 호흡을 알아차리려고 노력했지만 전혀 도움이 되지 않았다. 그래서 이름 붙이기 실습을 시작했는데 자신이 수년간 얼마나 화가 나 있었는지 분명하게 알 수 있었다. 알렉스는 자신이 계속 그래왔다는 것이 너무 놀라웠다. 알렉스는 슬픔이 가득 담긴 목소리로 자신이 결국 잠들기 위해 수면제를 먹어야만 했고, 마음챙김이 오히려 자신을 더 나쁘게 할지도 모른다는 생각을 했다고 말했다.

마음속 깊이 묻어두었던 분노와 접촉하면 일시적으로 화를 더 불러일으킬 수도 있고, 그 강렬함으로 불안해질 수도 있다. 만일 당신이 알렉스와 같은 경험이 있다면 오랫동안 붙잡았던 분노를 알아차려도 괜찮다는 사실을 알기 바란다.

알렉스 가족이 그랬듯이 많은 가족이 마음을 터놓고 이야기하기보다는 마음속에 담아두는 경향이 있다. 하지만 터놓고 이야기하는 것만으로도 위안이 될 수 있다. 마음챙김은 감정과 그 기저에 놓인 패턴을 인식하게 도와주며(그것은 우리를 안정시키는 데 도움이 될 수 있다), 연민은 우리 내면의 수치심 등을 직면할 때 필요한 따뜻함과 위안을 준다.

새의 양 날개,
마음챙김과 연민

마음챙김은 자기연민의 기반이다. 우리가 고통을 친절함으로 돌보려면 먼저 고통받는다는 걸 알아차려야 한다. 그러려면 마음챙김이 필요하다. 마음챙김은 우리에게 이야기에서 어느 정도 거리를 둘 수 있게 해주며, 누군가가 한 말이나 행동을 반추하지 않도록 도와준다. 만약 우리가 현재 순간에 어떤 일이 일어나는지, 무엇을 느끼는지 알아차리지 못한다면 우리를 화나게 만드는 것에 주의를 기울이는 대신 아이스크림 한 숟갈을 곁들인 호박파이 한 조각을 더 먹거나, 맥주 한두 잔으로 무감각해져 버릴 가능성이 높다.

그러나 감정적으로 힘겨운 시기에는 마음챙김만으로는 부족할 수 있다. 그래서 알렉스가 그랬던 것처럼 그것만으로는 충분하지 않다고 느끼게 될지 모른다. 하지만 이때 힘든 시기를 지나는 나에게 좋은 친구나 지지해주는 사람이 있다면 무엇을 해줄지(예를 들어 딸이 입원했을 때 친구가 해준 친절한 말과 포옹)를 떠올려본다면, 우리 자신에게 무엇이 필요한지 또 어떻게 위로해줄지에 대한 통찰을 얻을 것이다. 특히 내면에 가혹한 비판자가 있다면 더욱더 연민이 유용하다(1장의 '당신 잘못이 아니에요' 실습을 보라). 우리가 살면서 느낀 수치심을 따뜻하게 마주할 능력을 개발하는 데 연민이 도움을 준다.

힘겨운 경험으로 기반을 잃어버린 것만 같고, 퇴보하거나 부서져버린 것만 같을 때, 우리가 서 있었던 자리로 다시 돌아올 필요가 있다. 자애명상 또는 LKM(Loving-Kindness Meditation, 팔리어인 '자애(metta)' 또는 '친밀감'을 번역함) 실습은 우리를 지금 여기로 다시 돌아오게 해준다.

많 이 할 수 록
더 효 과 적 이 다
:

마음챙김 명상은 주로 주의력의 힘을 이용하는 데 반해 자애는 연결과 관계성의 힘을 이용한다. 두 명상은 밀접하게 관련되어 있지만 본질적으로 차이점이 있다. 둘 다 우리에게 삶의 사건들과 관계하는 방식을 완전히 바꿔놓게 하며, 자애는 특히 고통 속에 있는 '사람'에게 주의를 기울이고 그를 돌본다. 이런 유형의 명상 실습은 우리가 자기 자신에게 더 좋은 친구가 되는 방법을 가르쳐준다.

마음챙김이 판단 없이 현재 순간을 자각하도록 마음을 훈련하는 방법인 것과 마찬가지로 자애도 우리 안에 본래 들어 있는 애정과 연민의 능력을 마음 훈련으로 개발하는 방법이다. 연구 결과에 따르면, 마음챙김과 연민은 투여량에 의존[3]한다는 걸 보여주는데, 이는 마음챙김 명상과 연민 명상 둘 다 더 많

4장 아무리 해도 부족할 뿐이죠

이 하면 할수록 그 효과가 더 안정적이고 신뢰할 수 있게 된다는 뜻이다. 흥미롭게도 이런 명상이 두뇌를 좀더 탄력적으로 재구성하는 데 도움이 된다는 증거가 계속 쏟아져 나오고 있다.

자애명상으로 재구성하기

- 앉거나 누워서 편안하게 안정을 취합니다. 손은 가슴이나 위안이 되는 곳에 올려놓습니다. 당신 자신에게 그저 단순한 자각이 아닌 애정 어린 자각을 가져오도록 해봅니다.
- 당신을 미소 짓게 만드는 살아 있는 존재를 떠올립니다. 할아버지나 할머니, 어린아이, 지지적인 친척 또는 반려동물일 수도 있습니다. 누구든 행복을 주는 존재를 떠올립니다. 많은 존재가 떠오른다면 하나만 선택합니다.
- 이 존재와 함께 있는 것이 어떤 느낌인지 느껴봅니다. 이 존재와 함께하는 그 느낌 속에서 스스로 이완해봅니다. 아아아~ 하며 마음의 눈으로 가능한 한 그 존재의 이미지를 선명하게 떠올립니다.
- 당신과 마찬가지로 이 존재도 행복하고 고통에서 자유롭기를 원한다는 것을 알아차립니다. 따스하고 친절하게 다음 말을 반복합니다.

  당신이 안전하기를
  당신이 건강하기를
  당신이 평화롭기를
  당신이 편안하게 살기를
- 이 문구들을 두세 번 반복합니다.

- 이들은 전형적인 자애명상 문구지만 자유롭게 당신만의 문구를 추가해도 좋습니다. 아니면 이 문구를 계속 사용해도 좋습니다.
- 마음이 떠도는 것을 알아차린다면 그저 문구로 다시 돌아옵니다. 서두르지 않고 천천히 합니다.
- 준비되면 당신 자신도 포함해봅니다. 마음의 눈으로 당신을 미소 짓게 만드는 이 존재와 함께 있는 당신 모습을 그려봅니다.
- 이제 당신 자신을 포함한 다음 문구를 말해봅니다.

  우리가 안전하기를

  우리가 건강하기를

  우리가 평화롭기를

  우리가 편안하게 살기를
- 천천히 존재의 이미지를 내려놓고 주의를 당신 자신에게만 머물게 합니다.
- 몸에서 어떤 느낌이 올라오는지, 어떤 스트레스나 불편함은 없는지 알아차리며 다음 문구를 자신에게 제공합니다.

  내가 안전하기를

  내가 건강하기를

  내가 평화롭기를

  내가 편안하게 살기를
- 심호흡을 몇 번 하고 당신이 무엇을 느끼는지 알아차리며 고요히 휴식합니다.
- 준비되면 천천히 스트레칭하면서 눈을 뜹니다. 팔과 다리의 움직임을 느껴봅니다.
- 언제든 이 실습으로 되돌아올 수 있다는 사실을 기억합니다.

사람들은 자애명상이 너무 감상적으로 들린다는 이유로 실습을 거부하기도 한다. 20여 년 전 내가 자애명상을 처음 접했을 때도 그것은 마치 장밋빛 안경을 쓴 사람들만을 위한 것처럼 보였다. 나는 그 당시 삶의 어둡고 취약한 단면을 본다는 데 자부심이 있었고, 내 임상 업무는 대부분 트라우마 생존자들과 함께하는 일이었다. 나는 나의 날카로움을 잃고 싶지 않았다. 한 친구는 그런 나에게 온갖 트라우마를 항상 겪는 것 같다고 농담하기도 했다. 사실 나는 업무가 너무 힘들어서 악몽을 꾸기 시작했었다.

또한 나는 동료와의 관계로 힘들었고, 겪고 있는 수많은 문제에 대해 나 자신을 비난했다. 그런데 자애명상을 하는 친구들이 자애명상을 한 이후로 자신들 삶에 큰 변화가 생겼다고 말해주었다. 때마침 나는 명상을 하는 동안 호흡을 따라가는 게 싫증 나서 뭔가 새로운 걸 시도해보고 싶었던 차였다. 그래서 자애명상을 해보았지만 별다른 차이를 느끼지 못했다. '소용없군.' 나는 생각했다. '역시 과대광고가 너무 많아.' 하지만 나는 몇 주 동안 계속 자애명상을 시도했다.

한 명상 지도자는 "자애문구를 내 안의 불모지에 내리는 치유와 생명의 비라고 생각하라"라고 했다. 그 말이 나에게 도움이 되었다. 내 안에는 내가 생각했던 것보다 더 많이 건조하고 척박한 곳들이 있었다. 환자와 그 가족을 돌보는 데 너무 집중한 나머지 나 자신을 위해 남은 것이라곤 아무것도 없었다. 나는 그저 지치고 화난 상태로 대부분 시간을 보내고 있었다.

그 지도자는 자애문구를 건강을 유지하는 데 필요한 비타민으로 생각해보라고도 제안했다. 그대로 시도해보니 전에는 미처 몰랐던 내 안의 고갈과 소진을 느낄 수 있었다. 몇 달 동안 서서히 작은 변화가 나타났다. 나는 아이들이 싸울 때나 남편이 늦게 들어오는 바람에 저녁식사가 늦어질 때, 이전처럼 성급하게 화를 내지 않았다. 전에는 아들이 바닥에 우유를 쏟으면 더 큰일이 아니어서 다행이라는 생각은커녕 길길이 날뛰곤 했다. 원치 않는 상황은 늘 일어나게 마련이다. 하지만 여전히 꼭 필요하지 않은 물건을 사는 데 시간과 돈을 낭비했다. 나는 쇼핑에 몰두하는 걸 좌절감을 달래는 '분노의 쇼핑'으로 생각하곤 했다.

그렇다. 내가 완전히 다른 사람이 된 건 아니었다. 최근 아버지와 사별한 엄마가 매일 밤 나에게 전화해달라고 하는 것에 가끔 짜증을 냈다. 아이들에게 소리를 지르지 않은 것도, 남편에게 화를 내지 않은 것도 아니다. 필요 없는 물건을 사지 않은 것도 아니다. 단지 내게 정말로 무엇이 필요한지에 대한 감각을 약간 키웠을 뿐이다. "저 초코바가 나한테 정말로 필요할까? 어떻게 하면 그 욕구를 내려놓을 수 있을까? 잠깐 정원에서 일하고 나서도 여전히 초코바를 원할까? 새 귀고리가 정말 필요한가? 저녁식사 때 와인을 더 마실까?"

스트레스가 너무 많은 나날이었지만 아침에 일어나면 그 욕구가 희미해진 것이 느껴졌다. 나는 내 욕망과 그 욕망을 즉시 채우려는 욕구 사이에서 멈추는 걸 실험하기 시작했다. 그리고 수개월 뒤 비록 미미했지만 나 자신에게 훨씬 더 친절해졌다. 내가 바보짓을 했을 때 얼마나 많이 나 자신에게 소리 지르고 나를 호되게 야단쳤는지 깨달았다. 내가 늦었을 때, 음식을 태웠을 때, 아이들에게 소리를 질렀을 때, 뭔가 잊어버렸을 때, 남편에게 화가 났을 때, 친구나 동료에게 실망감을 느꼈을 때 그것은 세상의 끝이 아니라 단지 삶에서 충분히 일어날 수 있는 단편일 뿐이었다. 그런 문제들을 이제는 나만의 문제로 느끼지 않을 수 있었다.

아이들은 싸우게 마련이고, 남편은 늦게 마련이고, 동료는 계속 나를 깎아내릴 것이다. 그러니까 나는 그 모든 것을 너무 심각하게 받아들일 필요가 없었다. 더욱이 내가 무슨 말을 하고 무엇을 할지, 어떤 행동을 취할지 고민하며 시간을 낭비할 필요가 없었다. 나는 내가 가진 환상과 혼란을 줄이는 방식을 깨닫기 시작했고, 더 잘 지탱해주는 것들로 옮겨갔다.

나는 알렉스와 함께 일상생활을 원만히 하기 위한 자애명상을 개발하는 작업을 했다. 알렉스는 실습하면서 실제 자신의 경험과 자신이 만들어낸 이야기 사이의 차이를 이해하기 시작했다. 이 실습은 알렉스가 만든 이야기에서 전환해 다른 반응을 찾도록 도와주었다. 무엇보다 그녀가 외로움을 덜 느끼게 해주었다. 그녀는 고모를 떠올렸고, 고모가 주는 사랑과 지지를 느끼는 것이 위안이 되었다. 다른 한편으로 알렉스는 오빠 윌리엄과의 대립에서 자신 또한 어떤 역할을 했다는 것을 깨달았다. 어렸을 때부터 그랬듯이 오빠가 미끼를 던지자 자신이 그걸 덥석 물고서 격분했던 것이다.

"전에는 알지 못했던 것이었어요." 그녀가 말했다. "내가 어떻게 반응할지 대안이 있다는 것을 알게 되었어요. 만일 내가 요리하는 것, 아버지가 돌아가신 것, 저녁이 늦어지는 것, 오빠와 비교해 실패자라는 것에 그렇게 기겁하지 않았다면, 그런 일들에 다른 방식으로 반응했을 거예요. 약간 유머를 보낼 수도 있었을 거예요. 이를테면 이렇게 말하면서 말이죠. 그래. 내가 보기에도 음식이 너무 늦어지네. 내가 리얼리티 요리 쇼에서 탈락했다는 거 말하지 않았나? 그들이 나한테 모욕감을 주며 이렇게 말했어. '당장 여기서 조리도구를 들고 나가세요. 이건 최악의 칠면조 요리입니다! 아무도 먹고 싶어하지 않을 거예요. 당신은 숨 쉴 자격도 없어요!' 그리고 나서 재빨리 미소 지으며 이렇게 말하는 거예요. '크래커랑 치즈 좀 먹는 게 어때?'" 그녀가 쓴웃음을 보이며 덧붙였다. "크리스마스는 또 돌아오니까요."

친구를 따돌리는
아이들

회계사 일을 하는 롭은 우리가 1장에서 그를 만난 이후 3년간 계속 그 일을 해왔다. 그는 안정감을 느끼게 된 데 감사했다. 아이들과 함께 보내는 시간도 더 많아졌다. 하지만 부모의 삶이 늘 그렇듯이 그에게 또 다른 문제가 생겼다. 그는 매일 울면서 집에 오는 열세 살 딸 헤더 때문에 걱정이 많았다.

헤더가 자신에게 일어난 일들을 털어놓는 데는 시간이 좀 걸렸다. 알고 보니 작년에 헤더와 단짝이었던 뎁이 이번 학기에 들어서 헤더를 무리에서 빼버린 것이었다. 뎁은 상급생 남자친구와 함께 어울릴 수 있는 새로운 친구들이 생겼으므로 더는 헤더가 필요하지 않았을 뿐만 아니라, 이전에 사귀던 친구를 잔인하게 떼어냄으로써 새로운 친구들 사이에서 사교적 위치를 공고히 할 필요를 느꼈다. 헤더가 점심을 같이 먹으려고 테이블에 앉으면 뎁이 일어나서 기분 나쁜 웃음을 보이며 "얘들아, 가자. 여기서 이상한 냄새가 나"라고 말했다. 이 이야기를 헤더에게 듣는 동안 롭은 심장이 무너져내리는 것만 같았다.

헤더 엄마가 뎁 엄마와 그 문제를 이야기해보려고 애썼지만 오히려 분노와 상처만 더 커졌을 뿐이다. 두 가족은 딸들이 어울리는 동안 야외에서 요리를 함께하며 그해 여름을 보냈다. 그래서 일단 무슨 일이 일어났는지 확실히 알면 뎁 엄마가 도와주리라고 믿었다. 하지만 불행하게도 그렇지 않았다.

롭은 흥분해서 말했다. "뎁 엄마가 이렇게 말하더군요. '글쎄요. 뎁은 그저 새로운 관계로 옮겨가고 싶었을 뿐이에요. 뎁은 성숙했는데, 헤더는 여전히 너무 아이 같잖아요. 그 지겨운 햄스터 얘기에도 싫증이 났고요. 하지만 헤더가 조만간 따라잡겠죠. 단지 뎁이 좀 앞서가는 것뿐이고요. 그런데 설마 헤더와 뎁

　　　　　　　　　　　　　　4장 아무리 해도 부족할 뿐이죠

이 평생 친구로 지낼 줄 알았나요? 뎁은 그저 새로운 친구들을 만나고 싶은 거예요. 그게 무슨 잘못인가요?'"

롭이 계속 말했다. "아내는 화가 단단히 났어요. 그 말을 듣는데 정말로 피가 거꾸로 솟았던 거죠. 그 둘은 그 이후 서로 말도 안 섞어요. 심지어 길거리에서 만나도 알은척도 안 하죠. 서로 이웃인데 정말로 어색해졌어요."

다행스럽게도 따돌림 방지책을 시행하고 있던 학교 측에서도 이 상황을 심각하게 받아들였기에 롭은 조금이나마 안심할 수 있었다. 특히 많은 학생이 뎁의 새로운 무리가 매일 헤더를 괴롭히며 즐거워하는 모습을 목격했기에 더 그랬다. 그리고 이제 헤더는 다른 친구들을 찾았다. 하지만 이런 긍정적인 얘기를 나누는 동안에도 롭은 여전히 슬퍼 보였다.

"아내는 '흘려보냅시다. 이런 일은 항상 일어나요'라고 말해요. 하지만 딸아이가 매일 눈물을 흘리며 집에 오는 걸 보면 가슴이 찢어지는 것 같아요.

제일 불편한 일은 제가 딸아이를 보호할 수 없다는 거예요. 아이가 고통스러워하는 모습을 보기가 너무 힘들어요. 저도 중학교 시절에 괴롭힘을 당한 적이 있어요. 안 그런 사람이 어디 있겠어요? 친구들이 내가 공부도 열심히 하고 모범생인 데다 학교 밴드에서 연주까지 한다며 조롱했어요. '뭘 해도 넌 안 돼'라고 말하곤 했죠."

롭이 이어서 말했다. "어느 날 헤더가 집에 와서 도화지를 몇 장 꺼내더라고요. 그리고 사다리를 하나 그린 다음 인기도를 기준으로 여자애들을 각각 순서대로 배치했어요. 누구는 제일 꼭대기에, 누구는 제일 바닥에 말이죠. 헤더는 바닥에 가까웠죠. 아이는 자신의 모든 것에 의문을 제기하며 그것이 자기 잘못이라고 느끼고 있었어요. '내가 무얼 잘못하나봐.' 아이가 말했죠. 그리고 울고 또 울었어요. '친구들은 왜 나한테만 그렇게 못되게 굴까?'"

롭과 아내는 다른 부모들이 하는 방식으로 반응했다. 헤더에게는 아무 잘 못이 없다고 말한 뒤, 자신들은 딸을 사랑하고 딸의 편이 되겠다며 딸을 안심 시켰다. 그리고 삶이란 때때로 힘들 수 있다고도 말해주었다. 그들은 헤더가 기 분 좋아지는 활동들과 새로운 친구들에게 집중하도록 용기를 주었다. 그리고 좋아하지도 않는 친구들이 만든 체계에 들어가기 위해 환심을 사려고 애쓸 필 요도 없다는 걸 계속 떠올려주면서 격려했다.

격언에도 있듯이 "때때로 당신은 사다리 꼭대기까지 오르기도 하지만 거기 에서 확인할 수 있는 건 그저 그 사다리가 잘못된 벽에 기대어 있다는 사실뿐 이다."

불량 청소년 때문에 가장 힘든 점은 부모가 할 수 있는 일이라곤 아이가 도 움을 받을 수 있도록 곁에 있는 것, 아이에게 혼자가 아니라는 사실을 알게 하 는 것 말고는 할 수 있는 일이 거의 없다는 것이다. 롭과 그의 아내는 헤더의 학교에서 추가로 도움을 받을 수 있었고, 그 지역 고등학교들이 따돌림 문제를 진지하게 받아들이는 걸 다행으로 여겼다. 하지만 모든 학교가 그런 건 아니다. 더구나 모든 아이가 헤더처럼 새로운 친구들을 찾을 수 있는 것도 아니다.

만일 당신 아이가 곤경에서 헤어나지 못하고 우울해하거나 섭식장애 징후 를 보이며 자신을 해치는 것 같으면 반드시 전문가의 도움을 받아야 한다(6장 과 7장에 더 많은 정보가 있다). 그리고 롭처럼 속수무책으로 무력감을 느낀다면 5장에 나오는 '모든 것을 통제할 필요는 없어요'라는 실습이 도움이 될 것이다.

아이들이 헤더와 같은 경험을 이야기할 때, 많은 부모는 아이의 경험으로 오랫동안 봉인해온 자신의 상처가 드러난다는 사실을 알고 놀란다. 나는 롭이 자애명상으로 그 오래된 상처를 진정시킬 거라고 확신했다. 하지만 내가 롭에 게 명상의 이름도 문구도 자기에게 맞게 고쳐도 된다고 하기 전에는, 롭은 그

문구들을 무척 힘들어했다. 당신도 그럴 수 있다.

명상이 유용하다는 사실을 알게 된 롭은 그 실습을 '산소마스크'라고 불렀다. "당신도 알다시피, 비행기에서 공기가 희박해질 때 어른이 먼저 산소마스크를 쓰라고 하잖아요. 그래야 아이를 도울 수 있다고요. 이 실습 덕분에 저는 숨쉬기가 편해졌어요."

험난한 비행에 필요한 산소마스크

조용하고 방해받지 않는 곳에서 20분을 확보합니다. 이 실습은 당신에게 알맞은 자애와 연민문구를 발견하도록 도우려고 고안했습니다. 전형적인 문구들이 효과가 있다면 이것도 실험 삼아 시도해봅니다. 하지만 문구를 바꾸는 데 의무감을 느낄 필요는 없습니다.

괜찮다면 손을 가슴에 얹고 수용적이 되도록 자신을 허용해봅니다. 명상 지도자들은 보통 학생들에게 자기 자신에게 하고 싶은 말을 발견하도록 권장하지만, 다음은 네프와 거머의 실습을 변형한 자신만의 문구 발견하기[4] 실습입니다.

• 자기 자신에게 다음 질문을 하면서 대답이 즉각 나오게 해봅니다.

나에게 필요한 건 뭐지? (잠시 멈춤) 정말로 나에게 필요한 건 뭐지?

그 대답은 평화로운, 연결되어 있는, 자유로운, 친절한, 내면의 깊은, 보편적 인간의 요구가 되게 합니다. 완전함과 충만함을 느끼도록 도와주는 요구가 되게 합니다.

- 준비되면 눈을 뜨고 떠오르는 것을 적어봅니다.
- 당신이 발견한 그 말들을 명상에서 그대로 사용할 수도 있고, 다음과 같이 당신 자신을 위한 새로운 문구로 만들 수도 있습니다.

   내가 나에게 친절하게 대하기를

   내가 평화롭게 살기를

   내가 분노로부터 자유롭기를

   내가 증오로부터 자유롭기를

   내가 다른 사람들과 연결됨을 느끼기를

- 이제 다시 눈을 감고 두 번째 질문을 생각해봅니다. 가능하다면 내가 다른 사람들에게서 들을 필요가 있는 말은 뭐지? 내가 정말로 들을 필요가 있는 말은 뭔지를 생각해봅니다. 그것은 다음 말들일 수 있습니다.

   너는 좋은 부모야.

   내가 널 위해 여기에 있어.

   너는 혼자가 아니야.

   내가 너를 사랑해.

- 마음을 열고 그 말들이 다가오기를 기다립니다. 그 말들을 들을 때마다 "고마워, 고마워"라고 말할 수 있는, 내 삶에서 매일매일 내 귀에 속삭여지면 좋을 것 같은 말은 뭔지를, 상처받기 쉬운 자기 모습을 허용하면서 용기를 가지고 듣습니다.
- 이제 부드럽게 눈을 뜨고 들은 것을 적어봅니다.
- 그 말들은 명상에서 그대로 사용할 수도 있고 당신 자신을 위한 바람으로 다시 만들어볼 수도 있습니다.

   "당신은 좋은 부모야"는 "내가 나의 선함을 알 수 있기를"이 될 수 있습니다.

4장 아무리 해도 부족할 뿐이죠

"내가 네 곁에 있을게"는 "내가 나 자신과 함께할 수 있기를"이 될 수 있습니다. "너를 사랑해"는 "내가 나 자신을 사랑할 수 있기를"과 같은 바람이 될 수 있습니다.

- 이제 당신이 적은 내용을 검토해봅니다. 그리고 당신의 명상에 포함하고 싶은 낱말이나 문구를 2~4개 선택합니다.
- 이런 말들이나 문구는 당신이 당신 자신에게 주는 선물입니다.
- 이제 다시 눈을 감고 사랑하는 사람의 귀에 속삭이듯이 당신의 문구를 반복해서 말해봅니다.
- 내면에서부터 그 말들을 들어봅니다. 그 말들로 자신을 채워봅니다.
- 이 경험 안에서 당신 자신을 쉬게 합니다.
- 이것을 여정의 시작으로 여겨봅니다.
- 준비되면 눈을 뜹니다.

롭은 부모로서 자신의 가치와 연결되는 문구가 '리셋 버튼 누르기' 같은 말이라는 걸 알았다. 중심을 잡아갈수록 롭은 헤더의 드라마 속으로 덜 빠져들었고, 딸을 위해 안정적이고 애정 어린 존재가 될 수 있음을 느꼈다. 롭은 자신과 형제들이 놀림받았을 때 내면에 구축했던 근성과 회복력을 딸도 기르기를 바란다는 걸 깨달았다. 그리고 설령 자신이 과거로 돌아가서 불량학생들과 전쟁을 다시 한다고 해도 헤더의 불안정한 상태를 도울 수 없다는 것도 깨달았다.

의심할 여지 없이 모든 어른은 사춘기가 영원히 지속되지 않는다는 사실에 감사한다. 때때로 돌이킬 수 없어 보이는 상처들이 치유되고, 우정은 다시 시작된다. 헤더 나이에는 모든 것이 변하고, 모든 것이 불확실하다. 나는 롭과 그의 아내가 그러한 변화에 대비하도록 그의 '산소마스크 실습'을 활용하는 또 다른 방법을 제안했다. "헤더가 아빠와 엄마에게서 정말로 들을 필요가 있는 말들이 뭐라고 생각하세요? 헤더가 이번 학기와 올 한 해를 잘 보내는 데 어떤 말들이 도움이 될까요?"

만일 당신 아이가 고통 속에 있다면, 당신도 이렇게 해볼 수 있다. 먼저 당신이 산소마스크를 쓴 다음 당신 아이에게도 산소마스크가 있는지 확인한다.

마음챙김은 우리에게 균형감을 제공하고, 우리 경험에 대해 우리가 만들어내는 이야기를 보도록 도와준다. 여기에 자애를 더하게 되면 비로소 습관적인 이야기를 바꿀 수 있다. 우리가 삶을 이야기할 때 그것은 종종 분노, 거부, 두려움으로 동기화하는 경향이 있다. 우리는 이 불길에다가 계속 기름을 끼얹는다. 그러나 여기에 자애를 보태고, 특히 우리가 필요한 것에 귀를 기울일 때 큰 변화가 일어난다. 우리의 첫 반응이 고립, 분노, 소외가 아닌 연결감, 이해, 친절이 된다.

4장 아무리 해도 부족할 뿐이죠

명상할 때 일어나는
뇌의 변화

명상할 때 우리에게는 무슨 일이 일어날까? 마음챙김이 불안과 우울감을 줄여 주고, 혈압과 스트레스를 낮추며, 노화에 따른 기억력 증진에 도움이 될 수 있다고 한다. 또한 일관된 연구 결과를 보여주는 상당히 중요한 내용도 있다. 2001년 마커스 라이클(Marcus Raichle)과 데브라 거스나드(Debra Gusnard)는 마음이 특정한 과업에 몰두할 때 비활성화되고, 휴식할 때 활성화되는 두뇌의 영역을 밝혀냈다. 그것은 디폴트 모드 네트워크(DMN; Default mode network)[5]로 '댐(damn)'이라고도 한다.

연구에 따라 정확한 수치는 약간씩 달라질 수 있지만 우리 마음은 대략 46.9%에서 80% 정도의 시간을 방황하며 보낸다고 한다. 간단히 말해 방황할 때 마음은 행복하지 않다. 그런데 마음은 어디로 떠도는 걸까? 무엇을 하는 걸까?

알람을 5분으로 맞춰놓고 다음 '비추어 보기' 실습을 직접 해보자.

— 🖤 —

떠도는 마음 내버려두기

- 편안하게 앉아서 몸을 이완해봅니다. 원한다면 누워도 좋습니다. 하지만 깨어 있도록 노력합니다(하지만 누워서 깨어 있기란 어렵습니다).
- 마음이 방황하도록 내버려둡니다. 생산적일 필요가 없습니다. 가야 할 곳도, 해야 할 일도 없습니다.
- 몽상을 해도 괜찮습니다. 아무것도 통제할 필요가 없습니다. 그저 쉽니다.
- 당신 생각이 흘러가는 곳으로 부드럽게 주의를 기울여봅니다. 아이를 생각하나요? 과거를 회상하나요? 미래를 걱정하나요?
- 알람이 울리면 당신이 알아차린 것 몇 가지를 적어봅니다.

사람들은 대부분 마음이 과거로, 미래로 또는 문제를 해결하는 방향으로 흘러간다는 것을 알아차린다. 대부분 내가-나를-내 것에 대한 집착이다. 이것이 바로 우리의 정체성을 뒷받침해주고 '자서전적 나'를 유지하도록 중요한 역할을 하는 DMN이다.

마음은 감정, 일, 지위, 자녀 등 우리 자신과 관련된 것들 사이를 끊임없이 떠돌면서 나를 우주의 중심으로 만든다. 마음속으로 우울한 장면과 때로는 승리하는 모습을 재연하며 우리가 주인공인 영화를 끊임없이 생산한다. 하지만 대개는 나쁜 기억이 반복해서 재생된다.

마음은 종종 우리를 괴롭히는 것에 끌린다. DMN 상태에 있을 때, 우리는 자기 자신이나 아이들에 대해 잘못을 발견하려는 경향이 있다. 우리는 고쳐야 할 것들을 찾는다. 심리학자 켈리 맥고니걸은 DMN에 대한 최신 연구를 전부 모아서 분석한 후 DMN에 사회적 초점이 있음을 발견했다.

우리는 우리와 관련된 사람들을 생각한다. 누가 우리에게 무슨 말을 했지? 그들은 우리를 어떻게 생각할까?

우리는 사회적 비교 또한 한다. 내 형제자매와 비교했을 때 나는 어떤가? 내 동료들과 비교했을 때는? 또래에 비해 우리 아이들은 어떤가? 우리는 너무 많은 판단을 한다. 내 삶은 달라야 해. 나는 왜 이 모양이지? 내 아이는 왜 이렇지? 자기 비난은 DMN의 강력한 활성인자다.

중요한 것은 다양한 형태의 마음챙김과 연민 명상이 DMN을 비활성화한다는 것이다. 그리고 최근에는 과학자들이 아주 약간의 마음챙김만으로도 뇌가 디폴트에 의해 작동하는 걸 바꿀 수 있음을 발견했다. 심지어 우리가 명상하지 않을 때도 말이다.

그렇다면 부모인 우리에게 이것은 무엇을 의미할까? 가장 중요하게는 이제 더는 비교하는 마음의 인질로 끌려다닐 필요가 없다는 것이다. 우리가 우리 자신과 아이들 그리고 배우자 또는 우리가 자리한 사회적 지위계층에 대해 끊임없이 판단하며 결점을 찾아내고 있음을 알아차릴 때, 우리에게는 선택권이 주어진다.

우리는 우리 머릿속의 대화를 바꿀 수 있다. 아이가 가위질을 잘하지 못하거나 치열한 경쟁이 벌어지는 중학교에서 성적이 바닥을 헤매고 있는 것을 발견할 때, 또는 형제자매(또는 부모나 시댁식구)가 우리를 깔아뭉갤 때 고통의 토끼굴로 내려가려는 우리 자신을 막을 수 있다.

공포의 포트럭

저녁 식사

⋮

롭이 아주 절절히 묘사했고 당신도 비슷한 경험이 있을지 모르지만 아이가 또래에게 거부당하거나 부정적으로 비교당하는 걸 보는 일은 너무나 고통스럽다. 게다가 그것은 부모의 아동기 시절 오래된 상처를 건드릴 수 있다. 거기에 더해 우리가 절대로 해서는 안 되는 일은 바로 동료들과의 비교 게임에 말려드는 것이다. 성인이라면 이보다는 우위에 있어야 하지 않나? 더 잘 배웠어야 하는 게 아닌가? 그 말이 맞을 수도 있지만 보통 그런 일은 없다.

우리에게는 어린 시절부터 지녀온 짐이 많다(3장을 보라). 알렉스는 여전히 오빠의 우월한 모습에 기습 공격을 당하고, 롭은 여전히 학창 시절 받았던 놀림의 고통을 느낀다. 그리고 또 다른 대다수 어른이(알렉스의 오빠 윌리엄처럼?) 어린 시절에 시작된 비교 게임에 뛰어들어서는 잘못된 벽에 세워진 잘못된 사다리에 오르려는 시도를 멈추지 못한다.

"만일 제가 또다시 '학부모 모임'에 참여해야 한다면," 안젤리가 말했다. "저는 폭발할 거예요." 안젤리는 이런 행사들이 지루할 뿐만 아니라 가끔은 고문처럼 느껴진다며 아이들이 커갈수록 부모들이 더 경쟁적으로 되는 것 같다고 말했다.

"수디르는 이제 겨우 6학년인데 한 단계씩 오를 때마다 정말 다양한 일이 휘몰아치는 것처럼 느껴져요. 과제는 더 많아지고 방과 후 활동은 더 신경 써야 하고, 단체 스포츠도 더 중요해지고요. 제가 미혼모라서 더 외롭고 더 부족하게만 느껴져요. 함께해줄 사람이 아무도 없어요. 저는 남들이 옷을 어떻게 입었는지, 얼마나 성공했는지, 어디에 살고 사는 집은 어떤지, 지위는 어떤지 신경을 많이 썼어요. 그리고 제가 평가당한다는 느낌을 지울 수 없어요.

⋮

4장 아무리 해도 부족할 뿐이죠

포트럭 파티나 학부모와 교사 모임에 가보면 거기에 계급이 있어요. 그걸 무시하려고 애쓰지만 잘 안 돼요. 이런 식의 모임들을 빤히 알거든요. 그곳에는 힘 있는 부부들, 권위 있는 일을 하는 전문가 엄마들, 자원봉사자 엄마들, 종일 요가나 달리기, 필라테스 같은 운동을 해서 몸매가 좋은 엄마들도 있죠. 또 아이들을 여럿 둔 전업주부들도 있고요.

사람들은 이런 모임에 나가려고 옷을 차려입는 데 많은 시간을 들여요. 적절한 옷을 입는 게 중요하거든요. 너무 섹시하지도, 너무 꽉 끼지도 않으면서 너무 정장 같지도 않고 너무 캐주얼하지도 않은 옷이요. 저한테는 이 모든 것이 너무 부담스러워요. 그래도 공립학교인데 그러지 말아야 하는 거 아닌가요?

주말에 한 학부형의 크고 아름다운 집에서 학급 모임이 있었어요. 그 모임에 가니 기가 죽더라고요. 옷을 차려입고 화장을 해서인지 아침에 아이를 데려다주던 그 사람들이 아니었죠. 다들 외모에 관심이 엄청 많았어요. 가벼운 포트럭 파티였는데 음식조차 경쟁적이었죠. 정말 우스꽝스럽지 않아요? 제일 멋진 전채요리는 누가 만들었지? 최고의 케이크는? 최고의 초코칩 쿠키는? 저는 음식까지 비교 대상이 될 거라고는 상상도 하지 못했어요.

제가 거기서 깨달은 건 부모는 자동으로 자기 자식과 같은 레벨에 속한다는 거였어요. 인기 있는 아이들, 슈퍼스타, 운동 잘하는 아이들, 모범생, 예술하는 아이들 집단이 있더군요. 저는 어느 그룹에도 속하지 못한 것 같아서 인류학자인 척했어요. 미혼모라서 그런지 여자들이 저를 경계하더군요. 남자들은 저랑 시시덕거리는 것처럼 보이고 싶어하지 않고요. 좀 외로웠어요.

저는 이렇게 해도 저렇게 해도 속할 데가 없었죠. 모든 사람이 저와 이야기하고 싶어하지 않는 것 같았어요. 모두가 어떡하면 지위가 더 높은 사람들과 이야기할 수 있을지 살피는 데 정신이 없었죠. 물론 제가 제 갈색 피부에 약간 예민하다는 건 인정해요. 하지만 어울리기 위해 나름대로 애를 많이 썼거든요. 히잡도 벗어버렸죠. 무슬림이라고 광고하지도 않고요. 그런데도 요즘 들어 관계가 최악인 것만 같아요.

때로는 제가 먼저 차단해버린 건 아닌가 싶기도 해요. 그래서 음식을 가지고 그 집에 갔지만, 여전히 사람들에게 마음을 열기가 어려웠어요. 의심이 들고 조심스러워요. 그들이 저를 판단하는 것만 같고 저도 그들을 판단하죠. 제가 무엇을 할 수 있을까요?" 안젤리가 반문했다.

컬럼비아대학교 불교학 교수 로버트 서먼(Robert Thurman, 배우 우마 서먼의 아버지)은 연민의 마음으로 살아가는 모습이 어떤 것인지 이야기를 하나 들려주었다. "당신이 뉴욕 지하철을 타고 있는데." 그가 말했다. "외계 생명체들이 나타나서 지하철을 제압하고는 그 안에 있는 모든 사람을 꽁꽁 붙여서 영원히 한 몸으로 만들어버렸다고 상상해보세요." 이런 상황에서 우리는 어떻게 반응할까? 갑자기 나만의 선택권은 사라져버리고 함께 있던 사람들은 그대로 나와 한 몸이 되었다. 게다가 우리는 그들을 좋아하지 않을지도 모른다. 그들을 인정하고 싶지 않을 수도 있다. 사실 그들을 싫어할지도 모른다. 하지만 함께하려면 잘 지낼 방법을 찾아야 한다. 누군가 배가 고프면 우리는 그들에게 음식을 줘야 하고, 누군가 공황발작을 일으키면 우리는 그를 도와야 한다. 우리가 좋아하든 싫어하든 우리 삶은 연결되어 있다.[6]

다음 명상은 자애실습을 포트럭 파티나 학교 또는 이웃에서 만나는 모두에게로 확장해준다. 설령 우리를 제압하려는 외계인이 없다 해도, 우리가 인정하든 안 하든 우리 삶은 서로 연결되어 있다. 그러니 지하철 차량의 이미지를 이용해 두려웠던 포트럭 파티(또는 학부모와 교사 모임)의 모든 사람이 외계인의 공격으로 영원히 달라붙어 있게 되었다고 상상해보자.

4장 아무리 해도 부족할 뿐이죠

제압당한 포트럭 파티

- 편안하게 앉아봅니다. 이 실습을 재미있게 할 수 있는지 봅니다.

- 심호흡을 두세 번 합니다.

- 당신이 부모 모임에서 더 많은 시간을 보낸다면 느낌이 어떨지, 그것이 어떤 느낌이든 허용해봅니다. 당신 감정을 검열할 필요는 없습니다. 그저 어떤 감정이 있는지 알아차립니다.

- 어떤 특별한 감정을 만들려고 애쓸 필요가 없습니다. 어떤 학부모를 좋아하는 척할 필요도 없습니다. 그들을 진심으로 좋아하지 않더라도 자애를 보낼 수는 있습니다. 우리가 여기서 하는 작업은 모두의 연결을 인정하는 것입니다.

- 잘못된 방법으로 당신을 아프게 하는 사람들을 위해서는 그들이 겪을 문제들을 상상해봅니다. 알코올의존증, 배신, 금전적 걱정, 연로한 부모, 질병 등일 수 있습니다.

- 전통적인 실습은 우리 자신으로 시작하지만 그것이 어렵다면 나를 지지해주는 사람으로 시작해 다른 모든 사람을 위해 문구를 반복해봅니다.

- 전형적인 문구들은 이렇습니다. 내가 안전하기를. 내가 행복하기를. 내가 건강하기를. 내가 편안하게 살기를. 일상의 삶과 양육이 너무 힘들지 않기를.

- '내가 ~하기를'은 우리 자신과 다른 사람을 축복하는 너그러운 마음으로 하는 말입니다. 내가 안전하기를, 당신이 안전하기를.

- 주의가 산만해져도 걱정하지 않습니다. 언제든 다시 시작할 수 있습니다.

- 부모들의 집단을 살펴보면서(그렇다고 지금 당장 당신이 모든 사람을 살펴봐야 한다고 자신을 압박하지 않습니다) 당신에게 친절했던 누군가를, 당신을 도와주었

던 누군가를 마음속에 떠올립니다. 마음으로 그 사람의 모습을 그리면서 그 사람의 이름을 말한 다음 그 문구를 제공합니다. 당신 자신을 위해 기원했던 것을 그 사람을 위해 기원해봅니다. **당신이 안전하기를. 당신이 행복하기를. 당신이 건강하기를. 당신이 편안하게 살기를.**

- 이 실습에서 말들이 완벽하지 않아도 걱정하지 않습니다. 중요한 건 연결되는 것이고, 이 사람이 잘 되도록 기원하는 것입니다.

- 지금 당장 힘든 시간을 보내는 누군가를 떠올립니다. 아픈 아이, 이혼, 병환 중인 부모, 실직 등으로 힘겨운 사람일 수 있습니다. 이 사람의 모습을 그려보고 이름을 말한 다음 그 사람에게 문구를 제공합니다. **당신이 안전하기를. 당신이 행복하기를. 당신이 건강하기를. 당신이 편안하게 살기를.**

- 주의가 산만해지는 건 자연스러운 일입니다. 마음은 원래 떠돌 수 있다는 걸 기억하기 바랍니다. 자책하지 않습니다.

- 이번에는 당신이 잘 알지 못하는 누군가를 마음속에 떠올립니다. 지나치면서 가끔 보긴 했지만 이야기를 나눠본 적 없는 어느 학부모일 수 있습니다. 심지어 이름도 모르는 사람일 수 있습니다. 괜찮습니다. 그 사람을 떠올리고, 그 사람에 대한 느낌을 가져봅니다. 그 사람 또한 행복하기를 원하고, 아이를 걱정하고, 상처받기 쉽다는 점을 잊지 않기를 바랍니다. **당신이 안전하기를. 당신이 행복하기를. 당신이 건강하기를. 당신이 편안하게 살기를.**

- 이제 말이나 행동이나 행위로 당신을 힘들게 했던 학부모를 떠올립니다. 이 사람은 당신에게 무례했을 수도, 당신을 무시했을 수도 있습니다. 이 사람에게 자애를 보내봅니다. 만일 그것이 너무 힘들다고 생각되면 자신을 강요하지 말고 다시 당신 자신에게 자애를 보내는 것으로 돌아갑니다. 지금 이 순간 힘겨운 당신 자신에게 따스함과 친절함을 보내기 바랍니다.

- 마지막으로 포트럭 파티에 온 모든 사람에게 호의와 자애를 보내봅니다. **모두가 안전하기를. 모두가 행복하기를. 모두가 건강하기를. 모두가 편안하게 살기를.**

4장 아무리 해도 부족할 뿐이죠

- 원한다면 이런 바람을 모든 부모, 심지어 모든 생명으로 확장해봅니다. 모든 부모가 안전하기를. 모든 부모가 행복하기를. 모든 부모가 건강하기를. 모든 부모가 편안하게 살기를.
- 준비되면 눈을 뜹니다. 당신의 일상에 계속 자애를 가져올 수 있는지 봅니다. 아침에 아이를 데려다줄 때, 하루의 끝에 아이를 데리고 올 때, 다음 학교 모임에서 실습해볼 수도 있습니다.

몇 주 동안 제압당한 포트럭 파티 실습을 한 후 안젤리는 다른 부모들을 좀 더 명확한 시선으로 보기 시작했다. 예를 들면, 자신과 마찬가지로 고군분투 중인 한 싱글맘을 기억했는데, 그녀는 매우 친절했으며 자신을 저녁식사에 초대하기도 했다. 답례할 수도 없을 만큼 그 싱글맘은 너무 바빴다. 또 한 엄마는 유방암으로 항암치료를 받느라 머리가 다 빠져버렸는데도 거의 매일 아이를 데리러 왔다. 안젤리는 그녀를 위해 저녁식사를 가져다줄 수도 있다는 걸 깨달았다.

물론, 인종과 종교 때문에 여전히 안젤리와 그녀 아들에게 알은척도 하지 않는 한 커플을 포함해서 '멍청이' 같은 사람들도 있었다. 안젤리는 그들에게 친절함을 보내려고 해보았지만 너무나 힘들어 그 친절을 다시 자신에게로 돌렸다. 그녀는 소외당하는 것이 얼마나 힘겨운 일인지 상기할 수 있었다. "하지만 대개는." 안젤리가 말했다. "명상 덕분에 다른 학부모들이 주변에 있어도 좀 더 부드럽고 편안해질 수 있다는 느낌이 들었어요. 그들은 저를 적대시하지 않았어요. 그리고 심지어 저는 그들 중 일부를 쳐다보지도 않았고, 그들에 대해 생각하지도 않았죠. 실습 덕분에 제가 눈을 조금 뜨게 되었어요."

힘든 시기를 겪을 때 종종 우리 세상은 축소된다. 우리는 내부로 향하고 방어적으로 된다. 자애수행은 우리를 부모로서나 개인으로서 가장 훌륭하고 친절한 자신을 회복하는 데 도움을 줄 수 있다. 또 자애수행은 우리를 좀더 중요한 것에 기반하게 해서 핵심 가치를 재조정하도록 돕는다. 심리학자이자 명상 지도자인 잭 콘필드는 이렇게 말했다. "중요한 것은 우리의 신체나 성격을 완벽하게 하는 것이 아니다. 정말 중요한 것은 당신의 연민과 사랑을 완벽하게 만드는 것이다."

4장 아무리 해도 부족할 뿐이죠

감정
다스리기

최근에 둘째 아이와 놀이터에서 있었던 일 때문에 알렉스는 놀이터 두려움이라는 새로운 공포가 생겼다. "아무도 노는 것 같지 않아요." 그녀가 말했다. "모두가 경쟁하죠. 사실 가끔은 스포츠 경쟁처럼 느껴져요. 우리 딸은 색깔을 정말 좋아해요. 세 살이지만 공에 있는 여러 가지 색깔을 짚어내요. 파랑, 빨강, 초록, 노랑. 그런데 지난주에 한 엄마가 다가와서 '어떻게 했길래 아이가 저렇게 잘해요? 마치 잘 훈련받은 물개 같아요'라고 하더군요. 그래서 제가 대답했죠. '아이한테 뭘 하라고 시키지는 않았고요. 아이가 색깔을 좋아해요.'

그랬더니 그녀가 '와! 정말 빠르네요! 몇 살이에요?'라고 물었죠. 저는 그녀를 약간은 유난스럽다는 시선으로 쳐다봤어요. 그러고 나서 이번 주에 아들과 같이 있는 그 엄마를 봤어요. 아들한테 퀴즈를 내더라고요. '자, 이게 무슨 색깔이니? 그러면 이건 무슨 색깔이지?' 마치 색깔 맞추기 경주라도 하는 것 같왔죠. 어디로 가는 걸까요? 다들 미쳤어요.

하지만 그렇다고 그렇게 나쁘진 않았어요. 제가 그저 지나칠 수 있는 정도죠. 경쟁은 우리가 숨 쉬는 공기 중에 돌아다니는 것만 같아요. 마치 물고기가 물을 의식하지 못하는 것처럼 심지어 우리는 그것을 알아차리지도 못하죠. 그런데 우리 딸이 미끄럼틀 맨 위에 있을 때 그 엄마의 체격이 크고 공격적인 아들이 미끄럼틀 위에 올라가서는 바로 우리 딸 뒤에 섰어요. 그러고는 자기가 앞지르려고 우리 딸을 밀치려고 하더군요. 우리 딸은 내려갈지 말지 망설였고요. 저는 유모차에 아기를 태운 채 아래에 서 있었죠. 그래서 제가 그 아이에게 소리쳤어요. '밀지 마. 네 차례를 기다려야지.' 그러고는 딸아이에게 내려오라고 했어요. 딸아이가 내려오는 데 시간이 많이 걸렸죠. 미끄럼틀이 높았는데 딸아이는 체구가 작아서 무서워했어요. 저는 아기가 있어서 딸과 함께 미끄럼틀을 탈 수 없었지요.

그러자 그 엄마가 저에게 다가와서 이러는 거예요. '당신 아이를 잘 가르쳤어야죠.' 마치 귀하고 멋진 자기 아이에게 당신이 어떻게 감히 그런 말을 할 수 있느냐는 듯 말했죠. '당신이야말로 아이를 잘 가르쳤어야죠. 우리 딸을 밀치려고 했단 말이에요.' '내 아들은 공격적이지 않아요!' 그녀가 반박했죠.

저는 그 여자를 이글거리는 눈빛으로 쩌려본 뒤 일어서서 그 자리를 떠났어요. 그런데 믿어지지 않네요. 누구 아이가 더 공격적이었는지 그 여자와 얼굴을 맞대고 싸우려는 게 아니었잖아요. 누군가 그 싸움을 녹화했을지도 모르죠. 물론 그게 필요하지는 않지만 부정하는 그녀 태도가 너무 놀라웠어요."

"익숙한 느낌 같았나요?" 내가 물었다.

"빙고!" 알렉스는 말하면서 미소를 지었다. "당신 덕분에 떠오른 게 하나 있어요." 그녀가 고개를 끄덕였다. "어디를 가도 오빠나 엄마 같은 사람들이 있어요! 가끔 세상이 무관심하고 냉담한 엄마처럼 느껴지죠. 어딜 가나 그런 모습이 보여요. 어떤 부모들은 자기 아이들에게 주의를 기울이지 않는 것 같아요. 사람들은 아이가 탄 그네를 밀어주며 전화기에 몰두해요. 아이와 눈 맞춤을 하지도 않고 이야기를 하지도 않죠. 아이들을 모래 놀이터에서 혼자 놀게 하고는 자기들은 SNS에 뭐가 올라오는지, 뭐가 달라졌는지 확인하죠. 저는 단지 거기서 빠져나오고 싶었어요.

사람들이 힘들고, 공격적이고, 경쟁적일 수 있다는 건 알아요. 하지만 제 아이들이 그런 모습을 모델로 삼는 건 원하지 않아요. 그렇다고 어디 산꼭대기 대피소로 이사 갈 수도 없는 노릇이고요. 그 애 엄마가 우리 아이를 밀쳤다고 해서 제 체격의 두 배나 되는 그 사람을 쓰러뜨리는 제 모습을 우리 아이가 지켜보게 하고 싶지 않죠. 그날의 아이러니했던 상황이 잊히지 않네요. 저는 정말로 성숙한 어른답게 행동하고 싶어요. 그게 어떤 모습인지는 잘 모르지만요."

바깥세상은
정글이다

누군가에게 화가 나고 짜증이 날 때 놀이터에서 하는 자애명상 같은 마음챙김과 연민실습이 당신 안에 충분한 공간을 만들어줄 것이다. 그래서 후회되는 방식으로 대응하지 않게 해준다. 또 우리가 누구이고 다른 사람들이 나를 어떻게 대해야 하는지, 아니면 '그들이 어떻게 감히'라든지 '그들에게 보여주고 말겠어' 등의 반응으로 DMN의 끝없는 고리 안에서 길을 잃는 대신에 반응하는 기술을 연습할 수 있다.

놀이터에서 하는 자애명상

사람들이 나를 공격적으로 대하는 탓에 욱하고 성질이 올라올 때, 내가 가장 좋아하는 심리학자이자 명상 지도자인 타라 브랙의 말을 떠올리곤 한다. "이 사람은 적이 아닙니다." 그녀는 위로하는 목소리로 말한다. "여우 굴에서 힘든 하루를 보내는 또 다른 병사일 뿐입니다." 놀이터에서 다른 부모들이 당신을 화나게 할 때, 이렇게 생각해보면 어떨까? 다음에 놀이터에 가면 이 실습을 해보라.

- 놀이터에 들어서면서 거기 있는 모든 부모와 아이들을 둘러봅니다.
- 먼저 인간 경험의 보편성을 꼭 기억하면서 자애문구들과 연결되어봅니다.
  여기 있는 모든 부모, 아이들과 마찬가지로 나는 내부와 외부의 해로움에서 자유롭기를 원한다.
  여기 있는 모든 부모, 아이들과 마찬가지로 나는 행복하기를 원한다.
  여기 있는 모든 부모, 아이들과 마찬가지로 나는 건강하기를 원한다.
  여기 있는 모든 부모, 아이들과 마찬가지로 나는 편안하게 살기를 원한다.
- 당신 아이가 놀려고 뛰어나가도 현재에 머무릅니다. 휴대전화를 꺼내지 않습니다. 아이와 함께 있는 이 시간이 소중합니다. 그것을 미처 다 알기도 전에 시간이 지나버릴 것입니다.
- 아이의 그네를 밀어주면서 계속 눈을 맞춥니다. 전화기를 들여다보거나 메시지를 확인하는 것으로 상호작용을 방해하지 않습니다.

- 아이와 연결성을 더 깊게 하기 위해 아이가 노는 것을 바라보며 아이가 잘되기를 기원해봅니다.

  네가 내부와 외부의 해로움에서 자유롭기를.

  네가 행복하기를.

  네가 건강하기를.

  네가 편안하게 살기를.

- 이제 다른 아이 또는 다른 부모와 갈등이 일어난다고 가정해보겠습니다. 개입하기 전에 먼저 당신 자신의 행복을 기원합니다. **내가 안전하기를, 내가 건강하기를, 내가 행복하기를, 내가 편안하게 살기를.**

- 멈추고서 숨을 한두 번 쉽니다.

- 그런 다음 그 아이 또는 다른 부모에게 무슨 일이 일어나는지 귀를 기울여봅니다.

- 대응하기보다는 당신 자신에게 이렇게 말할 수 있는지 봅니다. "이 사람은 적이 아니다. 그저 힘든 하루를 겪고 있는 여우 굴 안의 또 다른 병사일 뿐이다."

- 이런 관점이 어떻게 충돌을 관리하고 완화해주는지 봅니다.

- 인생이라는 다양한 놀이터에서 필요한 만큼 자주 반복합니다.

영화 〈필라델피아 스토리〉에 멋진 대사가 나오는데 우리가 연민을 유지하는 데 이 말이 도움이 될지도 모르겠다. "다른 사람에 대한 우리 마음을 확실하게 결정해버리는 순간은 결코 오지 않는다."

우리가 열린 마음과 열린 가슴을 유지하고 깨어 있으며 생생하게 살아 있으려고 노력할 때, 걱정과 불안에서 해방되고 상황을 좀더 명확히 보게 된다. 지금 이 순간을 사는 것은 끊임없이 비교하고 판단하는 것으로부터 우리 마음의 짐을 내려놓게 해준다. 마음챙김은 새로운 관점으로 우리 마음을 훈련하고, 다른 존재들을 우리와 같은 욕구, 소망, 취약함을 지닌 존재로 볼 수 있게 해준다. 그리고 육아 경험을 우리와 그들 사이의 승리와 패배라는 스포츠 경기가 아닌 인간 대 인간 사이의 더 깊은 경험으로 전환하는 데 도움을 준다.

하지만 무엇보다도 중요한 건 당신 자신에게 친절해야 한다는 것이다. 우리는 모두 때때로 비교하는 마음에 정신을 빼앗긴다. 나는 '비교하는 마음'에 빠졌다는 걸 알아차리면 예전에 달라이 라마가 어느 인터뷰에서 했던 말을 떠올린다. 기자가 묻는다. "당신 삶에서 가장 행복했던 순간은 언제였나요?" 그는 잠시 멈추고 주위를 둘러보며 미소 짓는다. "지금 이 순간 같은데요."

그것을 당신 삶에 적용해보라. 그네를 타는 아이를 밀어줄 때 아이 머리 위에 햇살이 비치는 것을 보라. 아이가 놀이터에서 웃고 뛰면서 즐거워하는 모습을 보라. 멈추고 이것을 받아들여라. 이것으로 충분하다. 당신 아이도 충분한 그 상태 그대로 두어라. 그리고 당신은 충분히 훌륭한 부모다. 지금 이 순간 작은 것들에 감사하라. 공기 냄새, 꽃들, 촉촉한 대지, 새들의 노래, 이 달콤하고 소중한 순간을 만끽하라.

4장 아무리 해도 부족할 뿐이죠

5장

•

제가 무엇을
해야 하나요

———

양육에서 피할 수 없는
불확실성 다루기

일이 걷잡을 수 없이 돌아가고 어떻게 해야 할지 모를 때
반드시 뒤따라오는 어려움과 불확실성에
어떻게 대처해나갈지 우리는 결정해야 한다.
세상의 모든 부모처럼 상황이 나빠질 때
분노, 수치심, 당혹감을 느낄 수 있지만,
이런 피할 수 없는 어려운 감정을 돌보고 연민으로 견디는
노력을 해볼 수 있다.

불확실하기만 한 양육

2장에서 보았듯이 크리시는 두 번째 결혼생활에서 전혀 예상하지 못했던 나쁜 새엄마 노릇을 하게 되었다. 4년이 지난 뒤 의붓딸 제니와는 관계가 좋아졌지만 이제 여덟 살이 된 스티븐이 걱정되었다.

"스티븐은 에너지가 넘쳐서 계속 움직이는데 사실 저도 그래요. 저도 가만히 있는 성격이 아니어서 스티븐의 행동을 별다르게 생각하지 않았어요. 스티븐은 저처럼 타고난 운동선수이고 뛰는 것도 좋아하거든요. 그러니 학교에서 선생님들이 원하는 대로 자리에 조용히 앉아 있을 수는 없잖아요. 그래서 스티븐은 초등학교에서 어려움을 겪고 있어요. 우리는 방금 스티븐의 담임선생님, 학교 상담사와 상담했어요. 그들은 스티븐이 학업에 집중하지 못한다고 했어요. 그래서 학교에서는 개별화된 교육 프로그램(IEP; individualized education program)을 제안했고, 스티븐은 특별한 서비스를 받고 있어요.

5장 제가 무엇을 해야 하나요

저는 스티븐이 도움받는 걸 꺼리지는 않아요. 처음에는 이조차 받아들이기 힘들었지만 말이에요. 누구나 자기 아이가 완벽하다고 생각하고 싶어하니까요. 그런데 학교에서 스티븐이 약을 먹어야 한다고 판단한다는 게 정말 화요. 약을 먹으면 스티븐이 집중하는 데 도움이 되고 가만히 앉아 있는 데도 도움이 될 거래요. 그 말이 저를 화나게 만들었어요. 아직 초등학생인데 아이를 진정시키려고 약을 먹인다고요? 그건 단지 선생님들이 편해지려는 것뿐이에요.

저는 모든 걸 안다는 듯 까다롭고 거만하게 구는 부모가 되고 싶지 않아요. 학교에서는 약물이 도움이 될 거라고 했고, 실제로 자기 아이에게 약을 먹이는 친구들도 있어요. 약을 먹으면 당연히 아이들을 돌보기가 더 쉽잖아요. 그러나 저는 활기찬 아이가 약물 때문에 둔해지는 걸 원하지 않아요."

부모는 누구나
고군분투한다

⋮

많은 부모가 들려주는 이 난감한 상황에 대한 명쾌한 답은 없다. 아이가 주의력 문제로 약을 먹어야 하는가? 불안, 우울증, 행동 문제라면 어떤가? 우리는 약물 과다 사용 국가가 되는 게 아닌가? 나는 스티븐을 만난 적이 없으니 그를 어떻게 치료해야 한다고 말할 자격이 없다고 느꼈다. 그래서 크리시와 아동심리학자를 연결해주고 가족이 가장 좋은 해결책을 찾도록 도와주었다.

우리가 삶에 지쳤다고 느낄 때 연민은 믿을 수 있는 해독제다. 마야 안젤루(Maya Angelou)가 『딸에게 보내는 편지(Letter to My Daughter)』에서 썼듯이,[1] "당신에게 일어나는 모든 사건을 통제할 수는 없지만 그것들 때문에 위축되지

⋮

242

않겠다고 결심할 수는 있다."

생각해보면 우리는 날마다 자신을 위해 그리고 아이들과 사랑하는 사람들을 위해 어떤 행동에 도전을 받는다. 크리시는 너무 속상한 나머지 자신을 돌보지 않았다. 마음을 달래려 토닉을 마시고 가장 좋아하는 텔레비전 쇼를 보면서 아이스크림과 케이크를 폭식했으며 잠도 제대로 자지 않았다.

일이 걷잡을 수 없이 돌아가고 어떻게 해야 할지 모르겠을 때 우리는 여기에 반드시 따르는 어려움과 불확실성에 어떻게 대처해나갈지 결정하게 된다. 세상의 모든 부모처럼 상황이 나빠질 때 분노, 수치심, 당혹감을 느낄 수 있지만, 이런 피할 수 없는 어려운 감정을 돌보고 연민으로 견디는 노력을 해볼 수 있다. 잠시 시간을 내어 당신이 문제에 대처하는 방법을 곰곰이 생각해보자.

비추어 보기

양육에서 불확실성 다루기

- 술잔을 내려놓고, 텔레비전을 끄고, 휴대전화를 멀리 두고, 아이스크림과 케이크를 치웁니다(잠시만이라도. 하지만 걱정하지 마세요. 그것은 당신 선택입니다). 때때로 일이 엉망이 되고 힘들어질 수 있습니다. 부모라면 모두 힘든 시기를 겪습니다.
- 숨을 몇 번 쉬어봅니다. 또는 가슴에 손을 얹거나 가슴을 부드럽게 쓰다듬어봅니다.
- 지금 당신 삶에서 무엇이 불확실한가요? 무엇을 통제하려고 애쓰나요?
- 아이가 학교에서 어려움을 겪나요?

5장 제가 무엇을 해야 하나요

- 교사들이 문제를 인지하고 있나요? 당신은 기분이 좋지 않은 처방을 요청받았나요?
- 당신 아이가 중요한 테스트를 어떻게 보았는지 결과를 기다리나요? 아이가 학교에 들어갔다면요?
- 당신이 가족의 건강 문제를 관리하나요?
- 당신은 업무에서 어려움을 겪나요? 배우자는 어떤 일을 하나요?
- 당신은 경기침체를 경험해보았나요?
- 당신은 경제적 손실에 대처해야 하나요?
- 아이가 중독으로 고생하나요? 법에 연루되어 있나요?
- 별거 또는 이혼의 불확실성에 대처하나요?
- 인생에서 불확실하거나 통제할 수 없다고 느끼는 모든 것을 기록해봅니다.
- 잠깐 멈추고 자신에게 친절함을 보냅니다.
- 모든 부모가 고군분투하고, 모든 부모가 고통받고 실패합니다. 부모도 사람입니다. 자신을 자책하지도 비난하지도 않습니다.
- 문제와 불확실성을 무시하거나 부인하는 것이 아니라 분명히 살펴보려고 노력하되, 자신을 책망하지 않습니다.
- 문제가 무엇이든지 간에 당신은 여전히 친절과 연민을 받을 자격이 있습니다.
- 손을 가슴에 얹고 깊이 숨을 쉬며 마무리합니다. 필요할 때마다 이 실습으로 돌아갈 수 있습니다.
- 일상 활동으로 돌아가면서 이런 실습을 당신 일상에 가져올 수 있는지 봅니다.

크리시는 이런 '비추어 보기' 실습이 자기가 덜 고립되었다고 느끼는 데 도움이 된다고 했다. "평범한 대화에서 할 얘기는 아니에요. 저 혼자만 알고 있었죠. 스티븐 문제를 다른 엄마들에게 말하기는 어려워요. 듣고 싶어하지도 않고요. 스티븐이 너무 문제가 많아서 자기네 아이와 함께 어울리며 무슨 잘못을 저지를 것처럼 불안해하죠. 스티븐에게 문제가 있는 건 사실이지만 다들 그게 큰 비밀이라도 되듯이 행동해요. 하지만 말을 안 해서 그렇지 누구나 고군분투하는 문제가 하나쯤 있지 않나요? 그렇게 생각하니 기분이 좀 나아졌어요. 우리 모두 분투하지만 그렇다고 그것을 일일이 표현하지는 않잖아요."

크리시에게 '비추어 보기' 실습이 도움이 되기는 했지만 그보다 더 많은 것이 필요했다. 그녀는 스티븐 문제로 악몽을 꾸며 잠을 설쳤다. 꿈에서 스티븐은 로봇으로 변했고 크리시는 스티븐에게 돌아오라고 외치며 잠에서 깼다. "당장 약이 필요한 사람은 저예요." 크리시는 농담 반 진담 반으로 말했다.

나는 크리시에게 인식하기(Recognize), 허용하기(Allow), 탐색하기(Investigate), 자기연민으로 돌보기(Nourish)를 뜻하는 RAIN(N은 명상 지도자에 따라 Nourish, Nurture, Natural attention 등으로 쓴다)의 기본 연습을 소개했다. 이는 양육에 따르는 감정 기복을 다루는 데 아주 유용한 실습이다. 원하지 않으면 가만히 있을 뿐 아무것도 하지 않아도 되고 혼란스러운 순간에도 할 수 있다. 또 경험한 일과 화나는 일에 대한 생각과 대응방식을 메모하면서 자신을 좀더 성찰할 수 있다.

사람들은 종종 평온해지려고 명상에 의지하지만 감정적 고통은 피할 수 없다. 아무리 노력해도 부모로서 감정적 괴로움을 피해 가기는 사실상 불가능하다. 자기연민은 어려운 감정이 어쩔 수 없이 일어날 때 효과적으로 대처하도록 돕는 새로운 도구들을 만들게 한다. 명상 지도자 미셸 맥도널드(Michelle McDonald)가 개발한 RAIN은 어려운 감정을 환영할 뿐 아니라 잘 다루는 효과적인 방법이다. 지도자들마다 수행에 약간 차이가 있는데, 나는 샤론 샐즈버그, 타라 브랙, 릭 핸슨의 버전을 실시해왔다.

나는 특히 부모를 위한 통합 버전을 개발했다. 이 실습은 '허리케인급 바람'

의 강도로 갈등하는 감정에서 벗어나게 해주었다고 한 크리시의 말을 따서 이름을 새로 붙였다. 삶의 바람이 당신을 쓰러뜨릴 때마다 앉고, 서고, 걷고, 누워서 해보라.

RAIN/자기연민의 허리케인

인식하기(Recognize)

감정에 직면하고 어느 정도 회복력을 가지려면 우리가 그것을 느낀다는 걸 인식할 필요가 있습니다. 우리는 견디기 위해 마음챙김 기술을 사용하고 무슨 일이 일어나는지 알아차립니다. 당신이 기분이 언짢고 속상한 상태로 아이와 상호작용을 했다고 가정해봅니다. 무시하려고 하지 않으며 덮고 지나가려 하거나 부정하지 않습니다. "아, 별거 아니야"라고 말하는 게 오히려 상황을 악화시킬 수 있습니다.

여기 보듯이, 노트에 적어보는 실습이 도움이 되었다면 감정에 이름을 붙일 수도 있습니다. "아, 이건 분노와 같은 느낌이야." 짜증, 슬픔, 존중받지 못했다는 생각처럼 다른 생각이 뒤따르는지 봅니다. 울고 싶다는 걸 알아차릴 수도 있습니다. 화내는 것에 대해 자신을 비난할지도 모릅니다. 좋은 부모들은 화를 내지 않는다며. 그것이 무엇이든 많은 부모가 이런 식으로 느껴왔을 것입니다. 친절함을 바탕으로 화난 감정을 스스로 인식합니다.

허용하기(Allow)

그렇게 하기가 불쾌하더라도 감정이 거기에 있게 허용합니다. 통제하지 않습니다. 감정을 느껴서는 안 된다고 생각할지라도 자신에게 감정을 느끼도록 허용합니다. 우리가 감정을 일어나게 만들지 않았다는 걸 기억합니다. 감정은 단지 그냥 일어납니다. '내 아이에게 애정 어린 감정만 가져야 한다'거나 '이것이 나를 화나게 해서는 안 된다'고 말할지도 모르지만 상황을 있는 그대로 내버려둡니다.

어떤 지도자들은 감정이나 생각을 문을 두드리는 방문객이라고 상상하게 합니다. 그 감정을 인정해서 맞이하고 그냥 놓아둡니다. 어려운 감정을 '나쁘다'고 무시하기보다는 '고통스러움'으로 다시 이름 붙여봅니다. 이것은 자기연민을 높이도록 문을 열어줍니다. 이 틀로 자기감정이 불편할 때 감정이 일어나는 공간을 만들 수 있습니다. 자신이 겪은 일을 비난하기보다 자기연민을 가져올 수 있는지 봅니다.

탐색하기(Investigate)

인식하고 허용하는 단계는 우리 감정을 탐색하고 싶은 호기심을 불러일으키는 데 도움이 됩니다. 감정에 저항해서 사로잡히는 것과는 다릅니다. 우리는 감정을 분석하려고 하거나 이야기로 구성하려고 하지 않습니다. 그것은 즉각적 반응과 거리를 두면서도 감정에 더 가까이 다가가게 합니다. 친근하거나 부드러운 태도로 자신이 경험하는 것에 호기심과 흥미를 느낄 수 있는지 봅니다.

우리는 감정이 우리 몸에서 어떻게 나타나는지 그리고 무엇을 포함하는지 탐색할 수 있습니다. 예를 들어 분노에는 두려움, 상처, 무력감, 슬픔도 포함될 수 있습니다. 부드러운 감정이 분노 아래 있을지도 모른다는 것을 봅니다. 여기서는 통찰력을 얻는 데 집중할 수 있습니다.

이런 통찰력을 얻는다고 해도 여전히 부정적 감정을 지닐 수 있습니다. 특히 부모로서는 흔히 그런 부정적 감정을 지닙니다. 단지 우리는 무엇이 일어나는지에 대한 통찰과 이해에 더 개방적이어야 합니다.

자기연민으로 돌보기(Nourish with Self-Compassion)

자기연민은 우리가 고통받는다는 걸 인식할 때 쉽게 생겨납니다. 귀를 기울여봅니다. 고통을 겪는 부분에 무엇이 필요한가요? 지금 당신에게 가장 위안이 되는 것은 안심시키기인가요, 동지애인가요? 마지막 장의 자애문구를 활용해봅니다.

어떤 말이 위로를 해주나요? "사랑해" "네 잘못이 아니야" "듣고 있어" "내가 네 곁에 있을게" "부모 노릇은 고통스럽고 어려울 수 있어" …… 부드러운 어루만짐으로 진정되는지 봅니다. 자신에게 사랑을 주는 작은 몸짓도 돌봄이 될 수 있습니다. 부정적 감정에 휩싸이지 않고 그 감정을 느낀다는 것을 주목합니다. 분노 이상의 자기 비난이나 자기 판단으로 전락하지 않도록 합니다.

"나는 화가 난 나쁜 부모이고 이 사실은 절대 변하지 않아. 이게 바로 나야"라고 하지 말고 친절하게 "아, 나 지금 고통스러워"라고 말해봅니다. 그리고 부정적 감정에 휩싸이지 않고 거기서 벗어날 수 있는지 봅니다. 이것은 단지 당신에게 사소한 부분일 뿐입니다. 이 경험을 지나가게 둡니다.

다음은 크리시가 일주일 동안 RAIN 실습에 참여하고서 들려준 말이다.

"**인식** 단계에서는 제가 얼마나 화났는지 뿐만 아니라 얼마나 두려워하는지도 깨달았어요. 스티븐을 잃을까봐, 스티븐이 다른 사람이 될까봐 걱정한다는 걸 깨달았어요. 그리고 제가 스티븐을 상처받지 않게 보호할 수 없을까봐 걱정돼요. 우리가 아이들을 상처에서 보호할 수는 없다고 하죠. 누군가 내 배를 주먹으로 때린 것 같았어요.

저는 항상 모든 걸 고치려고 애썼어요. 그래서 스티븐을 어떻게 고쳐야 할지 고민하느라 정신적 에너지를 다 쓰고 있었어요. 저는 이런 계획을 모두 세워놓았어요. 스티븐이 집중력과 훈련법을 배우도록 무술 가라테 훈련캠프에 등록시킬 거예요. 그러면 스티븐은 나아질 거예요. 점프를 좋아하고 스케이트보드에서도 뒤로 공중돌기와 화려한 턴을 좋아하니 체조를 시킬 수도 있겠죠.

저는 항상 문제를 해결하려고 노력하지만 여전히 나쁘고 부족한 부모처럼 느껴졌고, 심지어 제 유전자에 문제가 있다는 상상까지 했어요. 전 그냥 멈춰서 모든 감정이 거기 있게 내버려두었어요. 그 모든 엉망진창인 감정을 그대로 두었죠. 그냥 잠시 그 자리에서 몇 분 동안 멈추었어요. '좋아, 크리시. 너는 이걸 통제할 수 없어. 진정해.' 그것이 도움이 되었어요.

허용 단계에서는 제가 그동안 부정했던, 스티븐이 학교에서 고군분투한다는 사실을 인정했어요. 저는 게으른 선생님들, 교장 선생님, 큰 교실, 남편, 전남편, 내 유전자를 탓했어요. 그러고 나서 화가 났지만 그것이 제 잘못은 아니라는 사실을 인정할 수 있었어요. 저도 다른 모든 사람이 잘못이라고 느끼는 것처럼 느끼고 있었어요.

하지만 그건 아무 도움이 되지 않았어요. 저 자신에게 감정적이거나 예민하거나 화내면 안 된다고 말했어요. 좋은 일이 많았지만 제가 모든 걸 더 나쁘게 만들었고, 학교에서는 저를 좋지 않게 생각했어요. 학교, 선생님, 학교 상담사, 주의력결핍 과잉행동장애(ADHD) 등 모든 게 정복해야 하는 적인 것처럼 행동했어요. 저는 ADHD라는 진단과 싸우고 있어요. 하지만 그 감정에서 벗어나려고 애써요. 감정의 허리케인을 느끼도록 나 자신에게 허용해요.

탐색 단계에서는 내 몸에 무엇이 들어 있는지 느끼기 시작했는데, 그건 공포와 불안이 뒤엉켜 매우 혼란스러웠어요. '안 돼. 이건 아니지, 다시 이러는 건 아니야'라는 느낌. 그리고 제가 좋은 엄마가 아니라는 수치심도 있었어요. 이혼했을 때 이미 뭔가 잘못된 거지요. 이혼은 다 제 탓이고, 제가 스티븐의 인생을 망쳐놓은 것 같았어요. 그래서 빙글빙글 돌며 고치려고 애쓰거나, 부정하거나, 저 자신을 미워하기보다는 그저 짊어진 고통과 상처 그리고 산더미 같은 걱정이 있을 뿐이었어요. 보통 제게 소리 지르고 자책하는데 이번에는 저 자신을 돌보았어요.

돌보기와 자기연민이 마지막에 도움이 되었어요. 저는 자신에게 너무 비판적이고 저를 돌보는 유일한 방법은 와인과 칵테일, 초콜릿뿐이었거든요. 그 영양분이 죄다 허리와 엉덩이로 간다는 걸 저도 알아요. 저는 정말로 스티븐을 걱정하는 제 일부와 만났어요. 그리고 저에게 일반적 혐오감보다는 오히려 친절을 베풀 수 있었어요. '크리시, 기다려, 너 자신을 위해 있어봐, 넌 좋은 엄마야'라고 말하면서요. 그러고 나서 스티븐에게 그런 친절을 느낄 수 있었어요. '귀여운 아가야, 사랑해. 나는 너를 외면하지 않을 거야. 내가 여기 있어. 너는 혼자가 아니야.'

지난주처럼 몹시 화내지 않았고 이 문제로 크게 싸우지 않았는데도 조금 진정되는 것 같아요." 크리시는 "저는 좀 더 온전한 곳에 있어요"라고 말했다.

연 민 으 로
나 아 가 기
:

나는 '허리케인' 실습을 '자기연민으로 가는 길'이라고 생각한다. 이것은 조용한 곳이 필요한 실습이 아니다. 당신은 에스프레소의 샷 추가보다는 연민의 샷을 필요할 때마다 추가할 수 있다(때로는 에스프레소 샷 추가도 필요하다). 다른 부모들은 이 수행을 어떻게 사용해왔을까? 사만다는 축구 연습장에 아들을 픽업하는 문제로 아들과 다투었는데, 아들은 사만다에게 소리 지르고 무례하게 굴었다.

사만다는 경기마다 아들을 데려다주고 데려오기가 여의치 않았다. 하지만 사만다의 아들은 엄마가 그 자리에 있기를 바랐다. 사만다는 아들이 자기 욕구를 존중하지 않는다고 화를 냈지만 조용히 성찰할 시간은 없었다. 그때는 차 안이었고 엉망이 되어서는 안 되는 중요한 프레젠테이션을 하러 가는 길이었다.

고속도로의 혼잡한 구간에서 운전했지만 사만다는 자신이 느끼는 감정을 알아차리고 그 감정을 허용한 다음 호기심과 친절함으로 자신이 겪는 일을 탐색했다. 그리고 이것이 고통이라는 걸 부드럽게 관찰하며 자신을 돌볼 수 있었다. "실습이 저를 반복되는 분노에서 벗어나게 해주었지만 한편으로는 걱정되기도 했어요. 아들은 제가 모든 게임을 참관하기를 원하죠. 그 마음을 이해하지만 저도 한 인간일 뿐이고 제 욕구 또한 중요하거든요."

히로토는 이혼하기 전 아내와 이혼, 양육권 다툼을 격렬하게 할 때 이 실습을 활용했다. 아이들은 곤경에 빠졌고 그는 분노와 비통함에 압도될 때마다 RAIN을 했다. "RAIN은 제가 감정적 격렬함에 건설적으로 대처하도록 도왔어

5장 제가 무엇을 해야 하나요

요. 저는 너무 화가 나서 술을 마셨어요. 지난밤에는 와인 한 병을 다 마셔버렸어요. 그저 무감각해지고 싶었거든요.

이혼으로 상처받고 미래에 대한 두려움까지 들면서 아내에게 복수하려고 마음먹었어요. 하지만 애들이 더 중요하잖아요. 지금 저는 이 싸움의 과정이 얼마나 아픈지 좀더 이해하게 되었어요. 이제는 매일 밤 술을 마시거나 동료에게 화풀이하거나 아이들에게 소리 지르지는 않아요. 이 모든 혼란과 변화 속에서 긴장 푸는 법을 배우고 있어요."

통제할 수 있다는
환상

우리는 가끔 아이들에 대한 환상으로 우리가 가진 최고 자질이 아이들에게 유전되기를 바란다. 하지만 많은 부모가 아이들이 자신만의 필요와 욕구, 소망을 지닌 뚜렷한 개성적 존재라는 사실을 깨닫고 충격을 받는다. 아이들은 우리 자신이 아니다. 부모는 아이가 자기와 다를수록 더 어려움을 겪는다. 많은 부모는 아이가 자기 환상대로 되지 않을 때 자기 자신을 비난한다.

부모들은 상담실에 와서 자신들이 낯선 사람과 부모·자녀라는 영원한 관계로 엮였다고 불평한다. 이는 그들이 상상한 일도 아니고 상상한 사람도 아니다. 게다가 그 낯선 사람을 좋아하지도 않는다. 그들은 자신들에게 뭔가 문제가 있다고 걱정한다. 그럼 부모가 아이와 유대감을 형성하는 데 실패한 것일까? 제왕절개수술을 한 결과일까? 아이들은 감정을 드러내지 않는 부모를 탓할 수 있을까?

부모는 아이가 자신과 다른 것, 즉 감정적으로 더 잘 적응하고, 더 개방적이고, 더 균형 잡히고, 더 성공적이고, 더 잘 깨우치고, 정치나 세계를 더 잘 아는 것에 자부심을 느낀다. 반면, 아이들이 우리와 다를 때 또는 자기 가치관에 따라 살겠다고 할 때 절망해서 아이와 갈등한다. 우리는 자기 운명을 통제해야 할 뿐만 아니라 아이들 운명도 통제해야 한다고 믿는다.

이런 그릇된 믿음은 스트레스와 불안의 주요 원인이 된다. 그런 믿음에 의문을 품으면 그것이 얼마나 망상적인지 알게 된다. 우리는 자책하기 전에 "어떻게 그것을 통제할 수 있었을까?"라고 묻고 싶을지도 모른다. 그럼에도 자신을 비난하는 어려운 상황은 막을 수 없다.

비추어 보기

당신 아이가 드러나게 두기

- 우리는 살면서 많은 시간, 특히 아이를 낳기 전에는 적어도 우리 세계의 어떤 면을 통제할 수 있다고 느끼며 우리가 우주의 중심이 되는 데 익숙해져 있었습니다.
- 우리 문화는 다음과 같이 강화합니다. 소셜 미디어는 우리에게 '나를 따르라' '나처럼' 하며 다른 사람들을 따라 하도록 장려합니다. 휴대전화는 우리에게 '우리의' 날씨, 뉴스, 주식을 보여줍니다.
- 휴대전화를 멀찍이 떨어뜨려 놓습니다. 호흡, 주변에서 나는 소리, 몸의 감각에 중심을 둡니다.
- 아이를 낳으면 모든 것이 바뀝니다. 우주가 확장되면서 우리는 숙달됨과 통제

감을 잃습니다. 갑자기 우리는 더 취약해지고, 모든 것이 흔들리며, 미래가 불확실해집니다.

- 모든 것을 다 갖기 위해 그렇게 열심히 노력하기를 그만두는 것이 어떤 기분인지 알아봅니다.
- 편히 쉬도록 자신을 놓아둡니다. 밀어붙이지 않습니다. 애쓰지 않고 이완해봅니다.
- 우리는 종종 우리 자신은 물론 아이들도 달라져야 하며, 아이들을 변화시키는 것이 우리 임무라고 생각합니다.
- 우리가 더 두려워하고 걱정할수록 우리 삶과 아이들의 삶을 관리하려고 애쓰느라 더 정신이 없고 바빠집니다.
- 아이들이 해야 할 일을 우리가 해야 한다고 느끼고 연중무휴 24시간 모든 것을 관리하려는 건 매우 지치는 일입니다.
- 만약 당신이 아이를 어떤 것도 되게 할 필요가 없다면 어떤가요? 당신이 아이를 그냥 그대로 허용할 수 있다면 어떤가요? 아이가 그냥 즐기도록 허용한다면 어떤가요? 그렇게 많은 것을 하거나 그렇게 많은 것을 성취할 필요가 없다면 어떤가요?
- 미켈란젤로가 아름다운 대리석 앞에서 그것이 무엇이 되고 싶은지 말해주기를 기다린다고 상상해봅니다(미켈란젤로는 "나는 대리석 안에 들어 있는 천사를 보았고, 그가 나올 때까지 돌을 깎아냈다" "최고 예술가는 대리석 내부에 잠들어 있는 존재를 볼 수 있어야 하고 표면을 보지 않고 내면을 보는 것이 중요하다"라고 말했다-옮긴이). 당신은 아이에게 그런 친절하고 온화하며 애정 어린 관심으로 대하는 것을 상상할 수 있나요?
- 강요하지 않으며 아이를 안내하고 지지하고 놓아줄 수 있는지 봅니다.
- 조용히 말해봅니다. "나는 너를 보고 듣고 있단다. 나는 너와 네 필요에 관심이 있단다."

우리 아이들은 생물학적으로 다르다. 열성 유전자와 유전적 물질을 지닌 그들은 우리가 통제할 수 없는 환경의 영향을 받는다. 크리시가 깨달았듯이 부모로서 우리 임무는 아이들을 있는 그대로 사랑하는 법을 배우는 일이지 그들 안에 있는 우리 자신을 발견하는 게 아니다.

당신이 아이를 변화시키기를 원하거나 특정한 방식으로 행동하게 하거나 원하는 어떤 사람이 되게 하려고 한다면 '당신 아이가 드러나게 두기 실습'을 해보라.

마음챙김은 우리가 상태와 영향, 어떤 주어진 순간에 함께 만들어내는 요소의 전체 연결망을 보도록 돕는다. 우리는 더 큰 전체에서 일부만 차지하고 있을 뿐이다. 우리는 하고 싶어도(또는 한다고 생각할지도 모르지만) 우주를 조정하지 못한다.

좋은 날 우리는 자신은 물론 아이들을 어느 정도 통제할 수 있을지도 모른다. 어쩌면 아이들이 좋은 식재료로 만든 저녁을 먹고, 숙제를 하고, 형제자매가 싸우지 않도록 할지도 모른다. 어쩌면 의미 있는 방법으로 당신과 연결될지도 모른다.

하지만 슬프게도 우리에게 그 이상의 힘은 없다. 아이들이 문제가 있거나 우리 생각대로 움직이지 않거나 성과가 나오지 않을 때, 우리 기준을 채워주지 못할 때 더 큰 그림과 방대한 우주를 인식하는 것은 자기 비난이나 죄책감을 완화하는 데 도움을 줄 수 있다.

쳇바퀴 돌듯 하는 이 생활에서
벗어날 수 없어

:

우리는 2장에서 앤톤이 아이가 먹는 음식 때문에 얼마나 스트레스를 받고 스스로 압박하는지 보았다. 이런 충동은 미래에 대한 걱정과 아이들이 안전하게 살기를 바라는 마음에서 비롯했다. 그러나 그는 일을 하고 아이들을 관리하며 아내를 행복하게 해주려 애쓰느라 지쳤다.

"멈출 수 없을 것 같아요. 만약 멈춘다면 모든 것이 무너질까봐 걱정됩니다. 내가 그들에게 많은 부담을 주었다는 걸 알아요. 두려움과 불확실성이 커질수록 모든 걸 관리하고 통제하려고 더 노력해요. 그게 좋지 않은 걸 알아도 인정하기 부끄럽지만 제가 원하는 결과를 얻으려고 가끔 죄책감과 협박을 이용해요. 그리고 제가 스트레스를 받는 걸 아이들 탓으로 돌려요. 악순환인 건 알지만 어떨 때는 선택할 여지가 없다고 느껴집니다."

분명히 앤톤은 긴장을 조금 풀어야 한다. 나는 이 이야기가 도움이 될지도 모른다고 생각해서 들려주었다. 아버지에게 흰머리가 있는 걸 발견한 어린 아들이 물었다.

"아빠, 왜 아빠 머리에 흰머리가 있어요?"

"글쎄, 네가 가끔 무얼 잘못하는지 알지? 저녁을 안 먹거나 형과 싸우거나 아빠를 화나게 하지? 아니면 엄마를 울리기도 하고. 네가 그렇게 나쁜 짓을 할 때마다 흰머리가 생겨."

어린 아들은 생각하고 또 생각했다. 그렇게 한동안 생각하던 아들은 아버지 말에서 이상한 점을 발견했다. "그런데 아빠, 할아버지 머리는 왜 완전히 하얘요?"

:

앤톤은 웃음을 터뜨렸다.

"그거 재미있는 이야기네요. 정말 좋아요." 그는 무릎을 탁 치며 말했다. "오늘은 사미르 얘기를 하고 싶어요. 사미르가 또 반항을 합니다. 사미르는 내가 매일 수학 문제를 내줄 때마다 짜증을 내요." 나는 눈을 치켜떴다.

"공립학교는 공부를 잘 안 시켜요. 한 반에 30명 정도 있는데 별 자극을 못 받아요. 게다가 사미르는 좀 게을러요. 뛰어난 수학 실력은 지금 세상에 성공의 열쇠지요. 선생님은 너무 바빠서 사미르에게 특별한 관심을 주지 못해요. 그러니 사미르가 자기 능력을 충분히 발휘하는지 제가 확인해야죠. 사미르가 문제 풀이를 제대로 익히는지 확인하려고 집에서 보충수업을 시작했거든요. 저는 수학자는 아니지만 워낙 수학을 잘해서 대학을 갓 졸업한 선생님보다 더 잘 가르칠 수 있어요.

문제는 사미르가 문제를 풀 때마다 저와 다툰다는 거예요. 저는 사미르에게 도움이 되려고 하는데 말이에요. 사미르는 쉽게 토라지고 가끔 짜증을 내요. 그럴 때 제가 얼마나 잘 대처하는지는 짐작하실 겁니다."

"사미르는 뭐라고 하던가요?" 하고 나는 물었다.

앤톤은 조금 긴장을 풀었다. "사미르는 수학이 지루하대요. 수학에 관심도 없고요."

"사미르는 무얼 좋아해요? 비디오 게임?"

"맞아요. 또래 아이들이 보통 그렇듯이 사미르도 기술이 필요한 게임을 좋아해요. 그리고 잘하기도 하고요. 무엇보다 동물을 사랑합니다."

"동물과 함께하는 거요?"

"동물에 대한 모든 것이요. 사미르는 동물을 직접 보거나 동물 관련 책을 읽거나 동물이 나오는 텔레비전 프로그램을 봐요. 동물에 푹 빠져 있어요."

"동물에 대한 열정이 대단한 것처럼 들리네요."

"사미르가 좋아하는 오래되고 먼지투성이인 박물관이 있는데 거기에는 전 세계에서 온 모든 종류의 고대 동물 전시물이 있어요. 한마디로 자연사 박물관인 그곳은 사미르에게 천국과도 같죠. 아내는 가끔 사미르와 함께 사미르 형이나 친구를 그곳에 데려가요. 그들은 과학, 동물 그리고 오래된 해골에 대해 배우는 수업에 참여해요. 때때로 그들은 동물들을 스케치하거나 모형을 만들고 연구를 해요.

사미르는 유머 감각도 뛰어나서 '아빠, 오늘 사람을 잡아먹는 호랑이를 보았는데 너무 무서웠어요. 정글이라면 호랑이를 만나고 싶지 않을 것 같아요. 그리고 아주 화려한 새가 한 마리 있었는데 그들은 그것을 비서 새(뱀을 잡는 새-옮긴이)라고 이름 붙였어요. 우스꽝스럽지 않아요?'라고 얘기해요."

"그럴 때 어떻게 반응하세요?" 하고 나는 물었다.

"저는 사미르와 농담을 해요. '좋네. 이제 수학 문제를 풀어봐. 사람을 잡아먹는 호랑이가 네게 밥을 먹여주는 건 아니잖니. 서로 먹고 먹히는 곳이 세상이고 너는 살아남아야 해. 그러니 공부하자. 나는 저 호랑이가 너를 잡아먹지 않았으면 좋겠어.'"

"수학 문제를 푼 다음 아들과 함께 박물관에 가서 한 시간 동안 아버지와 아들만의 특별한 시간을 보내면 어떨까요?" 하고 나는 물었다. "사미르는 좋아하겠지만 저는 정말 시간이 없어요." 앤톤이 말했다.

"제 의견에 반대해도 돼요. 하지만 박물관에서 아들과 한 시간을 보내면서 아들이 좋아하는 모습을 본다면, 당신과 아들은 그만큼 싸우지 않을지도 모릅니다."

그는 눈을 굴리더니 "한 시간은 가능할 것도 같은데 이것이 제 아들이 직장을 구하거나 이 세상에서 살아남는 데 도움이 되지는 않을 겁니다"라고 응수했다.

"앤톤, 당신이 얼마나 바쁜지 알겠어요. 그리고 레저 활동이 어떻게 사치처럼 보이는지도. 고용시장을 통제할 수는 없지만 당신과 아들이 어떻게 관계를 맺을지는 통제할 수 있을 겁니다. 당신이 아들과 유대를 더 강하게 맺는 데 도움이 될 수도 있어요. 그리고 기억해야 할 게 있어요. 우리는 15년에서 20년 사이에 경제가 어떻게 될지 몰라요. 분류, 관찰, 분석 같은 기술은 다양하게 해석될 수 있어요. 맞죠?"

앤톤은 짜증스러운 듯 한숨을 내쉬었다. "앤톤, 아들의 성취를 바라는 건 알겠어요. 우리는 모두 아이들이 잘해서 성취하고 성공하기를 바라죠. 아이들이 균형감을 찾는 일도 중요하고요. 그래서 아이들 관심에 지지를 보내기 위해 한 시간을 아이와 함께 보내라는 제안을 하는 겁니다. 해보시겠어요?"

앤톤이 스마트워치를 힐끗 쳐다보며 걸어 나갈 때 나는 다시 앤톤을 볼 수 있을까 하는 생각을 했다.

더 크게, 더 좋게,
더 빠르게

우리는 아이들이 더 영리하고 운동을 잘하며, 더 매력 있고 성공하기를 꿈꾼다. 그리고 이를 이루려고 무척 애를 쓴다. 나는 부모들이 한정된 수입으로 아이들에게 온갖 혜택을 주려고 과외와 대학 입시 컨설팅에 귀한 돈을 다 쏟아붓는 걸 보아왔다. 시간과 돈을 얼마나 투자하느냐에 따라 결과가 달라진다는 사실에 씁쓸하고 화가 났다.

1960년대에 스위스의 발달심리학자 장 피아제(Jean Piaget)가 아동 발달 단계에 대한 자기 생각을 강의하려고 미국에 왔을 때, 늘 그랬듯이 누군가 이렇게 물었다. "어떡해야 더 빨리 성장하도록 발달 단계의 속도를 높일 수 있을까요?" 그런 질문은 어디서나 흔하게 나왔으므로 피아제는 그것을 '미국식 질문'[2]이라고 칭했다.

피아제의 답변에는 선불교의 지혜가 녹아 있었다. "왜 그걸 원합니까?" 그는 그것이 건강하지도 바람직하지도 않다며 아이들을 그들의 한계 이상 밀어붙여 잘되는 사례를 본 적이 없다고 했다. 그는 아이마다 때가 되면 발달의 중요한 단계에 도달할 거라고 믿었다. 우리는 양육을 잘할수록 아이들이 더 빨리 성장할 거라고 생각하는 경향이 있다. 여기서 잃어버린 것이 재미와 놀이의 감각이다.

그 질문의 핵심에는 너무나 인간적인 기본욕구가 있다. 앤톤과 크리시 사례에서 보여주는 건 어떻게 하면 우리 아이가 나보다 더 행복하게 살 수 있을까, 더 여유롭게 살 수 있을까 하는 것이다.

그러나 그 이면의 진실은 우리가 통제하고 세밀하게 관리할수록 아이들은 더 멀리 뒤로 물러난다는 것이다. 어렸을 때 내가 가지고 놀던 짜놓은 손가락 퍼즐이 생각났다. 자신을 자유롭게 하려면 할수록 더 꽉 쪼이게 된다. 비록 아들에 대한 앤톤의 바람이 강하게 드러나기는 했지만 순수한 마음에서 비롯된 것임을 보면서 내게 글짓기를 가르쳐주던 어머니가 떠올랐다.

아이는 내 꿈을 대신
이루는 도구가 아니다

재능 있는 기자였던 어머니는 꿈을 이루기 위해 뉴욕으로 이사하고 싶어했다. 그러나 어머니는 심장질환 진단을 받은 뒤 권위 있는 잡지사 기자가 되는 걸 포기했다. 어머니는 꿈을 접고 학교 선생님이 되었고, 결혼해서 교외로 이사한 뒤 두 아이를 낳았다.

그러나 꿈은 쉽게 사라지지 않았다. 내가 중학생이 되었을 때 어머니 내면의 야망이 다시 떠올랐고, 내가 어머니의 새 목표가 되었다. 하지만 나는 재능도 관심도 없었다.

어머니가 내게 글을 쓰게 하려고 하면 할수록 나는 스타일이나 창의성이 완전히 떨어지는 글을 쓰며 어머니에게 저항하고 반항했다. 나는 오히려 시각 예술과 연극에 더 관심이 많았다. 결국 어머니는 당신이 이루지 못한 꿈을 나를 통해 얻으려는 소망을 접었다.

사실 나는 반대 방향으로 최대한 빨리 달렸다. 어머니는 결국 나를 바꾸려는 꿈을 포기했다.

앤톤은 다음 주 약속을 취소하지 않았다. "뭐라고 감사해야 할지 모르겠어요." 그가 겸손하게 말했다. "우리는 함께 박물관에 갔어요. 사미르가 그렇게 기뻐하는 모습을 본 적이 없는 것 같아요. 아들은 곰, 새, 푸른 나비, 공룡 뼈, 바위투성이에서 선사시대 물고기들을 가리키며 모든 전시실을 뛰어다녔어요. 사미르는 많은 걸 알았어요. 무척 인상적이었다고 말하는 게 맞겠군요. 아들이 모든 동물을 알더라고요.

사미르는 제가 거기에 있다는 것만으로도 행복해했어요. 그곳을 떠날 때 사미르가 저를 꼭 껴안더니 가만히 있더라고요. 저는 그동안 제 두려움에 사로잡혀 사미르를 제대로 보지 못한 거죠. 사미르에게 제 불안이 투영되어 있는 걸 보았어요."

만약 자신의 욕구와 걱정에 사로잡혀 아이를 있는 그대로 보지 못한다면 다음의 '비추어 보기' 실습[3]을 해보라. 원한다면 종이와 연필(또는 휴대전화)을 들고 무엇이 떠오르는지 적어보라.

아이 분명하게 보기

- 무엇이 아이를 살아나게 만드나요?
- 당신 아이는 무엇에 대해 말하기를 좋아하나요?(평소 당신이 듣지 않더라도)
- 당신 아이가 가장 창의적으로 되는 장소는 어디인가요?
- 당신 아이는 무엇을 가지고 노는 것을 좋아하나요?
- 당신 아이는 무엇에 열정이 있나요?
- 다른 사람들은 당신 아이를 어떻게 인식하나요?
- 당신 아이가 무엇을 하기를 좋아하는지 비추어 보고 목록을 만들어보세요.

  건설하기/만들기

  그리기

  요리하기

  예술 활동

  스포츠 활동

  춤추기

  실험하기

  자연 속에 있기

  글쓰기

  조직하기

  다른 아이들과 함께 있기

  상상하기
- 당신은 아이가 재능을 표현하도록 어떻게 도울 수 있나요?

"앤톤, 궁금하네요. 아이와 같이 놀아본 적 있나요? 함께 재미있는 일을 해본 적은요?" 내가 물었다.

그는 눈살을 찌푸렸다. "가끔 같이 축구를 해요. 민첩하고 운동도 잘하는 게 중요하니까요."

"다른 건 어때요? 그냥 같이 놀면서 시간을 보내는 건요?"

그는 "가끔 하긴 하지만 생산적이 되려고 노력해요"라고 대답했다. "우리는 텔레비전을 많이 보지 않아요. 사미르가 빈둥거리지 않았으면 좋겠거든요."

나는 "상담이 끝나기 전에 뇌 발달 연구 결과를 좀 말씀드리고 싶네요"라고 말했다.

놀이는 하찮은 것이 아니라
과학의 손길

일부 부모는 아이들이 특별한 목표를 달성하지 못하기 때문에 목적 없는 놀이에 귀중한 시간을 낭비해서는 안 된다고 믿는다. 하지만 놀이는 건강에 필요하다. 최근 연구에서는 놀이 부재가 우울과 불안의 원인이 된다는 결과가 나왔다. 놀이는 아이들이 더 회복력 있는 두뇌를 형성하는 데 도움을 줄 수 있다.[4]

모든 문화권에서 아이들은 어떻게 놀아야 하는지 잘 안다. 우리가 그들에게 놀이를 가르칠 필요는 없다. 하지만 어른들은 놀이의 가치를 잘 모른다. 정신과 의사 스튜어트 브라운(Stuart Brown)은 놀이가 사회적 기술을 강화할 뿐만 아니라 균형감을 찾게 해준다고 주장했다. 놀이를 하는 동안 새로운 가능성과 창의적 아이디어를 개발할 수 있다. 놀이는 회복력이 더 큰 두뇌를 길러준다. 일부 학자들은 놀이의 반대가 일이 아니라 우울증이라고 믿는다.

미하이 칙센트미하이(Mihaly Csikszentmihalyi)는 실험참가자들에게 48시간 동안 '즐길 만한' 건 아무것도 하지 말라고 요구하는 실험을 했다. 그리고 하루 만에 참가자들이 게으름(나태)과 수면장애가 늘었다고 보고했다. 기분이 너무 나빠져서 실험을 중단할 정도였다.

신경과학 교수 마리안 다이아몬드(Marian Diamond)는 놀이에 관한 몇 가지 고전적 실험을 했다. 그녀는 쥐를 세 종류로 나눈 다음 각각 풍요로운 환경, 표준 환경, 결핍된 환경을 제공했다. 풍요로운 환경에는 장난감과 친구들을 제공했다. 표준 환경에는 친구들이 있었지만 장난감은 없었다. 결핍된 환경에는 장난감도 친구도 없었다.

그 결과 장난감, 친구와 같이 있던 동물들은 더 큰 신경연결과 함께 더 두꺼운 대뇌피질을 가지고 있었다. 하지만 결핍된 환경에 있던 쥐들은 피질 두께가 줄어들었다(피질은 뇌에서 주의력, 의식, 인지 기능을 담당한다). 이 연구는 환경은 물론 놀이가 배우고 기억하고 최적의 판단을 하게 해주는 뇌의 한 부분을 발달시키고, 뇌를 더 좋게 바꿀 수 있으며, 뇌가 효율적으로 기능하도록 도울지도 모른다는 놀라운 결과를 보여주었다.

아이와 함께 노는 방법을 생각해보라. 박물관에 가거나, 캐치볼을 하거나, 미술 프로젝트에 참여하거나, 야단법석을 떨 수도 있다. 또는 함께 산책하거나 하늘을 보는 것처럼 간단한 일이 될 수도 있다. 게다가 시간을 많이 들일 필요도 없다. 이 연구는 심지어 아이들이 부모와 함께 몇 분만 같이 있어도 잘 자랄 수 있다는 걸 보여준다.

아이들만 성장하는 건 아니다. 우리도 성장한다. 그러나 많은 어른이 노는 법을 잊었거나 그 가치를 깨닫지 못한다. 최근의 뇌 신경가소성 연구에서는 우리 뇌가 여전히 성장하고 변화하며 진화한다는 걸 보여주었다. 어른들 역시 재미있게 놀 때 뇌가 자라고 새로운 연결고리를 만든다. 이들은 결국 혁신의 토대가 된다. 명상이 기억력, 주의력, 연민, 심지어 수명까지 늘리며 더 나은 방향으로 뇌를 바꿀 수 있듯이, 우리 뇌에는 놀이가 주는 혜택이 필요하다. 긴장을 풀고 쉬면 두뇌에도 당연히 유익하니 윈윈하는 것이다.

몇 차례 오락가락한 끝에 앤톤과 사미르는 이런 실습을 만들어냈다. 그들은 눈보라가 몰아친 직후 이 실습을 시도했지만 사실 날씨가 어떻든, 일 년 중 어느 때든, 어떤 환경에든 적용할 수 있다.

탐험하며 걷기

- 밖으로 나갑니다. 휴대전화는 전원을 꺼서 집에 둡니다. 앞으로 몇 분 안에 비상사태가 일어나지 않을 거라고 믿습니다.
- 숨을 들이마실 때 신선한 공기를 느낍니다.
- 온도에 주목해서 온도를 피부로 느낍니다.
- 위를 올려다보면 하늘의 빛을 볼 수 있습니다. 날씨는 어떤가요?
- 아래를 내려다보며 땅을 느껴봅니다.
- 잘 들어봅니다. 새들이 지저귀나요?
- 눈이 왔다면 동물 발자국을 찾을 수 있나요? 어떤 동물들이 여기를 다녀갔나요?
- 무엇이 자라는지 잘 살펴봅니다. 어떤 식물이나 꽃이 눈에 띄나요?
- 날씨가 따뜻하다면 공원에 있는 잔디 위에서 쉽니다. 구름을 봅니다.
- 아이가 관심이 있어 한다면 함께 밤하늘을 봅니다. 별자리를 찾아봅니다.

- 아이가 있고 싶어하는 곳에서 함께합니다. 어린아이들은 종종 트럭, 택시, 기차가 지나가는 광경을 보는 것을 좋아합니다.
- 좀 큰 아이는 핫초콜릿을 한잔 마시려 멈추고 싶어할 수도 있고, 지나가는 사람들을 지켜보고 싶어할 수도 있습니다.
- 당신이 본 것과 들은 것을 이야기해봅니다.
- 아이가 하는 말을 잘 들어봅니다. 아이와 대화해봅니다.
- 아이와 함께 있는 것을 즐깁니다. 당신과 아이 모두 풍요로워지도록 허용합니다. 가능한 한 자주 반복합니다.

이 실습은 당신과 당신 아이를 위한 연민과 자기돌봄이다. 둘 다 소중한 시간을 공유하고 '존재(being)'를 인정할 수 있다. 이 실습은 또한 스트레스를 줄이고 두뇌를 발달시키는 데 도움이 되며 아이와 노는 소중한 순간을 즐기게 해준다.

피 아 노
연 주 회
⋮

그날은 알렉스와 그녀 가족에게 중요한 날이었다. 알렉스는 "오늘은 어른 노릇 못하겠어요"라는 티셔츠를 입고 있었다(2장 참조). 그녀는 여전히 양육에 불편함이 있었지만 대부분 양육과 아이들 성장을 지켜보는 일을 즐겼다. 그래도 항상 뭔가 마음속에 있는 것 같았다.

⋮

5장 제가 무엇을 해야 하나요

이제 열 살이 된 딸 앨리스는 첫 번째 피아노 연주회를 막 할 참이었다. (알렉스의 동생 윌리엄을 뺀) 온 가족이 앨리스를 응원하러 왔다. 앨렉스는 자신이 자랄 때 가족의 관심과 지나친 칭찬이 대부분 윌리엄에게 향했으므로 자기 아이들이 관심받고 지지받는다는 걸 느끼게 해주려고 노력했다.

앨리스는 긴장했다. 피아노를 연주한 지 얼마 되지 않았지만 앨리스의 선생님은 그녀가 연주할 준비가 되었다고 판단했다. "멋진 경험이 될 거야." 선생님은 약속했다. 앨리스는 몇 주 동안 연습했고, 무언가 상황이 딱 맞아떨어지는 것 같았다. 하지만 일이 늘 순조롭게 진행되는 건 아니다.

"모두 좋아 보였어요"라고 앨렉스가 설명했다. "앨리스는 새롭게 변형된 '젓가락 행진곡'과 '반짝반짝 작은 별' 연주를 토가 나올 정도로 계속 연습했어요. 앨리스가 연주할 곡은 짧은 곡 세 곡이었는데, 가끔 틀리는 음표 말고는 꽤 좋은 소리로 연주했어요.

하지만 연주회 전날 밤 앨리스는 너무 긴장해서 잠을 잘 수 없었나봐요. 그날은 제 침대로 들어왔어요. 위로가 필요했던 거죠. 몇 년간 그런 적이 없었거든요.

저는 앨리스를 격려하려고 노력했어요. '괜찮을 거야. 너는 잘할 거야. 나를 믿어.' 지금 생각해보면 제가 너무 밀어붙였나봐요. 앨리스가 저를 위해 그렇게 한 것 같아요. 그 애가 하고 싶지 않다고 했는데 저는 그 말을 듣지 않았어요. 앨리스가 빛나기를 바랐거든요.

어쨌든 앨리스는 무대에 올라 관객들을 둘러보고는 완전히 겁에 질렸어요. 얼굴이 하얗게 변했죠. 사소한 실수를 몇 번 했지만 그래도 연주는 계속했어요. 그런 다음 아주 간단하고 느린 쇼팽 전주곡으로 넘어갔는데, 그 애에게는 가장 어려운 곡이었어요. 무슨 일이 있었는지 모르겠어요. 앨리스는 그 곡을 연주하기 시작했지만 몇 가지 실수를 한 다음 그냥 멈췄어요.

선생님이 알리스에게 가서 얘기를 나누었고, 알리스는 다시 시작했어요. 하지만 다시 얼어버렸어요. 알리스는 계속 연주할 수 없었나봐요. 청중 사이에서 속삭이는 소리가 들렸어요. 선생님이 다시 알리스에게 가서 얘기한 다음 잠깐 쉬겠다고 했어요. 그리고 무대 밖에서 알리스를 보듬었어요. 알리스는 울고 있었죠.

저도 울고 싶더라고요. 알리스가 너무 안쓰러웠어요. 제 어머니는 공감한다면서도 우리 둘 다 깎아내렸어요. '어떻게 된 거야? 압박감을 못 견디는 거니? 너도 그랬어. 넌 늘 무너졌지.' 어머니에게 그렇게 비교와 굴욕을 당하니 너무 화가 났죠.

중간 휴식 시간에 사람들이 저희에게 와서 걱정스러운 척하며 '아, 알리스가 괜찮았으면 좋겠어요.' '별일 다 있네요.' '사람들 앞에서 공연하게 되면 흔히 일어나는 일이죠' 같은 거짓 위로를 했어요. 저는 땅속으로 들어가고 싶었지만 미소를 띠며 당당한 표정을 지어야 했어요.

우리는 끝까지 앉아서 다른 아이들이 나머지 연주회를 훌륭하게 해내는 모습을 지켜보았어요. 다른 아이들은 아무도 긴장하지 않더라고요. 알리스는 집에 가고 싶어했지만 저는 아이에게 그건 예의에 어긋난다고 말해주었어요. 알리스는 창피해하면서 우리에게 말을 하지 않았어요.

연주회를 축하하기 위해 알리스가 가장 좋아하는 식당에 갔을 때 알리스는 밥도 먹지 않았지요. 알리스는 자신을 벌준 거예요. '나는 축하받을 자격이 없어. 끔찍해. 정말 끔찍해.' 물론 저는 알리스를 위로하려고 노력했어요.

지금 가장 힘든 일은 제가 아이를 너무 몰아붙인 것 같다는 거예요. 알리스는 정말 연주를 전혀 좋아하지 않았고, 매일 연습하는 것 자체가 전쟁이었거든요. 알리스를 콘서트 피아니스트로 만들어야겠다고 생각하지는 않았지만, 제가 고집하면 알리스도 즐기게 될 거라고 생각했고요. 지금 생각하면 제 뜻만 고집했던 것 같아요. 알리스를 통제하려고 한 거죠.

그래요. 이제 잠을 잘 수 없는 사람은 저예요. 저 자신을 괴롭히고 있어요. 다시 절망의 낭떠러지로 떨어지는 것 같아요." 그녀는 울기 시작했다. "제 인생에서 뭔가가 항상 무너지는 느낌이 들어요."

우리는 모두 아이들에게 희망과 꿈을 품지만 대부분 우리가 상상했던 대로 되지 않는다. 사실 우리가 원하는 대로 되는 일은 거의 없다. 그리고 보통 아이들이 제 뜻대로 하지 않으면 우리는 더 열심히 노력하고 더 많은 것을 통제하는 식으로 대응한다.

나는 발레를 좋아했지만 중학생 때부터 춤을 추지 않는 바람에 사춘기에 몸이 변해서 작고 가냘픈 발레리나가 될 수 없었다. 그래서 딸이 발레 댄서가 되기를 바랐다. 그런데 딸은 발레를 너무 싫어했고 발레 선생님도 싫어했다. 딸은 발레 배우기를 거부했다. 몇 주 뒤 어차피 내가 지는 싸움이었으므로 나는 포기했다. 딸은 자기주장이 강해서 내가 원하는 걸 하려고 하지 않았다. 나는 내려놓았다.

물론 우리는 아이들을 학교에 데려다주고, 아침·점심·저녁 식사를 만들어주고, 숙제를 확실히 하도록 하고, 레슨·스포츠·놀이 모임 등 많은 걸 관리할 필요가 있다. 하지만 우리는 상처받고 좌절했던 욕망을 치유하려 열심히 노력한다. 늘 그런 건 아니지만 세세하게 관여하려는 끊임없는 욕구의 밑바닥에 무엇이 있는지 침착하게 들여다볼 필요가 있다.

알렉스와 나는 함께 '세세하게 관여하는 걸 연민 어린 태도로 바라보기' 실습을 시도했다. 알렉스는 다음과 같이 보고했다. "알리스와 피아노 문제로 싸

세세하게 관여하는 걸 연민 어린 태도로 바라보기

- 편안하게 앉아서 숨을 몇 번 쉬는 것으로 시작합니다.
- 소리를 듣고, 호흡을 알아차리고, 몸의 감각을 느끼며 마음을 가라앉힙니다.
- 당신이 아이의 세세한 것까지 관여한다고 느꼈던 상황을 생각해봅니다.
- 가슴에 손을 얹습니다. 자신에게 친절하고 상냥하게 대해봅니다.
- 어떤 상황이었나요? 무엇을 하고 있었나요? 무슨 말을 했나요?
- 어떤 기분이었나요? 무슨 생각을 했나요?
- 몇 가지 메모를 해두어도 좋습니다. 당신에게 무슨 일이 다가오나요?
- 당신이 경험했을지도 모르는 절박함 속으로 들어갈 수 있는지 봅니다.
- 무엇이 당신을 움직이게 했나요? 무엇이 필요했나요? 꿈이 뭐였나요? 희망은 요? 이루지 못한 욕망은요?
- 치유되지 않은 어떤 상처와 접촉하고 있지 않나요?
- 그렇다면 무엇을 기억하나요?
- 편안하게 쉽니다. 자신에게 연민을 가져봅니다.

우던 때로 돌아갔는데 지금 생각해보니 매일 그랬어요. 저는 아이들이 음악을 배워야 하고 악기를 연주해야 한다는 믿음이 있었어요. 제가 자랄 때는 집에 음악이 없었거든요. 그래서 우리 아이들에게는 제가 갖지 못했던 걸 주고 싶다 는 생각을 해요. 아이들이 교양을 갖추기를 원하죠. 스포츠가 유일한 화젯거리 가 아니고 늘 텔레비전이 떠들지 않는 가정을 만들겠다는 욕심에 너무 밀어붙였다는 생각이 들어요. 제가 가정에서 독재자가 된 거죠.

어머니가 지적하기 전에는 이 일을 기억하지 못했는데, 저는 사람들 앞에서 무대에 서는 것이 싫었어요. 여덟 살 때쯤 크리스마스 연극에서 저는 동방박사 세 명 중 하나를 맡기로 되어 있었어요. 그때 너무 무서워서 대사를 잊어버리고 무대 밖으로 뛰쳐나가 울었어요. 어머니가 알리스에 대해 끔찍한 말로 지적할 때까지 저는 그 일을 기억하지 못했어요."

나는 알렉스가 탐험을 깊이 있게 하도록 다음과 같은 실습을 알려주었다.

모든 것을 통제할 필요는 없어요

- 자, 이제 몸으로 주의를 돌려서 당신 자신에게 잠시 멈출 수 있는 여유를 줍니다.
- 몸 안에서 스트레스를 받을 수 있는 곳에 주목합니다.
- 기분이 어떤가요? 지쳤나요? 늘 쉬지 않고 무언가를 계속하나요? 육아에서 벗어나 쉴 준비가 되었나요?
- 당신 아이들이 되어야만 한다고 생각하는 것과 마주해봅니다. 일이 당신 뜻대로 이루어져야 한다고 주장하는 시간을 비추어 봅니다.
- 언제 당신 아이가 충분하지 않다고 느꼈나요? 언제 아이가 바뀌거나 달라지길 바랐나요?
- 당신이 마주한 감정이 무엇인지 봅니다. 두려움? 불안? 걱정? 슬픔?
- 당신 몸에서 무엇을 알아차리나요?

- 이 싸움을 멈추고 잠시라도 손을 놓으면 어떤가요? 쉬기 위해서? 자기 자신에게 귀 기울이기 위해서? 아이를 위해서?
- 그냥 자신을 편히 쉬게 합니다. 고요한 상태로 머무릅니다.
- 이 힘겨운 투쟁에 약간의 부드러움을 가져옵니다.
- 연민과 부드러움으로 당신 행동과 아이 행동을 바라보려고 해봅니다.
- 만일, 단 1분이라도 아이들에게 세세하게 관여하는 걸 그만두면 어떤가요?
- 상황을 있는 그대로 놓아둡니다.
- 현실과의 싸움을 잠시 멈춥니다.
- 멈춥니다. 쉽니다. 숨을 쉬어봅니다.
- 일상으로 돌아갈 때 계속 연민의 눈으로 당신 자신과 아이들을 볼 수 있는지 봅니다.

"이 실습은 내가 알리스와 다음 단계를 어느 정도 분명하게 하는 데 도움이 되었어요. 알리스는 피아노 레슨을 받지 않겠다고 했어요. 선생님이나 친구들을 다시 보고 싶어하지 않았지요. 너무 부끄러웠던 거예요. 저는 어떡해야 할지 몰랐어요. 제가 생각해도 여름 동안 쉬게 하고 너무 강요하지 말아야 할 것 같아요.

문제는 음악이 아니라 알리스가 많은 사람 앞에서 공연하기를 원하지 않았던 것 같아요. 저도 알아요. 저도 공연하고 싶지 않았어요. 하지만 바뀐 건 제가 알리스를 조정할 필요가 없다는 거예요. 제가 그 압박감을 덜어주고 알리스가 돌아갈 길을 찾도록 할 수 있어요."

나는 앤톤에게도 이 실습을 시도했다. 그는 자신이 얼마나 '뼛속까지 지쳤는지' 깨닫고 깜짝 놀랐다. "늘 싸웠는데 이제 그만두니 편안해졌어요. 처음에는 끔찍한 일이 일어날 것 같아 아들을 그냥 두기가 두려웠어요. 그런데 잠시만 그냥 두면 된다고 생각하니 쉬워지더라고요. 제가 항상 엄한 교사가 될 필요는 없다는 걸 깨달았어요. 꼭 필요할 때만 하면 되죠"라고 그는 농담했다.

"박물관에서 사미르를 봤을 때, 그 애가 무언가에 관심이 있을 때 동기부여가 많이 된다는 걸 깨달았어요. 사미르는 동물을 정말 사랑하고 동물의 모든 정보를 기억해요. 저는 단지 살아남는 데 필요하다고 생각하는 걸 사미르가 해야 한다고 주장했을 뿐이에요. 어쩌면 저는 억지로 밀어 넣기보다는 좀더 사미르를 신뢰하는 법을 배우는지도 모르겠어요."

앤톤은 좀더 여유로운 표정으로 미소 지었다. "그리고 이제 우리는 덜 싸워요"라고 그는 덧붙였다.

몸에 혹이 생기다

:

타이론이 일곱 살이었을 때 라이오넬과 카이라는 타이론의 어린이 야구단에서 어려움을 겪고 있었다. 이제 중학생이 된 타이론은 잘 지낸다. 라이오넬은 "좋은 친구들이 있고 행복해해요"라고 말했다. "다른 아이들처럼 타이론은 휴대전화에 너무 많은 시간을 허비해요. 우리는 그것 때문에 부딪치지요. 타이론이 열네 살이라니 믿을 수 없어요. 하지만 우리가 다시 온 이유는 카이라가 건강상 문제를 겪고 있기 때문이에요"라며 라이오넬은 걱정스러운 표정을 지었다.

"무슨 일인가요?" 나는 걱정하며 물었다.

:

"몇 달 전 혹을 발견했어요. 아무것도 아니라고 생각했고 일 년 중 바쁜 시기였기에 잠시 미루다가 결국 병원에 갔어요." 카이라는 울며 말했다.

"병원에서 조직검사가 필요하다고 하는데 무섭고 고통스러워요. 며칠 안 남았어요. 걱정과 불확실성이 저를 괴롭혀요. 이렇게 촉박한 일정에 저희를 만나줘서 고마워요. 선생님이 기억할지 모르지만 제 엄마가 타이론이 갓난아기였을 때 유방암으로 돌아가셨기 때문에 더 걱정돼요. 저는 엄마처럼 젊은 나이에 죽을까봐 두려워요. 타이론은 아직 너무 어리고요. 이런 일을 겪게 하고 싶지 않거든요.

저는 살아서 타이론을 돌봐줄 수 없을 것 같아요. 타이론은 제가 검사받는 걸 알고 있고 걱정도 많이 해요. 가끔 저녁을 먹으며 아이를 쳐다보다가 울음을 터뜨려요. 감정을 숨기는 데 능숙했던 적이 없어요."

"타이론은 뭐라고 했나요?" 내가 물었다.

"'엄마, 왜 울어?' 타이론은 다가와 저를 안아주었어요. '모든 게 다 잘될 거야.' 하지만 저는 괜찮을 것 같지 않아요. 엄마가 죽는 걸 봤기에 제가 죽는 걸 타이론이 보게 하고 싶지 않아요. 아이는 너무 어리고 저도 너무 젊잖아요."

"제가 당신과 함께 있잖아요." 나는 사랑했지만 저세상으로 간 사람들을 생각하며 말했다. "지금 무슨 일이 일어나는지 우리는 모르잖아요. 우리는 단지 상황이 불확실하고 무섭다는 것만 알아요. 지금 당신에게 무엇이 필요하죠?"

"음, 우선 너무 겁나요. 제가 겁을 내면 안 될 것 같은 기분도 들지만요."

"당연히 그렇죠. 누가 안 그렇겠어요?"

"그래요? 제가 겁쟁이라고 생각했어요. 그래서 힘내서 이겨내야 한다고 생각하지만 기운이 빠져요. 너무 약해진 것 같아요."

"그런 생각은 어디서 오는 건가요?" 내가 물었다.

"약함을 드러내지 말고 강해져야 할 것 같은 느낌이 들어요."

"카이라, 사람이잖아요. 괜찮아요. 감정이 있어도 괜찮고 무서워해도 괜찮아요"라고 나는 말했다.

"그렇죠. 하지만 저는 그렇게 자라지 않았어요. 강해야 한다고 배웠지요. 감정을 보여주면 안 된다고요. 분노 말고는." 그녀는 미소 지었다. "다르게 하기는 어려워요. 과민반응하지 않으려고 노력하지만 죽고 싶지 않아요."

"이해해요." 내가 말했다.

"좋네요." 카이라가 말했다. "제가 진정할 수 있게 도와줄 수 있나요? 엄마의 임종 때 모습이 자꾸 떠올라요." 카이라는 미소 지었다. "선생님이 저에게 이런 말을 듣게 될 거라고는 상상하지 못했을 거예요. 알아요. 타이론이 아기였을 때도 상담받으면서 선생님 이야기에 귀 기울였죠. 하지만 이제는 정말로 참선수행이 필요하네요." 카이라가 웃었다.

"치료 과정에서 가능한 한 안정을 유지하고 불확실성을 견뎌내는 데 도움을 줄 몇 가지 수행을 가르쳐드리겠습니다. 우리가 보통 감정을 조절하려고 하기 때문에 반직관적인 것처럼 보이지만 무엇이 올라오든 그것과 함께하세요."

우리는 원하는 만큼 경험을 보이게 할 수도 없고 결과를 통제할 수도 없다. 삶에서 균형을 찾기는 어렵고, 특히 부모일 때 더 어렵다. 우리는 가끔 간신히 회복하거나 숨을 돌리며, 한 위기에서 또 다른 위기로 옮겨가는 것 같다.

다음 실습은 무슨 일이 일어나든 어떤 조망을 발견하는 데 도움을 준다. 특히 어려운 시기에 유용하다. 우리는 균형을 잃으면 중심 잡는 법을 배운다. 감정만으로 판단하지 않고 우리가 느끼는 고통을 이해하며 친절하게 고통에 반응하는 법을 배운다.

살면서 시련이 닥쳤을 때 평정심을 기르는 데 유용한 건 산의 이미지다. 어떤 날씨에도 산은 변함없이 우뚝하다. 다른 명상 지도자들은 약간 변화를 주기도 하는데, 기본적으로 부모들을 위해 고안되었다. 지금 당장 삶에서 어떤 폭풍우가 일어나도 무사히 헤쳐나갈 수 있게 도와줄 것이다.

안정적인 중심 찾기

* 편안하게 앉아 자리를 잡거나 눕는 게 편하면 누워서 시작합니다. 호흡이나 소리 또는 애정 어린 친절 문구와 함께하는 시간을 잠시 가져봅니다.
* 가본 적이 있거나 상상 속에서 만들어낸 우뚝 솟은 산을 시각화합니다. 모든 만물이 변하듯 산도 변합니다. 하지만 산은 긴 시간 동안 서서히 변화합니다.
* 여러분 몸이 산처럼 단단해질 수 있다고 상상해봅니다. 다리는 밑받침, 팔과 어깨는 경사지, 척추는 축, 머리는 봉우리라고 상상합니다. 당신을 현재에 머무르게 합니다. 가족에게 무슨 일이 일어나든 자신이 현재에 머무르고 이탈하지 않도록 합니다.
* 계절이 바뀌기 시작하는 산을 시각화합니다(현재 계절에서 시작해 다음 계절로 이동할 수 있습니다). 따뜻하고 황금빛으로 둘러싸인 가을을 봅니다. 가을은 점차 겨울로 접어들고 산은 사나운 폭풍, 강풍, 눈보라, 얼음의 공격을 받습니다. 어쩌면 눈사태가 덮칠지도 모릅니다. 산이 어떻게 폭풍우 속에서도 고요하고 흔들리지 않는지 주목합니다.
* 계절이 서로 흘러가는 모습을 지켜봅니다. 봄에는 눈이 녹고, 새들은 다시 노래를 부르고, 동물들은 돌아옵니다. 들꽃들이 활짝 핍니다. 눈이 녹아 시냇물이 넘쳐흐릅니다.

- 빛으로 물든 장엄한 여름의 산을 봅니다. 가장 높은 봉우리 말고는 눈이 녹았습니다. 모든 계절에 구름이 산을 보기 어렵게 할 수 있다는 사실을 주목합니다. 갑작스럽게 폭풍이 일어났다가 사라질 수도 있습니다.
- 하루의 첫 빛에서 시작해 하루가 지나는 동안 산을 봅니다. 아침의 첫 햇살을 보고, 그다음 깊은 금빛과 오후의 그림자를 봅니다. 낮이 석양의 풍부한 색채에 자리를 내주고 마침내 별과 은하수로 가득 찬 어두운 밤이 넓은 지평선을 가로지르는 끝없는 열린 공간임을 알아차립니다.
- 당신도 산처럼 어떤 날씨, 시간, 계절, 외부 사건들과 관계없이 여전히 그 자리에 머물 수 있는지 봅니다. 저항하거나 밀어내지 않고 변화를 받아들이며 모든 것이 오고 가게 둡니다.

카이라는 걱정과 불안감을 느낄 때 '안정적인 중심 찾기' 실습을 했다. 이 연습에 나는 우리를 현재 순간에 머무르도록 도와주는 일상적인 마음챙김 실습을 추가했다. 카이라는 자신의 임종에 대한 이미지 때문에 방해를 받았는데, 나는 그녀가 불확실성과 걱정이 함께 오더라도 현재에 머물도록 돕고 싶었다.

카이라는 '순간에 머물기' 실습을 하기 위해 돌을 가지고 가서 조직검사를 할 때 손에 쥐고 있었다. 그것이 카이라가 조직검사를 받는 데 도움을 주었다.

"제가 죽어간다고 생각하며 상황을 악화시킨다는 사실을 깨달았어요. 이 사건에 모든 걸 다 얹었어요. 그런데 그럴 필요가 없었어요. 오래전 당신이 말했듯이 생각만 하기보다는 '이거야. 나는 나아가고 있어'라고 최대한 침착하게 말했어요. '카이라, 우리도 몰라. 한 발짝 앞으로 내디뎌보는 거야. 한 번에 하나씩.' 지금 산 위에는 폭풍우가 몰아치지만 조금 있으면 지나갈 겁니다."

순간에 머물기

내 사무실에는 사람들이 현재의 순간에 닻을 내리고 음미하는 데 사용할 수 있도록 자연적으로 닳아서 광택이 나는 돌들이 담긴 그릇이 있습니다. 이 실습은 언제 어디서나 일상에서 할 수 있습니다. 고대 많은 전통에서 '걱정을 내려놓게 해주는 돌', 묵주, 염주 등과 같은 것들을 찾아볼 수 있지만, 이 버전[5]은 거머와 네프의 MSC 과정의 '지금 여기의 돌(Here-and-Now Stone)'에서 영감을 얻었습니다.

- 카이라에게 마음에 드는 돌을 고르라고 했습니다.
- 해변이나 공원, 강이나 호수를 산책하거나 여행할 때, 흥미를 끄는 돌을 찾을 수 있는지 봅니다.
- 당신의 돌을 살펴보는 것으로 시작합니다. 돌의 색깔, 빛이 돌 표면에 어떻게 비치는지에 주목합니다.
- 그 돌을 즐겨봅니다. 문질러봅니다. 피부에 닿는 느낌을 느껴봅니다.
- 눈을 감고 돌의 강도를 느껴봅니다. 질감이 어떤가요? 거친가요, 아니면 매끄러운가요? 따뜻한가요, 아니면 차가운가요?
- 자신을 돌과 '연결'해봅니다. 이 돌이 얼마나 오래되었을지 비추어 봅니다. 과학자들은 우리가 발견한 돌들이 짧게는 수백만 년에서 길게는 10억 년 정도 되었을지도 모른다고 추측합니다.
- 이 돌이 당신이 경험하는 것에 조금 더 넓은 관점을 갖도록 도울 겁니다.
- 돌에 집중하고 느끼고 감사할 때, 과거나 미래를 덜 걱정하게 되는 것을 알아차렸을 겁니다.
- 당신의 돌이 당신이 현재 순간을 자각하도록 돕습니다.

5장 제가 무엇을 해야 하나요

타이론이 언제나 재미있는 말을 들려줘요. 그 애는 몬티 파이선(Monty Python)을 좋아해요. 제가 걱정하거나, 정신이 팔려 있거나, 자기를 좀더 도와주길 바라거나, 조금 부족해 보일 때 타이론은 '엄마, 아직 안 죽었어'라고 말할 거예요. 그래서 저 자신에게 말해요. '카이라, 이건 말도 안 돼. 하지만 넌 아직 죽지 않았어. 그냥 계속해봐.'

재미있는 이야기를 하나 해드릴게요. 출근길에 지하철을 탔는데 지하철이 갑자기 멈추었어요. 흔한 일이지요. 하지만 저는 늦고 싶지 않았고 걱정도 되었어요. 그래서 지갑에서 돌을 꺼내 만지작거렸어요. 지하철이 다시 출발하자 옆에 있던 여자가 '그걸로 어떻게 한 거예요? 그 돌은 어디서 났어요? 마법이 일어난 건가요? 나도 하나 갖고 싶네요'라고 했어요. 그 일로 한바탕 웃었어요."

자기연민에서 주목할 만한 점은 회복력을 키우는 데 도움이 된다는 것이다. 우리가 우리의 결점을 점점 더 받아들이면서 우리의 신체는 물론 아이, 부모, 배우자를 통제할 수 없다는 사실을 받아들이게 된다. 우리가 원하는 대로가 아니라 불확실성을 받아들이고 있는 그대로 긴장을 풀 수 있게 된다. 또한 상황이 어떤 식으로 전개되어야 한다는 우리의 계획을 내려놓는 법을 배운다.

6장

•

왜 모두
진정할 수 없을까요

———

피할 수 없는
뜨거운 감정 다루기

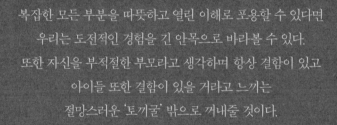

복잡한 모든 부분을 따뜻하고 열린 이해로 포용할 수 있다면
우리는 도전적인 경험을 긴 안목으로 바라볼 수 있다.
또한 자신을 부적절한 부모라고 생각하며 항상 결함이 있고
아이들 또한 결함이 있을 거라고 느끼는
절망스러운 '토끼굴' 밖으로 꺼내줄 것이다.

양육의 구세주
자기연민

스테파니는 댄의 마흔 살 생일을 특별하게 만들어주고 싶어서 열심히 노력했다. 일곱 살 앤드루와 네 살 미셸은 아빠의 생일카드를 직접 디자인하고 색칠했다. 스테파니의 안내에 따라 가족 사진첩도 만들었고, 댄의 아침식사를 침대로 가져다주기까지 했다. 아름다운 여름날이라서 가족이 좋아하는 공원에서 자전거도 타고 게임도 하면서 즐겁게 보냈다. 모든 것이 완벽하게 진행되었다.

댄은 프랑스 음식을 무척 좋아했다. 그래서 스테파니는 도심에 있는 화려한 프랑스 레스토랑을 예약했다. 아이들이 좋은 레스토랑에 가본 적이 없어서 무리가 되지 않을까 걱정했지만 그래도 괜찮을 거라고 생각했다. 그러고는 모든 일이 제대로 진행되도록 철저히 준비했다. 아이들이 지루해할까봐 테이블에서 가지고 놀 장난감과 읽을 책도 가져갔고 너무 배가 고프거나 지치지 않게 하려고 저녁을 이른 시간으로 예약했다.

엉망이 된
생일 저녁 식사

:

가족이 모두 가장 좋은 옷으로 차려입었다. 아이들은 발레파킹을 본 적이 없으며 턱시도를 입은 웨이터도, 하얀 리넨 식탁보도 처음 보았다. 전에는 외식을 패스트푸드점에서만 했기 때문이다.

웨이터가 주문을 받으려고 테이블로 왔을 때 스테파니는 아이들을 위해 살짝 데친 연어와 시금치 샐러드를 주문했다. 하지만 앤드루와 미셸은 '실내'라는 사실을 잊은 채 목소리를 높였다. "나는 햄버거와 포테이토, 콜라를 먹고 싶어요." 앤드루가 크게 말했다. "나도요." 미셸도 징징댔다. 그러자 다른 손님들이 쳐다봤다.

스테파니는 아빠 생일을 축하하기 위해 고급 레스토랑에 왔다고 설명하며 아이들을 진정시키려고 애썼다. 그러나 앤드루는 관심이 집중되는 걸 즐기며 오히려 더 관심을 끌 방법을 찾는 것 같았다. 집에서 가끔 하듯이 스푼을 집어들어 테이블을 쾅쾅 쳤다. "나는 햄버거가 먹고 싶단 말이에요. 햄!버!거! 햄!버!거!" 앤드루는 재미있다고 생각했는지 계속 구호처럼 외쳤다. 미셸도 이것이 무슨 새로운 게임인 양 따라 했다. 스테파니는 어쩔 줄 몰라서 급히 아이들을 레스토랑 밖으로 데리고 나갔다. 다른 손님들이 그들을 죽일 듯한 표정으로 쳐다보았고 점원들은 경멸하는 표정을 지었다. "손님." 레스토랑 주인이 비난하는 투로 말했다. "베이비시터에게 아이를 맡겼으면 좋았을 텐데요." 그녀는 속으로 생각했다. '아니 그게 지금 나한테 할 소리야!'

스테파니는 아이들을 밖으로 데리고 나가서 진정시키고는 주머니에서 간식을 꺼내주었다(혹시나 하는 모든 상황을 고려해 준비한 것이다). 그러고는 국수로

:

메뉴를 협상한 뒤 다시 레스토랑으로 돌아왔다. 어쨌든 무사히 저녁식사를 끝 마쳤고, 웨이터들까지 합세해서 모두 함께 댄에게 '생일 축하 노래'를 불러주었 다. 스테파니는 어려운 상황을 나름대로 잘 처리했다고 생각했다.

그런데 집으로 운전해서 오는 동안 댄은 한마디도 하지 않았고 뭔가 차가 운 분위기가 차 안에 감돌았다. 일단 아이들을 재우고 나니 댄이 먼저 이야기 를 하자고 했다.

"아주 좋을 때도 댄은 비판적이었어요." 스테파니가 말했다. "항상 결점을 찾아내요. 퇴근하고 집에 와서는 벽에 걸린 그림이 삐뚤어진 걸 단번에 알아채 요. 심지어 어떨 때는 인사도 하기 전에 문제부터 말해요. 저는 하루 종일 집에 있으니 그런 건 보이지도 않거든요.

댄은 당황스러운 상황을 너무 싫어해요. 그런데 애들 때문에 당황스러웠을 거예요. 어쩌면 댄은 마흔 살이 되고 흰머리가 생기는 것도 속상했을 수 있어 요. 그래도 너무했어요. 관계에서 지켜야 할 최소한의 선을 넘어버렸어요. 댄이 제 양육 태도를 비난했고 저는 상처받았어요. 그는 애들이 '야만인'처럼 행동 했다고 생각해요. 왜 앤드루가 테이블을 두드리는데도 그대로 놔뒀느냐? 왜 예 의범절을 가르치지 않았느냐? 애들과 근사한 레스토랑을 갈 수 있다고 생각한 것부터가 너무 한심하지 않나? 왜 베이비시터를 쓰지 않았나?

댄은 제가 잘못한 일을 끊임없이 이야기했어요. 맞아요. 저는 잘못 판단했 어요. 아이들에게 너무 허용적이었죠. 그리고 그 음식점은 너무 비쌌어요. 아무 리 그래도 고맙다는 말은 한마디도 하지 않더라고요. 저는 댄의 생일날을 완벽 한 하루로 만들려고 노력했어요. 일이 제대로 진행되어 그가 행복감을 느끼게 해주려고 열심히 준비했다고요. 그러나 이런 노력에 대해서는 어떤 칭찬도 듣 지 못했어요. 끝내 눈물이 나더라고요. 인정도 못 받고 평가절하당하는 기분이

들어서 견딜 수 없었거든요."

스테파니는 한숨 지으며 말했다. "좋은 일을 하고도 욕만 먹었어요. 결국 울다가 지쳐서 소파에서 잠들었어요. 근사한 축하 파티를 하기는커녕 양육의 구렁텅이에서 서로 극단적으로 대치하게 된 거지요."

비슷한 일을 겪어본 적이 있을 것이다. 부부가 모든 일에서 일치하는 경우는 거의 없다. 대개 훈육, 규칙, 태도, 돈 등 많은 세세한 부분에서 심각한 불일치가 있다. 그러나 가장 최악의 경우는 '양육의 구렁텅이'에 빠졌음을 서로가 알아채지 못할 때이다. 그런 날은 완벽하게 시작된다. 그러나 곧 지형이 바뀌면서 갑자기 엄청난 균열이 일어난다. 아무리 좋은 의도였어도 특별한 생일파티, 기념일, 휴가는 악화되어 기념 축제로 계획한 모든 것이 완전한 재앙으로 변할수 있다. 부부간에 서로 충돌하는 지점이 어디인지 아는 것은 상황을 좀더 분명히 바라보게 도와주고, 대개는 커다란 양육의 웅덩이를 피하도록 도와줄 수 있다. 다음의 '양육의 구렁텅이 찾아보기' 실습을 해보기 바란다.

- 지금 막 '조난사고'와 맞닥뜨렸다면 자신에게 좀더 많은 친절함을 보냅니다. 손을 가슴에 얹고 이것이 고통의 순간임을 받아들입니다.
- 잠시 멈춥니다. 당신 몸을 빠르게 훑어봅니다. 어디에서 긴장이 느껴지나요? 긴장이 느껴지는 부위를 부드러워지게 합니다.
- 다음을 비추어 봅니다. 당신과 배우자가 다른 행성에서 산다는 것을 언제 느끼나요?
- 어떤 주제들이 당신들을 갈라놓나요?
- 가장 불일치한 영역은 무엇인가요? 음식, 행동, 태도, 학업, 운동, 일상의 일, 숙제, 돈 아니면 또 다른 영역인가요?
- 잠시 한 걸음 물러서서 서로 비난하며 '가장 크게 부딪치는 것'이 무엇인지 살펴봅니다.
- 너무 예민한 것, 너무 비난적인 것, 절대 들으려 하지 않는 것, 한계를 정하지 못하는 것, 응석을 다 받아주는 것, 너무 절약하는 것, 돈을 물 쓰듯 하는 것, 경계를 정하지 않는 것, 정리를 제대로 하지 못하는 것, 요리를 못하는 것은 물론 관계에서 갈등을 일으키는 또 다른 것들을 떠올려봅니다.
- 다시 한 걸음 물러서서 자신에게 친절함을 보내는 것을 기억합니다. 잠시 멈춥니다. 이것은 어려운 일입니다.
- 40년 후에는 이런 것들이 어떻게 보일지 상상해봅니다. 이는 당신이 느끼는 걸 축소하려는 것이 아니라 좀더 넓은 관점을 가지려는 것입니다. 베이비시터를 고용했어야 한다는 레스토랑 주인의 말을 떠올리며 웃게 될까요? 허세 가득한 프랑스 발음을 섞어가며 아이들이나 손녀들에게 반복해서 들려주는 이야깃거리가 될까요? 40년이라는 긴 안목으로 볼 때, 지금 겪는 일이 얼마나 사소하게 느껴지는지 알아차립니다.
- 끔찍한 생일 저녁식사 장면을 반복해서 머릿속으로 떠올리나요? 계속 떠오르는 것이 지겨운가요? 더는 중요한 이야기가 아닌데도 여전히 머릿속에서 상영

되나요?

- 자신에게 말해봅니다. "얘야(자기 이름을 불러도 좋습니다), 너는 최선을 다했어. 정말 최선을 다했어. 하지만 모든 것을 통제할 수는 없단다. 사실 어떤 것도 통제할 수 없어. 모든 것이 네가 원하는 대로 이루어지진 않아."
- 스스로를 맹렬히 비난하는 반추 사이클을 멈추기 위해 더 필요한 것이 있나요? 이렇게 말해봅니다. "지금 일어나는 것이 아니면 일어나지 않은 거야."
- 폭넓은 관점으로 봅니다. "그 일은 단지 저녁식사 때 일어났을 뿐이고 이미 끝났어."
- 스스로 위로합니다. 필요 이상으로 부풀릴 필요가 없습니다. 과거로 사라지게 할 수 있는지 봅니다.
- 잠시 시간을 내어 숨을 내쉽니다. 그냥 내려놓습니다.
- 준비되면 일상으로 돌아옵니다.

"정말 도움이 많이 되었어요." 실습이 끝난 후 스테파니가 말했다. "문제는 우리가 기질적으로 다르다는 거예요. 그는 너무 비판적이고 저는 아주 예민하지요. 그는 문제(물론 그의 문제는 아니지요)를 발견하는 데 능숙해서 저의 모든 결점을 찾아내요. 어떤 날은 그가 근시라도 되었으면 좋겠다니까요." 스테파니는 농담조로 말했다.

"그가 제 결점을 찾아내면 저는 실패한 것처럼 느껴지면서 15년 전 있었던 싸움까지 떠올라요. 그때 일들은 여전히 저를 속상하게 해요. 그가 했던 가혹한 말들이 잊히지 않아요. 피부 속까지 박혀서 쉽게 잊을 수 없어요. 결혼 초기에 부부 상담을 받은 적이 있어요. 그때는 맨날 싸웠거든요. 그때 상담자가 얘기해준 말이 큰 도움이 되었어요. '당신은 왜 자꾸 과거로 돌아가죠? 그것이 도움이 되나요?' 물론 아니었어요. 이번에 실습을 하면서도 과거에 있었던 싸움을 끊임없이 떠올린다는 사실을 알아차렸을 때 바로 저 자신에게 말했죠. '이것이 도움이 되니?' 그러면 내려놓기 쉽거든요. 자기연민은 자신에게 도움이 되는 일을 하는 게 좋다는 걸 느끼게 도와줘요." 스테파니가 잠깐 멈추었다가 말했다. "배우자가 노력하지 않을 때 특히 더 필요해요."

자기연민은 결혼생활에 팽팽한 긴장이 있을 때만 필요한 게 아니다. 자기연민은 자식들이 부모를 몰아붙일 때도(물론 우리가 자식을 몰아붙일 때도) 구세주가 되어준다.

단정하지 못한
옷차림
:

3장에서 소개한 에이미와 소피를 기억할 것이다. 소피가 아홉 살이었을 때, 에이미는 소피의 신체 이미지 때문에 걱정이 많았다. 6년이 지난 지금 에이미는 소피가 입는 옷에서 느껴지는 이미지 때문에 걱정이 많다. 막 고등학생이 된 소피는 다른 아이들처럼 멋지게 차려입고 인기를 끌고 싶어했다. 다른 친구들과 비슷하게 꾸미고 어울리려 애쓰던 중, 처음으로 파티에 초대를 받았다. 그런데 소피가 파티에 입고 갈 옷 때문에 에이미와 소피는 심하게 부딪쳤다.

"가슴 주변이 아주 꽉 끼고 깊게 파인 웃옷을 입었더라고요. 스키니바지는 너무 많이 찢어져서 누가 버린 옷을 주워 입은 것 같았고요. 얼마나 많이 찢어놓았는지 허벅지가 다 들여다보이더라니까요. 소피는 그 옷들을 베이비시터 아르바이트를 해서 샀어요. 물론 저에게는 전혀 보여주지 않았죠. 저는 그저 소피가 파티 때문에 돈을 모으겠거니 했어요. 그러고는 말도 안 되게 굽이 높은 구두를 신었는데, 정말 끔찍했어요. 화장은 또 어떻고요. 얼마나 덕지덕지 발랐는지 술집 여자처럼 보이더라니까요. 저도 이렇게 말하면 안 된다는 걸 알아요. 하지만 소피가 한 짓을 보세요.

저는 소피 옷차림을 보고 '이성을 잃었어요.' 정말 어쩔 줄을 모르겠더라고요. 불쑥 말을 내뱉고 말았죠. '그렇게 하고 나갈 수 없어. 술집 여자처럼 보이잖아. 다른 옷 입어.' 소피가 갈아입기를 거부해서 상황이 더 나빠졌어요. 물론 톰이 집에 없어서 저를 도와줄 사람은 아무도 없었어요. 소피가 '모두 이렇게 입고 이렇게 화장한다고요'라고 반박했어요. '상관없어. 어쨌든 너는 안 돼. 가서 갈아입고 와. 당장.' 저는 단호하게 말했지요.

한참 싸운 다음 결국 소피는 윗옷을 갈아입고 구두도 바꿔 신었어요. 파티를 놓치고 싶지는 않았을 테니까요. 친구와 함께 가기로 해서 친구 엄마가 직접 데려다주기로 했는데, 그들이 밖에서 기다리고 있었거든요. 소피는 문을 열고 나가면서 끔찍한 얼굴로 소리치더군요. '어떨 땐 엄마가 내 엄마가 아니었으면 좋겠어. 더 좋은 엄마가 있었으면 좋겠다고. 엄마가 정말 싫어!'라고 말이에요.

지금 말하려니 창피하네요. 그런데 그때는 이미 저도 막 나가고 있었어요. '나도 어떨 땐 더 좋은 딸이 있었으면 좋겠어!'라고 같이 소리 질렀어요. 그렇게 말하면 안 된다는 걸 알아요. 후회스러워요. 하지만 너무 힘들었고 소피의 말도 안 되는 얘기에 지쳐 있었어요.

너무 화나서 많이 울었어요. 소피가 저더러 싫다고 말한 적이 한 번도 없었거든요. 소피가 집에 오기를 기다리는 동안 자기연민 명상을 했어요. 화가 약간은 가라앉더라고요. 하지만 소피는 여전히 저에게 화가 잔뜩 나 있었어요. 소피가 집에 왔을 때 말했어요. '심하게 말해서 미안해. 하지만 너도 나한테 그렇게

말하면 안 돼. 그렇게 행동하면 안 되는 거야.'

그런데 소피는 제 사과를 받아들이고 자기가 말한 것에 어느 정도 책임을 지는 게 아니라 오히려 저를 비난했어요. '엄마는 실패자야!' 소피가 소리쳤어요. '엄마가 고등학생이었을 때 아무도 엄마를 파티에 초대하지 않았기 때문에 질투하는 거잖아.' 그러고는 휙 돌아서서 쿵쾅거리며 방으로 가더라고요.

그때 이후 아무 얘기도 나누지 않았어요. 벌써 3일이 지났어요. 그럴만한 가치가 없어요. 저는 완전히 무시당한 기분이에요. 소피는 톰에게는 말을 걸지만 저에게는 한마디도 안 해요." 에이미가 울기 시작했다.

"소피는 자기가 어떡하면 제가 상처받는지 알아요. 맞아요. 저는 인기도 없었고 가끔 실패자라고 느꼈어요. 소피가 바로 급소를 찌른 거예요. 타이밍도 기가 막혔죠. 뚱뚱하고 못생긴 데다가 지금 폐경기라 호르몬 때문에 기분도 왔다 갔다 하거든요. 물론 소피의 호르몬도 다른 방향에서 왔다 갔다 하지만요. 저는 지금 엉망진창이에요. 자기연민이 좀더 필요해요. 하지만 소피도 제게 좀더 친절하게 대해야 해요. 저 정말 상처 많이 받았어요. 저를 이런 식으로 쓸모없는 사람 취급을 할 수는 없어요. 사춘기는 점점 지옥이 될 거예요."

거의 모든 부모에게 아이의 사춘기는 도전이 된다. 우리의 모든 약점이 건드려지고 화가 치밀어 오른다. 그러나 '내려놓으면 그 상황을 활용할 수 있다.' 즉 당신의 욕구가 무엇이며 무엇이 자극되는지 등 내면에서 무슨 일이 일어나는지 살펴볼 수 있다면 덜 반응하는 지점에서 아이와 함께할 수 있다.

연민으로 시작하는 게 도움이 될 것이다. 당신 자신과 다른 사람에게 연민을 보내는 다음 실습은 MSC 프로그램의 핵심 수행 가운데 하나다. 10세기 인도의 스승이 가르친 고대의 수행으로[1], 미국의 명상 지도자 페마 초드론(Pema Chodron)이 대중화했다. 나는 열이 오르는 순간 연민이 필요한 부모들에게 이를 적용해왔다. 사실, 사춘기의 폭풍(그들과 우리 자신의 폭풍) 앞에서 이보다 더 유용한 실습은 생각할 수 없다. 이 실습은 이 책 앞 장에서 소개한 호흡수행과 자애명상을 기반으로 한다.

이 실습은 대인관계에서 갈등을 겪을 때 특히 유용하다. 스테파니는 댄에게 몹시 화가 났을 때 이 실습을 활용했다. 에이미는 소피와 관계를 회복하려고 노력할 때 이 실습이 침착함을 유지하도록 도와준다는 사실을 알았다. 냉랭한 침묵이 있은 지 이틀 후 에이미가 먼저 손을 내밀어 대화를 시도했다. 소피는 여전히 방어적이었고 에이미가 '미친 것처럼' 행동했다고 주장했다.

"저는 소피에게 자기가 나한테 얼마나 못되게 굴었는지 말했어요. 우리는 다시 싸웠어요. 하지만 그때 저는 이 싸움이 어떻게 격해지며 반복해서 일어나게 되는지 보았어요. 결국 매번 똑같은 상황이 벌어지고 있는 거지요. 저는 멈춰서 숨을 한 번 쉬었어요. 성난 10대의 엄마라는 사실에 약간의 연민을 보내면서요.

'알아, 나는 정말 화가 났어. 화내서 미안해. 하지만 뭐 때문에 이렇게 화가 났는지 그동안 계속 생각해왔어. 혹시 이유를 알고 싶니?' 소피에게 물었어요. 그러자 소피는 알고 싶다고 했어요. '네가 단지 다른 아이들처럼 보이고 싶어할 뿐이라는 걸 알아. 하지만 나는 네가 음… 쉬워 보이지 않았으면 좋겠어. 네가 이용당할까봐 걱정돼. 이 말이 바보같이 들린다는 것도 알아. 하지만 나는 그냥 나이 많고 걱정 많은 엄마일 뿐이야.'

그러자 소피가 처음으로 웃었어요. '뭐라고요? 맙소사. 엄마는 정말 나를 몰라요! 나는 절대로 누군가가 나를 이용하도록 놔두지 않아요.'"

에이미와 소피는 둘 다 웃었고 딸을 보호하려는 엄마의 바람과 사랑받고 싶어하는 딸의 바람에 대해 편하게 얘기할 수 있었다. 서로 사과하면서 관계가

둘 모두에게 연민이 필요할 때

- 편안하게 앉습니다. 원한다면 눈을 감고 한 손을(또는 양손을) 가슴이나 위로의 손길이 필요한 어딘가에 올려놓아도 좋습니다. 양손의 편안함과 따뜻함을 자신에게 알아차림과 연민을 가져다주는 사랑스러운 상기자로 느낍니다.
- 두세 번 심호흡을 합니다. 호흡으로 몸이 흔들리도록 내버려둡니다. 호흡이 당신을 양육하고 유지하도록 내버려둡니다. 숨을 들이쉬고 내쉴 때 호흡이 당신을 부드럽게 하고 편안하게 할 수 있도록 합니다.
- 잠시 호흡의 자연스러운 리듬을 알아차립니다. 호흡이 들어왔다 나갈 때의 감각과 함께 머뭅니다. 괜찮다면 힘들 때 호흡이 당신을 지탱하고 당신에게 영양분을 제공한다고 상상해봅니다.
- 이제 호흡이 들어오는 감각을 느끼면서 들숨에 집중합니다. 호흡이 당신의 몸과 호흡 사이에 새로운 활력을 불어넣게 합니다.
- 숨을 들이쉴 때, 당신 자신을 위한 약간의 영양분도 함께 들이쉽니다. 그것은 바로 지금 당신에게 필요한 무언가일 겁니다. 친절함일 수도 있고 연민이나 사랑일 수도 있습니다. 이들의 특징을 느껴보거나 단어, 이미지를 사용할 수도 있습니다. 잠시 시간을 내어 숨을 들이쉽니다.
- 이제 날숨에 집중합니다. 숨을 내쉬는 감각을 느껴봅니다. 아마 그냥 지나가는, 이완되는 감각일 수도 있습니다.
- 이제 아이를 떠올려봅니다(당신과 갈등 중이거나 당신의 연민이 필요한 누군가도 괜찮습니다). 그 사람을 마음의 눈으로 시각화합니다.
- 그 사람을 향해 숨을 내쉬면서 편안한 감각을 보내봅니다.
- 어렵다면 그냥 한두 번 호흡으로 시작합니다.

- 괜찮다면 모든 날숨과 함께 그 사람에게 따뜻함과 친절, 영양분이 되는 어떤 것을 보냅니다.

하나는 나를 위해, 하나는 당신을 위해

- 이제, 당신에게로 돌아옵니다. 당신 자신을 위해 연민이 들어오고 나가는 호흡의 감각에 집중합니다. 준비되었다면 들숨은 당신을 위해, 날숨은 아이를 위해 호흡해봅니다. 이렇게 말해볼 수 있습니다 "들숨은 나를 위해, 날숨은 당신을 위해" "나를 위해 한 번, 당신을 위해 한 번."
- 정말로 힘든 시간을 보내고 있다면, 더 많은 돌봄이 필요하다면 당신 자신에게 좀더 집중할 수 있습니다. 만약 상대방에게 돌봄이 더 필요하다면, 그의 욕구에 초점을 맞추어도 좋습니다. 둘 다에게 똑같이 할 수도 있습니다. 지금 이 순간에 필요하다고 느끼는 대로 해봅니다.
- 돌봄이 필요한 사람이 한 사람 이상이라면 자유롭게 다른 가족 구성원이나 친구들에게 좋은 무언가를 보내봅니다.
- 파도의 부드러운 움직임처럼 호흡을 부드럽게 들이쉬었다가 내쉽니다. 경계나 한계 없이 자유롭게 들어왔다가 나갈 수 있게 합니다. 당신 자신을 거대한 흐름의 한 부분이 되게 합니다. 연민의 바다를 느껴봅니다.
- 이 연민이 하루 종일 당신과 함께할 수 있음을 느낍니다. 부드럽게 눈을 뜹니다.

좋아졌고, 심지어 그 사건을 가벼운 농담처럼 얘기하게 되었다. 소피가 에이미 차를 얻어 타야 할 때 "엄마, 내가 엄마를 이용할 수 있을까요?"라고 하면 둘 다 웃음을 터뜨린다.

딸과 싸우는 일이 에이미에게만 일어나는 건 아니다. 뜨거운 감정을 느끼는 것 또한 10대에게만 일어나지 않는다. 우리 모두에게 일어나는 감정이며, 이때 우리는 후회할 만한 말을 한다. 당신 혼자만 겪는 것이 아니고 대부분 부모가 이런 분노 폭발을 경험한다는 걸 알면, 당신이 세상에서 가장 나쁜 부모인 것 같은 느낌이 들 때 도움이 된다.

또 전두엽이 발달(전두엽은 기억력, 사고력, 정보를 조정해 행동을 조절하는 뇌의 영역으로, 청소년기에 폭발적으로 발달한다. 청소년이 정서적으로 불안정하고 행동을 예측할 수 없는 건 전두엽이 아직 발달하지 않았기 때문이라는 설이 있다-옮긴이)할 때까지 그냥 참고 견디기보다는(때때로 전두엽 발달은 20대 중반 또는 그 이후까지 이어지며, 이 시간은 지질학적 시간처럼 아주 길게 느껴질 수 있다), 그 시간을 마음챙김을 하면서 연민적이 되는 기회로 삼는 게 도움이 될 것이다.

아이들은 부모의 해결되지 않은 상처뿐만 아니라 부모가 인생에서 무엇을 놓치고 있는지를 일깨워주기도 한다. 그러나 그걸 바라보기는 너무 힘들다. 예를 들어보자. 로베르타는 아들 조지와 끊임없이 전투를 벌이고 있는 느낌이다.

"계속 전쟁터에 있는 것 같아요. 사사건건 싸우죠. 조지가 열여섯 살이 된 후로는 점점 더 심해져요. 특히 컴퓨터 사용 시간 때문에 정말 많이 싸워요. 조지는 많은 시간을 게임하는 데 써요. 저는 조지가 공부하길 원하고요. '조금만 더요. 엄마.' 그런데 그 조금만이 30분이 돼요. 조지는 게임에 너무 집착해요. 시간을 제한하거나 공부하라고 하면 이성을 잃어요. '엄마, 제발 그만 좀 괴롭혀요. 내게는 휴식이 필요해요. 나 좀 귀찮게 하지 말아요. 제발 그만하라고요!'라고 소리쳐요.

당연히 그런 소리를 듣고 싶지 않죠. 그래서 저도 같이 소리치고 협박하듯 말하게 돼요. 그러면 분위기가 더 나빠지지요. 다정했던 소년은 사라져버렸어요. 공부를 제대로 하지 않으니 학교에서도 잘 못 지내고, 좋은 대학에도 들어가지 못할까봐 걱정돼요. 세상은 너무 경쟁적이거든요. 가끔 속상해서 밤에 잠을 잘 수 없어요." 로베르타 마음 안에서 무엇이 휘몰아치는지 알아보려고 '어린 시절로 돌아가보는 시간여행' 실습을 제안했다.

로베르타는 집에서 실습을 했다. 그녀에게 떠오른 것들은 강력했다. "진짜 고등학교 시절로 되돌아갔어요. 우리 집은 가난해서 성공하려면 무엇이든 열심히 해야 했죠. 완벽해지기 위해서, 절대 실수하지 않기 위해서 아주 열심히 노력했어요. 저는 운동을 하면서 살아남았어요. 아주 혹독하게 훈련했지요. 축구를 했는데 정말 열심히 했어요. 매일 달리고 근육 운동을 하면서 훈련했지요. 저 자신을 아주 혹독하게 몰아붙였어요. 절대로 쉬지 않았어요. 게으름을 피우면 대학에 갈 자격을 얻지 못할까봐 걱정했으니까요. 그게 저의 유일한 탈출구였거든요." 로베르타는 잠시 멈추었다.

"되돌아가서 그때를 보는 건 도움이 되었지만 너무 고통스러웠어요. 조지가 게으름을 피우며 공부는 하지 않고 컴퓨터 게임만 하는 모습을 볼 때면 오래된 불안과 공포가 떠오른다는 걸 알았어요. 마음 깊은 곳에서 느껴져요. 너무 자연스럽게 나타나서 저를 덮쳤어요. 조지를 보면 그 또래의 내가 떠오르고, 살아남기 위해 걱정했던 모든 것이 떠올라요. 쉴 수도 없었고 늘어져 있을 수도 없었어요.

지금도 여전히 쉴 수 없어요. 조지가 잠재력을 발휘하지 않으면 마치 내가 공황 상태에 들어가는 것 같아요. '그때와 지금은 달라. 그때는 그때고 지금은 지금이야'라고 말해주는 것이 저를 정말 자유롭게 해주었어요. 그 말은 저를 과거로부터 보호해줘요. 이제 저는 계속 달릴 필요가 없어요."

로베르타가 자신에게 연민을 보내게 되면서 달리던 것을 멈추고 자신이 좋

어린 시절로 돌아가보는 시간여행

- 편안하게 앉습니다. 잠시 호흡하면서 마음을 가라앉힙니다.
- 이제 당신의 어린 시절로 돌아가 생각해봅니다. 가족 안에서 무슨 일이 일어나고 있지요? 어떤 경험이 떠오르나요?
- 당신 부모님은 당신을 어떻게 대했나요? 형제들은요? 또 다른 가족 구성원은요?
- 학교에서는 어땠나요? 당신을 지지해주는 선생님들이 계셨나요?
- 친구가 있었나요? 어떤 활동에 참여했나요? 어떤 일들이 즐거웠나요?
- 당신 꿈은 무엇이었나요? 그 당시에 말할 수 없었던 꿈과 바람이 있었나요?
- 당신은 어떤 상처를 경험했나요? 마음의 상처는요?
- 당신은 어떤 야망이 있었나요? 어떤 사람이 되기를 원했나요?
- 그 꿈에 대해 사람들은 뭐라고 했나요? 그 꿈을 무시했나요? 놀렸나요?
- 당신이 느끼는 감정에 접촉하면서 머물러봅니다. 고통스럽거나 원색적인 감정이 올라온다면 자신에게 연민을 보냅니다.

아했던 일을 하도록 허용하게 되었다. 예를 들어, 로베르타는 미술에 재능이 있었다. 그러나 부모를 떠나 대학에 가고, 생계를 유지하고, 성공하는 데 너무 집중하느라 자유롭게 미술을 배울 수 없었다. 로베르타는 지역 아트센터에서 수채화 수업을 듣기로 했는데, 이것이 그녀에게 아주 큰 즐거움을 주었다. 로베르타가 자신을 돌보기 시작하면서 조지가 학교의 요구와 휴식의 욕구 사이에서 균형을 찾도록 도와줄 수 있었다.

로베르타는 조지의 행동으로 향했던 관심을 자신에게 돌린 후 조지의 행동이 왜 이렇게 자신을 힘들게 하는지 알아차렸다. 그리고 오랫동안 묻어두었던 자신의 고통에 연민을 보내게 되면서 그들의 전투는 줄어들었다.

우리가 좀더 크고 유연한 관점을 가질 수 있다면, 또한 여전히 배우고 성장한다는 사실을 깨닫게 된다면, 강렬한 정서적 반응은 단순히 아이들의 성공(또는 실패)에 초점을 맞추기보다 부모 자신의 욕구를 탐험하도록 이끌어주는 기점이 될 것이다.

강렬한 부정적 감정은 뇌와 몸에
어떤 영향을 미치나?

잠시 시간을 내어 아이들에게 화날 때 에이미와 로베르타의 몸 안에서 어떤 일이 벌어지는지 상상해보자. 우선 경보센터인 편도체가 뇌와 몸에서 스트레스에 반응하도록 지시한다. 과학자들은 이때 일어나는 스트레스 반응을 'HPA 축'이라고 하는데, 시상하부(Hypothalamus), 뇌하수체(Pituitary gland), 부신(Adrenal gland) 사이에 연결된 반응을 활성화하기 때문이다.

이것은 마치 도미노 효과와 같다. 편도체는 시상하부에 신호를 보내고, 시상하부는 뇌하수체에 신호를 보내며, 마지막으로 뇌하수체는 코르티솔과 아드레날린 같은 스트레스 호르몬을 만드는 부신에 신호를 보낸다. 이는 부정적 영향을 초래하는데, 코르티솔이 증가하면 전두엽(실행기능의 중심)과 해마(기억을 통제하는) 속의 중요한 신경세포를 감소시킬 수 있다.

또한 단기 기억의 손상을 가져올 수 있고, 최선의 판단을 내리는 걸 방해할

6장 왜 모두 진정할 수 없을까요

수 있다. 화가 났을 때는 현명하게 결정하지 못한다는 사실을 이미 알 것이다. 코르티솔은 행복하게 하는 신경전달물질인 세로토닌과 도파민을 줄인다. 이것들이 줄어들면 고통에 더 민감해지고 분노를 좀더 느끼게 되며 공격적인 방식으로 행동할 수 있다. 코르티솔이 늘어나면 말하기 전에 생각하는 능력이 방해받을 수도 있다.

스트레스 호르몬의 발산이 몸에 일시적 에너지 폭발을 가져다줄 수 있지만, 스트레스 호르몬이 너무 많아지면 두통이 자주 올 수 있고 갑상샘 기능을 떨어뜨리며, 신진대사를 느리게 하고, 골밀도를 낮게 하며, 혈압과 심장박동률, 혈당수준을 증가시킨다. 심장마비나 뇌졸중, 암 가능성 또한 커지고 바이러스에 감염된 세포 수를 늘린다.

다행스럽게도 자기연민은 이런 뇌의 화학작용을 변화시킬 수 있다. 고통스러운 감정²에 연민으로 반응하면 정서적 경험뿐만 아니라 화학작용도 변한다. 이와 관련한 연구가 많다. 스스로 비난할 때 아드레날린, 혈압, 코르티솔이 증가한다. 그러나 자기연민 수행을 할 때는 '부드럽고 친화적인' 연결 호르몬인 옥시토신의 발산이 늘어나는데 이는 평온함, 안전, 관대함의 감정을 증가시킨다. 편도체는 진정되고 스트레스에 대한 부정적 연결반응 또한 사라진다.

문 화 충 돌

:

라헬은 병원에서 진행한 마음챙김 자기연민(MSC) 프로그램에 참여했던 사람들 가운데 하나다. 어린아이 둘을 키우는 라헬은 시댁과 관계가 좋지 않았다. 시댁에서는 그녀를 별로 인정해주지 않았으며 관계 또한 껄끄러워서 자기연민을 시도해보았자 더 잃을 것도 없다는 생각에 프로그램에 참여하게 되었다. 어쩌면 자기연민을 통해 너무 실망하거나 우울해하지 않으면서 가족 모임에 참여하게 되지 않을까 생각했을 수도 있다.

리드는 명망 있는 집안의 아들이고 라헬은 이민자의 딸이다. 둘은 대학에서 만났는데 리드는 라헬의 지성, 아름다움, 위트, 열정에 매료되었다. 공중보건 전문가인 라헬은 가끔 난민들을 돕기 위해 전쟁으로 황폐해진 나라로 출장을 가곤 했다. 시댁에서는 라헬이 직장을 그만두고 아이들을 키우며 육아와 가정일에 좀더 에너지를 쏟기 바랐다. 그러나 라헬은 공중보건 전문가로서 하는 일을 무척 사랑했고 일에서 인생의 의미를 느꼈으므로 일단 아이들이 충분히 자랄 때까지 출장을 자제하며 일할 생각이었다.

그러나 시댁에서는 그러한 결정을 인정하지 않았다. 가족 모임이 있을 때마다 라헬의 일이 논쟁거리가 되었다. "너 여전히 아프리카에 갈 생각을 하니?" 시아버지가 물었다. "너무 위험하다고 생각하지 않니? 병을 얻어오거나 가족에게 옮기면 어떡하니? 다시 생각해봐라. 이건 너무 무책임한 짓이다."

거의 모든 가족 모임에서 이것이 이야깃거리가 되었고, 때로는 울기도 하고 거친 말까지 오고갔다. 라헬은 전혀 양보하지 않았고 리드의 부모님도 마찬가지였다. 라헬은 가족 모두가 모이는 크리스마스 파티가 너무 두려웠다. 그러나 아이들은 할아버지와 할머니, 사촌들을 만나는 걸 무척 좋아했다. 모임에 가야 한다는 걸 알면서도 항상 원망스럽고 화가 났다. 스트레스가 커졌고, 모임에 가기 전부터 편두통에 시달렸다. 라헬은 주치의가 마음챙김 과정에 들어가보라고 제안해서 프로그램에 오게 되었다.

다음 실습은 라헬에게 도움이 많이 된 것 중 하나다. 라헬은 이 실습을 '고통을 줄이는 비밀 슈퍼파워(SSA; Secret Superpower for Angst)'라고 이름 붙였는데, 슈퍼 영웅을 좋아하는 아들이 가끔 슈퍼파워에 대해 이야기하는 걸 들었기 때문이다. 라헬 또한 슈퍼파워가 필요했다(MSC 프로그램에서는 이 실습을 부드럽게 하기, 위로하기, 허용하기[3]라고 한다).

고통을 줄이는 비밀 슈퍼파워

- 편안한 자세를 한 후 깊이 이완하는 호흡을 세 번 합니다.
- 양손을 가슴 위 또는 다른 위로되는 곳에 가만히 놓습니다. 어떤 일이 일어나든 당신은 충분히 친절하게 대우받을 가치가 있다는 걸 기억합니다.
- 당신에게 스트레스를 유발하는, 지금 일어나는 일에 집중합니다.
- 상황을 봅니다. 무슨 일이 일어났나요? 어떤 말을 들었나요? 누가 있었나요?
- 어떤 감정이 일어나는지 알아차립니다. 그 감정에 이름을 붙인다면 뭐라고 할까요? 예를 들면 슬픔, 화, 비통함, 두려움, 절망, 괴로움, 좌절 등이 있습니다.
- 다양한 감정이 떠오를 수 있습니다. 그렇다면 가장 강한 감정에 이름을 붙여봅니다.
- 마치 친구에게 그가 느끼는 감정을 인정해주는 것처럼, 내가 느끼는 감정의 이름을 친절하고 따뜻한 목소리로 반복해서 들려줍니다. "이것이 화구나." "저것이 괴로움이구나."

몸에서 감정 알아차리기

- 이제 몸으로 주의를 돌립니다.
- 다시 그 힘겨운 상황을 떠올리면서 몸의 어디에서 가장 큰 고통이 느껴지는

지 알아차립니다. 마음의 눈으로 머리에서 발가락까지 훑어 내려가면서 약간의 불편함이나 긴장감을 느끼는 곳에서 멈춥니다.

- 어떠한 것들이 느껴지는지 그저 가만히 느껴봅니다.
- 가능하다면 감정이 가장 강하게 느껴지는 한 부위를 선택합니다. 먹먹한 느낌일 수도 있고, 심장통증이나 근육의 긴장이 느껴지는 부위일 수도 있습니다. 강하게 느껴지는 곳이 없다면, 단순히 불편하다고 느껴지는 곳에 초점을 맞춥니다.
- 그 부위에 따뜻하고 친절한 마음을 보냅니다.

부드럽게 하기-위로하기-허용하기(SSA; Soften-Soothe-Allow)

- 이제 힘겨운 감정을 느끼는 몸의 부위를 **부드럽게 합니다**. 마치 따뜻한 물이나 욕조에 들어간 것처럼 근육을 이완합니다. 부드럽게··· 부드럽게··· 부드럽게··· 우리는 그 감정을 통제하거나 변화시키거나 사라지도록 할 수 없습니다. 그저 친절하고 부드러운 방식으로 그것들과 함께할 뿐입니다.
- 그 부위가 너무 강렬하면 가장자리 주변을 부드럽게 해도 좋습니다.
- 이제 힘든 시간을 보내는 자신을 **위로합니다**.
- 괜찮다면 불편하게 느껴지는 몸의 부위에 손을 얹고 위로가 되는 따뜻한 손길을 느껴봅니다. 아이를 돌보는 것처럼 당신 몸을 부드럽게 대합니다. 위로하기··· 위로하기··· 위로하기.
- 들으면 좋을 위로의 말들이 있나요? 자애실습에서 당신을 감동하게 한 문구가 있었나요? 소중한 친구에게 무슨 말을 해줄 건가요?
- 다음과 같은 말을 자신에게 들려줄 수 있는지 살펴봅니다. "내가 너를 깊이 염려해." "이런 일을 겪는 건 정말 힘들지." "나 자신에게 친절하기를."
- 너무 강렬해지기 시작한다면 다시 호흡으로 돌아옵니다.

- 마지막으로 불편함이 그곳에 머무는 것을 허용합니다. 불편함을 위한 공간을 만듭니다. 불편함에 저항하거나 불편함이 사라지도록 애쓰지 않습니다.
- 마찬가지로 상황 또한 있는 그대로 허용합니다. 너무 힘들고 고통스러울지라도 그 순간이나 사건들이 변해야 한다고 고집하지 않습니다.

부드럽게 하기… 위로하기… 허용하기

- 이제 실습을 내려놓고 몸 전체에 집중합니다. 무엇을 느끼든 그것을 느끼도록 허용합니다. 지금 이 순간 있는 그대로 자신이 되게 합니다.
- 언제든 필요할 때마다 스스로에게 부드럽게 하기, 위로하기, 허용하기를 떠올립니다. 이 실습은 걸을 때, 아이들을 데리러 갈 때, 저녁을 할 때 등 언제든 할 수 있습니다. 눈을 감을 필요는 없습니다.

라헬이 실습을 하면서 깨달은 것은 자신이 시댁을 대할 때 끊임없는 전투 태세로 임했다는 것이었다. 화가 나서 극도로 방어적으로 되었고, 시댁 어른들이 자신을 좌지우지하도록 내버려두면 안 된다고 아주 단단히 마음먹고 있었다. 몸에서 너무나 많은 긴장이 느껴져 자신도 놀랐다. 그러니 모임에 갈 때마다 편두통으로 고생한 건 어찌 보면 당연한 일이었다. 힘겨운 감정에 대해 그저 현재에 머무르도록 허용하기 작업을 하면서 그전에는 깨닫지 못했던 무언가가 이해되었다. 엄마로서 아이들이 건강하고 안전하길 원하는 것처럼 시댁 어른들도 손자·손녀들이 건강하고 안전하기를 원한다는 것이었다.

상황이 바뀌기 시작했고 라헬은 그들의 관점을 이해하게 되었다. 물론 라헬은 직업을 바꾸지 않을 것이다. 그러나 뉴스에서 르완다가 폭력적이고 위험한

데라는 얘기가 나왔을 때 시댁 어른들이 느꼈을 두려움을 좀더 이해하게 되었다. 물론 시댁 어른들은 여전히 라헬이 무엇을 하는지, 그 땅과 사람들이 얼마나 아름다운지 이해하지 못할 것이다. 라헬이 크리스마스 파티를 갑자기 즐기게 된 건 아니지만 적어도 모든 모임이 전쟁터가 되지 않을 수는 있었다.

SSA(Soften-Soothe-Allow)는 MSC의 핵심 실습 가운데 하나다. 라헬처럼 나 또한 SSA를 항상 함께할 수 있는 '비밀 슈퍼파워'라고 생각한다. 부모들은 '슈퍼파워' 배우기를 좋아한다.

함께했던 부모 중 한 명인 리처드는 "SSA는 나의 새로운 동반자예요. 나는 SSA 없이 집을 나서지 않아요"라고 재치 있게 말했다. 리처드는 일이 좌절될 때 SSA에 의지한다고 했다. 교통체증 때문에 지각했을 때, 동료들이 비협조적일 때, 교섭이 되지 않아 실망스러울 때 도움이 된다는 것이다. 또한 아이들이 화를 낼 때도 도움이 된다고 했다.

"딸아이 켈시가 엄청난 충격을 받은 일이 있었어요. 켈시는 열 살밖에 되지 않았지만, 브로드웨이 쇼에서 스타가 되는 게 목표예요. 학교에서 뮤지컬을 하기로 했나봐요. 주인공을 하고 싶어서 얼마나 연습했는지 몰라요. 노래를 부르고 춤추고 대사를 외우며 몇 주 동안 열심히 연습했어요. 그런데 주인공 배역을 얻지 못했어요. 얼마나 충격을 받았는지 열 살 때 세상이 끝났다고 보면 될 거예요."

리처드는 손을 이마에 얹으면서 과장된 몸짓을 해보였다. "켈시를 위로했지요. 앞으로 많은 연극과 많은 배역이 있을 거라고 말이에요. 그러자 켈시는 한숨을 쉬며 세상이 꺼질 듯한 목소리로 말했어요. '아빠는 나를 이해하지 못해요.' 이렇게 말하는데 제가 무슨 말을 하겠어요? 그동안 실망스러운 일을 얼마나 많이 겪어왔는지 말할 수는 없잖아요. 켈시는 그런 얘기들을 듣고 싶어하지도 않았어요. 그래서 켈시가 우는 동안 저는 슈퍼파워 명상을 했어요. 그 순간에 제가 할 수 있는 일이 아무것도 없었거든요." 그가 미소 지었다. "그런데 그 명상이 제가 무력감을 덜 느끼도록 도와주더라고요."

SSA는 수치심을 관리하는 데도 효과적인 도구다. 모든 부모와 아이들은 수치심을 경험한다. 아이들 때문에 부끄러웠던 적이 한 번도 없었던 부모가 어디 있겠는가? 아이들 또한 부모 때문에 당황스러울 때가 있다.

수치심은 강렬하고 힘겨운 감정이다. 결점이 있다는 느낌이 들게 하고 방어적으로 만들어 다루기가 어렵다. 우리 뇌에 깊게 뿌리박혀 있는데, 빠르면 15개월쯤부터 경험했을 수 있다. 거절에 대한 두려움으로 사람들을 고립시키고 회피하도록 만든다. 수치심은 내가 누구인가 하는 자아 감각과 연결되어 있기에 수치심과 자기비난에서 벗어나는 데 자기연민이 도움이 된다. 자기연민은 우리 모두 강점과 약점을 지녔으며, 취약하고 불완전하다는 사실을 깨닫게 해주기 때문이다.

첸의 아들 샘은 중학생이다. 어느 날 샘은 치아교정기 풀세트를 보여주며 입을 크게 벌려 함박웃음을 짓고 있는 친구 제시카의 사진을 찍어 '좋은 시간 보내요. 전화 주세요'라는 글을 달아 소셜미디어에 게시했다. 사진은 순식간에 퍼져나갔고, 당연히 제시카는 굴욕감을 느꼈다. 교장 선생님이 전화해서 샘이 '부적절한 행동'으로 정학을 당했으며, 이런 일이 또 일어나면 퇴학당할 거라고 했을 때 첸 또한 굴욕감을 느꼈다.

"샘은 그냥 장난이라고 생각했을 거예요." 첸이 말했다. "하지만 정말 말도 안 되는 생각이었어요. 너무 부끄러웠죠. 바로 직장에서 조퇴하고 학교로 샘을 데리러 가야 했어요."

자기연민:
수치심 해독제

수치심은 보편적 감정으로, 특히 청소년기에 가장 강렬하다. 다행히 자기연민은 이런 힘겨운 감정을 위한 해독제다. 잠시 수치심을 누그러뜨리는 시간을 가져보자. 사실 수치심은 아무런 잘못이 없는 감정이다. 수치심은 사랑하고 싶고, 사랑받고 싶고, 인정받고 싶고, 소속되고 싶은 욕구에서 비롯한다. 우리는 모두 인정받고 싶어하며 10대는 더욱 그렇다. 또한 살아남으려면 우리는 서로가 필요하다. 수치심은 나에게 결점이 너무 많아서 타인에게 수용받거나 사랑받을 수 없다고 느끼는 깊고 어두운 감정이다.

우리는 혼자 남겨지거나 거부당했다고 느낄 때 공황에 빠지거나 불안해진다. 비난하는 부모 밑에서 자랐거나 어린 시절 트라우마나 버림받은 경험이 있을 때, 인종·종교·민족·성별로 소외될 때 수치심이 더 강력해질 수 있다. 또한 수치심은 이전 세대의 행동이나 고통까지 거슬러 올라가 세대 간에 걸쳐 일어

6장 왜 모두 진정할 수 없을까요

날 수 있다. 심리학자이자 연민 연구자 폴 길버트(Paul Gilbert)는 수치심의 원인은 다양하고 복잡한데, 중요한 건 수치심이 우리 잘못은 아니라는 사실이라고 강조한다. 그러나 수치심을 돌보는 건 우리 책임이다.

수치심과 죄책감의 차이가 무엇인지 혼란스러울 때가 있다. 수치심은 우리 자신을 나쁘게 느끼는 것이고 죄책감은 우리가 한 무언가를 나쁘게 느끼는 것이다. 수치심은 실수를 넘어선 무엇이며, 나 자신이 실수라는 느낌을 가지는 것이다. 수치심은 종종 분노, 절망, 걱정과 같은 다른 감정의 원인이 될 수 있다. 우울, 불안, 대인 갈등의 원인을 깊이 파헤쳐보면 수치심이 자리 잡고 있을 때가 많다.

우리와 아이들이 스스로 결함이 있고 사랑스럽지 않으며 부적절하거나 실패자 같다고 느끼는 수치심의 공격을 경험할 때 무엇을 할 수 있을까? 마음챙김은 힘든 경험을 도울 수 있는 반면, 자기연민은 힘든 경험을 하는 그 사람을 도울 수 있다. 전체 그림을 보는 게 고통을 줄이는 데 도움이 된다. 우리는 모두 강점과 약점이 있으며, 탁월하게 뛰어날 때도 있고 고통스러워하며 버둥거릴 때도 있다. '나는 완벽하지 않지만 어떤 부분은 훌륭하다'는 말이 도움이 될 수 있다.

우리가 가진 복잡한 모든 부분을 따뜻하고 열린 이해로 포용할 수 있다면 도전적인 경험을 긴 안목으로 바라볼 수 있다. 또한 자신을 부적절한 부모라고 생각하며 항상 결함이 있고 아이들 또한 결함이 있을 거라고 느끼는 절망스러운 '토끼굴' 밖으로 꺼내줄 것이다.

SSA의 '부드럽게 하기-위로하기-허용하기'를 다음과 같이 변형해서 실습함으로써 첸과 그 가족이 책임감을 갖고 피해를 바로잡으며 건설적인 방향으로 나아갈 수 있도록 도와주었다(이 실습 또한 MSC 프로그램을 재구성한 것이다).

메모: 이 실습은 도전적일 수 있습니다.[4] 트라우마나 버림받은 경험이 있다면, 힘겨운 감정이 일어날 때 도와줄 수 있는 훈련된 전문가와 함께 실습하는 것이 좋습니다. 아이들(또는 배우자)에게 멍청하다는 식의 심한 말을 했거나 무언가에 과도하게 반응했던 것처럼, 약간 쑥스럽고 당황스러웠던 상황을 떠올리면서 이 실습을 시도해볼 수 있습니다.

수치심에 부드럽게 하기-위로하기-허용하기

- 편안하게 앉아서 잠깐 심호흡을 하면서 시작합니다. 실습하는 동안 낙담하거나 그만하고 싶은 마음이 든다면, 다시 호흡으로 돌아가거나 다른 방식으로 스스로를 돌봅니다.
- 가슴에 손을 얹고 당신이 지금 여기에 있다는 걸 기억하면서 손에서 몸으로 친절함이 흘러 들어가게 합니다.
- 몸에서 수치심이 느껴지는 상황 하나를 골라봅니다. 1에서 10까지의 강도에서 3의 강도에 해당하는 상황으로 시작합니다.
- 사람들이 알면 당신을 업신여길 거라는 생각이 들어 그들이 몰랐으면 하는 상황을 선택합니다.
- 자신을 나쁘게 느끼는 상황으로 시작합니다. 부드럽게 그 상황으로 들어갑니다.

핵심 신념에 이름표 붙이기

- 다른 사람들이 당신에 대해 알게 될까봐 두려운 것이 무엇인지 잠시 떠올립니다. 그것에 이름을 붙여봅니다. 그것은 "나는 결점투성이야." "나는 좋은

부모가 아니야." "나는 위선자야" 같은 것일 수 있습니다.

- 부정적 신념이 여러 개 떠올랐다면 가장 강한 것을 하나 선택합니다.
- 혼자 고립되어 있다고 느껴진다면, 이런 신념이 있는 사람이 당신뿐이 아니라는 사실을 기억합니다. 우리는 모두 수치심을 경험합니다. 수치심은 보편적 정서입니다.
- 친절하고 따뜻하게 핵심 신념에 이름을 붙입니다. 예를 들면 "저런, 너는 괜찮다고 느끼지 않는구나. 얼마나 힘들었을까" 또는 간단하게 "괜찮지 않구나. 아, 나는 괜찮지 않다고 느껴져"라고 할 수도 있습니다.
- 당신이 느끼고 생각하는 게 사실이 아니라 신념일 뿐이라는 걸 기억합니다. 이것은 사랑받고 싶고 수용받고 싶은 바람에서 나옵니다.
- 그만하고 싶거나 숨 쉬고 싶거나 눈을 뜨고 싶다면 그렇게 해도 좋습니다.

몸에서 수치심 알아차리기

- 이제 당신 몸 전체로 알아차림을 가져옵니다.
- 그 상황을 다시 떠올리면서 몸 어디에서 수치심이 느껴지는지 살펴봅니다. 불편함이 느껴지는 곳에서 잠시 멈추고, 머리부터 발끝까지 쓸어내립니다.
- 이제 몸에서 수치심이 가장 강하게 느껴지는 곳을 한 군데 선택합니다.
- 그 부위에 부드럽고 친절한 주의를 보냅니다.

부드럽게 하기 – 위로하기 – 허용하기

- 이제 몸의 그 부위를 향해 마음의 눈을 기울여봅니다.
- 그 부위를 **부드럽게** 합니다. 마치 따뜻한 물에 들어간 것처럼 근육을 이완합니다. 부드럽게… 부드럽게… 부드럽게… 무언가를 바꾸거나 수치스러운 경험을 없애려고 노력할 필요는 없습니다. 단지 부드럽고 사랑스러운 방식으로

그것과 함께합니다.

- 이제 힘든 상황에 있는 스스로를 **위로합니다.**
- 원한다면 수치심이 가장 강하게 느껴지는 부위에 손을 올려놓습니다. 따뜻함과 친절이 손을 통해 몸 안으로 흘러 들어가는 것을 상상해봅니다. **위로하기… 위로하기… 위로하기….**
- 당신이 들으면 좋을 만한 위로의 말이 있나요? 비슷한 일로 힘들어하는 친구가 있다고 상상해봅니다. 친구에게 무슨 말을 해줄 건가요?("너를 몹시 염려하고 있어. 이것은 아주 힘든 일이야. 내가 네 옆에 있을게") 당신 친구가 무엇을 알기를 원하나요?
- 이제 같은 메시지를 당신 자신에게 건네봅니다. 가능한 한 많이 그 단어와 느낌을 느껴봅니다.
- 이 순간만이라도 그저 있는 그대로 당신 자신이 될 수 있도록 **허용합니다.**

연민을 행동으로 옮기기

"그 실습은 제가 다르게 행동하도록 도와주었어요." 첸이 보고했다. "다른 때보다 좀더 건설적으로 행동할 수 있도록요. 처음에는 정말 끝장을 내겠다고 생각했어요. 아니면 인연을 끊어야겠다고 생각했지요. 제가 너무나 형편없는 부모처럼 느껴졌어요. 남편 지안이 퇴근한 후 함께 앉아서 이야기를 나누었어요. 남편의 첫 번째 반응은 별것도 아닌 일에 호들갑을 떤다는 거였어요. 그는 교장선생님이 너무 과하게 반응했다고 생각했어요. 샘은 단지 어린 소년일 뿐이라는 거죠.

그는 마치 아무 일도 아닌 것처럼 여겼어요. 우리는 서로 생각이 달랐어요. 나는 절대로 샘을 봐주지 않을 작정이었죠. 남편은 이게 어떤 일인지 잘 모르는 것 같았어요. 맞아요. 정말 너무 힘든 시간이었어요. 하지만 자칫 잘못했으면 훨씬 더 힘들어졌을 수도 있었어요.

실습하면서 대학 때 성과 관련된 수치스러웠던 경험이 떠올랐어요. 남자 친구를 처음 사귀었을 때였어요. 그때 처음 성관계를 했고요. 기숙사에서 살았는데 벽이 너무 얇아서 옆방에서 무슨 일이 일어나는지 다 알 수 있었어요. 어느 날 밤 숙제를 하는데 옆방에 사는 남자애들이 나에 대해 이야기하는 걸 듣게 되었어요. 그들은 나를 놀리며 조롱했어요. 너무 창피해서 몇 년 동안 굴욕감에 시달렸어요. 그 경험이 떠오르자 제시카가 어떤 마음일지 걱정되었어요. 그래서 제시카 엄마한테 전화했어요.

샘과 함께 제시카를 만나러 갔어요. 꽃도 가져갔고 샘이 사과도 했어요. 제시카와 제시카 엄마는 샘에게 책임을 물었어요. 그들은 아주 강경했어요. 불편했지만 샘은 그들 마음을 이해했고 진심으로 사과했어요. 의도하지는 않았지만 자신이 제시카에게 얼마나 큰 상처를 주었는지 그리고 제시카가 얼마나 당황했을지 샘도 깨달았어요. 저는 샘이 책임감 있게 용서를 구하는 모습을 보고 기뻤어요. 그러면서 일이 잘 해결되었어요."

아이들은 부모를 충격에 빠뜨리고 당황스럽게 하는 다양한 일을 벌인다. 로드 가족이 비행기를 타려고 공항 검색대를 통과할 때 교통보안청(TSA)에서 땅콩버터병 안에 숨겨져 있는 대마초를 찾아냈다. 알고 보니 로드가 숨겨놓은 것이었는데, 로드는 엑스레이 기계가 그것을 찾아낼 거라고는 생각하지 못했다. 안전요원이 로드 아버지 에드를 따로 불러내 이 상황을 설명했다. 경찰이 왔고, 비행기를 놓쳤을 뿐만 아니라 법적 책임도 물어야 했다.

산드라의 딸 케이티는 친구와 함께 백화점에서 물건을 훔치려다가 들통나서 잡혔다. 처음이었지만 경찰이 왔고 엄한 훈계가 뒤따랐다. 다행히 가게 주인은 이들을 기소하지 않기로 했다. 그 대신 가게 물건을 훔치면 주인에게 어떤 손해가 있는지 설명한 다음 사회복지기관에서 봉사활동을 하라고 제안했다.

에드와 산드라는 너무 창피했다. 부모로서 아이들을 제대로 가르치지 못했을 뿐 아니라 책임을 다하지 못했다며 괴로워했다. 그러나 그냥 넘어가지 않고 상황을 살펴본 후 적극적으로 대처했다. 케이티에게는 다른 걱정되는 행동들도 있었기에 산드라는 케이티가 상담을 받도록 도왔다. 에드는 이 사건이 일어나고 나서야 로드가 대마초를 피운다는 사실을 알게 되었다. 에드와 로드는 대화를 나누었고, 로드에게 약물 교육과 상담이 필요하다고 결정했다.

에드와 산드라는 처음에는 이 모든 문제를 부인하고 싶어했다. 그러나 자기연민 실습을 하면서 이는 중요한 문제이며 밖으로 꺼내 의논해야 한다는 걸 받아들일 수 있었다. 돌이켜보면 이 모든 일은 고통스럽지만 한편으로는 변화할 수 있는 중요한 계기가 되었다.

집이 돼지우리 같아요
⋮

어떤 부모에게는 어질러진 집이 문제가 되지 않는다. 그러나 어떤 부모는 전쟁 같은 이 시기가 빨리 지나가기만을 바란다. 페드로는 그러한 부모 가운데 한 명으로, 어질러진 난장판 같은 집을 견딜 수 없어 했다. 페드로는 부모를 위한 마음챙김 자기연민 워크숍에 참석했다. 그의 고민은 어떻게 하면 아이들이 자기 방을 어지럽히지 않게 하느냐는 것이었다. 몇몇 부모가 비슷한 고민을 나누었다.

"아이가 셋인 우리 집은 늘 난장판이에요. 아이들이 있는 집에서 청소는 눈보라가 끝나기 전에 눈을 쓸어내는 것과 같다는 말이 있다는 건 알아요. 하지만 이건 너무 심해요. 딸은 옷을 침대 여기저기에 늘어놓아요. 아들은 거실 소파에서 숙제하는데, 책과 각종 자료를 온통 늘어놔요. 막내는 방 구석구석에 레고 조각을 놓아서 항상 지나다니며 치워야 해요. 일이 끝나고 집에 들어가서 이 모든 것을 보는 순간 기분이 너무 나빠져요.

게다가 스포츠용품들이 여기저기 널려 있어요. 스케이트, 야구 글러브, 스파이크 운동화, 운동복 바지, 냄새나는 운동화 같은 것들이요. 정말 안전상 위험하다니까요! 아내는 제가 모든 일을 제 뜻대로 하려는 경향이 있다며 이런 것들은 무시하라고 말해요.

하지만 힘들게 하루 일을 마치고 집에 갔는데 다시 혼돈 속으로 들어간다고 느껴지면 너무 화가 나서 견딜 수 없어요. 결국 폭발해서 화내거나 씩씩대며 화를 숨기지요. 물론 아내는 저더러 삐쳤다고 하지만요. 이걸 어떻게 내려놓을 수 있을까요?"

페드로는 부드럽게 하기-위로하기-허용하기 실습이 자신을 이완하고 너무 많이 화나지 않게 해주는 데 도움이 된다는 걸 알았다. "저는 아무래도 결벽주의자 같아요. 물건이 순서대로 있지 않으면 정말 신경질이 나요. 아내는 애들이 많으니 그럴 수밖에 없다고 보는 것 같아요. 어질러놓은 물건들이 마치 충만한 삶을 사는 것처럼 느끼게 해주나봐요. 그런데 저에게는 마치 숨 쉴 공기가 없는 것처럼 느껴져요."

우스갯소리를 해보자면, 이들 가족은 '미국에서 가장 황당한 비디오'라는 프로그램에 나오지 않을 만큼만 서로 어질렀다. 그들은 모두 자기네 집이 무슨 문제가 일어날 만큼은 아니라고 믿었다.

나는 페드로가 분노를 조절하고 민감하게 반응하지 않도록 돕기 위해 다음의 '비추어 보기' 실습을 소개했다.

6장 왜 모두 진정할 수 없을까요

그들의 혼란 속으로 끌려 들어가지 말고
그들을 당신의 고요함 속으로 끌어당기세요

- 당신 몸에서 분노 감각이 느껴지는 것을 알아차릴 때, 자신에게 '내면의 시간'(time in)을 보내세요. 가능하면 집 안에서 위로가 될 만한 조용한 장소로 가서 잠시 휴식을 취하세요. 때로는 당신이 찾을 수 있는 유일하게 조용한 공간이 화장실일 수도 있습니다.
- 아이들을 향한 화, 분노, 부당하다는 느낌을 감당하려고 해봅니다.
- 그런 감정이 일어나는 것은 당연합니다. 그러나 반복해서 떠올리거나 뒤로 물러서서 뜨거운 감정을 키우는 건 이 문제를 해결하는 데 도움이 되지 않습니다.
- 당신이 침묵하거나 소극적으로 되어야 한다고 말하는 게 아닙니다. 또한 경계나 적절한 한계를 정할 수 없다는 말도 아닙니다.
- 당신의 목표는 가능한 한 맑은 정신과 따뜻한 가슴을 가지는 것입니다. 분노로 반응하지 않는다면 당신의 말과 행동은 좀더 효과적일 겁니다.
- 넓은 관점으로 상황을 바라봅니다. 아이들에게 칭찬할 만한 것들을 찾아봅니다. 무엇이 당신을 행복하게 했나요? 무엇이 기쁨을 주었나요? 물론 그 순간에는 어렵겠지만 아이가 하는 일들이 긍정적일 수 있다는 걸 돌이켜보라는 말입니다.
- 아이 뇌에서 일어나는 신경학적 격동을 성찰해봅니다. 신경심리학자들이 말하길, 아이들의 뇌는 너무나 무질서하고 심지어 '공사중'인 상태라고 합니다. 혼란에서 벗어난, 또 다른 공간에 자신이 있을 수 있도록 허용합니다. 자신에게 다음과 같이 말할 수 있습니다. "나는 여기에 있어. 그리고 그는 거기에 있어." 호

흡을 하고 이 공간을 느껴봅니다.

- 개인적인 것으로 받아들이지 않습니다. 맞습니다. 아이들이 말하거나 행동하는 어떤 것들은 고약합니다. 그러나 이는 그저 내뱉어진 것일 뿐 그들 입에서 나온 것이 아닐 수 있습니다.
- 이 순간에 자기연민을 가져옵니다. 맞습니다. 그것은 옳지 않으며 공평하지도 않습니다. 맞습니다. 집은 난장판이며 당신은 난장판을 좋아하지 않습니다. 가슴에 한 손을 올려놓고 위로의 손길을 보냅니다. 좀더 안정감 있게 느끼려면 자신을 안아주어도 좋습니다. 연민을 가득 받을 수 있도록 합니다.
- 감정폭발이나 논쟁을 친절함으로 대할 수 있는지 살펴봅니다. 아이들이 떼를 썼던 때를 돌이켜 생각해봅니다. 지금 상황은 그것과 별로 다르지 않습니다. 애정 어린 상태에 머물러봅니다. 아이들이 당신 말을 무시해도 침착하게 중심을 잡을 수 있는지 봅니다.
- 할 수 있는 한 당신의 진심을 기술적으로 말합니다. 아마 당신은 음주운전, 범죄자 또는 그밖의 다른 위험들로부터 아이를 보호하려고 애쓰는 중일 겁니다. 논쟁에 말려들지 말고 그런 마음을 아이에게 전합니다.
- 기억합니다. 이것은 지나갈 겁니다. 당신이 무엇과 싸우든 그것은 변화할 겁니다. 아이가 10대라면 사춘기는 영원히 지속되지 않는다는 것을 기억합니다. 고등학교 1학년은(몇 학년이든) 영원히 지속되지 않습니다. 인내심을 갖고 관대해지려고 노력합니다.
- 당신이 아이였을 때, 10대였을 때 부모가 어떻게 대해주길 원했는지 돌이켜봅니다. 공감, 경청, 친절함, 침착함과 연민의 토대를 더 많이 쌓을수록, 그러한 자질들을 더 많이 키울수록 양육의 폭풍으로부터 안전한 피난처를 더 많이 가지게 될 겁니다.

6장 왜 모두 진정할 수 없을까요

제니스는 아이들 싸움 때문에 너무 지쳐서 몸까지 아팠다. "아이들을 어디로 데려가는 게 너무 창피해요. 첫째는 중학생, 둘째는 초등학교 고학년, 셋째는 초등학교 저학년이에요. 그들은 끝도 없이 서로 싸워요. 마치 고양이와 강아지처럼요. 가끔 제가 경찰 같다니까요."

후안의 아이들은 여덟 살과 다섯 살인데, 계속 서로 놀려댔다. "가족 안에서 평화로운 유일한 시간은 아이들이 잠들거나 무언가를 먹을 때예요. 저는 조용한 것이 좋아요. 계속되는 소음이 너무 싫어요. 앞으로 10년 동안 이렇게 계속 지내야 할까요? 그때쯤이면 폭삭 늙어버릴 것 같아요."

마거리트는 말한다. "애들은 싸우면서 꼭 저를 그 싸움에 끌어당겨요. '쟤가 먼저 시작했어요'. '아니에요. 오빠가 먼저 그랬어요.' '엄마는 항상 동생 편이잖아요'. '엄마는 오빠를 훨씬 더 좋아해요'라는 식으로요. 너무 지쳐요."

몇 분이면
된다

이 실습은 마음챙김 지도자 진델 시걸(Zindel Segal), 마크 윌리엄스(Mark Williams), 존 테스달(John Tesdale)이 개발한 치료 프로그램인 마음챙김기반 인지치료(MBCT)에서 제시한 3분 호흡 공간 실습에서 영감을 받아 만들었다. 그들은 이 실습을 MBCT의 가장 중요한 실습으로 여긴다.

3분 호흡 공간의 구조 위에 따뜻함과 연민을 추가한 것이 '3분 연민 공간' 실습이다. 사고, 감정, 정서를 알아차리고 호흡에 닻을 내리며 시작하고, MSC 실습 가운데 하나인 연민 주고받기를 하면서 이해의 폭을 넓힌다.

3분 연민 공간

- 편안하게 앉아서 위엄 있는 자세를 하는 것으로 시작합니다. 편안하다면 눈을 감습니다.

연민 어린 자각으로 알아차리기

- 바로 지금 무엇을 경험하는지 스스로에게 물어봅니다.
- 마음속에 떠오르는 생각에 잠시 주의를 기울입니다. 친절함으로 맞이합니다.
- 어떤 감정이 느껴지나요? 감정적 불편감이 느껴진다면 그것에 연민 어린 주의를 기울입니다.
- 몸에서 느껴지는 신체감각은 어떠한가요? 몸 전체를 훑으며 빳빳함이나 조임, 고통의 감각을 알아차립니다. 이 모두를 환영합니다.

닻 내리기

- 편안하다면 호흡의 감각에 주의를 가져갑니다. 각각의 호흡을 따뜻하게 환영합니다.
- 당신 호흡은 당신이 태어난 이후 항상 당신과 함께 있었습니다. 늘 당신과 함께하고 당신을 지탱하는 변함없는 동반자입니다.
- 마치 사랑하는 친구나 사랑스러운 아이를 대하듯이, 각각의 들숨과 날숨을 맞이합니다. 당신 자신이 호흡이 되게 합니다. 자신을 호흡에 맡깁니다.

연민의 문 열기

- 알아차림을 몸 전체로 확장합니다. 긴장감, 조여오는 느낌, 저항을 알아차립

니다. 무엇이 올라오든지 친절함으로 맞이합니다.

- 가혹함, 비난, 혼란, 경멸, 분노, 슬픔 또는 절망이 느껴진다면 그들이 신호를 보내는 몸 부위를 알아차립니다. 그러한 감정을 변화시키거나 사라지게 할 필요는 없습니다. 판단하지 않고 그냥 알아차립니다.
- 가능하다면 아픔, 불편감 또는 고통을 위해 연민을 들이마시고 내쉽니다.
- 몇 번 더 시도해봅니다. 연민을 들이마시고 연민을 내쉽니다.

일상생활에서 필요할 때마다 3분 연민 공간으로 돌아오라. 사람들은 대개 3분 정도 시간은 낼 수 있으며, 다양한 일상에서 적용할 수 있다. 특히 형제간 말다툼 때문에 머리를 쥐어뜯는 부모들, 특별한 도움이 필요한 아이들에게 사랑과 돌봄을 제공해야 하는 부모들, 혼자서 해내야 하는 일이 많은 한부모에게 유용하다. 당신은 어떠한가? 이 3분 실습을 언제 사용하길 원하는가?

6장 왜 모두 진정할 수 없을까요

연민 어린
경청 배우기

멈추어서 진심으로 다른 사람의 말을 듣기는 어렵다. 종종 우리는 대화에 불쑥 끼어들어 해결책을 내놓고 싶어하거나 무언가에 대한 의견을 말하고 싶어한다. 내가 맞다는 걸 확인하고 싶어하며 얼마나 똑똑한지 알리고 싶어한다. 이런 역동은 부모와 자식 간의 관계에서도 일어나며 형제들 간의 관계에서도 지속적으로 일어난다. 또한 정치계에서도 계속 일어난다.

그러나 친절하고 이해심 있게 경청하는 방법을 배우는 것은 모든 관계에서 필요한 중요한 기술이며, 가족 역동 안에서 큰 차이를 만들어낼 수 있다. 불신이 많을수록 잘 듣지 않는 법이다.

나는 몇 년 전 내면 가족 체계 치료를 배우려고 훈련받을 때 경청에 대한 큰 교훈을 얻은 적이 있다. 우리는 모두 3분 동안 무언가를 말하거나 방해하지 않은 채 동료가 말하는 걸 듣는 실습을 했다.

많은 치료자에게 이것은 도전적이고 역설적인 실습이었다. 왜냐하면 치료자들은 다른 사람을 돕기 위해 우리의 지혜를 나누고 말할 필요가 있다고 믿기 때문이다. 그러나 실습에서 우리는 충고보다 단순히 듣고 온전히 현존하는 게 훨씬 더 치유적이라는 사실을 깨달았다.

'연민 어린 경청' 실습은 가족과 함께 할 수 있다.

연민 어린 경청

- 편안하게 앉아서 시작합니다. 눈은 가늘게 뜨거나 부드럽게 감습니다.
- 주위에서 들리는 소리에 귀를 기울입니다. 자동차, 비, 바람, 새의 소리를 알아차립니다.
- 소리에 이름을 붙이는 것, 소리를 잡고 있거나 밀쳐내는 것에 걱정하지 않습니다.
- 당신 몸이 소리를 360도 들을 수 있는 커다란 귀라고 상상해봅니다. 가슴으로 듣습니다. 당신 존재 전체로 듣습니다.
- 잠시 생각해봅니다. 당신은 '훌륭한 경청자'를 알고 있나요?
- 훌륭한 경청자가 당신 이야기를 들을 때 어떤 것들이 느껴지나요? 존중? 개방성? 판단하지 않는 것? 당신 말을 가로막지 않는 것?
- 다른 사람 이야기를 듣는 걸 방해하는 것은 무엇인가요?
- 시간이 없다고 느껴지나요? 이해하기 위해서가 아니라 대답하기 위해서 듣나요?

6장 왜 모두 진정할 수 없을까요

- 다른 사람 이야기를 들을 때, 당신 안에서 무엇이 일어나는지 알아차립니다. 다른 사람 이야기에 열린 마음을 가질 수 있는지 살펴봅니다.
- 머리가 아니라 가슴으로 들으려고 노력합니다.
- 논쟁하지 않는 것은 어떤가요? 방해하지 않는 것은 어떤가요?

틱낫한 스님은 연민 어린 경청이 다른 사람의 고통을 덜어줄 수 있다고 말합니다. 가족 이야기를 깊이 경청한다는 것이 어떤가요?

아니사는 이 실습을 가족과 함께하면 어떨까 궁금했다. 아니사의 남편 디에고는 훌륭한 경청자가 아니었다. 아니사나 아이들이 말할 때 끼어들거나 주제를 갑자기 바꾸곤 했다. 아니사는 이를 좋아하지 않았지만 함께 살아가려면 어쩔 수 없다고 생각했다.

아니사는 자기가 할 수 있는 일이 있다는 사실을 전혀 알아차리지 못했다. 가끔 아니사가 이를 언급하면 디에고는 바로 방어적으로 되었고 비난받는다고 느꼈다. 디에고는 성찰하려고 하지 않았으며 자기 행동에 대한 피드백을 원하지 않았다.

그러나 아니사가 MSC 수업을 들으며 행복해하는 모습을 보면서 아니사 가족은 그녀가 배우는 것에 관심을 보였다. 그리고 아니사는 아주 현명했다. "내가 수업에서 새로운 게임을 배웠는데 함께 해볼래? 2분 정도면 돼." 그들은 서로서로 하는 말을 들어준 다음 자신이 경험한 것을 나누었다. 가족은 디에고의 경험을 들으면서 디에고를 다른 관점에서 바라보게 되었다.

"나는 항상 아주 많은 압박을 받는다고 느껴. 다른 사람 이야기를 들을 시간이 없을뿐더러 그게 내 시간을 낭비하는 것처럼 느껴지지. 하지만 천천히 다른 사람 이야기를 듣다 보니 더 이완되면서 긴장이 느껴지지 않았어. 나는 다른 사람이 말하려는 걸 이미 모두 알고 있다고 생각했는데 그렇지 않다는 사실을 깨달았어."

디에고는 멋쩍어하며 인정했다. 속도를 늦추어 마음을 열고 진심으로 상대이야기를 듣게 되었을 때, 당신의 가족 안에서 어떤 일이 벌어지는지 살펴보길바란다.

하루하루를 이겨내기 위한 마음챙김

어느 날 나는 슈퍼마켓 계산대에서 줄을 서서 기다리고 있었다. 곧바로 모임에 가야 했기 때문에 가장 짧다고 생각한 줄을 골랐다. 그러나 마음이 급한 나머지 '견습 사원'이라는 표시를 미처 보지 못했다. 맙소사. 줄을 바꾸기에는 너무 늦었다. 불안해지면서 짜증 섞인 한숨이 새어나왔다. 그렇다. 한숨을 내쉬는 건 예의 없는 행동이었다. 그러고 나서 예의없다며 스스로를 비난하고 있는 나를 발견했다. '할 수 있는 좋은 일들이 많을 거야.' 나는 생각했다.

심호흡을 하고 발바닥을 느끼며 스스로에게 약간의 연민을 보내려고 노력했다. 마음이 진정되면서 이렇게 하지 않았다면 큰일로 만들었겠구나 하고 깨달았다. 줄을 서서 기다리는 것 자체가 문제 될 건 없었다. 끔찍한 일도 일어나지 않았다. 어쩌면 5분 정도 시간이 더 걸릴 뿐이다. 세상이 끝나는 것도 아니다. 이것을 개인적으로 받아들일 필요도 없다. 나더러 모임에 늦으라고 세상이 음모를 꾸미는 게 아니다.

나는 그 젊은 견습 사원을 떠올리며 모든 물건의 코드를 알리고 얼마나 힘들게 노력했을지 생각했다. 아마 오늘이 첫 출근이었을지도 모른다. 물론 견습 사원은 힘들어했고 일도 느렸다. 그러나 내가 짜증을 내봤자 일이 빨리 진행되는 데 전혀 도움이 되지 않는다. 나에게 연민을 보내려고 노력하다 보니 견습 사원에게도 짜증을 내기보다는 친절하게 지지적으로 반응할 수 있었다. 문제가 있는 것이 아니었다. 다만 내가 이런 상황을 문제로 만들고 있었다.

스승 중 한 분이 자주 해주신, 선 이야기가 떠올랐다. 학생이 선사에게 물었다. "제가 어떻게 해야 뜨거움과 차가움을 피할 수 있을까요?" 선사가 대답했다. "뜨겁지 않거나 차갑지 않은 곳에 가는 게 어떠냐?" "하지만 뜨겁지 않거나 차갑지 않은 곳은 없습니다." 학생이 말했다. 선사는 빙그레 웃었다. 인생 또한 뜨거움이나 차가움을 피할 수 없기 때문이다. 선사는 미소 지으며 말했다. "뜨겁게 만들지 말거라! 차갑게 만들지 말거라!"

가게에 줄을 서 있으며 약이 올랐을 때, 교통체증 속에서 열받을 때, 천천히 걷는 아이를 기다리며 화날 때, 아이와 싸우거나 울화통이 치밀 때, 무언가 정말로 비열한 말을 내뱉고 싶을 때 시도해보길 바란다.

또한 당신이 배우자나 아이를 '얼어붙게' 할 때도 마찬가지다. 당신 마음이 만드는 이야기를 찬찬히 살펴보라. 멈추어보라. 이것이 도움이 되고 있는가? 거기에는 뜨겁게 만들거나 차갑게 만드는 수많은 방식이 있다.

다음에 나오는 '하루를 이겨내는 마음챙김과 연민 칵테일'은 일상생활에서 다양하게 활용할 수 있는 유용한 실습이다.

하루를 이겨내는 마음챙김과 연민 칵테일

힘든 하루를 제정신으로 버티도록 도와주려고 만들어진 무알코올 '칵테일'이 있습니다. 배우자와 잘 지내지 못할 때, 아이와 싸울 때, 당신 또는 아이들이 아플 때, 부모님 중 한 분이 치매와 씨름할 때, 아이가 미운 네 살·초등학교·중학교·사춘기·대학 입시의 폭풍우를 지날 때, 그밖에 무엇이 당신을 힘들게 하든, 그 힘든 하루를 이겨내도록 도와주는 좋은 방법입니다. 그러고 보면 양육이 힘들지 않을 때는 없는 것 같습니다. 각각의 실습에는 3~5분이 걸립니다.

- 아이들이 일어나기 전입니다. 스스로 돌보면서 하루를 시작합니다(1장).
- 아침을 준비하면서 커피 마시기 명상을 합니다(1장).
- 운전해서 아이들을 학교에 데려다주는 동안 아이들끼리 싸우면 부모를 위한 자기연민, 구세주 실습을 시도합니다(2장).
- 불안정하다고 느끼나요? 지금까지 힘든 하루를 보냈나요? 부모를 위한 자아접착제 실습을 시도합니다(3장).
- 점심시간에 밖으로 나가서 신선한 공기를 마시며 운동을 해봅니다. 탐험하며 걷기 실습을 해봅니다(5장). 시간이 없나요? 그렇다면 3분 연민 공간 실습이 도움이 될 것입니다(6장).
- 아이들을 차에 태워 데리고 오는데 그들이 싸운다면 차 안에서 아이들과 함께 마음챙김과 연민 실습을 합니다(2장).
- 숙제, 놀이, 그밖의 여러 활동을 하기 위해 운전해서 아이들을 데려다주나

요? 발바닥 명상은 운전할 때 좋은 실습입니다(3장).

- 재빨리 가게에 달려가서 저녁식사에 필요한 재료들을 사와야 하나요? 오, 발작이 오나요? 열이 오르는 순간 위로의 손길을 보내봅니다(3장).
- 저녁식사 동안 또 싸움이 벌어졌나요? 청소하는 동안에요? 둘 모두에게 정말로 연민이 필요할 때를 실습해봅니다(6장).
- 목욕 시간 또는 잠자리에서 투쟁이 있나요? 친절한 눈으로 바라보기 실습을 합니다(1장).
- 잠자리에 들기 전 자애명상으로 자신을 새롭게 합니다(4장).
- 새벽 2시에 공황으로 잠에서 깨거나 잠을 잘 수 없나요? 당신은 혼자가 아닙니다. '연민 어린 존재의 나무' 실습을 시도해봅니다(8장).
- 필요할 때마다 자주 반복합니다. 아이들이 대학을 가거나 직장을 찾아 떠날 때, 결혼하거나 손주를 낳을 때도 계속 반복합니다. 이것은 평생에 걸친 실습입니다. 시작하기에 너무 늦은 때는 결코 없습니다.

7장

•

너무
힘들어요

———

특히 힘든 시기에
연민의 힘 활용하기

자기연민의 요소 중 하나인 보편적 인간경험도 도움이 될 수 있다.
우리 모두 힘든 시간을 보내고
고통받는다는 사실을 깨달으면 위안이 된다.
고통스러운 시간과 맞닥뜨리면 우리는 자신을
가혹하게 판단하고 고립시키고 감정을 억누를 수 있다.
당신만 이렇게 반응하는 것은 아니다.
이런 일은 누구에게나 일어난다.

내가 나를
위하자

양육은 결코 아름다운 풍경이 펼쳐지는 순탄한 길을 따라가지 않는다. 아이를 기르는 기쁨과 즐거움의 경험은 장애와 도전에 얽혀 있는 경우가 많다. 아이들, 직장, 가정, 가족에 대한 의무까지 다 감당하려 노력하는 건 누구에게나 흔히 있는 일이며, 우리는 다방면에서 우리를 끌어당기는 걸 느낄 수 있다. 모든 걸 함께할 수 없거나 원하는 대로 되지 않을 때 우리는 보통 자기 자신을 비난한다. 하지만 우리가 훌륭하지 못하거나, 똑똑하지 않거나, 운이 좋지 않거나, 망쳤다는 뜻은 아니다.

주변을 둘러보라. 문제가 없는 가정이 있는가? 어떤 식으로든 고군분투하지 않는가? 고난, 죽음, 비극을 경험하지 않는 가족이 있는가? 길이 매끄럽고 평탄해야 한다는 환상은 고통을 만들어내는 확실한 공식이다. "잔잔한 파도는 숙련된 사공을 만들지 못한다"라는 아프리카 속담이 있다. 복잡하지 않은 경험은

7장 너무 힘들어요

현명하거나 능숙한 부모를 만들지 못한다.

만약 우리가 고통 안에서 희망을 찾을 수 있다면, 어려운 시간을 이겨내고 고통에 대해 폭넓은 관점을 유지하는 것이 좀더 쉬울 수 있다. 시인 제인 허시필드(Jane Hirschfield)는 "갈증이 우리를 물로 이끌 듯이 고통은 우리를 아름다움으로 이끈다"[1]라고 말했다.

내 인생을 돌아보면 어떤 일도 순조롭게 진행되지 않았던 시기가 있었다. 불행한 일이 연이어 일어났다. 아버지는 직장을 잃었고, 할아버지는 말기 암에 걸렸고, 이모는 자살했고, 나는 건강상 두려움으로 힘들게 임신한 뒤 건강하지 못한 아이를 낳았다. 그 뒤 아버지가 갑작스럽게 돌아가셨다.

나는 혼란스러웠지만 가족과 함께 위로하며 하루하루를 견뎠다. 돌이켜보면 이 어려운 시간이 우리 삶이 얼마나 고통스럽고 비극적일 수 있는지, 우리가 처한 상황을 얼마나 통제할 수 없는지에 가슴을 여는 데 도움이 되었다는 사실을 깨달았다. 그리고 그것이 내 연민을 키우고 순조로운 일상의 시간에 감사하는 마음을 기르는 데 도움이 되었다.

겉 만 보 고 는
알 수 없 다

⋮

한 명상 지도자는 학생들에게 어려운 시기에 '연민 어린 혼돈'이 되도록 허용하라고 격려한다. 하지만 많은 사람은 어려운 시기를 함께하거나(또는 적어도 함께하는 것처럼 보이게) '끝까지 맞설' 필요가 있다고 느낀다. 원가족, 시댁 등 많은 가정에서는 어려운 시기에 대해 서로 전혀 말하지 않는다(내색하지 않고

⋮

술로 푼다).

모든 사람이 생각과 감정을 처리하는 데 관심이 있는 건 아니다. 어떤 사람들은 노력하면 압도당한다고 느낀다. 그것은 마치 몇 년 동안 쌓인 고통의 판도라 상자를 여는 기분일 수 있다. 일이 정말 힘들 때 우리는 종종 어떻게 해야할지 모른다. 그래서 스마트폰, 일, 술, 음식, 쇼핑, 운동으로 주의를 돌리거나 그것에서 한 걸음 물러선다. 그리고 다른 사람에게 부담을 주고 싶지 않고, 다른 사람들이 우리 문제로 짐을 지게 하고 싶지도 않다는 생각에 멀쩡한 척한다. 또 모든 게 괜찮은 듯 성공한 것처럼 꾸미려고 열심히 노력한다.

캐롤이라는 친한 친구가 있다. 내가 보기에 그 친구는 너무 개인주의적이다. 캐롤은 몇 년 동안 매우 고통스럽게 결혼생활을 지속하면서도 상담하는 사람에게만 이야기하고 조용히 고통을 참고 견뎠다. 겉으로는 무척 좋아 보였던 캐롤이 마침내 이혼하기로 결정했을 때 친구들과 지인들은 대부분 커다란 충격을 받았다.

어려운 시기를 이야기한다고 해서 고통이 줄어들지는 않는다. 주아니타에게도 '엄청난 재앙'이 밀어닥친 시기가 있었다. 어머니는 뇌졸중이 왔고, 시아버지는 암 투병중이었으며, 막내아이는 자폐증 진단을 받았다. 모두 특별한 보살핌이 필요했다. 너무 많은 일이 한꺼번에 벌어지는 바람에 그 누구도 재정적으로나 감정적으로 여력이 없었다.

"우리 식구들은 몇 시간씩 전화 통화를 했지만 전혀 도움이 되지 않았어요. 우리는 되돌아보고 걱정하고 나서는 결국 아무도 잠을 자지 못했을 뿐이죠. 우리는 그 문제에서 벗어나는 방법을 찾으려고 노력했지만 대화로 풀기에는 너무 큰 문제가 아니었나 생각해요."

주아니타는 자기 감정을 분석하는 것이 파괴적인 영향을 최소화하는 데 도움이 될 거라고 생각했다. 그러나 마음챙김을 수행하면서 그것이 전혀 도움이 되지 않는다는 사실을 깨달았다. "이 모든 주지화(방어기제. 감정적으로 동요를 불러일으키거나 위협이 될 수 있는 사건 또는 상황에 정서적 반응을 보이기보다는 이성적이고 합리적인 방식으로 대처하는 경향을 보이는 것-옮긴이)가 도움이 되고, 제가 이성적으로 행동한다고 생각했어요. 그러나 실제로는 저를 더 화나게 했다는 걸 깨달았어요."

우리가 문제에서 벗어나는 방법을 생각하려고 애쓰는 일이 상황을 더 나쁘게 만들 수 있다. 우리는 종종 과거의 상처를 파헤치거나 새로운 걱정거리를 만들고 머릿속으로 반추하며 결국 훨씬 더 무력하고 낙담하게 된다. 이때 연민이 중요한 역할을 할 수 있다.

자기연민의 요인 중 하나인 보편적 인간성도 도움이 될 수 있다. 우리 모두 힘든 시간을 보내고 고통받는다는 사실을 깨달으면 위안이 된다. 고통스러운 시간과 맞닥뜨리면 우리는 자신을 가혹하게 판단하고 고립시키고 감정을 억누를 수 있다. 당신만 이렇게 반응하는 것은 아니다. 이런 일은 일반적으로 일어난다.

그러나 물러서는 것은 해결 방법이 아니며 오히려 고통을 키울 수 있다. 명상 지도자들의 말처럼 "통증은 피할 수 없지만 고통은 선택적이다." 이 장에서 소개하는 마음챙김과 연민 실습은 효과가 강력해서 친절함과 폭넓은 시야를 (바라건대 약간의 유머도) 바탕으로 힘든 시기를 헤쳐나가도록 도와줄 뿐 아니라, 이 또한 지나간다는 것을 기억하게 해준다.

당신과 당신 가족이 직면한 것은 물론 도전적인 문제에 마음챙김과 자각을 불러오는 것으로 시작해보라.

일상생활에서는 어려움을 느끼는 상황이 많이 벌어지고 모든 것이 무너져

어떤 장애물에 직면했나요?

- 편안하게 앉거나 누워도 좋습니다.
- 먼저 가슴에 손을 얹습니다. 원한다면 당신을 지탱해주고 안전하게 느끼게 하는 부드러운 손길 가운데 하나를(3장) 선택합니다.
- 당신이 직면한 과속방지턱에 대해 약간의 친절한 자각을 가져옵니다.
- 당신이 지금 당장 다루어야 할 도전적이고 여러 가지로 신경 쓰이게 만드는 문제는 무엇인가요?
- 건강 문제에 직면했나요?
- 관계 문제인가요?
- 당신 아이가 힘들어하나요? 만약 그렇다면 어떤 점이 그런가요?
- 가족 구성원을 걱정하나요? 친구 문제인가요?
- 아들과 딸이 유년기에서 청소년기로 또는 대학으로 이동하는 과정에서 적응하는 데 어려움을 겪나요? 부모님에게 당신의 보살핌이 필요해졌나요?
- 당신의 여정은 어떤가요? 당신이 기대했던 곳에 있지 않거나 그것을 바꿀 힘이 없는 것 같은 느낌이 드나요?
- 스트레스가 당신의 몸, 기분, 웰빙에 해를 끼치나요?
- 당신을 위한 지지 자원이 있나요?
- 지금 바로 마음챙김과 연민의 시간을 가져봅니다. 당신을 그냥 있는 그대로 놓아둡니다. 아무것도 할 필요도 없고 고칠 필요도 없습니다.
- 이런 과속방지턱이 우리에게 속도를 조금 줄이라고 말하지 않나요?
- 잠깐만이라도 멈추고 휴식을 취합니다.

- 준비되면 가장 압도적으로 느껴지는 문제들을 적어봅니다.
- 자신에게 연민을 가져옵니다. 양육은 때때로 불가능하다고 느껴질 수 있습니다.
- 준비되면 심호흡을 두 번 하고 팔과 다리를 조금씩 움직입니다.
- 하루 중 필요할 때마다 언제든 부드러운 손길을 사용해봅니다.

내리는 일은 너무나 많다. 굳이 심각한 병이나 엄청나게 충격적인 변화에 직면할 필요도 없다.

배우자는 나를 무시하고 아이들은 내게 고마워하지 않으며 상사는 나의 노고를 인정하지 않는다. 나이 든 부모는 자식이 바쁘고 힘들어서 시간을 내지 못하면 관심을 보이라고 요구한다. '어려운 시기'는 하나의 큰 사건으로 오기도 하지만, 겉보기에 사소한 일들이 끝없이 쌓여서 맥 빠지게 만들기도 한다.

또는 우리가 겪는 일상의 어려움은 삶의 자연스러운 변화에서 올 수도 있다. 아이들은 커가면서 분리되고 개별화되는 발달 과정의 한 부분으로 나를 친구나 가족들 앞에서 깔아뭉개거나 내가 말하고 행동하는 모든 걸 흠잡곤 한다. 이 모든 것이 '발달하는 두뇌' 때문일 수도 있지만 여전히 아프고 억울하다. 때때로 청소년기는 20대까지 계속된다(더 길어지지 않기를 바라며).

모든 사람이 짜증을 내고 초조해하는 것처럼 느껴질 수 있다. 과연 끝나기는 할까? 상황이 '정상'(그것이 무엇이든)으로 돌아갈 수 있을까? 때때로 문제를 재구성하는 것만으로도 도움이 될 수 있다. 나는 10대들이 중립적인 의견[2]을 비판적인 것으로 받아들일 수 있다는 연구 결과에 위안을 받았다. 우리가 그렇게 자주 오해하는 건 당연한 일이다.

결혼식과 같은 행복한 사건도 묻어두었던 감정과 억울함을 불러일으킬 수 있다. 그리고 우리는 죽음과 장례식이 어떤 상황을 불러일으킬 수 있는지 안다. 10년이나 지난 일이다 보니 무엇이 그렇게 비참하고 속상해 보였는지 되돌아보며 웃을 수 있지만, 그 순간에는 유머나 폭넓은 시각을 갖기가 어렵다. 이런 때 일수록 자기연민을 기억하고 자기연민의 마음을 갖는 것이 중요하다. 고대 현자 랍비 힐렐(Rabbi Hillel)의 지혜는 여전히 진실을 말해준다. "당신이 당신 자신을 위하지 않는다면 누가 위하겠는가?"

일이 예상대로
잘 풀리지 않을 때

아무리 계획을 세우고 열심히 해도 우리가 마음속에 그려왔고 목표로 했던 미래가 항상 열리는 건 아니다. 기분 변화가 심하고 짜증을 잘 내는 10대는 이전에 당신이 길러온 그 아이와 좀처럼 닮은 것 같지 않아 정말 힘들다. 우리는 10대가 점차 성인으로 자라는 것과 집 밖 세계에 적응하는 걸 돕지만 그 모두가 너무 힘들게 느껴질 수 있다.

바네사는 제이슨이 가고 싶어했던 학교에 들어가지 못한 것에 큰 충격을 받고 나를 찾아왔다. 제이슨은 몇몇 대학의 대기자 명단에 올랐지만, 자기가 꼭 가고 싶었던 대학에 가지 못해서 낙담했다. 바네사는 대학을 다니지 못했다. 대학은 그녀 가족이 감당할 수 없는 사치였다. 그래서 바네사와 남편은 제이슨을 성공시키고 싶어 그들이 할 수 있는 모든 걸 했다.

고등학교 상담자가 제대로 지도해주지 않자 바네사와 남편은 대출까지 받아 사설 입시 상담사를 고용했을 뿐 아니라 퇴직금도 투자했다.

　제이슨은 테니스를 좋아할 뿐 아니라 잘하기도 해서 고등학교 2학년 때는 대표팀에 들어갔다. 그러나 사설 입시 상담사는 '좋은' 학교에 들어가려면 모든 고교심화학습(AP) 과정을 이수해야 한다고 말했다. 제이슨은 수학을 잘하지 못했는데도 부모는 아들이 고교심화학습 미적분학 수업에 들어가도록 떠밀었다.

　제이슨은 진도를 따라가기 힘들어했으며 숙제하는 데 시간이 너무 오래 걸려 누군가의 도움이 필요했다. 수학 과외를 하느라 테니스 칠 시간이 없자 순종적인 제이슨은 테니스를 포기했다. 하지만 지금 그 모든 일과 희생을 감당했는데도 결과적으로는 아무것도 건진 게 없다고 느꼈다.

레 모 네 이 드
스 탠 드
：

바네사는 "너무 우울해요"라고 말했다. "제이슨의 입시를 위해 많은 시간과 노력을 들였어요. 요즘 아침에 침대에서 일어나기조차 힘들어요. 의사가 누군가에게 말을 하라고 조언하더군요. 우리는 제이슨에게 희망을 걸었어요. 딸 레베카는 다운증후군이라서 대학에 가지 않을 거예요. 우리는 레베카를 사랑하고 레베카는 천사 같지만 제이슨은 우리의 미래였어요. 우리는 돈을 너무 많이 써서 남은 돈이 없어요.

　하지만 가장 안 좋은 일은 제가 죄책감을 너무 심하게 느끼고 저를 비난한다는 거예요. 고교심화학습에서 미적분은 제이슨이 풀기 어려웠어요. 만약 우리가 제이슨에게 테니스를 하게 했다면 아들은 훨씬 행복해했을 거예요. 많은

：

　　　　　　　　　　　　　　　7장 너무 힘들어요

면에서 그런 손실이 있었죠." 바네사는 한숨을 내쉬었다.

삶 자체가 하나의 실험이다. 무슨 일이 벌어질지 전혀 알지 못한다. 이것이 자기연민과 회복탄력성이 큰 차이를 만들 수 있는 부분이다. 나는 바네사가 할 수 있는 모든 걸 다했고, 제이슨도 마찬가지라는 점을 인정해주면서 바네사를 위한 연민 모델을 보여주려고 노력했다. 바네사는 잘못 판단했다며 자신을 비난했다.

제이슨은 가족이 실망할까봐 낙담했다. "제이슨이 밤중에 침대에서 우는 소리를 들었어요. 저는 일이 잘 풀릴 거라고 말했지만 아들은 그저 고개를 저었어요. 제이슨은 우리 돈을 낭비하고 실패한 일을 수치스러워하며 자기 방에서 혼자 시간을 보내요."

청소년기에는 복잡한 인생에 대해 큰 그림을 그리기 어렵다. 대학에 떨어지면 힘들겠지만 다른 기회가 생기고 다른 문이 열린다. 아이들이 충분하지 않다거나 실패했다고 느끼는 건 흔한 일이다. 자기연민은 우리 모두 살면서 실패하며, 그것이 삶의 일부라는 사실을 깨닫는 데 도움을 준다. 힘든 일을 경험하면 절망할 수도 있지만 뭔가 배울 수도 있다(아이들에게 자기연민을 더 가르치려면 8장을 참고하라. 이 책 뒷부분에 있는 '부모를 위한 자기연민 도구상자'에는 부모들이 가족 친화적으로 되도록 돕는 모든 실천 요강을 정리해놓았다).

바네사가 시야를 넓히도록 도우려고 바네사에게 MSC에서 이야기하는 '희망의 빛-실버 라이닝(Silver Lining)', 즉 상황이 좋지 않았지만 예측하지 못한 방식으로 잘 풀린 일이 있는지 물었다. 바네사는 승진에서 제외되었던 때를 떠올렸다. 동료가 바네사에 대해 험악한 소문을 퍼뜨리고는 그 자리를 차지했다. 그는 일단 그 일을 잡으면 바네사가 자기를 도와줄 거라고 기대했다.

"저를 버스 밑으로 내던져놓고 제가 타이어를 갈아 끼우기를 기대한 격이니 너무 뻔뻔했죠. 결국 그 일을 그만두었어요. 한동안 일자리를 찾지 못했는데 사람들은 저더러 멍청하다고, 아첨을 떨었어야 했다고 했지만 저는 자존심 상하는 일은 하고 싶지 않았어요. 그리고 봉급을 더 많이 주는 좋은 직장에 들어 갔어요. 또 하나 선물은 새 직장에서 남편을 만난 거예요. 제가 거기에 그대로 있었으면 절대 일어나지 않았을 일이죠."

힘든 시기를 겪을 때 다음 '비추어 보기' 실습을 해보라. 바네사는 이 실습을 '레모네이드 스탠드(Lemonade Stand)'라고 했다. 제이슨이 동네에서 레모네이드를 만들어 팔곤 했는데, 바네사는 제이슨의 사업 동기와 기업가 정신에 감동받았다. 그리고 그것이 바네사가 제이슨의 강점과 연결되도록 도왔다. 바네사는 말했다. "삶이 당신에게 레몬을 건네거든 멋진 레모네이드를 만들어라'라는 속담도 있잖아요. 저는 실망 속에서도 뭔가를 만들 수 있다는 걸 배우고 있어요."

바네사는 한 주 동안 레모네이드 스탠드 실습을 했다. 바네사는 이제 자기자신을 책망하지 않았다. 또 제이슨의 강점을 다시 보니 아이를 도울 수 있다고 느꼈다.

"제이슨에게 일이 항상 네가 원하는 대로 되지는 않지만 그걸 헤쳐나가면서 자신을 만들어가는 거라고 말했어요. 이는 제 할머니의 지혜이기도 해요.

우리는 대안을 살펴보았어요. 갭 이어(gap year, 흔히 고교 졸업 후 대학생활을 하기 전에 일 년 동안 일을 하거나 여행을 하며 보내는 것)를 생각했고, 제이슨이 탐구할 수 있는 직업과 인턴십에 대해 브레인스토밍을 했어요.

제이슨이 미래에 대해 좀더 낙관적으로 된 것 같아요. 제이슨은 제가 그렇게 화내는 걸 본 적이 없었어요. 저는 침착하려고 했지만 정말 우울했고, 제이슨도 제가 어떤지 알았어요. 큰 충격을 받았겠지요. 우리는 돈과 감정을 그렇게 많이 오랫동안 투자했어요. 하지만 제가 다시 돌아올 수 있다는 걸 보여주자

❦

레모네이드 스탠드

당신 생각을 종이나 휴대전화에 적어봅니다.

- 일상에서 벗어나 잠시 시간을 가져봅니다. 눈을 감고 심호흡을 몇 번 해봅니다.
- 견디기 힘들 것 같았지만 돌이켜보면 중요한 교훈을 얻었거나 긍정적인 결과를 얻었던 인생의 한때를 생각해봅니다.
- 지금은 해결되었지만, 과거에 일어났던 그리고 당신이 배워야 할 걸 배웠다고 느낀 사건을 선택합니다.
- 어떤 사건이었는지 적습니다. 무슨 일이 일어났나요? 어떻게 대처했나요?
- 어떻게 레몬을 레모네이드로 바꾸었나요?
- 그 도전이 다른 곳에서 배울 수 없는 어떤 교훈을 가르쳐주었나요?
- 당신 인생에 레몬을 건네받은 상황이 있다면 적어봅니다.
- 잠깐 멈추고 이 순간 당신 자신에게 연민을 가져옵니다.
- 이 상황에서 잠재적 교훈이 될 만한 것이 있나요? 그것을 적어봅니다.
- 시각을 바꾸어야 할 필요가 있다고 느낄 때, 하루 또는 몇 주 동안 이 실습으로 돌아갑니다.

아들 마음이 조금은 가벼워지는 것 같았어요.

우리 모두에게 힘든 일이지만 이게 세상의 끝은 아니에요. 제이슨은 어리고 인생은 길잖아요. 그리고 제이슨더러 자기 자신에게 친절히 하라고 말했어요. 저는 연민이라는 단어를 쓰지 않을 거예요. 아들이 비웃을지 모르지만 전 그냥 말했어요. '이건 힘든 거야. 우리가 해결할 수 있을 거야. 너 자신에게 친절해봐.'"

때때로 삶은 우리에게 레몬을 너무 많이 주어서 판매대가 너무 작다고 느끼게 한다. 우리는 레모네이드 가게를 크게 열 수도 있다(본격적인 사업으로 하거나). 많은 학생과 환자에게 이 실습은 필요한 폭넓은 시야를 가질 수 있게 도와주었다.

카를로스는 경기침체로 사업에 실패해 우울하고 쓸모없다고 느낄 때 이 실습을 활용했다. 카를로스는 아이들이 아빠에 대한 존경심을 잃을까봐 걱정했다. 최근 유산을 겪은 트루디는 이 실습이 폭넓은 시야를 가지고 계속 나아가는 지혜를 발휘하는 데 도움이 된다고 느꼈다. "제가 뭔가 부족하고 몸에 이상이 있다는 걸 느꼈어요. 이 실습은 제가 인내하는 데 도움이 되었어요. 일이 항상 처음 생각한 것처럼 뜻대로 되는 건 아니잖아요."

당신은 어떤가? 언제 이런 실습을 할 수 있겠는가? 이 실습은 적절한 상황에서 사람들이 수용적일 때 친구들, 큰 아이들, 배우자 그리고 가족 구성원들과 공유할 수 있다.

7장 너무 힘들어요

사방이 꽉 막혔다고
느낄 때

우리가 압도당하고 걱정되는 방향으로 끌려간다고 느낄 때 계속 앞으로 나아가기는 어렵다. 얼마 전까지만 해도 '불량소녀'들과 어울리는 딸 문제를 걱정했던 롭은 지금 괴로움이 배가되었다. 롭의 어머니는 넘어져서 고관절이 부러지는 바람에 몇 주 동안 재활센터에서 치료를 받아야 했다. 퇴원했지만 물리치료와 몇 차례 진료를 더 받으려면 롭의 도움이 필요했다. 롭은 어머니를 모시고 병원에 가느라 일을 할 수 없게 된데다가 지쳐버렸다. 또 최근 딸 헤더에게 생긴 문제로 심란했다.

헤더는 고등학교에 들어갔지만 사회적·학업적으로 적응하는 데 어려움을 겪었다. 완전히 새로운 그룹의 아이들과 마주한 헤더는 친한 친구를 사귀지 못했고, 역사 시험에서 낙제했다. 스트레스를 받아 짜증이 난 헤더는 학교에서 집으로 돌아와 방문을 닫고 저녁때까지 나오지 않았다.

헤더는 식탁을 차리거나 식기 세척기에 그릇을 넣을 시간이 없다고 불평했다. 롭이 괜찮냐고 묻자 헤더는 괜찮다고 대답했다. 헤더는 숙제가 많아지고 역사 과목에서 모든 연도와 전쟁을 외워야 했기 때문에 힘들어했다. 롭은 뭔가 잘못되었다는 걸 알았지만 밀어붙이려 하지 않았다. 그러나 헤더에게 어떻게 다가가야 할지 몰랐다.

어느 날 밤 롭은 쓰레기를 치우다가 휴지가 붉게 물들어 있는 것을 발견했다. 처음에는 별일 아니라고 생각했지만 피가 말라붙어 있는 휴지들도 보였다. 롭은 아내에게 말했고 아내 또한 무슨 문제가 있는 게 아니냐며 걱정했다. 그래서 그들은 헤더에게 얘기 좀 하자고 했다.

롭이 말했다. "처음에 헤더는 모든 걸 부인하고 화를 냈어요. '맙소사! 그만하세요. 면도하다가 베었어요. 제가 좀 서투르잖아요.' 우리는 헤더가 한 말을 믿지 않았지만 어떻게 해야 할지 몰랐어요. '자해한 거 아니지?' 하고 제가 물었어요. 헤더는 아니라고 우겼어요. '신문하듯 묻지 마세요.' 헤더가 소리쳤어요. 그러나 밤중에 잘 자라고 안아줄 때 잠옷으로 가려진 손목 몇 군데에 면도칼 자국이 있는 걸 보았어요.

그러나 그것에 대해 대놓고 말하면 헤더가 방어적으로 나올 걸 알기에 이렇게만 말했어요. '우리는 너를 사랑하고 너를 위해 여기에 있어. 화가 나면 우리에게 말해.' 휴지가 더 필요한지 묻고 싶었지만 그렇게 하지는 못했어요. 헤더가 너무 당황할 것 같아서요.

다음 날 헤더는 저에게 이야기 좀 하자고 하더니 자해하고 있다고 털어놓았어요. '제발 저한테 화내지 마세요, 아빠.' 헤더가 애원했어요. 헤더는 제가 어머니를 돌보는 데 지쳤기 때문에 저를 걱정시키고 싶지 않았던 거예요. 헤더는 자신이 가치가 없으며 추하다고 느낀다고 말했어요. 새 학교에서 아무도 자기를 좋아하거나 관심을 주지 않아서 속상하다고 했고요."

롭은 잠시 말을 멈추고 울었다. "어떻게 하면 헤더를 도울 수 있을까요?" 아이가 자해한다는 건 부모에게 정말 끔찍한 일이다. 롭은 "저는 지금 할 일이 너무 많아요. 제가 어떻게 해야 하나요? 숨통이 조여오는 느낌이 들어 힘들어요"라고 말했다.

아이들이 자해하기 시작하면 상황이 악화되기 전에 전문가의 도움을 받는 것이 중요하다. 헤더는 분명히 자기가 고통받고 있다는 걸 부모가 알아주었으면 했다. 나는 영국의 분석가 도널드 위니컷(Donald Winnicott)이 정서에 관해 한 유명한 말이 떠올랐다. "아이들은 숨어서 쾌락을 즐긴다. 하지만 발견되지 않으면 재앙이 된다."

우리는 헤더를 도와줄 아동치료사를 찾았다. 헤더는 처음에는 말하고 싶어 하지 않았지만 치료사는 헤더에게 어떻게 다가가야 할지 아는 따뜻한 사람이었다. 시간이 좀 걸렸지만 그들은 결국 친밀한 관계로 발전했다. 치료사는 헤더와 함께 새 학교에 적응하고 새 친구를 사귀는 도전, 늘어난 학업량에 대처하는 기술을 개발하려고 했다. 몇 달 지나지 않아 헤더는 우울함을 덜 느끼기 시작했다.

롭이 숨통이 조여지는 것 같은 감정에 대처하도록 '하늘 바라보기'³ 실습을 제안했다. 처음에는 롭 혼자 했는데 롭이 풀밭에 누워 하늘을 올려다보는 모습을 본 헤더가 함께하고 싶어했다. 헤더가 "편안해지는 것 같아요"라고 말했다. 이것은 가족을 위한 훌륭한 실습이다(8장에서는 밤하늘의 광활함으로 변형된 것을 소개하는데, 이는 가족 친화적 실습이기도 하다).

땅을 딛고
하늘을 보라
:

하늘 바라보기 명상은 특히 화창한 여름 낮이나 저녁에 적합하지만 어떤 계절에 해도 좋다. 밖으로 나가기에는 너무 추우면 창가에 앉아 밖을 내다본다. 눕거나 앉아서 실습할 수 있다. 나는 청소년, 어린이, 성인들이 이 실습을 이용할 수 있도록 만들었다.

이 실습은 휴가 동안 하면 아주 좋고 스트레스를 많이 받은 주에 한숨 돌리기에도 좋다. 우리의 삶과 고민을 좀더 넓은 시각으로 발전시키도록 할 뿐만 아니라 새롭게 재충전하는 데 도움이 되는 명상이다.

헤더가 그랬던 것처럼 롭은 이 실습으로 약간의 위안을 찾았다. "숨통이 조여오는 느낌이 들 때, 내 안에 어떤 공간이 있는 것 같은 기분이 들게 해요." 롭이 말했다. "어머니를 돌보는 일, 온 동네를 운전하며 돌아다니는 일, 식료품을 챙기는 일, 요리하는 일, 어머니를 모든 진료 약속에 데리고 가는 일이 벅차고 헤더가 걱정될 때 하늘을 떠올리고 잠시 멈춰 심호흡을 해요. 도움이 되는 구절도 생각해냈어요. '그래, 엄마는 점점 나빠지고 있어. 하지만 여기 살아 계시잖아.' 그리고 저는 그것에 감사해요.

또 말하죠. '헤더는 지금 힘든 한 해를 보내고 있어.' 그리고 덧붙이죠. '그래도 하늘은 여전히 파랗잖아.' 이렇게 하는 것이 탁 트인 하늘과 공간에 대한 감각을 떠올리는 데 도움이 되고 갇혀 있다는 기분이 들지 않게 해줘요."

나는 이 실습을 바네사에게도 가르쳤는데 바네사는 제이슨과 함께했다. 그녀는 낮에 누워 하늘을 보면서 감사함을 느꼈다. 과학에 관심이 많고 지적 호기심이 큰 제이슨은 별자리를 배우는 방법으로 '밤하늘의 광활함'(8장)을 활용

하늘 바라보기

- 이불이나 비치타월 위에 등을 대고 눕는 것으로 시작합니다. 잔디밭이나 부드러운 모래밭에서 연습하는 것이 이상적이지만 도시 옥상이나 긴 의자에서 하는 것도 괜찮습니다. 또는 하늘이 보이는 어느 창문이든 좋습니다.
- 심호흡을 몇 번 하고 시작합니다. 몸이 바닥에 편히 닿도록 합니다. 눈을 뜨거나 감을 수도 있습니다.
- 땅이 당신을 지탱해준다고 느껴봅니다. 땅이 당신을 편안히 받쳐주며 '당신의 단단한 힘'이 되어주는 것을 느껴봅니다.
- 각 신체 부위(발, 다리, 골반, 등, 배, 어깨, 팔, 가슴, 목, 턱, 눈)를 이완합니다.
- 몸을 쉬게 하고 근육이 부드러워져 풀리도록 합니다. 긴장하거나 꽉 쥔 것을 놓을 수 있는지 봅니다.
- 통제나 강요 없이 오가도록 놓아두며 자연스러운 호흡을 찾아봅니다.
- 몸 안에서 공간과 열려 있음을 인식합니다.
- 준비되었을 때 눈을 감았다면 눈을 뜹니다. 하늘을 보기가 눈부시다면 선글라스가 필요할 수 있습니다.
- 하늘에서 흘러가는 구름을 보며 쉽니다. 넓게 열려 있는 하늘을 알아차립니다. 이 열려 있음을 당신 몸에 가져올 수 있다고 상상해봅니다.
- 생각, 감정 또는 감각이 올라오면 구름처럼 쉽게 지나갈 수 있도록 허용합니다.
- 어떤 것도 붙잡을 필요가 없으며 그저 열린 하늘의 광활함 속에서 생각, 감정, 감각이 열리도록 허용합니다.
- 몸 안과 밖의 넓은 공간에서 쉽니다.
- 이런 열린 감각을 하루 종일 지닐 수 있는지 봅니다.

했다. 제이슨은 광활한 하늘을 바라보면 걱정이 덜 부담스러워지는 게 좋았다.

내가 아주 좋아하는 이 수행을 나는 따뜻한 여름날 하고 싶다. 어렵거나 혼란스러운 시기뿐 아니라 다양한 상황에서 활용할 수 있다. 스트레스를 받을 때, 컴퓨터 앞 또는 사무용 책상에서 너무 많은 시간을 보냈을 때, 텔레비전을 계속 보고 온라인 쇼핑을 하는 것보다 휴식이 더 필요할 때 해도 좋은 실습이다.

서류작업에 압도당한 엘리너는 이 실습을 아버지가 돌아가신 직후 스트레스를 관리하는 데 이용했다. 알베르토는 가족 갈등으로 화가 난 채 논쟁을 확대하지 않고 진정하는 방법으로 하늘 바라보기 실습을 이용했다.

해마다 시간이 점점 더 걸리는 것 같은 통근에 지쳐버린 조너선은 집에 돌아올 때 기분을 전환하는 방법으로 이 실습을 이용했다. 조너선에게 '하늘 바라보기' 실습은 직장생활에서 오는 스트레스 상황에 필요한 멈춤이었다. 또 가족과 함께 있는 상황으로 전환하는 데 도움을 주었다. 때로는 온 가족이 실습에 동참했다. 그들은 구름 속에서 공룡이나 용 모양을 찾고, 밤이면 새와 귀뚜라미 소리를 듣기만 했다. "저만의 은밀한 마음챙김이에요. 저는 아이들에게 긴장 푸는 법을 가르쳐요. 강압적이거나 공식적인 방법으로 한 건 아니지만요."

우리 생각
다루기

:

발레리는 지난 5년 동안 어려운 시기를 겪었다. 그녀는 이혼과 양육권 다툼에서 막 빠져나오고 있었다. 이제 열 살이 된 매트는 불화가 있는 부모와 두 가정에서 받는 스트레스 등 어려운 현실에 적응하려고 노력하고 있었다. '강압적인

:

7장 너무 힘들어요

나쁜 엄마가 되고 싶지 않은 발레리는 매트와 한계나 경계를 정하는 데 어려움을 겪고 있었다. 그러나 매트는 발레리에게 협조하지 않았을 뿐 아니라 엄마의 권위에 도전했다.

"남편, 경제적 지원 그리고 사회적 지원을 잃은 건 충분히 힘든 일이에요. 결혼생활이 끝나는 것은 가슴 아프고 또 너무 외로워요. 화도 많이 나고요. 무엇보다 가장 힘든 일은 제가 매트를 잃어버린 것처럼 느낀다는 거예요. 매일 보던 매트를 지금은 절반만 함께할 수 있으니까요. 매트는 제 삶의 중심이었고 제 우주의 중심이었어요. 이건 너무 불공평해요. 매트가 없으면 너무 허전해요. 그런데도 매트를 볼 때마다 다투게 되고 매트는 제게 시비를 걸어요.

주말에는 매트가 없으니 완전히 혼자라는 느낌이 들어요. 친구들이 다 어리거나 결혼을 하지 않은 건 아니에요. 우리는 만나서 함께 재미있게 보내기도 해요. 그렇지만 가족과 가정이 있는 그들은 여가시간을 저와 함께 보내고 싶어하지는 않아요. 저는 결혼이 파탄 날 수 있다는 것을 상기시켜주는 사람이잖아요. 그들은 남편이 바람을 피우고 떠나는 일이 자기들에게도 일어날 수 있다는 걸 생각하고 싶어하지 않아요.

저는 결혼생활이 끝난 걸 제 탓으로 돌려요. 만약 제가 그렇게 많이 살이 찌지 않았다면 더 매력적일 수 있었을지 몰라요. 그랬다면 남편이 체육관의 멋진 피트니스 강사에게 빠지지 않았을 거예요. 제가 성형수술을 했어야 할까요? 최악의 상황은 매트가 저에 대한 존중감을 잃어간다는 거예요. 매트는 저에게도 화가 났어요. 이혼이 매트 인생을 크게 망쳐놓았으니까요. 아빠와 새 여자친구는 신나서 여행과 하이킹을 하고 스키를 타러 가요. 매트에게는 그들과 함께하는 삶이 훨씬 더 즐겁죠. 저는 매트를 멋진 곳으로 데려갈 여유가 없어요. 저는 그 일을 끊임없이 되새기는 틀에 박혀 있어요. 제 생각은 빙빙 돌기만

하면서 그 일을 계속 떠올려요. 매트와 같이 있는 순간에도 매트에게 집중하지 못하는 걸 느껴요.

제가 부족하고 아무에게도 달갑지 않은 사람으로 느껴져요. 저는 요즘 매트에게 즐거움을 주지 않을 뿐 아니라 누구에게도 유쾌한 사람이 아니에요."

나는 발레리에게 매트와 공정하고 일관된 한계를 설정하는 방법을 알려준 뒤 그녀의 우울증을 관리하는 작업을 했다. 우울증을 다루는 효과적인 방법 가운데 하나는 모든 부정적인 생각을 믿거나 회피하는 것이 아니라 다루는 것이다. 우울할 때는 생각 패턴이 불충분함과 자기혐오라는 주제에 머무를 수 있다.

발레리는 이혼하는 과정에서 전남편과 전쟁하는 것처럼 느꼈고, 지금은 자신과 싸우고 있다. 하지만 만약 자기가치에 대한 왜곡된 생각을 절대적 진리라고 여긴다면, 우리는 우울함에 힘을 실어주게 된다.

마음챙김은 우리가 우리 생각과 새로운 관계를 맺도록 도와줄 수 있다. 우리는 생각을 분석하거나 없애려고 하기보다는 그대로 놓아두는 법을 배운다. 만약 "나는 어디서도 환영받지 못해"와 같은 생각을 그냥 하나의 생각으로 지각한다면 우리를 화나게 하는 힘을 없앨 수 있다.

마음챙김 수행에서 우리는 '내가 무가치하다는 생각' 또는 '내가 부족하다는 생각'과 같은 생각에 이름 붙이는 걸 배운다. 이 실습은 한 걸음 더 나아가 연민으로 이어진다.

발레리는 한 주 동안 실습을 했다. 처음에는 어떤 생각에 사로잡히기 쉬웠고 가만히 그것을 지켜보기가 어려웠다. 하지만 그녀는 기차에서 보는 풍경을 상상하면서 자기 생각을 따라가기가 더 쉽다는 걸 알게 되었다. 거리를 둔다는 느낌이 발레리에게 안심이 되게 해주었다.

7장 너무 힘들어요

이것은 단지 생각일 뿐 진실은 아니기 때문에

- 편안히 앉아서 마음을 가라앉히는 것으로 시작합니다. 당신 자각을 호흡과 몸이 앉아 있는 감각으로 가져옵니다.
- 호흡이나 주변 소리에 귀 기울이는 수행과 함께 자신을 차분하게 안착하면서 현재 순간으로 옵니다.
- 준비되었을 때 당신 생각으로 주의를 가져오고 생각이 당신 자각의 초점이 되게 합니다.
- 생각이 어떻게 일어나고 강화되는지, 어떻게 사라지는지에 주목합니다.
- 생각을 관찰할 수 있는지 봅니다. 생각에 사로잡히지 않고 동의하지도 않으며 그저 지켜보기만 합니다.
- 이 과정을 강요하지 않으며 생각을 마음에서 떨쳐버리려고도, 쫓아내려고도 하지 않습니다.
- 생각에 따뜻한 마음과 친절함을 가져오도록 시도해봅니다. 예를 들어, 만약 당신이 가치가 없다고 생각하거나 부족한 어머니인 걸 알아차린다면 가슴에 한 손을 얹고 잠시 멈춥니다. 원한다면 양손을 모두 가슴에 얹습니다. 그런 생각은 가슴에 담아두기가 어렵습니다. 맞아요. 아픕니다.
- 영화의 한 장면을 보는 방식으로 생각을 봅니다. 원한다면 당신은 기차에 타고 있고, 생각이 경치의 일부라고 상상할 수 있습니다.
- 이전의 '하늘 바라보기' 실습에서와 같이 당신은 구름이 하늘을 지나가는 것처럼 상상할 수 있습니다. 어떤 것들은 먹구름으로 어두우며 금방이라도 비를 뿌릴 것 같습니다. 다른 것들은 뭉게구름으로 가볍고 바람이 잘 통합니다. 구름에 주목하고 그것들이 점차 사라지도록 내버려둡니다.

- 광활함과 연결합니다. 그러나 어떤 생각은 폭풍우와 거센 날씨를 가져온다는 걸 인정합니다. 이런 것들도 지나갈 거라는 걸 압니다.
- 언제라도 생각이 당신을 데려가고, 당신이 흩어짐을 느끼거나 생각의 폭풍에 휘말리기 시작한다면 멈춥니다. 당신 자신에게 연민을 가집니다. 이런 생각이 여기 있습니다. 지금은 힘든 시간입니다. 하지만 생각은 영원히 이어지지는 않습니다.
- 당신이 어떤 생각에 인질로 잡힌다면 잠시 멈추고 마음을 가라앉힙니다. 모든 들숨은 다시 시작하는 기회로, 모든 날숨은 놓아주는 기회로 생각합니다.
- 주의가 흐트러졌음을 알게 되었을 때 다시 호흡 또는 몸으로 돌아옵니다. 고요한 상태로 자각을 내려놓습니다.
- 하루 동안 생각이 떠오를 때 당신은 자신에게 말할 수 있습니다. "이것은 단지 생각일 뿐이야. 이것이 진실은 아니야."

그녀는 자신이 늘 하는 '세상의 종말' 시나리오로 가는 걸 보고 그 패턴을 끊을 수 있었다. "이것은 저 자신을 느끼고 믿으며, 그렇게 심각하게 받아들이는 모든 게 단지 생각일 뿐 실제로 제가 누구인지에 대한 것이 아니라는 사실을 깨닫게 해주었어요."

하지만 발레리에게 가장 도움이 된 건 생각과 격렬한 감정 사이의 관계를 보기 시작했다는 것이다. "우리의 잔인했던 양육권 다툼을 생각하면 강렬한 감정적 폭풍이 일어요. 그러면 몹시 화가 나죠. 주먹을 불끈 쥐게 돼요. 감정의 눈사태에 휩싸이지요. 저는 전남편을 증오해요. 그러고 나서 멈추고, 이 모든 분노와 상상 속의 드라마는 필요 없다는 걸 깨달았어요. 그것은 단지 생각일 뿐이

7장 너무 힘들어요

에요. 그는 이 공간에 없어요. 변호사도, 판사도 여기에 없어요. 여자친구도 이곳에 없어요. 그냥 여기 새 아파트에 저 혼자 있어요. 상상 속 드라마는 끝났어요. 저는 시간을 느긋하게 보낼 수 있어요!"

발레리는 멈추었다. "저는 이 악몽을 반복하지만 멈출 수 있다는 사실을 깨달았어요. 정말 다행이죠!"

명상 지도자들은 우리에게 생각의 본질을 질문하게 한다. "생각이란 무엇인가?" 생각 자체는 의미가 없는데도 우리에게 엄청난 힘을 줄 수 있다. 만약 생각에 주의를 기울이지 않는다면 우리는 갑자기 그것이 불러일으키는 상상 속의 드라마와 감정 속으로 빨려 들어갈 수 있다. 그러나 잠시 멈춰 우리를 흔드는 것은 단지 생각일 뿐이고 '실제이지만 진실은 아니다'라는 사실을 깨닫는다면 분노, 짜증, 반추, 끝없이 타당한 이유를 찾는 걸 하지 않을 수 있다.

비추어 보기

—— ❦ ——

어떤 생각이 당신을 움직이게 하나요?

원한다면 비추어 보기를 하는 동안 떠오르는 것을 적어봅니다.

- 당신을 움직이게 하는 생각에 호기심을 가지고 잠시 시간을 가집니다.
- 당신이 납치되어 '이상한 나라의 앨리스'의 토끼굴로 빨려 들어간다는 생각이 드나요?
- 그것들은 무엇인가요? 오늘 아침에 배우자와 싸운 일이 다시 떠올랐나요?
- 지난 크리스마스를 시어머니가 망쳐버린 일을 아직도 곱씹나요? 아니면 몇 년 전 일이었나요?(걱정하지 마세요. 여기는 판단에서 자유로운 곳입니다. 우리는 종종 무시당한 일들을 수년간 마음속에 품게 됩니다.)
- 딸이 당신에게 무례한 말을 한 것이 몇 주 후에도 여전히 마음을 아프게 하나요?
- 아이가 학교에서 겪는 문제에 집착하나요?
- 친구로 여기는 사람이 모욕을 주었나요?
- 아직도 어머니와 한 말다툼을 생각하나요? 아직도 화가 나 있나요?
- 상사의 불쾌한 발언은 어떤가요?
- 형제자매 또는 가족과 대화하지 않나요? 당신 결혼식에 올 수 없었던 친척은요?
- 현재로 돌아가 생각의 흐름에서 벗어나 봅니다. 그냥 지나가 봅니다.
- 자신에게 연민을 가져옵니다. 가슴에 손을 얹거나 부드러운 손길을 연습해봅니다.
- 자책하지 않도록 합니다. 당신은 이런 생각을 불러내지 않았습니다. 당신은 이 평화로운 날을 방해하려고 그런 생각을 불러일으키지 않았습니다.
- 숨을 들이마십니다. 신선한 호흡으로 다시 시작하세요. 숨을 내쉬고 내버려둡니다.

당신의 비판적 사고
알아차리기

일상생활에서도 앞서 소개한 실습을 활용할 기회는 많다. 나와 함께 일하는 많은 사람은 이 책 뒷부분에 있는 '부모를 위한 자기연민 도구상자'에서 유용한 도구 중 하나를 찾아서 한다. 미리엄은 다른 사람들이 자신을 판단하고 비난한다고 상상했다. 미리엄도 자기가 잘하지 못한다고 느끼면서 지속적으로 자신의 육아를 판단한다는 걸 알게 되었다. 이것은 미리엄이 비난과 판단은 단지 또 다른 생각의 형태라는 걸 알아채는 기회가 되었다.

미리엄은 '나는 나쁜 부모야'라는 생각을 지혜와 유머로 대체했다. '매번 그런 건 아니야'라고 생각하며 혼잣말을 시작했다. "놀이시간을 끝내기 싫어하는 제리의 투정에 정말 잘 대처했어."

미리엄은 자신에게 실망할 때, 특히 스스로 아주 끈질기게 비판적 생각을 부추길 때 필요한 '주사 한 방'으로 내면의 비난하는 목소리를 잠재우는 "당신 잘못이 아니에요."(1장)를 추가로 실습했다.

제이크는 스포츠 중계나 리얼리티 텔레비전 쇼를 보는 것처럼 머릿속에 떠오르는 비판적인 말들을 알아차렸다. "여러분, 저기 제이크가 있네요. 그는 또 그것을 놓쳤어요. 샘에게 왜 그런 말을 했을까요? 바보 같아요. 제이크는 아빠로서는 실패자죠. 그가 또 실수하는 걸 지켜봅시다. 그는 하는 일마다 실패해요. 그의 아이들이 그런 불안정한 육아에서 벗어나려면 몇 년이나 걸려야 할까요? 그는 너무 약한데요. 심지어 해고되었습니다. 이제 여기서 나가야겠네요!"

도움이 된 기술 중 하나는 이런 생각 패턴에 이름을 붙이는 일이었다. 샌디는 자신의 장황한 설명을 '나쁜 부모'라고 이름 지었다. 제이크는 자기 이름을 '해고된 멍청이 아빠'라고 불렀다. 이름을 붙이는 것이 부정적 사고 패턴에 유머와 폭넓은 생각을 가져다준다. 실험에서 제이크는 마치 드라마틱한 뮤지컬이나 오페라처럼 다른 목소리로 자기 생각을 노래하려고 했다. 제이크는 바리톤과 베이스의 극적이고 떨리는 목소리와 고음을 더해 웃으며 즐거운 시간을 보내고 있었다. 그리고 더는 비판적 논평을 하지 않았다.

다음에 나오는 '비판적 사고를 노래로 바꾸기'를 재미있게 즐겨본다. 당신의 내적 대화 가운데 가장 심한 '10가지'를 뽑아서 만들 수도 있다. 보고, 듣고, 알게 되는 생각을 수용하고, 그것이 그저 단순한 생각이라는 걸 깨달을 때 비판적 생각을 멈추게 된다. 이런 식으로 음악, 유머 또는 알아차림을 활용해 독성이 있고 파괴적인 생각을 멈출 수 있다.

무슨 일이 일어나는지 보고 이해하며, 이 고통스러운 내면의 평가에 연민을 가져옴으로써 그것에서 벗어날 수 있다. 이는 우리가 한꺼번에 여러 가지 일을 해서 벅차고 지칠 때 우리 자신에게 주는 선물이다. 그렇다. 연습과 작업이 필요하지만 '내면의 오페라'를 보려는 의지는 자유를 주는 선물과도 같다.

7장 너무 힘들어요

비판적 사고를 노래로 바꾸기

어떤 장르든 비판적 평가를 음악으로 바꿔봅니다.

- 힙합?
- 컨트리뮤직?
- 블루스?
- 로큰롤?
- 포크?
- 멜로드라마 같은 오페라?
- 뮤지컬? 여기에 동작을 추가해도 좋습니다.
- 재미있게 즐겨봅니다. 당신의 내적 대화 가운데 가장 심한 '10가지'를 뽑아서 만들 수도 있습니다.

괴롭히는 사람들을
멘토로 바라보기

10대는 대개 부모에게 도전적이다. 심지어 우리가 시간과 관심을 쏟아야 하는 다른 많은 어려운 문제가 당장은 없더라도 청소년기는 부모에게는 어려운 시기가 될 수 있다. 청소년기의 뇌는 '발달중'이다. 그래서 기분, 행동, 흥미 그리고 친구들의 영향을 받아 급격한 변화가 일어나는 것이 청소년기의 특징이다.

우리가 침착하고 안정되게 지낼수록 모든 사람이 더 잘 살 수 있다. 때때로 우리 아이나 배우자가 우리를 괴롭히려고 태어난 것처럼 보일 수도 있지만(내면 가족체계 프로그램 개발자 딕 슈워츠의 말을 사용하면), 만일 우리가 한 걸음 뒤로 물러나서 생각하고 그 상황에서 무엇을 배워야 하는지 볼 수 있다면, 그들은 우리의 '멘토'가 될 수 있다.

하지만 현실적으로 우리는 경멸당한다고 느끼거나 모욕감을 느낄 때 격분하고 민감하게 반응한다. 어떻게 하면 우리가 이런 전환의 계기를 만들어 평온

7장 너무 힘들어요

함을 가져올 수 있겠는가?

크리시와 메건이 극한에 도달했다고 느꼈을 때 어떻게 온전함을 유지했는지 살펴보자.

분홍 머리와
새파란 타투
:

몇 년 전 크리시가 제니 아빠와 재혼한 첫해 이후 크리시와 의붓딸 제니의 관계는 좋아졌다. 그리고 크리시의 주된 관심은 아들 스티븐에게 있었다. 스티븐의 주의력결핍 행동장애가 안정되자 크리시는 잠도 못 자며 다시 제니를 걱정했다. "이 아이를 다루는 것이 제 인생에서 가장 어려운 일이에요." 크리시가 설명했다.

"휴전한 것 같고 치료가 필요 없을 정도로 잘 대처했어요. 우리는 서로 존중하고 잘 지내는 법을 배웠어요. 때때로 함께 재미있게 지냈어요. 하지만 지금 열다섯 살인 제니는 사춘기라서 그런지 예민하고 날카로워요. 모든 것이 싸움거리지요. 제니는 제가 정한 모든 경계와 한계에 도전해요. 자신이 모든 걸 논쟁하고 협상할 수 있다고 생각하고요. 제니가 협조하게 하는 건 중동에서 평화를 찾기보다 더 어려운 일 같아요. 불가능하죠.

지난 주말에는 최악이었어요. 제니는 친구와 함께 쇼핑몰에 갔어요. 제니에게 아기를 돌보고 받은 돈이 있었거든요. 게다가 제니가 생일이었기 때문에 할머니한테서 용돈도 받았고요. 제니가 머리를 분홍색으로 물들이고 발목에 타투를 한 채 집에 온 거예요. 작았지만 진짜 타투였어요.

:

제니는 저나 남편의 허락을 구하지 않았어요(남편은 출장을 갔지만요). 제니는 우리에게 묻지도 않고 그냥 그렇게 했어요. 몇 주 동안이나 혼자 계획하고 있었을 거라고 저는 생각해요. 상상하시겠지만, 저는 노발대발하며 분통을 터뜨리고 제니를 2주 동안 외출하지 못하게 했어요.

그러자 제니는 맞받아쳤어요. '내 몸이에요. 엄마가 내 몸을 이래라저래라 통제할 권리는 없어요.' 제니도 제가 여성 권리를 강력히 지지한다는 걸 알지만, 제니는 아직 어리잖아요. 그리고 저는 책임감 있는 부모가 되고 싶고요. 그래서 '너는 부모 집에서 살고 있으니 부모가 정한 규칙을 따라야 해. 타투를 하기에는 아직 어리잖니'라고 말했어요

'나는 엄마가 싫어, 싫다고! 우리 엄마가 아니었으면 좋겠어!' 제니는 고함을 치고는 자기 방으로 쿵쾅거리며 올라가버렸어요. 우리는 며칠 동안 서로 말도 하지 않았는데, 그것은 마치 데자뷔 같았어요."

우리 중 10대였던 사람들에게, 또는 10대를 키우는 사람들에게 이 장면이 친숙할지도 모른다. 거의 모든 부모가 피어싱, 타투, 코걸이 또는 몸으로 하는 다른 반항들에 말할거리를 가지고 있다. 나의 멘토이자 외상 연구의 선구자인 주디스 허먼(Judith Herman) 박사는 한때 다음과 같은 방법으로 학생들에게 설명했다.

10대는 일단 성장해서 키가 다 자라면 어른처럼 보인다. 그리고 타투, 피어싱 등을 한다고 해서 어른이 되는 게 아닌데도 어른 세계의 규범을 거부한다고 세상에 알리며 독립성을 주장한다. 그렇다면 부모들은 청소년기인 아이가 반항을 계속하는 동안 어떻게 분별력을 유지할 수 있을까?

크리시는 '반항적인 행동' 실습을 시도한 뒤 겸손해져 돌아왔다. "네, 저는 천사가 아니에요. 제가 불량아였다는 걸 잊고 사니 얼마나 마음 편하겠어요!

—— ✿, ——

반항적인 행동

당신의 성장과정을 돌아보는 것으로 시작해서 당신 가족에게 반항적인 행동이 어떻게 드러나는지 봅니다. 종이와 연필 또는 휴대전화를 준비합니다.

- 당신이 10대였을 때 어떻게 독립성과 자율성을 주장했나요? 성관계? 마약? 술? 음악? 학교에서 반항 행동?
- 어떤 방식으로 부모님께 도전했나요? 당신은 부모님의 제재에 어떻게 대응했나요? 야간 통금시간에 어떻게 대응했나요? 가족 규칙에 어떻게 대응했나요?
- 당신 아이는 어떻게 독립을 주장하나요? 성관계? 마약? 술? 음악? 피어싱? 타투?
- 당신의 10대 아이들은 당신의 제재나 당신이 설정한 경계에 어떻게 도전하나요?
- 뒤로 물러서서 당신 행동을 보고 아이 행동을 봅니다. 무엇이 당신을 가장 화나게 하나요?
- 독선적인 태도를 한쪽으로 치워놓을 수 있는지 살펴봅니다. 당신은 아이에게 무엇을 배울 수 있나요? 당신 자신이나 당신 행동에 대해 말하고 싶은 부분이 있나요? 만약 있다면 무엇인가요?
- 답변을 적어둔 다음 당신에게 무엇이 떠오르는지 생각하기 위해 잠시 시간을 가져봅니다.

밤에 몰래 빠져나가고, 한밤중에 공원에서 남자친구와 성관계하고, 대마초를 피우고, 더 강한 약물도 했지요. 잡히지 않은 게 신기했어요. 저는 부모님을 무척 힘들게 했어요. 하지만 저는 여전히 제니가 타투나 분홍색으로 머리를 염색하는 것은 저에게 허락받았으면 좋겠어요."

"그리고 당신은 뭐라고 말했나요?" 내가 물었다. "제 생각에는 제니가 답을 알았기 때문에 당신에게 반항한 것 같아요."

"좋아요. 당신이 무슨 말을 하려는지 알겠어요." 크리시가 말하면서 웃었다. "하지만 저는 이제 부모입니다. 저는 나쁜 행동을 용납하거나 제니가 나쁜 행동을 마음대로 해도 된다고 생각하게 하고 싶지 않아요." 크리시는 멈췄다. "좋아요. 저는 거만하게 굴었어요. 하지만 이것이 바로 큰 숙제입니다. 어떻게 하면 제니와 관계를 회복할 수 있을까요?"

평정심의
놀라운 힘

평정심은 명상 센터에서는 자주 가르치지만 양육 관련 서적에서는 거의 다루지 않는다. 하지만 평정심은 부모에게 엄청난 가치가 있다. 마음챙김에서 '비밀 병기'라고 불리는 평정심은 균형을 찾고 삶에 압도되지 않으며, 열린 마음을 유지하도록 도와준다.

명상이나 연민처럼 평정심은 삶의 한가운데에서 발전될 수 있는 능력이다. 우리는 그것을 키우려고 산으로 올라갈 필요가 없다. 혼란과 좌절이 뒤섞인 육아 실험실이 완벽한 환경이다.

평정심은 마음챙김과 연민을 완벽하게 보완하고 뒷받침한다. 평정심을 가지면 서로 다른 것을 원하는 욕망에 걸리지 않고 명확하게 보면서 상황을 있는 그대로 받아들일 수 있다. 고대 불교사상에 뿌리를 둔 평정심 개념은 부모에게 필요한 풍부한 자질인 '인내와 이해로 보는 것'을 의미한다.

명상 지도자들이 가끔 드는 평정심의 실례가 있다. 어린아이가 놀고 있는 놀이터에서 현명한 조부모가 보여주는 모습이다. 아이는 행복하게 모래를 파다가 자기가 가장 좋아하는 빨간 삽이 부러지면 이것을 비극으로 인식해 울부짖는다. 사는 동안 진정한 상실을 견뎌낸 조부모는 아이의 슬픔을 존중하고 일상의 슬픔에 어떻게 대처해야 하는지 알려주며 아이를 달랜다.

나는 크리시에게 평온함을 경험하게 해주고 싶었다. 달라이 라마가 하버드대학교에서 수천 명에게 명상을 가르치면서 행한 다음 실습으로 시작했다. 이실습은 평정심을 기르기 위해 폭풍우 치는 바다의 밑바닥 고요한 자리를 은유로 사용한다. 감정 기복이 심한 어려운 시기에 할 수 있는 좋은 실습이다. 아이, 배우자, 친인척과 시댁, 직장 동료 또는 다른 사람과 다투었을 때 이 실습을 해볼 수 있다.

크리시는 실습을 마친 뒤 "잠들었던 것 같아요"라고 말하며 사과부터 했다. "너무 화가 나서 잠을 못 잤거든요. 제니와 매일의 싸움에서 벗어나 휴식을 취할 수 있어서 좋았어요. 저는 그렇게 받아들였어요. 이번 주는 정말 끔찍했거든요. 하지만 제니가 30대일 때 제니가 낳은 아이들과 함께 있으면서 이 일을 돌아보고 웃게 될 거라고 확신해요. 덜 상처받고 덜 반응하는 느낌이 들어요."

크리시는 이런 질문들과 '폭풍우 치는 바다의 밑바닥 고요한 자리' 실습을 일주일 동안 했다. 크리시는 제니의 관점을 이해하기 시작했고, 크리시의 관점은 제니를 놀라게 했다.

"처음에는 반항하는 것밖에 보이지 않았어요. 그리고 그게 모두 저에 대한 것이고, 저에게 반항하고 싶은 욕구라고 생각했어요. 제가 느긋해져 제니의 기분을 생각했을 때, 작고 불안한 아이가 멋져 보이려고, 또래들과 어울리려고 애

폭풍우 치는 바다의 밑바닥 고요한 자리

- 편안히 앉거나 누워서 중심을 잡고 몇 번 숨을 쉬면서 시작합니다. 당신이 현재 순간으로 돌아오는 것을 돕기 위해 호흡, 몸의 감각 또는 친절한 표현을 자유롭게 사용합니다.
- 항구에 정박한 배를 시각화합니다. 아름답고 평화로운 날이고 물은 잔잔합니다. 그런데 갑자기 바람이 바뀌고 먹구름이 밀려오더니 바람과 파도가 일면서 보트를 강타합니다.
- 강풍, 우박, 몰아치는 비, 거대한 파도와 함께 폭풍이 거세진 순간을 알아차립니다.
- 이제 당신이 폭풍 아래로 떨어질 수 있다고 상상해봅니다. 원한다면 스쿠버 장비를 착용하고 바다 밑바닥에 있는 닻에 당신 자각을 가져갈 수도 있습니다.
- 여기 바다 밑바닥에서 당신 위에 있는 폭풍과 바람과 파도를 보며 자신을 쉬게 합니다.
- 폭풍우가 심하더라도 바닥에서 고요하고 넓은 공간을 경험할 수 있는지 살펴봅니다.
- 인생의 폭풍과 육아의 폭풍과 강풍에서 휴식을 취하며 여기서 쉬게 합니다.
- 회복과 활력을 찾기 위한 시간을 몇 분 가져봅니다.
- 준비되면 몇 번 호흡해봅니다. 팔과 다리의 움직임을 찾고 눈을 떠봅니다.
- 인생의 험난한 시기를 마주할 때, 필요할 때마다 이 고요함으로 돌아갈 수 있다는 것을 기억합니다.

비추어 보기

❧

균형 되찾기

당신은 "맞아요. 물론이죠"라고 낄낄대며 웃을지도 모릅니다. "언제 균형을 잡을 수 있었나요? 아이들이 태어난 이후로? 어쩌면 그때도 아닐 수 있죠." 당신은 한숨을 쉽니다. 고요한 자리(Still Place practice) 실습 외에도 다음 질문을 자신에게 던져봅니다. 이 질문은 더 많은 인내심과 이해심을 가지고 상황을 보는 데 도움이 되도록 고안되었습니다.

펜과 종이 또는 휴대전화를 다시 준비하고 당신 생각을 적어봅니다.

- 어떤 상황이 당신을 괴롭히나요? 무슨 일인가요? 당신 아이(또는 배우자)가 무슨 짓을 했나요? 뭐라고 했나요?
- 이제 잠시 멈추고 생각해봅니다. 왜 그들은 그렇게 느낄까요? 그 이유가 무엇일 것 같은가요? 예를 들어, 제니는 무엇을 원했나요? 왜 제니는 분홍 머리와 타투가 필요한가요?
- '내가 옳고 제니는 틀려!'처럼 자기 생각을 강화하는 데 매달리기보다 갈등에서 더 깊은 이해로 옮겨갈 수 있는지 봅니다.
- 실천하는 것은 어려운 일이 아닙니다. 하지만 그것을 실천하기 위해 기억을 떠올리기는 어렵습니다. 노력한 것에 대해 스스로 칭찬합니다.
- 자문해봅니다. 이 상황에서 나는 무엇을 배울 수 있나요? 다음에는 이런 상황에 다르게 대처할 수 있을까요?

쓰는 모습을 보았어요. 제니는 순간적으로 분홍 머리와 타투가 소속감을 준다고 생각했나봐요. 제 마음이 조금 더 열렸어요. 요즘 10대 소녀가 되기는 너무 힘드네요."

가슴앓이야, 잘 잤니?
좋은 아침이야!

:

제사민은 자신이 무너졌다고 느꼈다. 그녀는 최근 몇 년 동안 계속되어온 학대적·알코올 중독적 결혼생활을 끝냈다. 그녀는 안심했지만 혼자서 카바레 가수의 보잘것없는 수입으로 열여섯 살 난 딸을 키우려고 애쓰며 외로움과 두려움을 느꼈다. 게다가 평생 짐이었던 아흔 살 어머니는 치매에 걸렸다.

어머니가 빠르게 퇴행하자 제사민은 가슴이 아팠다. 어머니가 밤에 벌거벗은 채 거리를 헤매자 제사민은 집에서 어머니를 안전하게 돌볼 수 없음을 깨달았다. 모든 스트레스와 모든 변화가 제사민과 딸에게 희생을 요구했다. 제사민이 한밤중에 깨서 다시 잠들지 못할 때 빌리 홀리데이의 〈굿 모닝 하트에이크〉가 머리를 스치고 지나갔다.

"그걸로 충분하다고 생각하겠지만 딸이 표절 문제로 정학당했어요. 제 딸은 착한 아이이고, 자신이 어떤 잘못을 저지른지도 몰랐고, 그렇게 큰 잘못은 아닐 거라 생각했다고 말했어요." 제사민은 얄궂게 웃었다.

"딸의 친구가 딸에게 학기말 리포트를 나눠서 쓰자고 제안했어요. 제 딸은 게으르고 모든 일에 화가 나 있어서 리포트를 약간 수정해서 제출하면 된다고 생각했던 것 같아요. 아무도 눈치채지 못할 거라고요. 딸은 리포트를 표절했고 결국 걸렸죠. 학교에서는 제 딸을 일주일 동안 정학시켰고, 이번에 학사경고를 받았어요. 이제 저에게 관리할 일이 하나 더 생긴 거죠.

제 딸이 어떻게 그렇게 멍청할까 싶어 너무 화가 났어요. 정말 폭발했어요. 그리고 딸에게 부주의하고 게으르다고 야단쳤어요. 때려서는 안 되는데 때리기도 했어요. 그러지 말았어야 했다는 건 알지만, 그건 단지 변화를 원하는 마지막 지푸라기였어요. 어떻게 해야 할지 모르겠어요. 저는 계속 삶에 치이는 것 같아요. 간신히 버티고 있어요."

나는 제사민이 겪는 여러 가지 스트레스를 고려해 제사민이 고통 속에서도 균형을 유지하도록 도와주는 평정심 실습을 가르쳤다. 하지만 그렇게 하기 전에 나는 제사민이 인생에서 스트레스를 받는 동안 얼마나 힘들었을지 인정해주었다.

때때로 우리는 스트레스를 더는 감당할 수 없을 것만 같다. 그러나 스트레스는 피할 수 없고 스트레스를 부인하거나 스트레스에 저항하는 게 상황을 더 악화시킬 수 있다. 너무 많은 일이 흩어져 있고 모든 것을 관리하기 어려울 때 유용한 속담이 있다. "당신은 파도를 막을 수는 없지만 파도타기는 배울 수 있다."

이것은 음식이나 성에 대한 강렬한 욕망뿐만 아니라 분노, 슬픔, 두려움, 불안과 같은 강한 감정을 느낄 때 유용한 실습이다. 이 실습은 앨런 말래트(Alan Marlatt)의 선구적 작업[4]에서 영감을 받았다. 그는 환자들이 중독에 대처하도록 돕기 위해 충동 서핑(urge surfing)이라고 불리는 실습을 만들었다. 이는 당신이 삶에 지쳐 쓰러질 것 같을 때 '해볼 만한' 실습이다.

제사민은 도움이 될 만한 뭔가를 하기 좋아했다. "화가 나면 보통 냉장고를 열어 뭔가를 먹고, 독한 술을 퍼마시고, 저를 불쌍히 여겨요. 때때로 제 슬

양육이라는 파도타기

🌷

- 당신의 자각을 안착시키고 닻을 내리기 위해 편안히 앉는 것으로 시작합니다.

- 마음을 집중하기 위해 편안하게 호흡을 따라가거나, 몸의 감각을 알아차리거나, 자애문구를 사용해봅니다.

- 먼저 아이(또는 배우자나 부모)가 자기 기준에 맞지 않게 행동하고, 자신이나 아이에게 도움이 되지 않는 방식으로 행동한 사건을 떠올립니다(판단하지 않습니다). 소리를 지르거나, 분통을 터뜨리거나, 어려운 상호작용에 대한 반응으로 화를 냈을 수도 있습니다.

- 그 사건을 생각할 때, 그 행동 이전의 감정을 기억할 수 있는지 생각해봅니다. 다시 감정으로 돌아가서 감정을 간직하고 싶으면 다음과 같이 이름 붙입니다. "이건 화야." "이건 좌절이야." "이건 슬픔이야." "이건 분노야."

- 감정이 최고조에 달하기 전 잠시 멈출 수 있는지 아니면 폭발하기 전 잠시 멈출 수 있는지 봅니다. 그 지점에 머무릅니다. 숨을 쉽니다. 저항하지 않고 그 경험 안에서 긴장을 풀어봅니다.

- 사건을 비추어 보면서 감정과 생각의 파도가 어떻게 강렬하게 일어나는지 지켜봅니다. 지금 일어남과 함께하면서 몸 안의 감각을 알아차립니다. 파도와 싸우거나 파멸하지 않고 그 올라옴과 함께 머물 수 있는지 봅니다. 파도가 아무리 커도 가라앉는다는 사실을 믿습니다.

- 호흡이나 자애문구를 당신을 유지하도록 돕는 서핑보드로 이용합니다. 당신이 균형을 유지하려고 할 때 '불안정하게 흔들려도' 걱정하지 않습니다. 끊임없이 조정하는 일은 실제 서핑보드를 타는 것과 마찬가지로 육아 모험에서도 필요합니다. 당신이 유연성과 역동적 균형을 찾을 수 있는지 봅니다.

- 당신이 '녹초가 되거나' 지쳐 쓰러져도 걱정하지 않습니다. 우리는 모두 육아에서 균형을 잃곤 합니다. 우리 모두 지쳐 쓰러집니다. 자책하지 않고 다시 일어나서 파도를 계속 탑니다. 이는 평생에 걸친 실습입니다. 파도가 멈추지 않고 때로는 사방에서 밀려옵니다.
- 자신에게 친절하게 대합니다. 당신은 당신이 할 수 있는 최선을 다하고 있습니다.
- 감정의 파도가 내려가고 진정되기 시작할 때까지 가능한 한 안정적으로 머무릅니다. 실습을 마치고 일상으로 돌아가도 좋고 그전에 호흡이나 자애문구로 돌아가도 좋습니다.

품에 빠진 것 같아요. 그렇게 하면 다시 일어설 수 있을 것 같아요." 정말 힘든 날에도 무언가를 더하기 위해 제사민은 이어서 '비추어 보기' 실습을 시도했다. '당신은 언제 녹초가 되나요?' 실습이 무엇이 자신을 화나게 하는지 예상하게 하고, 어떻게 자제력을 잃지 않고 건설적으로 반응하는지 도와준다는 사실을 발견했다.

우리는 모두 우리를 화나게 하는 일들과 '녹초로' 만드는 상황 속에서 살아간다. 세실리아는 딸의 침실 문을 열었을 때 더러운 옷과 책, 운동기구들이 높이 쌓인 걸 참을 수 없었다.

"딸이 물건들을 쌓아두게 될까봐 걱정돼요. 딸은 아무것도 걸거나 제자리에 놓을 줄 모르는 것 같아요. 그런 행동은 저를 격분하게 만들고 길길이 뛰게 만들어요. 완전히 열받죠. 파도 타는 것과 균형 유지하는 방법을 배운 다음 일주일에 한 번 남편과 함께 우리 모두 정리정돈하는 시간을 정했어요. 딸이 자기 때문이란 걸 눈치채지 못하는 방식을 선택한 거죠. 그리고 집이 정리정돈되면 우리는 모두 아이스크림을 먹으러 가요. 예전보다 훨씬 쉬워졌어요."

당신은 언제 '녹초'가 되나요?

이것은 연필과 종이가 필요한 실습입니다.

- 잠시 휴식을 취합니다. 아아아아… 하고 이완의 소리를 내봅니다.
- 당신이 '참을 수 없던 때'를 생각해보고 비추어 보는 시간을 갖습니다.
- 때때로 아이가 음식을 치우지 않거나 자기가 먹은 그릇을 식탁에 그대로 두는 사소한 일일 수도 있습니다.
- 또 다른 경우는 엎질러진 우유나 새끼 고양이 대소변 깔개를 청소하지 않은 것일 수도 있습니다. 개를 산책시키지 않은 것일 수도 있고 아이가 반항하거나 말대꾸하거나 게으름을 피우거나 꼼꼼하지 못할 때일 수도 있습니다.
- 때로는 어떤 사람이 습관적으로 지각하거나 전화나 문자를 잊어버리는 경우일 수도 있습니다. 또는 배우자가 밤에 미팅이 있다고 미리 말해주지 않아서 당신이 정말 멋진 저녁을 준비했거나 즐거운 가족 나들이를 계획했을 때일 수도 있습니다.
- 누군가가 거짓말을 하거나, 속이거나, 바람피우는 것과 같은 큰 문제일 수도 있습니다.
- 무엇이 당신을 화나게 하는지 적어봅니다.

- 당신은 어떤 반응패턴을 보이나요? 그렇다면 뭔가 다르게 반응할 수 있나요?
- 끊임없이 싸우지 않도록 다른 방식으로 하는 방법을 논의할 수 있나요?
- 당신 가족이 의견을 제안하도록 함께 브레인스토밍을 할 수 있는지 봅니다.
- 상호작용이 좀더 원활하도록 계획을 세워봅니다.
- 기억하세요. 아무도 당신이 정말 녹초가 되는 것을 바라지 않습니다.

당신이 아주
강해야 할 때

인생에는 강력함이 필요한 순간이 있다. 때때로 어떤 일들은 너무도 어려워서 하루를 견뎌내기 위해 한두 시간이 아니라 열 배로 힘든 훈련이 필요하다고 느낄 때가 있다. 이혼을 하거나 아이를 잃거나 생명을 위협하는 질병에 걸리거나 부상당하거나 부모가 죽어가거나 중독되는 것은 당신 삶이 흐트러지기 시작하는 걸 느끼게 해준다. 그럴 때는 상황에 대처하거나 고통을 이해하거나 더 큰 의미를 발견하거나 보완할 만한 가치를 발견하기가 어렵다.

고등학교에 다니는 조니가 담배를 피우기 전까지는 모든 것이 순조로웠다. "조니는 친한 친구와 축구를 하다가 학교에서 껄렁대는 아이들과 어울리기 시작했어요. 그들은 함께 담배를 피웠고요. 저도 모범적이지는 않았지만 그래도 담배는 대학 다닐 때 피웠거든요. 흡연이 곧 합법이 될 거라는 사실은 알지만 조니가 담배를 너무 많이 피우고 동기를 잃는 걸 원하지 않아요. 우리는 그 점을 이야기했고 조니는 그만두겠다고 약속했어요. 저는 조니를 믿었지요. 정말 찰떡같이 믿었어요. 그리고 한동안 모든 것이 더 좋아 보였어요.

하지만 지난 몇 주 동안 조니가 이상하게 행동하면서 항상 창문을 열어놓고 있더라고요. 우리는 조니가 밤에 몰래 집을 빠져나간다는 걸 알았어요. 성적이 떨어졌고 학교를 빼먹었어요. 조니가 걱정이에요. 며칠 전 조니 눈이 게슴츠레해 보였어요. 펄쩍 뛰며 짜증을 내는 게 무슨 일이 있는 것 같아요.

조니는 좋은 여자친구를 사귀고 있었어요. 여자친구가 좋은 영향을 주었지요. 하지만 그 여자애는 축구나 잘하라며 조니를 차버렸고, 그 뒤로 조니는 정말 우울해했어요. 조니는 처음 실연을 당한 거예요. 저는 조니에게 그 일에 대해 말하려고 했지만 조니는 저와 말하고 싶어하지 않았어요. 이해해요. 저도 그 나이에 엄마에게는 말하고 싶지 않았으니까요.

어제 댄과 저는 함께 빨래를 갰고, 댄이 조니 방에 정리한 옷을 넣어두었어요. 조니는 친구들과 외출하고 없었고요. 조니의 옷장 서랍 하나가 열려 있는데 무언가가 눈길을 끌었어요. 우리는 기웃거리지 않으려고 했지만 댄이 서랍을 열었고, 조니의 티셔츠 밑에서 마약봉지, 알약들 그리고 현금 뭉치들이 있는 걸 발견했어요. 저는 오피오이드(아편 비슷한 작용을 하는 합성 진통·마취제-옮긴이)가 얼마나 위험한지 너무 잘 알아요. 조니가 중독될까봐 두려워요.

저는 혼란스러워서 어젯밤 잠을 이룰 수 없었죠. 다 제 탓이에요. 조니가 약물을 과다복용하는 악몽을 꿨어요. 너무 극단적인 반응이라고 하시겠지만 저는 걱정돼요. 댄과 저는 오늘 밤 조니와 대화하려고 합니다."

"물론 그렇습니다. 자연스러운 반응이에요. 당연히 화가 나지요." 내가 말했다.

"하지만 아직 무슨 일이 일어나고 있는지 모르잖아요. 그러니 일단 내려놓고 천천히 무슨 일이 일어나는지 보도록 하죠. 조니와 얘기하기 전에 마음을 안정시키고 명료하게 보는 데 도움이 되는 실습을 해보도록 하지요."

비추어 보기

자녀에게 보내는 편지

종이와 펜을 준비합니다.

- 마음을 가라앉히고 호흡, 몸의 감각, 주위의 소리 또는 자애문구로 돌아갑니다.
- 심호흡을 몇 번 합니다. 당신 스스로 속도를 늦추어봅니다.
- 사랑과 연민으로 시작합니다. 당신은 아이가 아기였을 때 또는 임신이나 출산 중에 인상적이었던 이미지나 기억으로 시작하고 싶을 수도 있습니다. 당신은 무 엇을 기억하나요? 어떤 느낌이었나요?
- 아이와 느꼈던 연결감을 적어볼 수 있습니다. 연결감이 있던 순간, 서로 눈을 바라볼 때, 처음 미소 짓거나 웃었을 때.
- 함께했던 달콤한 시간을 기억해봅니다. 놀이터에서 그네를 태워 밀어주고, 휴 가 때 바다에 가고, 함께 여행하고, 일몰을 보고, 꽃향기를 맡고, 어린 동물을 볼 때. 아이와 정말 가깝게 느꼈던 때를 몇 가지 적어봅니다.
- 즐거웠던 시간도 기억해봅니다. 아이가 무슨 말이나 행동을 했을 때 당신이 크 게 웃고, 이 소중한 존재에 감사함을 느꼈나요? 그것도 적어봅니다.
- 이제 이사, 이별, 이혼, 질병, 자연재해 등 함께 겪었던 힘든 시간을 생각해봅 니다.

- 어떻게 이 힘든 시간을 이겨냈나요? 무엇이 당신을 함께하게 해주었나요? 폭풍을 어떻게 견뎌냈고 어떻게 회복해왔는지 관계의 강점을 적어봅니다.
- 잘되지 않았던 것들도 바라봅니다. 당신이 행동하거나 말한 것에서 무엇을 후회하나요? 당신이 '다시' 또는 '되돌릴' 수 있기를 바라는 것은 무엇인가요? 어쩌면 당신의 행동 가운데 바꾸고 싶은 것들이 있나요? 당신의 기질 때문에 어려웠던 것, 당신이 실수했던 것 또한 적어둡니다.
- 비난하지 않도록 합니다. 독선적으로 되지 않도록 합니다. 당신이 항상 옳고 도덕적이며 당신 아이는 잘못 생각하고 멍청하다고 말하지 않도록 합니다. 바로 지금 판단을 멈추어봅니다.
- 마지막으로 어떻게 긍정적인 방향으로 나아가고 싶은지 생각합니다. 어떻게 다시 시작할 수 있나요? 당신은 실수하기 쉬운 인간이고 완벽한 부모가 아니라는 걸 인정해봅니다.
- 당신이 손을 뻗을 수 있는지, 상처를 치유할 수 있는지, 어떤 손상도 치유할 수 있는지 봅니다. 한 번도 말하지 않았지만 들어보면 치유가 될지도 모를 것들을 말해봅니다. 그것을 적어봅니다. 당신이 아이를 오해한 시간과 실망시켰을지도 모르는 시간에 대한 그리고 당신의 실패에 대한 책임을 수용합니다.
- 관계에서 다루어야 할 문제들을 말하는 계획에 대해 브레인스토밍해봅니다. 어떻게 당신은 아이를 비난하거나 아이에게 수치심을 느끼지 않게 하면서 건설적으로 앞으로 나아갈 수 있나요?
- 몇 분 더 시간을 내어 표현하고 싶고 마음에 다가오는 것들을 적어봅니다.
- 준비되면 호흡, 몸의 감정 또는 자애문구로 돌아가 봅니다. 가슴에 한 손 또는 양손을 올려봅니다. 그리고 이 편지를 쓴 일에 대해 당신에게 칭찬을 보냅니다.
- 이 편지에 표현된 사랑과 연민이 아이와 상호작용하는 데 도움이 되도록 안내할 수 있는지 지켜봅니다.

7장 너무 힘들어요

'자녀에게 보내는 편지' 실습은 어려운 시기에 명료함을 갖도록 도와준다. 또한 아이들이 유치원이나 초등학교에 가는 시기, 중학교에서 고등학교로 옮겨 가는 시기, 대학 입학 전 같은 전환기에 할 수 있는 성찰이다. 이 실습은 당신의 생각을 모으고 당신의 사랑, 희망, 두려움을 표현할 수 있는 기회를 준다. 당신이 원하지 않는다면 아이에게 알려줄 필요는 없다. 당신을 위한 실습이다.

메건은 실습하면서 쓴 편지를 우리가 다시 만났을 때 읽어주었다. "조니는 제가 소리를 지르고 비판적으로 되는 데 익숙해요. 그래서 우리가 이야기를 나눌 때 제가 조니를 이해해주는 것에 놀라더라고요. 그렇다고 우리가 소심해졌다는 뜻은 아니에요. 조니는 우리가 자기 물건을 뒤진 것에 화가 나서 완전히 방어적으로 되었어요.

하지만 이야기를 하면서 조니가 더 많은 약과 더 위험한 약, 진통제를 먹어야 한다는 압박감을 느끼는 걸 확인했어요. 조니 친구들은 부모님 약상자에서 마약을 훔쳤어요. 조니는 비록 우리에게 화가 났지만 안심했을 거라고 생각해요. 조니는 싫다고 말하기 힘들다는 걸 인정하면서 압력에 굴복했다고 말했어요.

우리는 다른 부모들에게 연락해서 무슨 일이 일어났는지 얘기했어요. 그리고 조니가 마약 상담을 받아야 한다고 주장했어요. 조니는 상담을 원하지 않았지만 자신이 위험한 상황이라는 건 알았어요. 조니가 그런 말은 하지 않았지만 우리가 알아채고 도와준다는 사실에 안심한 것 같다는 생각이 들었어요."

메건은 한밤중에 자신이 한 모든 실패와 자신과 아들이 이루지 못한 바람을 곰곰이 생각하면서 자신이 무엇을 할 수 있는지 물었다. '모든 것이 무너져 내릴 때' 실습이 어떤 사람에게는 불신을 스스로 멈추라고 요구할지도 모른다. 하지만 이 실습은 시도하는 사람들에게 강력한 관점의 변화를 제공한다.

이 실습은 극단적인 상황일 때 유용할 뿐 아니라 매일 실망스러울 때도 도움이 된다.

메건은 회의적이었지만 실습을 해보았고, 막상 해보니 차이가 있다는 걸 알았다. "처음에는 자기 동정에 빠져서 물어봤어요. '왜 나죠? 왜 이런 아들을 낳았죠?' 하지만 실습이 제가 희생자가 되는 데서 한 발짝 물러나 볼 수 있게 도와주었어요.

며칠 전 우리는 한동안 보지 못했던 옛 이웃들을 우연히 만났어요. 그들의 아들은 우울증과 중독으로 고생했고 재활 치료를 몇 번 받았대요. 마침내 그들의 아들이 주변 삶을 바꿔놓았고, 지금은 중독자들과 함께 일한대요. 그 이웃은 자기가 일을 정말 잘한다고 농담했어요. 그 이유가 내면에서 자신이 회복하는 걸 알기 때문이래요. 하지만 정말 감동적이고 영감을 준 그의 말은 '저는 사람들에게 제 아들이 영혼을 구하는 일을 한다고 말해요'였어요. 그의 말이 저에게 희망을 주었어요."

모든 것이 무너져내릴 때

--- 🌷 ---

- 편안하게 앉아서 시작합니다. 몇 번 숨을 쉬고 안정적으로 자세를 바로잡아 봅니다. 호흡, 몸에 대한 집중 또는 자애문구 등 도움이 되는 모든 방법을 사용합니다.
- 현재 직면한 어려운 상황에 주의를 가져옵니다. 당신이 느끼는 것, 생각하는 것, 두려워하는 것에 계속 머물러봅니다.
- 당신 몸 어디에서 그러한 것을 알아차려 느껴지는지 봅니다. 그 엉망인 상태에 자신을 놓아둡니다.
- 상상해봅니다. 당신이 태어나기 전 당신의 성장을 도우려 이런 경험을 하도록 당신이 결정했다고 상상하는 것이 그러한 불신을 내려놓게 할지도 모릅니다.
- 당신을 아끼고 당신에게 가장 좋은 것을 원하는 현명한 안내자나 어른들과 함께 앉아 있다고 상상해봅니다. 이런 사건들이 어떻게 당신이 배우도록 도울지 그들과 토론합니다.
- 이런 사건에 저항하기보다 사건을 있는 그대로 수용할 수 있나요? 이 사건이 당신에게 레몬이 될 수 있나요? 당신은 이 사건을 다룰 수 있나요?
- 당신에게 일어나는 것들과 함께 앉아서 새로운 눈으로 그 상황을 볼 수 있는지 봅니다.
- 당신이 이런 상황을 강요받기보다는 스스로 선택했다고 상상해보면 어떤가요?
- 이런 환경이 단순히 부담이 되는 것이 아니라 새로운 강점과 기술을 개발하는 기회가 될 거라고 상상해봅니다.
- 도전적인 문제가 계속 일어나거나 자신이 피해자처럼 느껴질 때, 어떻게 그런 좌절이 성장과 학습의 기회가 될 수 있는지 살펴봅니다.

잠이 오지 않을 때의
마음챙김

자신이 희망에 찼다고 느껴본 적이 있는가? 아니면 최소한 편안함이라도? 한밤
중에 또 잠을 이룰 수 없어서 양을 세고 호흡수를 세고 '터치 포인트'를 시도하
고 감정에 이름 붙이기까지 해본다. 분노, 두려움, 걱정, 배신, 괴로움 등 감정은
셀 수 없을 정도로 많다. 그렇다. 양육도 그럴 수 있다. 연민이 조금 도움이 되
겠지만 반추는 계속된다. 반추하기를 멈추는 건 어렵다. 생각이 꼬리를 물고 계
속 회전한다. 한 명상 지도자는 우리가 한밤중에 유용한 생각을 하기는 거의
어렵다고 말했다.

　그의 말이 옳다. 종종 끝이 없는 것처럼 보이는 우리 생각은 고요한 어둠 속
에서 우리가 원하는 것보다 더 극적이고 반응적으로 되는 경향이 있다. 가끔
아침이 오지 않을 것 같은 느낌이 든다. 그럼 뭔가 다른 것을 시도해보라. 반추
가 순환하는 걸 막기 위해 일어나서 걷기 명상을 해보라. 목표는 반드시 다시

잠드는 것이 아니다. 당신은 실수할 수 있고 불완전하며 고군분투하는 인간임을 수용하면서 '연민 어린 혼란'이 되도록 하는 것이다.

우리가 양육 초기 몇 년 동안 갓 태어난 아기를 재우려고 애쓰면서도 흔히 깨닫지 못하는 것이 있다. 우리의 수면 부족도 몇 년 동안 계속된다는 사실이다. 또는 수면 말고도 항상 새로운 걱정거리가 있는 것 같다. 이 실습은 당신에게 더 많은 것이 필요할 때 도움이 될 수 있다.

새벽 4시에 하는 마음챙김

- 몇 시간 동안 수면과 씨름하고 있다면 자리에서 일어납니다. 때로는 억지로 잠을 자게 할 수 없습니다.
- 가구에 걸려 넘어지지 않도록 야간 조명을 켜봅니다. 비록 좁은 공간일지라도 걸을 공간을 찾아봅니다.
- 눈을 뜨고 발을 골반 넓이로 벌리고 편안하게 서 있어봅니다.
- 땅에 지탱하고 서 있는 자신을 느껴봅니다. 만약 원한다면, 땅이 당신을 지지해주고, 붙잡아주고, 중심을 잡아준다고 상상해봅니다.
- 발의 감각을 알아차립니다. 몸을 좌우로 자유롭게 움직여봅니다.
- 천천히 걷기 시작합니다. 긴장은 풀고 정신은 흐트러지지 않도록 합니다. 발이 땅에 닿는 감각을 느껴봅니다.
- 자신에게 '발이 땅에 닿는 느낌, 발이 땅에 닿는 느낌'이라고 말할 수 있습니다.
- 각 걸음의 움직임, 곧 발이 땅에 닿고 움직이고 두 발이 놓이는 곳에 주의를 기울입니다.

- 당신이 걸을 때 내적 경험에 주목해봅니다.(그리고 침실이라면 주위를 빙글빙글 돌 수도 있습니다. 육아도 그런 느낌입니다.)
- 원한다면 주변의 소리, 질감, 냄새, 어둠과 그림자를 알아차릴 수 있도록 자각을 확장할 수 있습니다.
- 만약 생각이 빙빙 돌거나 압도당하는 느낌이 들면 친절함과 부드러운 손길을 가지고 옵니다. 원한다면 한 손 또는 두 손을 가슴에 얹습니다.
- 통제하려고 하지 않습니다. 편안하고 이완되게 합니다. 자신에게 이렇게 말할 수 있습니다. "그저 지금 이 순간일 뿐."
- 만일 지금 정말 강한 힘이 필요하다면 다음과 같은 구절을 덧붙입니다. "안전하지 않더라도, 내가 안전하게 보호받을 수 있기를."
- "평화가 없더라도 내가 평화로워질 수 있기를."
- "친절함이 없더라도 친절하게 안아줄 수 있기를."
- 멈출 준비가 되었을 때 다시 호흡에 집중하며 땅에 발을 딛고 서 있는 느낌으로 돌아갑니다.
- 이런 알아차림과 연민을 다음 활동으로 가져갈 수 있는지 봅니다.

8장

·

뿌리와
날개

———

우리가 아이에게 주는
선물

균형을 찾는 일은 누구에게나 쉽지 않다.
또한 자연스럽게 오지도 않는다. 여기에는 노력과 연습이 필요하다.
우리는 즐거움을 붙잡고 고통을 밀어내고 싶어한다.
우리가 옳고 다른 사람들이 틀리길 원한다.
수치심과 비난, 실패와 상실을 피하고 싶어하며
칭찬, 성공 그리고 더 많은 것을 원한다.
이는 그저 우리 뇌가 프로그래밍 된 방식이다.

명상으로
마음챙김

저널리스트 호딩 카터(Hodding Carter)는 "우리가 아이에게 줄 수 있는 영원한 유산이 두 가지 있다. 하나는 뿌리이고 또 하나는 날개다"라고 했다. 일단 아이가 생기면 모든 것, 즉 베이비시터부터 막 걸음마를 배워 첫발을 내딛고 놀이터, 유치원, 파자마 파티, 캠프, 대학 그리고 다양한 모험을 하기까지 모두가 그들을 떠나보내기 위한 학습 과정이 된다.

어떡해야 불안한 헬리콥터 부모나 제설기 부모(아이가 성공하는 데 방해되는 모든 장애물을 치워주는 것처럼 아이를 위해 무슨 일이든 해주는 부모-옮긴이)가 되지 않고, 그들 스스로 잘해낼 거라 믿게끔 도와줄 수 있을까? 우리가 연민적이고 흔들리지 않을수록 아이들이 날개를 펼치기가 더 쉬울 것이다.

앨리스 워커(Alice Walker)가 쓴 시 〈내가 당신을 잡고 있을 때도〉[1]를 읽으며 나는 마지막 두 줄에 감명받았다. "내가 당신을 잡고 있을 때도 나는 내려놓는 중이다." 앨리스는 계속되는 긴장을 이렇게 감동적으로 묘사했다.

막내딸을 처음 어린이집에 데려다주던 날이 떠오른다. 그날 아침, 나는 나를 위한 시간을 조금 더 많이 가질 수 있으며 마침내 다소 안정적으로 아이를 양육할 수 있게 되었다고 생각했다.

그러나 갑자기 이상한 감정이 느껴졌다. 당황스러워 곧바로 친한 친구 나오미에게 달려갔다. 나오미는 몇 년 전 아들이 다니는 어린이집에서 만난 이후 친한 친구가 되었다. 다른 나라에서 온 나오미는 배우이자 극작가, 감독인데 정서적으로 깊이 공감할 줄 알았다.

"어쩐 일이에요?" 나오미가 물었다.

"막내를 어린이집에 보냈는데 생각보다 훨씬 힘들어요." 나는 눈물을 글썽이면서 말했지만 창피해서 재빨리 사과했다. 나오미는 나를 안아주며 말했다. "사과할 필요 없어요. 이건 큰 도약이에요. 지금 가서 실컷 울어요."

나는 나오미의 따뜻함과 연민에 큰 감동을 받았다. 다른 친구들에게 이런 감정을 얘기했다면 아마 의아해하면서 극복하라고 했을 테고, 내가 과잉반응을 한다며 몇 가지 조치를 해주었을 것이다. 또는 예의 바르게 자기들은 지금 바쁘다는 걸 내가 알게끔 했을 것이다. 나오미는 나보다 나이가 많았고, 나오미 아이들도 내 아이들보다 나이가 많았다. 나오미는 현명하면서도 문화라는 규범에 얽매이지 않았다.

"그리고 밖에 나가서 점심을 근사하게 먹어요. 당신은 그럴 만한 자격이 있어요." 나오미는 나를 다시 안아주면서 미소 지었다.

밖에서 근사한 점심을 먹는 건 혼자서는 결코 해본 적이 없었다. 너무 내 멋대로인 것 같았다. 그러나 나는 나오미 말대로 했다. 그리고 완벽한 9월의 그날 먹었던 점심식사 메뉴를 20년이 지난 지금까지도 기억한다. 나는 내가 그렇게

도 절실히 원했던 안정적인 양육을 생각하면서 전환시점을 부인하거나 분산하지 않고, 오히려 확인하고 애도하고 축하했다.

이런 자기연민적 반응은 나에게 혁신적인 일이었다. 여러 해 동안 치료와 마음챙김 훈련을 받아왔음에도 불구하고, 나는 나 자신에게 엄격했으며 불평하거나 사소한 문제로 유난 떠는 사람이 되지 않으려고 노력했다. 지금 돌이켜보면, 나오미의 말과 행동에 연민이 얼마나 자연스럽게 스며들어 있었는지 다시금 깨닫는다. 너무 이른 나이에 세상을 떠난 나오미에게 감사를 전하고 싶다.

이는 내 인생의 한 단계 끝에 놓인 통로였으며 나는 이 과정에서 내가 느끼는 걸 있는 그대로 받아들이기보다 내색하지 않으려고 애썼다. 그러나 무슨 일이 일어나는지 아는 것이 훨씬 마음이 놓였다. 혹시나 감정적으로 엉망진창이 되지 않을까 걱정했으나 그런 일은 일어나지 않았다. 실제로는 복잡하고 달콤쌉싸래한 감정을 모두 받아들일 수 있다고 느껴졌다. 나오미가 들려준 현명하고 애정 어린 충고는 기쁨과 슬픔 둘 다 느낄 수 있게 해주었으며, 나아가 다음 명상을 불러일으켰다. 이 명상은 아이의 나이가 많든 적든 상관없이 도움이 된다.

붙잡고 있기/내려놓기

❀

- 심호흡을 합니다. 잠시 시간을 내어 자신과 연결해봅니다.
- 당신은 지금 붙잡고 있기와 내려놓기 사이 어디쯤에 있나요?
- 아이들이 어리다면, 그들은 어린이집에 있나요? 아니면 가족 구성원, 이웃

또는 보모가 낮에 함께 있나요?

- 아이들은 학교에 있나요? 오전반인가요, 아니면 종일반인가요?
- 아이가 성인이라면, 여전히 한 집에서 사나요? 아니면 독립해서 사나요?
- 경제적인 이유로 집에 돌아왔나요? 새로운 출발에 실패했나요? 건강 문제 가 있나요? 실연했나요?
- 내려놓는다는 것이 어떻게 느껴지나요?
- 필사적으로 붙잡고 있나요?
- 당신이 처한 상황을 이해해주는 친구가 있다고 상상해봅니다. 아마 이 친구 는 좀더 나이가 많거나 현명하거나 경험이 많은 부모일 것입니다.
- 이 친구는 당신이 행동하기 전에 당신에게 무엇이 필요한지 직감할 수 있다 고 상상해봅니다. 친구는 당신에게 뭐라고 말해줄까요? 기억하십시오. 이 친 구는 당신을 판단하거나 마음에 없는 말은 하지 않습니다.
- 멈추고 경청해봅니다. 친구가 당신에게 뭐라고 말하나요?
- 가슴에 한 손을 얹습니다. 서두를 필요는 없습니다. 당신에게 필요한 것에 접촉해봅니다. 당신 욕구에 반응할 수 있도록 허용합니다.
- 이것은 당신을 나약하고 탐닉하게 하거나 이기적으로 만들지 않을 것입 니다.
- 당신의 욕구는 중요합니다. 아이들을 앞으로 나아가게 하기는 어렵습니다. 우리 자신이 앞으로 나아가게 허용하는 것 또한 어렵습니다.
- 사랑스럽고 다정한 친구들과 가족의 원 안에 자신을 포함하려는 의도를 일 으켜봅니다. 마음의 눈으로 포함시켜봅니다.
- 따뜻함과 지혜로 둘러싸인 자신을 느껴봅니다.
- 격한 감정에 휩싸일 때마다 이 실습으로 돌아옵니다.

양육 워크숍에 참여했던 탈리아는 4개월 출산휴가를 마치고 직장 복귀를 앞두고 있었다. "금방이라도 눈물이 날 것 같은 기분이 들었어요. 하지만 그래서는 안 된다고, 강해져야 한다고 다짐했죠. 우리는 수입이 필요하거든요. 부모로서 항상 놓아주는 중이라는 걸 알게 돼서 좋았어요. 과도기를 준비할 수 있게 해주었답니다."

존은 딸이 테니스 캠프에 가는 바람에 딸과 몇 주 동안 떨어져 지내야 했다. 집이 이상하게 조용했고, 존은 딸의 에너지와 수다가 그리웠다. 좀더 늦게 잘 수 있다는 것과 주말에 딸의 기사 노릇을 하지 않아도 된다는 게 좋았지만 말이다. 존의 아내 샤롯데는 쉴 수 있어서 좋아하는 것처럼 보였는데, 친구들과 술 한잔하면서 저녁을 먹고는 집에 늦게 들어왔다.

외로웠던 존은 몇 년 후 딸이 대학 때문에 집을 떠나게 될 때 어떤 일이 일어날지 걱정되었다. "제 부모는 감정적이지 않았어요. 그래서 감정이 강하게 느껴지는 게 혹시 뭔가 잘못되지 않았나 걱정되더라고요. 그런데 많은 부모가 저처럼 느낀다는 걸 알게 되니 마음이 놓입니다. 아마 제가 집을 떠날 때 엄마는 술 한 병을 다 마셨을지도 모르죠. 하지만 눈물은 한 방울도 흘리지 않으셨어요." 존이 미소 지었다.

행복은 자신을 어떻게 돌보느냐에 달렸는데도 때때로 아이의 욕구가 아닌 다른 욕구에 관심을 쏟기는 쉽지 않다. 아이에게 심각한 건강 문제가 있거나 어렵게 임신했다면 영화를 보려고 몇 시간 동안 낯선 사람에게 아이를 맡기기는 훨씬 더 어려울 것이다.

제롬과 타네샤는 임신하려고 오랫동안 노력했으며, 그들이 예상했던 것보다 훨씬 오랜 시간이 지난 후에야 임신할 수 있었다. 게다가 아이는 열 달을 채우지 못하고 태어났다. 아이를 돌보기가 지치고 힘들었지만 낯선 사람에게 맡기고 싶지 않았다. 가족은 멀리 있어서 아이를 믿고 맡길 만한 사람이 주위에 아무도 없었다. "어느 누구도 이렇게 사랑해본 적이 없어요. 아이가 너무 연약해요. 내가 이 아이를 어떻게 위험에 빠뜨릴 수 있겠어요?"

제롬과 타네샤는 케이틀린이 두 살이 넘어서야 영화관에 갈 수 있었는데, 그것도 한 친구가 기념일 선물로 믿을 만한 베이비시터를 소개해줘 가능했다. 타네샤는 어쩔 줄 몰라했고 영화가 시작되기 전 시터에게 "별일 없나요?"라는 문자를 보냈다. 영화가 끝났을 때도 "케이틀린이 잠들었나요?"라는 문자를 보냈다. 제롬과 타네샤는 걱정되었지만, 한편으로는 쉬면서 그들이 좋아했던 일을 다시 하게 되었다는 사실에 기뻐했다.

케이틀린을 믿을 만한 시터에게 맡기고 위험을 무릅쓰며 세상 밖으로 나가기 시작했을 때 타네샤와 제롬은 케이틀린과 분리할 수 있게 도와줄 자애문구를 만들었다. 그들은 되뇌었다. "네가 안전하기를" "네가 건강하기를" "네가 베이비시터와 행복하기를" "우리가 없는 동안 재미있게 놀기를" "잘 자고 좋은 꿈 꾸기를" "우리가 너를 사랑하며 곧 집에 돌아온다는 것을 알기를."

'따뜻한 담요'로 불리는 다음 실습은 아주 부드럽게 달래주고 위로해준다. 이 실습은 양육이라는 여행을 하는 동안 언제든 사용할 수 있다. 어떤 엄마들은 임신했을 때 사용했고, 어떤 엄마들은 아이가 아프거나 수술해야 했을 때 사용했다.

집이나 직장에서 하루를 힘들게 보내고 난 후 또는 약간 여유가 필요할 때, 인터넷 서핑을 하거나 냉장고를 뒤적거리는 일을 하지 않으려고 노력할 때도 도움이 된다. 보살핌과 편안함, 연결이 조금 더 필요할 때마다 시도해보라. 누워서 하는 것이 가장 좋다. 이 실습은 시각화 기술에 기반해서 이루어진다.

따뜻한 담요

❀

- 누워서 이완하는 호흡을 깊게 두세 번 하면서 시작합니다.
- 한 손 또는 두 손을 가슴에 얹어 자신에게 친절을 보냅니다. 위로의 손길이 필요할 때마다 할 수 있습니다.
- 발 밑에 마음을 진정시키고 위로하는 담요가 있다고 상상해봅니다. 그것은 당신이 좋아하는 재질, 즉 면, 양털, 모, 비단 등과 같이 안전함과 안정감을 떠올리게 하는 것은 무엇이든 좋습니다.
- 담요로 부드럽게 발을 덮어줍니다. 근육을 부드럽게 하고 긴장을 풀어줍니다.
- 휴식을 취하고 편안함을 느껴봅니다.
- 담요를 끌어올려 종아리와 정강이 주위를 감싸고 있다고 상상해봅니다. 종아리와 정강이 근육이 부드러워집니다.
- 이제 천천히 담요를 무릎 주변 앞뒤로 감싸봅니다. 무릎이 부드러워지고 이완됩니다. 멈추어서 휴식을 취합니다.
- 담요를 끌어올려 허벅지를 앞뒤로 감싸봅니다. 접촉이 부드럽고 따뜻하게, 바로 당신에게 필요한 것이 되게 합니다.
- 담요에 자신을 맡겨봅니다.
- 담요를 골반, 엉덩이까지 끌어올립니다. 긴장을 부드럽게 풉니다.
- 편안하게 휴식을 취합니다.
- 담요가 복부와 등 아래 주변을 감싸고 있다고 상상해봅니다. 긴장과 걱정이 느껴진다면 부드럽게 합니다.
- 담요가 볼록한 배 주위를 감싸고 있음을 느껴봅니다. 우리는 종종 배 속에 많은 긴장과 감정을 가지고 있습니다. 담요의 따뜻하고 부드러운 무게를 느

껴봅니다. 멈추어 휴식을 취합니다.

- 담요가 등 중간쯤에 있다고 느껴봅니다. 이 근육들을 부드럽게 합니다.
- 담요를 가슴과 등 위까지 끌어올리는 것을 상상해봅니다. 다시 멈추어 휴식을 취하고 편안함을 받아들입니다.
- 어깨, 팔, 손가락 주변을 감싸고 있음을 느껴봅니다. 가능한 한 긴장을 내려놓고 근육이 부드러워지게 합니다.
- 담요를 부드럽게 끌어올려 목 위에 얹어놓습니다. 부드러워지게 합니다.
- 담요를 턱과 볼까지 끌어올립니다. 잠시 멈춥니다.
- 괜찮다면 머리 뒤쪽에 담요가 있다고 느껴봅니다.
- 마지막으로 숨 쉴 공간은 남겨둔 채 따뜻한 담요로 이마와 눈을 부드럽게 덮습니다.
- 얼굴 안에 있는 근육을 부드럽게 합니다. 휴식을 취합니다.
- 전체 몸을 따뜻한 담요로 감싸서 촉감을 느끼며 편안하게 머물러봅니다.
- 준비되었다고 느낄 때 일상으로 돌아오거나 바로 잠들 수 있게 합니다.

워크숍에 참여했던 부모들은 아이를 놓아주거나 분리하는 것이 어려울 때 이 실습을 사용했다. 소니아는 어렵게 둘째를 임신했을 때 이 실습을 사용했다. 본인이나 아이가 수술하는 동안 사용하는 사람들도 있다. 아들의 중요한 수술을 앞두고 걱정이 많았던 엘렌은 "보디스캔(3장 참고. 몸에 친절함 불어넣기)을 할 때는 신체가 분리된 별개 부분이라는 생각이 들었어요. 그런데 이 실습은 모든 부위를 어루만지면서 저를 하나로 묶어줘요"라고 말했다.

실습하면서 다음과 같은 문구나 단어를 추가하는 것도 좋다. "내려놓는 것,

불확실한 결과와 그저 함께 머무르는 것은 어려운 일이야. 내가 그것과 함께할 수 있기를, 내가 그것을 느낄 수 있기를, 내가 알지 못함과 함께할 수 있기를."

케이틀린이 성장하면서 건강해 보이기 시작하자 제롬과 타네샤는 영화 이외에 다른 활동을 하기 위해 외출할 수 있게 되었으며, 저녁 모임처럼 좀더 오래 떨어져야 하는 활동도 시도했다. 그들은 위의 문구들이 불안을 줄여주고 다음 단계로 나아갈 수 있도록 도와준다는 걸 알았다.

야스미나는 막내가 초등학교에 입학하자 무척 심란해졌다. 더는 집에 같이 있는 사람이 없었다. 여유로워져 좋았지만 한편으로는 아이들의 다정함과 포옹이 그리웠다. 실습하면서 지금의 이 느낌은 많은 이별과 변화의 시작일 뿐이며, 연결된 채 머물 수 있는 또 다른 방법이 있다는 걸 알게 되었다.

'따뜻한 담요'는 아이들이 스스로 위로하고 싶어할 때 함께 할 수 있는 실습이다. 여덟 살 마르코는 친구 대니와 첫 번째 파자마 파티를 앞두고 불안해했다. 마르코는 부모와 떨어져 할아버지 댁에서 잔 적이 있지만 할아버지와 할머니는 마르코에게 익숙한 분들이었다. 대니는 새로 사귄 친구였고, 서로의 가족도 잘 알지 못했다. 마르코는 걱정이 많았다. '대니가 나를 놀리면 어떡하지? 스케이트보드 위에서 위험한 행동을 하라고 부추기면 어떡하지? 케일처럼 먹기 싫은 걸 주면 어떡하지? 불안할 때 오래된 동물 인형과 같이 자곤 했는데 대니 집에 인형을 가져갈 수는 없어. 그리고 가족이 그리우면 어떡하지?'

마르코 엄마 사샤는 마르코가 걱정하는 모든 걸 안심시키려고 애썼으나 그녀 또한 걱정스러웠다. 마르코가 어떤지 걱정되어 잠을 잘 수 없었다. 편안해지기 위해서 둘은 서로 다른 장소에서 '따뜻한 담요' 실습을 했고, 이는 둘 모두에게 도움이 되었다. 여러 형태의 마음챙김과 연민 실습처럼 이 실습을 하는 동안 당신이 무엇에 주의를 기울이고 있는지는 아무도 알 필요가 없다.

아이들이 나 없이
살아남게 가르치기

딸이 중학생 때 친구와 함께 개발도상국가에서 진행되는 사회봉사 프로그램에 참여하게 되었다. 하지만 우리는 딸과 그렇게 오랫동안 떨어져 지낸 적이 없었다. 아이는 신이 나서 흥분했지만 나는 신경쇠약자가 되었다. 아들이 고등학생 때 외국에서 한 학기를 보낸 적이 있는데, 학교에서 갔던 수학여행에서 극심한 통증으로 힘들었던 경험이 떠올랐기 때문이다. 아들이 너무나 고통스러워하고 힘들어하자 선생님은 아들을 병원에 데려갔다. 그러나 증상이 너무 복합적이어서 먹은 게 잘못되었는지, 장염인지 원인을 밝혀내지 못한 채 고통이 계속되었다.

한참 지난 후 결국 맹장염으로 판명되었는데, 이미 맹장이 터져 낯선 나라에서 응급수술을 받고 입원하게 되었다. 곧바로 남편이 비행기를 타고 아들에게 날아갔으며, 며칠이 지나자 어느 정도 호전되는 것처럼 보였다. 그러나 항생

제 알레르기 반응과 감염까지 일어나서 또다시 입원해야 했다. 그곳에서 머무는 기간이 2주가 넘어가자 남편은 직장에 복귀하기 위해 돌아와야 했다. 내가 비행기를 타고 날아갔고 남편은 돌아와 직장에 복귀했다.

나는 낯선 나라에서 외롭고 무서웠다. 여성이 그다지 존중받지 못하는 나라에서 거의 알지 못하는 언어로 의사소통하면서 우리와 다른 의료 체계를 따라가려고 노력하는 과정이 너무 힘들었다. 그런데 몇 년이 지난 지금, 딸을 다시 낯선 나라에 보내는 건 미친 짓 아닐까? 딸에게 무슨 일이 일어나면 어떡하지? 위험을 감수하도록 놔두는 건 바보 같은 짓 아닐까?

딸이 떠나기로 한 며칠 전, 마침 멘토와 다달이 만나는 컨설팅이 있었다. 멘토에게는 아이가 둘 있는데 그녀에게 내 걱정을 털어놓았다. 그러자 그녀가 다음과 같이 말했다. "부모로서 당신 역할은 아이들이 당신 없이 세상에서 살아남게 가르치는 것이랍니다." 뭐라고? 나는 이런 말을 들어본 적이 없으며, 있다 하더라도 별로 듣고 싶지 않았을 것이다.

유대감과 연결감을 바탕으로 현재에 머무는 데 모든 시간과 노력, 관심을 기울였는데 이제 와서 내가 여기에 없을 때를 생각해야 한다는 말인가? 뭐라고 해야 할지 몰라서 아무 말도 할 수 없었다. 그것을 떠올리기조차 어려웠다. 그러나 몇 년이 지난 지금은 그 말을 받아들일 수 있다. 여전히 끔찍하기는 하지만 그 말에 담긴 지혜를 좀더 선명하게 이해할 수 있다.

결국 내 딸은 떠났고, 어떤 위기 상황도 일어나지 않았다. 나에게는 온 우주가 자비로우며 신이 아이들을 데리고 게임을 하지는 않을 거라는 확신이 필요했다. 그러나 그때도 그런 확신을 하지 못했고 지금도 마찬가지다. 확실한 건 아무것도 없으며 확실하게 만들 힘이 우리에게 있지도 않다. 아무도 할 수 없다. 그러나 걱정과 두려움 속에서도 여전히 아이들이 자기 날개를 시험해볼 수

연민 어린 존재의 나무

- 잠시 쉬면서 마음을 가라앉힙니다.
- 몸속으로 빠져들어 몸의 무게와 견고함을 느껴봅니다.
- 땅과 맞닿아 있으며 연결되어 있음을 느껴봅니다.
- 스스로 뿌리가 땅속 깊이 박힌 튼튼한 나무라고 상상해봅니다.
- 뿌리는 나무의 몸통과 연결되어 있습니다. 뿌리가 몸의 중심부와 연결되어 있음을 마음속에 그려봅니다.
- 나무의 지지를 느껴봅니다.
- 자신을 안정감 있게 유지합니다. 닻을 내리고 위엄이 있는 존재 감각을 느껴봅니다.
- 잎과 꽃이 달린 가지가 머리 위로 하늘까지 뻗어 있다고 상상해봅니다.
- 잎들 사이에, 나뭇가지 안에 선생님, 지도자, 친구, 은인, 성자, 성인들의 얼굴이 있습니다. 당신을 사랑하고 지지하며 영감을 준 사람들입니다.
- 각각의 존재와 연결되어 있음을 느껴봅니다. 그들의 사랑과 가르침을 받아들입니다. 서두르지 않습니다. 그냥 내려앉게 합니다. 각각의 존재와 연결감을 느껴봅니다. 자신이 사랑과 지혜로 양육되게 합니다.
- 당신 자신이 보이고 안전하고 단단해지는 것을 느껴봅니다.
- 각각의 은인들과 직접 연결되었음을 느껴봅니다. 지지를 느껴봅니다.
- 그것을 안으로 받아들입니다. 지금 여기에서 연민과 영양분을 흡수합니다.
- 아이를 키우며 인내가 필요하거나 홀로 있다고 느낄 때 또는 표류하거나 고립되어 있다고 느낄 때마다 연민 어린 연결의 나무로 돌아올 수 있습니다.

있게 해야 한다.

'연민 어린 존재의 나무' 실습은 사랑과 가르침이 있다는 것, 우리가 사는 세상이 바보 멍청이로 가득 차 있지 않다는 것, 세상에는 지혜롭고 연민이 가득 찬 존재들이 있다는 걸 믿을 필요가 있을 때 의지할 수 있는 실습이다.

이는 티베트의 고전적 수행 방법[2]인데, 나는 이를 부모들에게 적용해왔다.

캐리는 아들 이던이 한 달 동안 캠프에 갔을 때 이 실습을 했다. 이던은 '향수병'을 앓았고 캐리는 '아들 향수병'을 앓았다. 처음에는 전화할 수 없다는 것이 괴로웠다. 휴대전화 사용이 금지되었고 통신 서비스 또한 좋지 않았다. 위급한 상황이 생기면 캠프에서 부모에게 연락했다. 캠프에서는 부모의 불안감을 달래주려고 며칠마다 아이들 사진을 우편으로 보냈다. 이던이 웃는 사진을 보면 괜찮아 보여 안심이 되긴 했지만 캐리는 아들이 몹시 그리웠다.

캐리는 분리를 이겨내려고 자기 친구들이나 이던 반 친구 엄마들과 함께 좋아하는 레스토랑에서 저녁을 먹었다. 캐리는 이들을 자기가 좋아하는 마가리타 칵테일에 비유해 '마가리타 엄마들'이라고 농담하면서 고마움을 표시했다. 모임에 나온 엄마들은 캐리가 얼마나 힘든지 이해해주었고 그녀를 판단하거나 비난하지 않았다. 그들 또한 같은 일을 경험하고 있었다. 이던이 보고 싶어지면 잠깐 멈추어 이던과 떨어져 있고 매일 연락하지 못하는 것이 힘들다는 걸 인정할 수 있었다. 또한 이들은 아들과 말하고 싶고 안아주고 싶다며 우는 게 바보 같은 일이 아니라고 안심시켜주었다.

카이라 엄마는 몇 년 전 돌아가셨다. 카이라는 힘든 일이 있을 때면 엄마가 옆에서 도와주고 가르쳐준다면 얼마나 좋을까 할 때가 많았다. 타이론이 사춘기를 겪을 때 어떻게 도와줘야 하는지, 백인 문화에서 흑인 남자아이를 어떻게 키워야 하는지에 대한 지혜만 그리운 건 아니었다. 엄마가 결혼생활을 어떻게 견고하게 유지했는지 그리고 오랜 시간 암과 싸우며 어떻게 계속 긍정적일 수 있었는지 알고 싶었다. "엄마는 바위처럼 든든한 사람이자 정신적 지주였어요. 엄마가 가르쳐준다면 얼마나 좋을까요? 엄마가 너무나 그리워요." 카이라가 말했다.

'연민 어린 존재의 나무' 실습은 카이라가 엄마와 좀더 연결감을 느끼게 해주었고, 몇 년 전 돌아가신 교회 목사님의 현존 또한 느끼게 도와주었다. 목사님은 카이라가 힘과 회복력을 가질 수 있게 도와주셨다. "저를 사랑하고 도와주는 사람들이 연민의 나무에서 저를 내려다보며 계속 응원한다는 걸 느낄 수 있었어요." 카이라가 미소 지었다. "제게는 제가 얻을 수 있는 모든 도움이 필요해요."

재연결의
중요성

아이들은 종종 사랑의 의식을 좋아하는데, 이는 아이들이 안전하다고 느끼게 도와준다. 아이들이 학교나 파자마 파티, 여름 캠프 또는 좀더 오래 떨어졌다가 돌아왔을 때 간단한 것들로 환영받는다는 느낌을 줄 수 있다. 정교하게 짜였거나 돈이 많이 들어야 하는 건 아니다. 어린아이들에게는 좋아하는 아이스크림 가게나 빵집에 가기, 그냥 함께 걷기 등이 하루가 끝날 무렵 재연결되는 방법이다. 좀더 나이 든 아이들에게는 캐치볼이나 보드게임 같이하기, 자전거 타기 등이 관계를 계속 유지하고 대화를 풍성하게 하도록 돕는다.

아이들이 떠나기 시작할 때도 여전히 연결감을 유지하는 방법이 있다. 여름에 야구경기 관람하기, 겨울에 농구경기 관람하기, 슈퍼볼 관람하기 등 또한 재연결 방법이 될 수 있다. 그들이 읽고 본 것에 관심을 표현하고 이야기를 나누는 일 또한 연결감을 깊게 해준다. 함께 나누었던 관심과 기억을 떠올리는 일은 집으로 다시 들어가는 걸 쉽게 해준다.

내 아들은 이제 가까이 살지 않는다(이 장을 쓰는 지금 아들이 결혼한 지 2주밖에 되지 않았다). 아들이 좋아하는 여름 활동 중 하나는 케이프코드에 빌려놓은 여름 별장 데크에서 해마다 8월에 페르세이드 유성(유명한 유성 가운데 하나로 해마다 8월 13일쯤 가장 많이 떨어지며, 새벽녘에는 한 시간에 50~100개에 이르는 유성을 볼 수 있다고 한다-옮긴이)이 떨어지는 장면을 보는 것이었다. 떨어지는 별을 보며 소원을 비는 것이 하나의 의식이 되었다. 이제 그는 멀리 떨어져 있으며 여름에 항상 볼 수도 없겠지만, 때가 되면 유성쇼를 떠올리며 서로 연결될 것이다.

당신에게는 어떤 의식이 떠오르는지 살펴보기 바란다. 함께 일몰이나 일출을 보는 것일 수도 있고 낚시, 산책 또는 가까운 연못, 수영장, 호수나 바다로 수영하러 가는 것일 수도 있다.

밤하늘을 보면 광활하고 넓은 시야를 가질 수 있다. 큰곰자리, 작은곰자리, 은하수, 화성, 금성 등 좋아하는 별자리와 행성을 발견할 수도 있다. 선원들이 어둠 속에서 방향을 찾아야 할 때 밤하늘, 특히 북극성을 이용했다는 사실을 기억하기 바란다.

밤하늘의 광활함

- 아이들과 함께 또는 온 가족이 함께 맑고 따뜻한 밤에 담요를 가지고 잔디, 모래 또는 지붕을 찾아갑니다.

- 밤하늘을 올려다봅니다. 눈을 적응시킵니다.
- 눈에 띄는 것을 바라봅니다. 보이는 것에 이름을 붙입니다.
- 눈에 보이는 것이 몇 광년이나 멀리 떨어진 곳에 있다는 생각을 하면서 광활하게 펼쳐진 공간을 바라보며, 이 광활함에 비해 우리 문제가 얼마나 하찮게 보이는지 성찰해봅니다.
- 달 또는 별이 총총한 하늘에서 바라보면 우리는 단지 작은 반점일 뿐입니다.
- 북극성을 발견할 수 있는지 찾아봅니다.
- 당신 인생을 떠올려봅니다. 무엇이 당신을 이끌었나요?
- 지금 이 순간을 더 넓은 시야를 갖는 데 이용할 수 있습니다.
- 아이들이나 원가족에게서 받았다고 느껴지는 상처, 무시, 오해를 내려놓을 수 있는지 살펴봅니다.
- 이런 광활한 공간 속에서 당신은 내려놓을 수 있나요? 또는 아주 꽉 붙잡지 않을 수 있나요?
- 이것이 당신에게 좀더 많은 자유를 줄 수 있는지 또는 당신을 짓누르는 것들에서 거리를 유지하도록 도와줄 수 있는지 봅니다.
- 이 순간이 잠깐이라는 걸 압니다. 그리고 소중합니다.
- 넓게 탁 트인 하늘의 광활함을 당신 존재 안으로 가져올 수 있는지 봅니다.
- 아마 당신은 다음과 같은 말을 생각해보고 싶을지도 모릅니다. "몸은 지구처럼, 마음은 하늘처럼."
- 당신과 아이, 가족을 연결하는 사랑을 느껴봅니다. 연약한 행성과 연결되어 있는 사랑을 느껴봅니다.
- 원한다면 두 손을 잡고 소원을 빌어봅니다.
- 밤하늘의 광활함을 생각하면서 원하는 만큼 머무릅니다.

자넬과 중학생인 아들 랄프의 관계는 매우 격동적이었다. 그들이 언쟁을 쉽게 멈출 수 없을 때, 엄마 자넬이 연결감을 유지하는 방식은 계속 '안전지대'를 찾는 것이었다. 그들은 자주 말다툼을 했지만 갈등과 끊임없는 비난으로 계속 싸움을 이어가는 대신 자넬은 그들이 함께 즐길 수 있는 무언가를 찾고자 노력했다.

자넬은 최근 랄프 아빠와 이혼하면서 분리로 인한 긴장과 분노가 있었다. 자넬이 한 여성과 사랑에 빠졌는데 랄프는 그 때문에 분노했다. 그러나 자넬은 끊임없는 토론과 비난에도 길을 잃지 않고 대화를 이어가기로 결심했다. 또 랄프가 이혼을 비난하면서 한 말들을 곱씹지 않으려고 노력했다.

"랄프가 아빠를 그리워한다는 걸 알아요. 이해해요. 랄프는 아직 어려서 저를 격렬하게 비난해요. 하지만 그 비난을 마음에 오래 담아두지 않기로 결심했어요. 랄프의 거친 비난을 깊이 받아들여 상처를 키워나가거나 스스로 피해자라고 느낀다면 우리 관계가 어떻게 될지 뻔하거든요. 랄프가 열여덟 살이 될 때까지 몇 년 남지도 않았는데, 저는 랄프를 잃고 싶지 않아요.

랄프에게 분노를 표현할 공간을 줘야겠다고 결심했어요. 저도 똑같이 비열한 말들을 랄프에게 되돌려주고 싶을 때 멈춰서 생각해요. '랄프가 지금 이 순간 나에게 진정으로 원하는 것이 무엇일까?' 분명한 사실은 엄마가 똑같이 비열하게 말하는 건 아니라는 거예요."

자넬은 랄프가 좋아하는 활동을 함께했다. 예를 들면 게임 같은 것이었는데, 이는 자넬에게는 전혀 흥미롭지 않은 활동이었다. 또한 랄프 기분이 가라앉았을 때 그를 행복하게 할 수 있는 것들을 찾으려고 노력했다. '밤하늘의 광활함'은 그들이 함께하기에 좋은 실습이었다.

자넬은 이혼 후 도시에 있는 작고 비좁은 집으로 이사갈 수밖에 없었는데,

그 집의 장점 중 하나는 옥상에 데크가 있다는 것이었다. 저녁식사를 마치고는 쌍안경을 가지고 옥상으로 올라가 석양과 밤하늘을 바라보았는데, 이를 통해 그는 별에서 위안을 찾고 삶에 대한 더 넓은 시야를 유지할 수 있었다.

내려놓기와 같은 피할 수 없는 도전을 어떻게 좀더 깊이 연결하는 방식으로 활용할 수 있을까? 고통과 불편함은 때때로 삶의 방향을 바꾸고 중요한 가치를 찾을 수 있도록 해준다. 심지어 삶의 새로운 의미와 투쟁의 가치를 발견하도록 도와준다.

어떻게 하면 집이라는 공간이 아이들이 자기 삶을 시작하도록 도울 뿐만 아니라 일이 뜻대로 되지 않을 때 위안받기 위해 돌아올 수 있는 안전한 기지가 되도록 만들어갈 수 있을까?

나는 어디로
가야 하지요?
:

발레리는 매트가 대학을 가는 것이 걱정되었다. 이렇게 많은 시간이 흘렀다는 것이 믿기지 않았다. 지난 몇 년 동안 발레리의 생활은 안정적이었다. 이혼은 끔찍했지만 이미 모두 정리되었다. 발레리는 다시 데이트를 시작해서 좋은 사람을 만나고 있었다. 발레리와 전남편은 협의이혼 때 매트를 볼모로 삼지 않으려 노력했고, 그들의 관계는 이제 우호적으로 되었다.

발레리는 매트가 집을 떠나면 자기 생활이 어떻게 될지 걱정했다. 거의 18년 동안 발레리 생활의 중심에는 항상 매트가 있었고, 매트는 발레리가 아침마다 일어나야 할 이유였다. 이혼에 따른 불안감 속에서도 매트가 옆에 있어 견딜 수 있었다.

"말하기 쑥스럽지만 제가 겪는 분리불안이 매트가 느끼는 불안보다 훨씬 더 심한 것 같아요. 제 정체성은 엄마가 되는 데 초점이 맞춰져 있었어요. 이것이 인생의 목표였지요. 근데 이제는 무엇을 해야 할지 잘 모르겠어요. 정원을 가꾸고 강아지를 기르고 카드게임을 하고 손자를 기다리며 시간을 보내고 싶지는 않아요. 그건 너무 암울한 것 같아요."

발레리처럼 아이의 독립과 그로 인한 빈 둥지로 과도기를 힘들게 보내는 부모들을 도울 수 있는 MSC 프로그램 중 하나가 핵심 가치를 확인하는 것이다. 핵심 가치는 개인적 의미를 지닌 새로운 삶을 만들어내도록 안내한다. 우리가 겪는 고통은 어느 정도 우리가 어떤 가치를 가지고 있느냐에 달렸다. 예를 들어 가족을 부양하는 데 가치를 둔다면 직장을 잃는 건 엄청난 충격이 될 수 있다. 만약 여행과 모험에 가치를 두고 아이들을 데려갈 재정적 수단이 있다면 직장을 잃는 것은 자유로워짐을 의미한다.

사건에 대한 반응은 대부분 우리가 인생에서 어디에 있는지, 그 당시 우리 욕구와 가치는 무엇인지에 달렸다. 매조리는 빙판에서 미끄러져 허리를 다쳤다. 휴식이 필요했고 무거운 걸 들면 안 된다는 말을 들었다. 매조리는 어린아이들을 돌보는 일에 중요한 가치를 두었기에 이런 상황이 무척 불편했다.

그러나 모든 건 상대적이다. 아이가 좀더 자라서 스스로 챙길 수 있다면, 며칠 쉬면서 좋아하는 텔레비전 쇼를 마음 놓고 보는 사치를 누릴 절호의 기회가 될 것이다.

핵심 가치는 목표와 다르다.

- 목표는 달성될 수 있다. 핵심 가치는 우리가 목표를 달성하기 전과 후에 우리를 안내한다.
- 목표는 목적지다. 핵심 가치는 방향이다.
- 목표는 우리가 행동하는 어떤 것이다. 핵심 가치는 우리가 존재하며 구현해내는 어떤 것이다.
- 우리는 목표를 정한다. 그러나 핵심 가치는 우리가 발견해야만 하는 어떤 것이다.

핵심 가치 발견하기

❀

MSC 프로그램에서 가져온 이 실습은 부모가 사용할 수 있도록 수정[3]했습니다. 다음 실습에서 핵심 가치를 발견하고 핵심 가치에 따라 어떻게 살아야 하는지 성찰하게 될 겁니다. 종이와 연필을 준비합니다.

- 자신에게 물어봅니다. '내가 살고 싶어하는 가치는 무엇이며 그것이 나에게 정말 중요한가?'
- 몇 가지 공통된 핵심 가치를 살펴봅니다.
  관대함, 연민, 연결, 충성심, 정직, 공정함, 용기
- 많은 가치는 다른 사람들을 대하는 방식뿐만 아니라 자신을 대하는 방식, 중요한 개인적 욕구를 충족하는 방식 등을 내포합니다. 다음은 많은 사람이 중요하다고 느끼는 개인적 핵심 가치입니다.

가족, 개인적 성장, 탐험, 평온함, 자연, 자율성, 창조성

- 이제 좀더 깊이 들어가 당신 인생에 원동력이 되어왔던 핵심 가치를 발견합니다.
- 눈을 감습니다. 당신 자신을 환영하는 미소를 지어봅니다.
- 한 손을 가슴에 얹습니다. 당신 몸을 느껴봅니다. 몸은 오랫동안 당신과 함께했고, 행복하고 충만한 인생을 살려고 노력해왔습니다.

인생 되돌아보기

- 삶의 마지막에 가까워졌다고 상상하면서 지나온 시간을 되돌아봅니다.
- 잠시 멈추어봅니다. 당신에게 깊은 만족을 주는 것은 무엇인가요? 즐거움? 편안함? 행복?
- 어떤 가치들이 당신 삶에 의미와 만족을 가져다주었나요?
- 당신 삶에서 어떤 핵심 가치를 표현하며 살아왔나요?
- 개인적인 핵심 가치를 포함해서 떠오른 것들을 적어봅니다.
  (인생을 되돌아보는 시간을 충분히 가지기 바랍니다.)

가치에 따라 살지 않았나요?

- 이제 가치에 따라 살지 않았다고 느끼는 방식, 삶과 가치, 특히 핵심 가치가 단절된 방식에 주목합니다.
  아이와 함께하는 시간을 가치 있게 여기면서도 모든 시간을 일하는 데 쓰지는 않나요?
  배우자와 더 많은 시간을 보내고 싶어하면서도 왠지 그렇지 않은 것 같나요?
  가족과 재미있는 활동을 하고 싶어하면서도 일과 과제 때문에 놀 시간이 별로 없나요?

- 균형이 맞지 않는 것들이 무엇인지 알게 되었다면 그 가운데 가장 중요하게 생각하는 것 하나를 선택해서 실습을 이어갑니다.

방해하는 외적 장애물은 무엇인가요?

- 가치에 따라 사는 것을 방해하는 외적 장애물이 있습니다. 때로는 돈이 충분하지 않을 수도 있습니다. 시간이 충분하지 않거나 먼저 해야 할 다른 책임이 있을 수도 있습니다.
- 당신이 경험하는 장애물을 떠올리며 어떤 것들이 있는지 적어봅니다.

내적 장애물은 무엇인가요?

- 핵심 가치와 조화를 이루며 살아가는 데 방해가 되는 내적 장애물도 있습니다.

  실패를 두려워하나요?

  당신 능력을 의심하나요?

  위험을 무릅쓰지 말라는 내면의 비난하는 목소리가 있나요?
- 당신이 알아차린 내적 장애물을 적어봅니다.

자기연민이 어떻게 도움이 될까요?

- 핵심 가치에 따라 사는 데 자기친절과 자기연민이 어떻게 도움이 되는지 탐색해봅니다.

  똑똑하거나 잘나지 못해서 실패할 운명이라고 말하는 내면의 비난하는 목소리를 다루는 데 자기연민이 도움이 될까요?

  새로운 것을 시도하거나 위험을 무릅쓰거나 도움이 되지 않는 것들을 놓아버릴 만큼 충분한 자신감을 느끼게 하는 데 자기연민이 도움이 될까요?

발레리는 실습하면서 먼저 핵심 가치를 살펴보았으며 그다음에는 개인적 가치를 돌아보았다. 발레리는 항상 충실함과 정직을 가치 있게 여겨왔다. 써놓고 보니 전남편이 바람피우는 걸 알게 되었을 때 왜 그렇게 엄청난 배신감을 느꼈는지 더 깊이 이해할 수 있었다.

발레리의 핵심 가치 목록에는 개인적 성장, 창조성, 사회적 활동 등이 있었는데, 그중에서도 가장 중요한 것은 가족이었다. 지난 몇 년 동안 다른 가치는 제쳐둔 채 엄마로 사는 데 헌신해왔다. 다른 가치에 따라 사는 데 외적 장애물은 매트를 떠날 수 없다는 것이었는데, 이는 곧 바뀔 것이다.

발레리가 알아차린 내적 장애물은 항상 스스로 부적절하고 소심하게 느낀다는 것이었다. 발레리 친구 중 한 명은 이혼한 뒤 홀로 빈 둥지에 남게 되자 아프리카평화봉사단에 들어가 활동했다. 발레리는 스페인어에 능통하고 간호학을 전공했다. 어쩌면… 어쩌면 발레리는 자신의 핵심 가치에 따라 살 수 있지 않을까? 70~80대가 자원봉사활동을 한다는 걸 알게 되었을 때 왠지 더 잘 할 수 있을 것같이 느껴졌다.

실행에
옮기기
:

수업과 워크숍에 참여했던 다른 부모들은 실습에서 오랫동안 잊었던 꿈과 열망을 되찾아도 된다는 허락을 받은 느낌이 든다며 힘을 얻었다. 행동이 크고 극적일 필요는 없다. 에릭은 경기침체로 직장을 잃었는데, 마침 아들 브라이언이 막 고등학교를 졸업했다. 부자가 국토횡단 여행을 하는 데 이보다 더 좋은 시간이 있을까? 브라이언은 여행하며 운전 경험을 쌓을 수도 있을 것이다. 항상 하고 싶었지만 내적·외적 장애물 때문에 망설인 것은 무엇인가?

패트리샤는 동네에 있는 실내 암벽등반 시설에서 시작해 차근차근 암벽등반을 시도해보기로 결심했다. 헥터는 스쿠버다이빙을 배우고 싶었지만 수영을 잘하지 못했으므로 지구력을 좀더 기른 후 스쿠버 레슨을 받았다.

당신의 꿈은 무엇인가? 어떠한 것들을 하고 싶었지만 미루어왔는가? 당신의 핵심 가치는 어떻게 의미에 대한 깊은 갈망을 반영하는가?

핵심 가치의 중요성은 몇 년 전 데어드레를 우연히 마주치고 난 뒤 깨닫게 되었다. 데어드레의 아이들은 우리 아이들과 같은 고등학교에 다녔는데, 우리 아이들보다 나이가 약간 더 많았다. 그때는 데어드레의 막내가 막 대학에 간 직후였다.

"어떻게 지내요?" 내가 물었다.

:

8장 뿌리와 날개

"끝났어요." 그녀가 대답했다. "완전히 끝났어요."

나에게 곧 닥칠 빈 둥지가 두려워지기 시작했다. 나는 데어드레 이야기를 교훈으로 삼아야겠다고 결심했다. 아이들이 자기 관심사를 탐구하러 집을 떠나 있는 동안 나 또한 여전히 풍요롭고 보람찬 삶을 살 수 있도록 내가 할 수 있는 모든 것을 하고 싶었다.

집을 떠나는 일은 정상적이고 건강한 발달 단계다. 그들이 떠났다고 해서 아무것도 안 하며 지내지는 않겠다고 맹세했다. 바버라 킹솔버(Barbara Kingsolver)가 쓴 『동물의 꿈(Animal Dreams)』에서 읽은 한 구절이 떠올랐다. "그들이 자라나는 것을 보는 건 괴로운 일이에요. 그러나 그들이 자라나지 않는다면 당신은 더 많이 괴로울 거예요."

핵심 가치와 조화를 이루며 머무는 한 가지 방법은 핵심 가치를 일상적인 마음챙김과 연민실습(또는 당신이 좋아하는 일상 실습)에 추가하는 것이다. 내게 도움이 된 한 가지 방법은 핵심 가치를 매일 먹는 비타민처럼 떠올리는 것이었다. 기억하는 데 1초밖에 걸리지 않았지만 나를 건강하고 강하게 해주었다. 아침에 일어나거나 저녁에 잠자리에 들 때 핵심 가치를 떠올릴 수도 있다. 또는 매일 하는 명상에 포함시킬 수도 있다.

힘든 하루를 보냈을 때, 길을 잃었다고 느낄 때, 지지해줄 닻이 필요하다고 느낄 때 스스로와 재연결하는 방법으로 핵심 가치를 생각하라. 이런 가치들은 명상에서 호흡과 유사하다. 그것들은 우리가 돌아와서 다시 시작하거나 뜻을 세우도록 도와준다. 또한 중심에서 내쳐질 때 수치심과 자기비난 없이 연민을 연습하는 방법이다. 우리 가치를 재조정할 수도 있다.

재조정

--- 🌷 ---

- 숨을 깊게 들이쉬고 마음을 가라앉히면서 시작합니다.
- 지금 가장 깊이 마음에 울려 퍼지거나 닻으로 사용하길 원하는 하나의 핵심 가치를 떠올립니다.
- 당신이 방향을 잡는 데 도움이 되는 북극성 같은 무언가가 되게 합니다.
- 원하는 만큼 명확해질 때까지 충분한 시간을 보낸 후 그것들을 적어봅니다.
- 이것은 당신의 자애문구 중 하나일 수 있습니다. 다른 사람에게 얘기할 필요는 없습니다.
- 언제 가장 필요한지 스스로에게 물어봅니다. 아침에 일어날 때인가요? 밤에 잠자리에 들기 전인가요?
- 양육과 관련될 필요는 없습니다. 당신이 어떻게 살고 싶은지와 관련해 계획을 세울 수 있는 것이면 됩니다.
- 예를 들어, 이렇게 말하고 싶을지도 모릅니다. "나 자신과 타인에게 친절함을 베풀 수 있기를." 또는 이렇게 말할 수도 있습니다. "가족을 사랑과 연민으로 대할 수 있기를."
- 매일매일 핵심 가치를 떠올리기 위해 할 수 있는 다양한 방법을 생각해봅니다.

시작은 하나의 과정이
될 수 있다

집을 떠나는 과도기가 항상 순조롭게 지나가는 것은 아니다. 부모와 아이 모두 이별을 힘들어해서 익숙한 그대로 유지하는 것이 편안할 때도 있다. 분리될 준비를 하기 전에 더 많은 성장이 필요할 때도 있다. 떠나보내기를 하나의 과정으로 생각하면 처음부터 망설여지거나 순조롭게 진행되지 않을 때 부모들이 느끼게 되는 비난과 자책을 줄일 수도 있다. "시작이 안 좋으면 끝도 안 좋다"라는 문화적 틀에 맞추어 바라보면 시작도 하기 전에 모든 게 끝나버렸다고 느끼게 될 것이다. 부모와 아이를 위한 자기연민은 이런 낙인과 고통을 줄일 수 있다.

기숙사에서 지내는 사나는 대학에 적응하는 데 어려움을 겪었다. 사나는 자신이 부족하고 나약해서 부모님에게 실망을 주었다고 느꼈으며, 사나 엄마 미사키는 사나를 제대로 준비시키지 못했다며 자책했다.

그 대학은 1차로 지망한 곳도 아니고 가족에게서 멀리 떨어져야 했지만 사나는 잘 지낼 수 있을 거라고 생각했다. 그러나 시작부터 순조롭지 않았다. 사나는 기숙사 룸메이트와 사이가 좋지 않았는데, 룸메이트는 첫 주부터 방에 남자들을 데리고 왔다. 룸메이트가 성관계를 하려고 했으므로 사나는 방에서 나와야 했지만 갈 곳이 마땅치 않았다. 다른 방이나 다른 룸메이트를 찾아보려고 했지만 학교에서는 학생들끼리 알아서 해결하라고 했다. 게다가 룸메이트는 사나에게 '따분하게 굴지 말라'며 타협하지 않았다.

사나는 고등학교에서는 스타였지만 대학에서는 아니었다. 교수들이 자기 능력을 알아줄 거라고 생각했지만 열심히 공부하는 학생들이 너무 많았다. 첫 번째 생물학 시험에서 B⁻를 받았는데, 사나는 이것이 낙제 점수 같았다. 제대로 되는 일이 없었다. 친구를 사귀기도 어려웠고 적응도 잘하지 못했다.

매일 비가 오는 것처럼 느껴졌다. 사나는 집과 가족이 그리웠다. 부모님에게 얘기했으나 부모님은 참고 견뎌보라고 했다. 그러나 수업에 들어가려고 아침에 일어나기가 점점 더 힘들어졌고, 룸메이트가 자정 이후까지 남자를 데리고 오는 경우가 잦아지면서 더욱 힘들어졌다. 수업에서 자꾸 뒤처졌지만 따라가기가 어려웠다.

사나가 추수감사절에 집에 갔을 때, 사나와 부모님은 무언가 제대로 돌아가지 않는다는 걸 인정하고 결국 휴학했다. 사나와 사나 엄마는 둘 다 실패한 것 같은 느낌에 사로잡혔다. 다른 사람들은 모두 행복한 것처럼 보였다. 미사키는 수치스러워 무슨 일이 일어났는지 아무에게도 말할 수 없었다. 엄마로서 실패했다는 느낌이 들어 너무 우울했다. 그러나 자기연민을 통해 비난을 멈추고 전체 관점에서 상황을 바라볼 수 있게 되었다.

집에서 안정을 되찾은 사나는 이 경험으로 겸손을 배웠다. 사나는 연구실에서 일하며 자신에게 더 적합한 학교를 찾아 들어갔다. 미사키와 사나가 힘들

연꽃도 진흙을 먹고 자랍니다

- 편안하게 앉아서 시작합니다. 호흡하면서 마음을 가라앉힙니다.
- 몸의 무게를 느껴봅니다. 차분하게 안정된 무게 중심을 느껴봅니다.
- 연못에 핀 연꽃을 떠올리며 시작합니다.
- 꽃의 긴 줄기를 따라 연못 바닥에 뿌리를 내린 곳까지 따라가는 상상을 해봅니다.
- 연꽃이 진흙과 부패물질들 속에 닻을 내리고 있음을 주목합니다.
- 아름다운 꽃은 어둡고 탁한 물과 분리된 것이 아니라 사실은 그들이 꽃을 키웁니다.
- 연꽃은 연못 안의 부패물질에서 영양분을 흡수해 생명을 유지합니다.
- 슬픔, 고통, 수치심, 우울 같은 경험에 자신을 똑바로 앉힙니다.
- 이런 고통의 경험에서 얻을 수 있는 숨겨진 지혜나 영양분이 있나요?
- 연꽃과 마찬가지로 인생 또한 어두움과 부패물질에서 영양분을 흡수하고 생명을 유지해나간다는 교훈을 얻을 수 있나요?
- 힘든 경험에서 어떤 깊이나 자양분, 풍요로움을 발견할 수 있나요?
- 힘든 시련을 거쳐온 자신에게 연민을 제공할 수 있나요?
- 깊은 곳에서 자라나는 연꽃의 이미지를 상상하며 잠시 쉬어봅니다.
- 관점을 바꿀 필요가 있을 때마다 이 실습으로 다시 돌아옵니다.

때 함께했던 실습은 다음과 같다. 실습 제목은 사나가 지었다.

이 실습은 육아와 삶의 여정을 통과할 때 다양하게 활용할 수 있다. 명상 스승 틱낫한 스님은 "진흙이 없으면 연꽃도 없다"라고 했다. 힘든 시간을 보낼 때 내가 자주 찾는 실습 가운데 하나다.

로즈는 최근 암 진단을 받았다. 방사선과 항암치료를 견디게 도와주고 절망에 빠지지 않게 사기를 북돋아줄 무언가가 필요했다. 이 실습은 로즈에게 고통을 통해 가치 있는 무언가가 생겨날 가능성에 주목하도록 도와주었다.

내려놓기는
여러 모습으로 나타난다
:

내려놓는 것은 매우 복잡한 과정일 수 있으며, 우리가 항상 생각해온 모습이 아닐 수 있다. 여기에는 종종 아이가 이렇게 되었으면 좋겠다고 생각해온 부모의 기대와 꿈을 포기하는 것도 포함된다. 아이가 부모의 기대를 만족시키는 경우는 거의 없다. 때로 부모는 아이가 자신과 다르다고 서운해한다. 외향적이고 분위기 메이커였던 엄마는 내향적이고 수줍음이 많은 아이와 어떻게 관계해야 하는지 모를 수 있다. 대학 대표 선수였던 아버지는 스포츠에 전혀 관심이 없는 예술가적인 아이에게 실망할 수 있다.

우리가 소망했던 아이가 아니라 현재 우리 아이를 사랑하고 돌볼 필요가 있다는 걸 기억해야 한다. 데릭과 벳시는 중학교에 들어가는 아들 브렛 때문에 상담받고 싶어 찾아왔다. 산만한 브렛은 성적이 좋지 않았으며 매일 두통에 시달렸다. 작은 초등학교에서 중학교로 진학하기도 힘든 상태였다. 벳시는 소아과 의사를 만나고 난 후 브렛과 이야기를 나누었다.

브렛은 뭔가 망설이고 주저하면서 이야기를 시작했는데, 농구팀에 있는 어떤 소년에게 매료되어 자기감정을 어떻게 조절해야 할지 모르겠다는 것이었다. 브렛은 자기감정이 알려지면 따돌림을 당할까봐 걱정했다. 또 스트레스와 혼란 때문에 자꾸 아프고 집중하기가 어렵다고 했다. 벳시가 데릭에게 이 상황을 이야기하자 데릭은 몹시 화를 내며 브렛을 '바로잡아줄' 치료를 받게 하자고 제안했다. "내 아들은 절대 동성애자가 될 수 없어요." 데릭이 화가 나서 씩씩거렸다.

그러나 브렛은 자기감정을 털어놓으며 자신이 느낀 게 어떤 감정이었는지 좀더 분명히 알게 되었다. 단지 표현할 수 없었을 뿐이다. 브렛이 자신의 성 정체성에 대해 편안해지자 데릭은 더욱 격분했다. "저는 보수적인 가정에서 태어나 남성적인 형제 세 명과 함께 자랐어요. 이건 말도 안 되는 얘기예요. 제가 아들에게 원한 건 이런 게 아니라고요."

데릭이 브렛을 고치거나 바꾸지 않고 있는 그대로 받아들이기까지 여러 달이 걸렸다. 내려놓는 과정은 애도 과정과 비슷했다. 데릭은 복잡한 일련의 감정을 겪어냈다. 처음에는 수치심과 모욕감을 느꼈다. 그다음에는 브렛에게 너무 부드럽게 대한다며 아내를 비난했고, 유능한 치료자가 아니라며 나를 비난했다. 마지막으로는 브렛의 발견 과정을 지지하는 학교를 비난했다. 마침내 데릭은 복잡한 감정에 연민을 약간 불어넣게 되면서 비로소 안정되었다. 우리는 모두 인간이고 모두 다르며 다른 걸 원한다는 것, 아이가 어떻게 되기를 원한다고 해도 결코 명령하거나 지시할 수 없다는 걸 깨닫게 된 것이다.

데릭은 브렛을 진심으로 사랑했다. 브렛은 두통이 줄어들면서 친구도 사귀고 농구도 계속하게 되었다. 학교에 다시 흥미를 느꼈고 기후 변화에 대해 공부하고 싶어 기후 클럽에도 가입했다. 데릭은 브렛이 자기 의견을 분명히 표현하는 영리한 아이로 개성 있는 사람이 되어가는 모습을 지켜볼 수 있었다. 그러면서 데릭은 아버지 기대에 어긋났던 자신의 어린 시절을 떠올렸다. 그는 아버지가 정서적 지지를 중단했을 때 너무 고통스러웠다.

이런 이야기를 하며 자신이 느낀 실망감을 얘기하던 데릭은 그것이 브렛에 대한 실망이 아님을 깨닫게 되었다. 아버지로서 데릭이 해야 할 일은 브렛을 가능한 한 많이 지지하는 것이었다. 브렛의 성적 지향을 받아들이기는 여전히 어려웠지만 브렛이 자기가 주는 사랑을 느끼길 원했다. 그들이 사는 지역사회와 원가족의 가치를 고려했을 때, 앞으로가 더 험난하다는 걸 알고 있었다. 그러나 그 어느 때보다 지금 브렛에게 자신이 필요하다는 사실을 알기에 '한 걸음 나서보기로' 결심했다.

데릭은 화가 나고 절망적이었을 때, 부모를 위한 자기연민, 구세주 실습(2장)이 도움이 된다는 걸 알았다. 연꽃 실습은 진흙을 헤쳐나갈 그들만의 방법을 발견하게 해줄 것이며 '남은 인생을 진흙에 빠져서 허우적대지는' 않을 거라는 희망을 가져다주었다. 데릭과 벳시는 아들을 위해 그들이 할 수 있는 최고 부모가 되기로 함께 마음을 모았다.

자기 칭찬

"뭐라고? 자기 칭찬? 자기애가 아니고?" 어쩌면 당신은 의아할지도 모른다. 그러나 부모로서 자신을 칭찬하는 게 그렇게 불편하고 이상하며 금기시된다는 것이 흥미롭지 않은가? 우리는 너무 힘들게 아이들을 키우고 있다. 우리의 욕구, 시간, 에너지, 돈, 원하는 걸 포기하고 희생함으로써 아이들은 잘 자랄 수 있다. 그런데도 아이들에게 인정받는 경우는 거의 없다.

또한 대부분 배우자에게 칭찬이 아닌 비난을 듣는다. "와, 힘든 일을 정말 잘 처리했네." 이런 말을 들은 지 얼마나 오래되었는가? 인생이 아이의 축구경기, 카풀, 숙제, 시험 준비, 과외, 댄스수업, 음악수업은 물론 나이 든 부모의 요구와 내 일에 대한 걱정으로 가득 찼는데도 계속 버티는 건 운이 좋은 것이다.

뇌의 자연스러운 부정성 편향 때문에 긍정적 경험에 주의를 기울이고 이를 받아들이려면 따로 노력해야 한다. 연구자들은 유쾌한 경험보다 고통스러운 경험을 훨씬 더 잘 기억한다고 보고한다. 신경과학자이자 심리학자인 릭 핸슨(Rick Hanson)은 "뇌는 부정적 경험에는 벨크로(찍찍이테이프)처럼 잘 달라붙고, 긍정적 경험에는 테플론(눌러붙지 않는 코팅)처럼 잘 떨어진다"라는 말로 이를 잘 표현했다. 이는 우리 뇌가 부정적인 쪽으로 기울어져 있다는 것을 의미한다.

우리에게 있는 친절함, 공정성, 유머, 에너지, 헌신 등 긍정적 자질뿐만 아니라 아이의 미소, 건강, 아름다운 일출 등 삶의 긍정적 부분에 주의를 기울인다면, 뇌가 행복을 만들어내게 되돌릴 수 있다. 핸슨이 '좋은 것 받아들이기'라고 한 이런 것들이 심리적으로 유용하다는 사실이 과학적으로 입증되었다. 이는 우리에게 도움이 될 뿐 아니라 아이들이 좀더 회복력을 갖도록 도와줄 것이다.

의식적으로 노력하지 않으면 뇌의 자연스러운 부정성 편향에 빠져 경험을 계속 반추하기 쉽다. 헬렌 켈러(Helen Keller)는 이를 간단명료하게 표현했다. "행복의 한쪽 문이 닫히면 또 다른 문이 열린다. 그러나 닫힌 문만 오래 쳐다보기 때문에 우리를 위해 열린 또 다른 문을 보지 못할 때가 많다."[4]

우리는 가끔 아이들, 친구, 배우자, 가족, 집, 일에 고마움을 느낀다. 그러나 정작 자신에게는 거의 고마워하지 않는다. 자기 행동이나 말에서 결점을 찾으려 하고, 아이와 동료들도 내게 그럴 때가 있다. 다른 사람들이 우리의 좋은 자질과 노력을 당연하게 여기면 처음에는 괜찮다가도 결국 짜증이 난다. 칭찬은 무시하고 부정적 피드백만 받게 되면 그것에 집착해 때로는 며칠, 몇 주, 몇 달, 심지어 몇 년 동안 계속 떠오르기도 한다.

자기연민을 적용하는 방법은 많다. 넓게 보면 우리가 지닌 좋은 자질은 주위의 많은 사람, 즉 부모님, 가족, 선생님, 멘토와 상황이 만들어낸 결과라는 걸 깨닫게 된다. 많은 요인이 현재 우리를 만들어왔다. 따라서 우리의 좋은 자질을 칭찬하는 건 자아도취가 아니다. 이는 상호 의존성을 인정하는 연결 행동이다.

자신의 장점, 능력, 친절함을 칭찬하는 건 다른 사람들보다 내가 낫다거나 다른 사람들을 낮춰보려는 게 아니다. 부모는 모두 어떤 면에서는 근사하지 않지만, 어떤 면에서는 아주 근사한 자질을 지녔다. 옛말에도 있듯이 "나는 완벽하지 않지만 어떤 부분은 훌륭하다."

마지막으로 자기 칭찬은 이기적인 일이 아니다. 이는 삶을 살아가는 데 필요한 낙관적 토대와 회복력을 제공한다. 자기 칭찬을 배우는 일은 MSC 프로그램의 또 다른 선물이다.[5]

트레니스는 엄격한 가족 안에서 자랐다. 부모님은 트레니스가 교만하거나 '너무 거만해질까봐' 칭찬을 거의 해주지 않았고, 틀에서 벗어나지 말라고 계속 혼냈다. 트레니스가 우스갯소리로 아버지더러 엄마와 다섯 아이에게 트집을 잡는 '비난의 대가'라고 할 정도였다. "그렇게 '예민하고 감정이 풍부한' 가족은 아니었다고 말할 수 있지요."

트레니스의 핵심 가치는 겸손함과 충실함이었다. 트레니스 남편은 트레니스가 너무 이기적이고 가족에게 희생적이지 않다며 트집을 잡곤 했다. 그러나 트레니스는 자기가 할 수 있는 모든 걸 다했다. 연로하신 부모님, 세 아이, 특별히 신경 써야 할 남편 사이를 왔다 갔다 하며 일까지 했다. 아이들에게 식탁을 차리거나 저녁식사 후 설거지를 도와달라고 하기도 너무 힘들었다. 아이들은 컴퓨터 화면에서 눈을 떼지 않은 채 "잠깐, 잠깐만요"라고 하기 일쑤였다.

트레니스가 규칙을 정하려고 할 때마다 아이들은 앵무새처럼 되뇌었다. "엄마는 바라는 게 너무 많아요." 주말에 집에 놀러 온 한 친구가 트레니스에게 다음과 같이 말했다. "트레니스, 너는 너무 열심히 일하고, 일을 너무 많이 해. 애들이 이렇게 버릇없이 구는 걸 더는 참지 마."

부모인 자신을 칭찬하기

- 눈을 감습니다. 한 번 또는 두 번 호흡합니다. 멈춥니다.
- 몸을 늘어뜨리고 편안하게 휴식을 취합니다.
- 부모로서 당신 자신에 대해 가치 있게 여기는 두세 가지를 생각합니다.
- 정말 마음속으로 당신 자신을 깊이 좋아하는 데 마음을 열 수 있는지 봅니다.
- 불편하더라도 놀라지 마세요. 이런 식으로 생각해보는 게 익숙하지 않을 수 있습니다.
- 자신의 좋은 자질을 인정하도록 허용하고 그것들을 받아들입니다. 밀어내지 않습니다.
- 이것이 당신이 항상 그러한 자질을 지녔다거나 다른 사람보다 낫다는 걸 의미하지는 않습니다.
- 당신이 그러한 좋은 자질을 발전시킬 수 있도록 도와준 사람들을 생각해봅니다. 그들은 부모님, 선생님, 친구들, 멘토들, 가족 심지어 아이들일 수도 있습니다.
- 모든 사람에게 감사와 찬사를 보냅니다.
- 스스로 인정할 때 비로소 우리가 성장하고 발전하도록 도와준 사람들 또한 인정하고 존경할 수 있습니다.
- 그들과 당신 자신을 칭찬할 수 있도록 허용합니다.
- 이것을 받아들입니다. 잠시라도 자신과 자신의 육아를 기분 좋게 느끼도록 허용합니다.
- 푹 빠져서 이 순간을 즐깁니다. 이는 완전히 새롭고 신기한 경험일 수 있습니다.

트레니스는 자신이 했던 모든 일을 떠올리며 스스로 칭찬하기 시작하면서 비로소 자신을 옹호할 수 있었다. 트레니스는 처음으로 자신만의 든든한 지지자를 둔 것처럼(4장에서 제시한 '자신의 든든한 힘이 되어주기'를 보세요) 느꼈으며, 그제야 아이들에게 좀더 노력해달라고 요청할 수 있었다. 자신이 하던 모든 일을 인정하게 되자 도와달라고 할 수 있었던 것이다.

"다른 사람들한테 지지받고 인정받고 싶었어요. 아마 그런 일은 일어나지 않을 거예요. 하지만 그런 말도 안 되는 일이 생길 때까지 기다릴 필요가 없다는 것은 분명해요. 내가 나 자신에게 주면 되거든요."

감사하기

우리가 가지고 있지 않거나 아이들이 가지고 있지 못한 것, 즉 받지 못한 상, 포상, 홈런, 축구 골 등에 초점을 맞추면 부정성 편향의 지옥에 빠져 계속 부정적인 마음 상태에 머물게 된다. 아무도 그렇게 살고 싶지는 않을 것이다. 감사는 인생에서 일어나는 좋은 것들, 특히 우리가 자주 보지 못하는 작은 것들[6]의 진가를 알아보는 것이다.

여기에 우리를 다른 사람들과 연결해주는 실습이 있다. 이 실습은 아이들이 날개를 펼칠 때 땅에 뿌리를 단단히 내리도록 도와줄 것이다.

명상 스승 중 한 분은 단지 호흡 세 번으로 마음 상태를 변화시킬 수 있다고 말씀하시곤 했다. 우리도 간단한 감사 실습으로 마음 상태를 변화시킬 수 있다. 제대로 되는 일이 하나도 없다고 느껴지는 날에는 잠깐 멈추어보라. 감사 실습을 해보고 어떤 일이 일어나는지 살펴보라.

8장 뿌리와 날개

작지만 소중한 것들 알아차리기

---❀---

- 자리에 앉아서 호흡하며 시작합니다.
- 그렇습니다. 잠시 멈출 수 있고 앉을 수 있다는 것에 감사합니다.
- 바로 지금, 당신은 아무것도 하지 않아도 되며 누군가를 돌볼 필요도 없습니다.
- 잠시 멈춥니다.
- 준비되면 당신이 가끔 무시하고 넘어갔던 것, 작고 사소하지만 인생을 좀더 편하게 만들어준 것을 5~10가지 적어봅니다. 예를 들면 버튼, 지퍼, 벨크로, 유리, 햇빛, 시원한 바람, 유모차, 우산, 그네, 아이 미소 같은 것들입니다.
- 알아차린 것들을 적어봅니다.
- 잠깐 멈춰서 이 실습을 한 다음 어떤 기분이 드는지 살펴봅니다.

조시아는 답답하고 힘든 하루를 보냈다. 큰 프로젝트를 맡은 직장 상사가 조시아한테 화풀이를 해댔다. 퇴근길에는 차가 끼어드는 바람에 사고가 날 뻔했다. 집에 들어왔는데 아내가 잔소리를 해댔다. 사고 날 뻔했던 것에 정신이 나가서 세탁용 세제 사오는 일을 깜빡했기 때문이다. 게다가 아들 조이가 여기저기 늘어놓은 레고 조각을 맨발로 밟아 부러뜨릴 뻔했고, 발이 너무 아파서 움켜쥐고 팔짝팔짝 뛰다시피 했다.

조시아는 폭발 일보 직전이었다. 바로 그때 아빠가 집에 온 걸 본 조이가 흥분해서 달려와 꼭 껴안았다. "아!" 조시아는 생각했다. '안아줘서 정말 고맙다.'

그러자 마음이 느긋해지면서 방에 있는 다른 것들도 눈에 띄었다. "레고도 고맙네. 부러지지 않아서. 조이의 벨크로 신발에도 감사하자. 끈을 계속 묶어주지 않아도 되니까. 달려와서 꼬리를 흔드는 강아지도 고마워." 조시아는 작고 사소한 걸 알아차리는 것이 '침착함을 유지하도록' 도와준다는 사실을 깨달았다. 그리고 맛있는 저녁과 와인 한 잔 또한 도움이 되었다.

즐겁고 재미있는 실습이 되긴 바란다. 심각할 필요는 없다. 크리시는 이 실습을 하면서 '지우개'를 떠올렸다. "왜냐하면 저는 항상 실수를 하거든요." 아이들과 함께 처음 캠핑 갔을 때는 실내 화장실이 목록에 추가되었다. "맙소사! 우리는 이걸 당연하게 생각하죠."

그리고 그녀는 가족과 편하게 상호작용을 하게 해주는 작은 것도 포함시켰다. "우리 집에서는 매니큐어가 저와 제니의 '자아 접착제'예요. 일이 힘들면 제가 '손톱-발톱 비상사태'를 선포해요. 그러면 둘 다 웃어요. 매니큐어를 칠하면서 또 한 번 웃게 되고요. 이모티콘 또한 정말 고맙고 소중하죠. 우리 인생과 글에 미소를 더해주거든요."

8장 뿌리와 날개

모든 것은
변한다

에이미가 사무실에 슬픈 표정으로 들어왔다. 에이미 딸 소피는 가을에 대학에 들어간다. 같은 시간에, 에이미 엄마는 암이 뼈까지 전이되었다. 새로운 임상실험을 여러 번 시도했으나 별다른 차도가 없었으며, 좀더 나은 치료를 받으려고 에이미 집으로 이사한 상태였다.

소피와는 사이가 더 좋아졌으며, 소피는 에이미의 중요한 지지자였다. "엄마가 너무 아파하고 무서워하시면서 계속 저를 찾으세요. 혼자 있기 힘들어하시거든요." 이런 불확실한 상황은 에이미에게는 또 다른 도전이었다. 이런 모든 변화를 겪으면서 균형을 유지하기가 힘들었다. 에이미는 조용히 앉아서 하는 명상은 힘들었지만, 걷기 명상은 도움이 되었다.

"엄마에게 감사하려고 노력해요. 좋은 관계를 유지하며 잘 지내왔거든요. 소피는 훨씬 성숙해졌어요. 할머니를 아주 좋아해요. 그들은 무척 친해요. 엄마가 빵 굽는 데 선수거든요. 세상에서 가장 맛있는 시나몬 번을 만들어요. 소피가 일요일 아침에 일찍 일어나 빵을 구울 때가 있어요. 집에서 근사한 빵 냄새가 진동하면서 마음을 편안하게 해주고 할머니를 미소 짓게 만들어요.

당신도 알다시피, 소피가 저를 많이 자극했죠. 결국, 제가 인생에서 배운 많은 것은 아이들을 키우며 알게 된 것들이에요." 에이미가 미소 지으며 말했다. "지금도 모든 것이 불확실해요. 엄마와 소피를 동시에 놓기는 정말 힘든 일이거든요."

연민과 평정심을
얻다
:

균형을 찾는 일은 누구에게나 쉽지 않다. 또한 자연스럽게 오지도 않는다. 여기에는 노력과 연습이 필요하다. 우리는 즐거움은 붙잡고 고통은 밀어내고 싶어한다. 우리가 옳고 다른 사람들이 틀리길 원한다. 수치심과 비난, 실패와 상실을 피하고 싶어하며 칭찬, 성공 그리고 더 많은 것을 원한다. 이는 그저 우리 뇌가 짜인 방식이다.

대부분 부모에게 연민과 평정심은 대개 우리의 패턴과 행동을 기꺼이 관찰함으로써 얻어진다. 가족 치료에서 격언이 하나 있다. "당신이 옳을 수도 있고, 관계를 맺을 수도 있다."

소피의 관점에서 상황을 바라보면서, 에이미는 어린 시절부터 이어진 자신의 상처받은 제한적 패턴을 바라볼 수 있게 되었다. 이 순간 딸을 하찮게 여기며 계속 비난할지, 아니면 멈춰서 강렬한 반응 뒤에 무엇이 있는지 보려고 노력할지 선택할 수 있음을 배웠다. 무슨 일이 일어나며 왜 그렇게 강렬하게 반응하는지 자신에게 물어보게 되면서 상황이 어디로 향해 가는지 알 수 있었다. 결국 누구에게도 좋지 않은 방향으로 가고 있었던 것이다.

에이미는 자신이 했던 다른 선택들 또한 바라보는 연습을 하기 시작했고, 소피의 욕구를 소피의 관점에서 고려하기 시작했다. 그녀의 노력이 열매를 맺고 있었다.

에이미는 자신과 소피에게 좀더 연민적으로 반응하는 법을 배웠다. 또 소피에게 상처가 되는 무언가를 말하거나 행동하려고 할 때 정신을 차리고 방향을 바꾸는 법을 배웠다. 소피가 엄마에게 받고 싶었던 사랑, 이해, 관심을 자신이 받는다고 느끼게 되면서 그들 관계는 더 부드러워졌다.

원예사인 에이미는 작은 채소밭과 꽃들을 돌보는 일을 하며 즐거워했다. 그것들은 에이미를 안정시켜주고 희망적일 수 있게 해주었다. 앞에 닥친 이별로 슬픔이 느껴졌을 때 "힘든 한 주야. 하지만 튤립이 피고 있잖아" 또는 "정말 슬퍼. 엄마가 안 계시거나 소피가 주위에 없는 삶은 상상할 수 없어. 그러나 알록달록한 달리아꽃이 피고 호박이 잔뜩 열렸으니 감사해"라며 스스로 위로하곤 했다.

정원은 에이미가 인생의 순환과 시간의 흐름을 받아들이도록 도와주었다. 나는 에이미가 엄마(살살 움직일 수 있는), 소피와 함께 또는 혼자 할 수 있는 다음 실습을 만들었다. 야외에서 할 수 있는 실습으로, 실제 정원이나 공원 또는 그러한 곳을 상상하며 해볼 수 있다.

앞으로 나아가기/내려놓기

- 실제 정원에서 또는 정원을 상상하며 편안하게 앉아서 시작합니다.
- 당신의 본질적인 존엄성을 느껴봅니다. 잠시 호흡이나 주위의 소리에 오롯이 집중합니다. 정원 안으로 새소리와 곤충소리가 들어오게 합니다.
- 당신이 좋아하는 다양한 색깔, 모양, 크기의 꽃들과 식물들로 정원을 채웁니다.
- 실제로 또는 마음의 눈으로 색깔, 모양, 햇빛, 비 등을 느끼며 정원을 걸어봅니다.
- 모든 꽃과 식물들이 서로 다른 삶의 단계에 있음을 알아차립니다. 어떤 것은 막 싹이 났으며, 어떤 것은 막 피기 시작합니다. 어떤 것은 활짝 피었으며, 어떤 것은 지거나 시들어갑니다.
- 활짝 핀 꽃뿐만 아니라 시들거나 죽어가는 것에도 똑같이 관심을 보입니다. 곤충이 갉아먹은 구멍과 뼈대만 있는 잎들을 바라봅니다.
- 정원에서조차 모든 생명은 시작, 중간, 끝이 있음을 알아차립니다.
- 모든 관계, 모든 노력, 모든 활동이 생겨났다가 사라지는 상태에 함께 머물러봅니다.
- 원한다면 멈추어서 하나의 꽃에 집중합니다. 자세히 바라보고 알아차리고 온전히 주의를 기울이며 그 꽃과 시간을 보냅니다.
- 5분에서 10분 동안 계속합니다. 무슨 일이 일어나는지 봅니다.
- 벌과 나비들이 꿀을 모으러 오는 모습을 지켜봅니다. 바람이 잎을 바스락거리는 걸 지켜봅니다.
- 내일 또는 그다음 날 이 꽃은 질 것이며 시들고 죽는다는 것을 압니다.

- 정원에서 쉬면서 그것의 아름다움, 허망함, 덧없음을 모두 받아들이고 인정합니다.
- 이것이 삶과 모든 것의 본질임을 압니다.
- "절대적인 것은 없다. 모든 것은 변하며 모든 것은 움직이고, 돌고, 날아가고, 사라진다"라는 프리다 칼로(Frida Kahlo)의 말을 새겨볼 수도 있습니다.
- 잠시 호흡하며 기지개를 켜봅니다. 준비되면 현재로 돌아옵니다.
- 모든 것은 변화한다는 자각을 일상과 삶으로 가져올 수 있는지 봅니다.

내게는 희망이
있어요

"어제 알리스와 알리스의 여동생 매디가 크게 싸웠어요." 알렉스가 내게 말했다. "매디가 알리스를 놀리자 알리스가 매디의 배를 세게 찼어요. 나는 '타임아웃'을 하려고 알리스를 방으로 들여보냈어요. 애들이 싸웠다는 게 너무 속상했고, 그들의 관계가 앞으로 어떻게 될지 걱정되었어요.

그런데 갑자기 거실에서 시끄러운 소리가 들리는 거예요. 매디가 난리를 치고 있었죠. 주먹으로 치면서 소리를 지르는데 무슨 연극의 한 장면 같더라고요. 매디는 마치 이렇게 말하는 것 같았어요. '앞으로 평생 알리스에게 말을 걸지 않을 거야. 알리스가 끔찍한 괴물에게 잡아먹혔으면 좋겠어.' 얼마나 강렬하던지 그림형제의 동화에서 뛰쳐나온 것 같았지요.

그때 알리스가 타임아웃을 끝내고 방 밖으로 나와서는 바로 매디에게 사과했어요. 그러자 매디도 알리스를 화나게 한 일을 사과하더군요. 알리스가 '우리 자전거 탈까?'라고 하니까 매디가 '좋아!' 하더니 둘이 밖으로 나가는 거예요. 가장 친한 친구처럼 낄낄대면서 말이에요.

정말 많은 생각이 들더라고요. 바로 이것이 지금 이 순간을 사는 거예요. 그리고 이것이 마음챙김과 연민처럼 보여요. 저는 마음 편히 아이들을 믿을 수 있었어요. 그것이 처음이었어요! 갑자기 어렸을 때 윌리엄과 어떻게 싸웠는지 기억났어요. 그런데 곰곰이 생각하지는 않았어요. 원망이 남지 않았거든요. 잠을 못 이룬 것도 아니고요. 싸우고 끝나면 다시 친구가 되곤 했죠. 겉모습은 어른 같지만 여전히 어떤 것들을 움켜쥐고 있다는 걸 알았어요.

윌리엄이 15년 전 했던 쓸데없는 말이 떠오르면 화가 나요. 남편이 지난주 말한 것에도 화가 나고요. 저는 지금 이 순간에 있지 않아요. 마치 지하실에 오래 쌓아둔 짐을 꺼내 먼지를 털면서 분노를 무슨 소중한 보물 다루듯 하는 것 같아요. 딸들이 어떻게 싸우고 그 다음에 어떻게 되는지 주의 깊게 지켜보며 많은 걸 알게 되었어요. 웃으면서 내려놓는 능력을 어떻게 잃어버리게 된 것인지 이제 연민이 느껴져요.

저는 이것이 어떻게 우리 모두를 좀더 즐겁게 만드는지 지켜보고 있어요. 앨리스는 피아노를 치지 않아요. 투쟁이 끝나서 너무 기뻐요. 그리고 그림을 배우고 싶어해요. 그래서 앨리스를 미술관에서 하는 부모·자녀 미술교실에 데려갔어요.

피카소 그림을 보는데 선생님이 피카소가 중년일 때 아이의 순수함으로 세상을 보기를 원했다고 들려주었어요. 그는 아이들의 자발성, 패기, 활력을 되찾으려고 노력했대요. 아이들은 이런 얘기를 아주 좋아해요. 자신들이 인정받는다고 느끼니까요.

하지만 저는 너무 힘들어 통제에만 집중하느라 아이들의 진가를 알아보지 못했고 즐기지도 못했어요. 아이들을 있는 그대로 보지 못했어요. 마음챙김과 연민은 제가 더 넓은 시야를 가지도록 도와주었어요. 아이들이 싸우는 걸 지켜보면서 공격적인 행동을 걱정하기보다 장점을 볼 기회가 되었다는 사실이 너무 놀라워요. 그리고 제가 내려놓을 수 있다는 것도요." 알렉스는 잠시 멈추고 미소를 지었다. "있잖아요. 제게는 희망이 있어요."

부모를 위한 자기연민 도구상자(toolbox)

여기에서는 책에서 제시한 실습과 비추어 보기를 어떤 스트레스 상황에서 사용할지 제안합니다. 실습들은 개별적으로 또는 조합으로 활용할 수 있습니다. 물론 각자 경험이 다를 수 있고, 다른 부모에게 도움이 된 내 경험에 근거한 제안일 뿐입니다. 많은 실습이 다양한 상황에서 도움이 되기에 범주화한 목록에서 해당 실습을 찾을 수 있습니다. 단독으로든 조합해서든 여러분의 필요에 맞는 것들을 자유롭게 찾으십시오. 또한 아이들에게 도움이 되겠다고 생각한다면 얼마든지 함께해도 좋습니다.

성취 걱정
- 넓은 안목으로 바라보기(4장, 187쪽)
- 성취가 전부는 아닙니다(4장, 188쪽)

중독
- 양육이라는 파도타기(7장, 376쪽)
- 당신은 언제 '녹초'가 되나요?(7장, 378쪽)
- 자녀에게 보내는 편지(7장, 382쪽)

분노
- 무엇이 당신을 화나게 하나요?(1장, 54쪽)
- 친절한 눈으로 바라보기(1장, 56쪽)
- 부모를 위한 구세주, 자기연민 명상(2장, 90쪽)
- 부모를 위한 에고 접착제(2장, 98쪽)

- 도대체 이게 뭐지?(2장, 112쪽)
- 발바닥 명상(3장, 154쪽)
- 우리 안에 있는 상처(3장, 156쪽)
- RAIN/자기연민의 허리케인(5장, 246쪽)
- 고통을 줄이는 비밀 슈퍼파워(6장, 306쪽)
- 폭풍우 치는 바다의 밑바닥 고요한 자리(7장, 372쪽)
- 자녀에게 보내는 편지(7장, 382쪽)
- 밤하늘의 광활함(8장, 408쪽)

신체와 관련한 어려움
- 물려받은 짐(3장, 140쪽)
- 몸에 친절함 불어넣기(3장, 142쪽)
- 몸의 이미지 리셋하기(3장, 146쪽)

부모를 위한 자기연민 도구상자

부모를 위한 자기연민 도구상자

미주

지은이의 말

1 엄마가 된다는 것: Olsen, T. (1965). *Silences*. New York: The Feminist Press, p. 18.

2 어떤 나라에서: Lerner, M. (1957). *America as a civilization: Life and thought in the United States today*. New York: Simon & Schuster, p. 562.

3 마음챙김-자기연민(MSC; Mindful Self-Compassion) 과정: Neff, K., & Germer, C. (2018). *The mindful self-compassion workbook*. New York: Guilford Press. To find a course, either online or in person, go to *www.centerformsc.org*.

1장 멈추게 해주세요, 도저히 따라갈 수 없어요

1 자기 자신에게 동기를 부여하는 것: For an extensive summary of self- compassion research, go to Kristin's Neff's website, *www.self-compassion.org*.

2 Schwab, cited in Coleman, M. (2017). *Make peace with your mind*. Novato, CA: New World Library, p. 53.

3 Brach, T. (2003). *Radical acceptance*. York: Bantam, p. 71.

4 Brach, T. (2003). *Radical acceptance*. New York: Bantam, p. 52.

5 당신 잘못이 아니에요: Meditation teacher Wes Nisker, cited in Coleman, M. (2017). *Make peace with your mind*. Novato, CA:

New World Library, pp. 33-37.

6 Goleman, D., & Davidson, R. (2017). *Altered traits*. New York: Avery.

7 가장 즐거운 것: Murphy, S. (2002). *One bird, one stone*. York: Renaissance Books, p. 85.

2장 왜 이렇게 힘들죠

1 Jamison, L. (2017, April 9). In the shadow of a fairy tale. *New York Times Magazine*, p. 51.

2 McGonigal, K. (May 16, 2016). *Changing the default with mindfulness*. Sounds True Neuroscience Summit.

3 Boorstein, S., cited in Salzberg, S. (2011). *Real happiness: The power of meditation*, p. 106. New York: Workman.

4 감정에 이름 붙이기: Creswell, J. D., Way, B. M., Eisenberger, N. I., & Lieberman, M. D. (2007). Neural correlates of dispositional mindfulness during affect labeling. *Psychosomatic Medicine, 69*, 560-565.

5 알람시계의 스누즈 버튼을 누르는 것: *www. nytimes.com/ roomfordebate/2012/11/25/ will-diaries-be-published-in-2050/diaries-a-healthy-choice*.

3장 그것은 어디에서 왔을까요

1 마음챙김에 기반한 보디스캔에 연민을 더해: Neff, K., & Germer, C. (2018). *The mindful self-compassion workbook*. New York:

Guilford Press.

2 아주 감동적인 에세이: Bhikkhu, T. (Winter, 2014). Under your skin. *Tricycle Magazine.*

3 Hess, A. (May 7, 2017). Being seen stops us from being. *New York Times,* AR 28.

4 해결되지 않은 과거의 상처가 있음을 아는 것: Mark Coleman, in *Make peace with your mind* (2017; Novato, CA: New World Library, p. 158), asks what it would be like to welcome all your painful emotions, which is the basis of this practice.

5 릭 핸슨의 작업에서 영감을 얻었다: Hanson, R. (2018). *Resilient.* New York: Harmony. This book offers a profound understanding of the negativity bias and many ways to work with it.

4장 아무리 해도 부족할 뿐이죠

1 자기연민 연구자 크리스틴 네프: Neff, K. (2011). *Self-compassion.* New York: William Morrow, pp. 22-23.

2 Research reported by Neff, K. (2011). *Self-compassion.* New York: William Morrow, p. 20.

3 투여량에 의존: Pace, T. W. W., Negi, L. T., Adame, D. D., Cole, S. P., Sivilli, T. I., Brown, T. D., et al. (2009). Effect of compassion meditation on neuroendocrine, innate immune and behavioral responses to psychosocial stress. *Psychoneuroendocrinology, 43*(1), 87-98.

4 자신만의 문구 발견하기: Neff, K., & Germer, C. (2018). *The mindful self-compassion workbook.* New York: Guilford Press.

5 디폴트 모드 네트워크: Raichle, M. E., MacLeod, A. M., Snyder, A. Z., Powers, W. J.,

Gusnard, D. A., & Shulman, G. L. (2001). A default mode of brain function. *Proceedings of the National Academy of Sciences of the USA, 98*(2), 676-682.

6 우리 삶은 연결되어 있다: The story about Robert Thurman that inspired this practice is found in Salzberg, S. (2011). *Real happiness.* New York: Workman, p. 148.

5장 제가 무엇을 해야 하나요

1 Angelou, M. (2008). *Letter to my daughter.* New York: Random House, p. xii.

2 미국식 질문: This story is recounted in Druckerman, P. (2012). *Bringing up bébé.* New York: Penguin, p. 82.

3 비추어 보기 실습: This practice was inspired by the idea of seeing the gifts in our children as well as our own gifts. See Kornfield, J. (2017). *No time like the present.* New York: Atria, pp. 201-217.

4 For an excellent discussion of the research on play, see Goldstein, E. (2015). *Uncovering happiness.* New York: Atria, p. 154ff.

5 Neff, K., & Germer, C. (2018). *The mindful self-compassion workbook.* New York: Guilford Press, p. 195.

6장 왜 모두 진정할 수 없을까요

1 고대의 수행으로: Germer, C. K. (2009). *The mindful path to self-compassion.* New York: Guilford Press, p. 255. For the current MSC version of this practice, which inspired this practice: Neff, K., & Germer, C. (2018). *The mindful self-compassion workbook.* New York: Guilford Press, p. 112.

2 For a philosophical understanding of anger from the perspective of Buddhist psychology, go to Kornfield, J. (2008). *The wise heart*. New York: Bantam. For a neuroscientist's perspective on "cooling the fires" of anger, see Hanson, R. (2009). *Buddha's brain*. Oakland CA: New Harbinger.

3 부드럽게 하기, 위로하기, 허용하기: Neff, K., & Germer, C. (2018). *The mindful self-compassion workbook*. New York: Guilford Press.

4 이 실습은 도전적일 수 있습니다: For an excellent discussion of shame, see Chapter 17 in Neff, K., & Germer, C. (2018). *The mindful self-compassion workbook*. New York: Guilford Press.

7장 너무 힘들어요

1 고통은 우리를 아름다움으로 이끈다: Matousek, M. (2015, April 10). Felt in its fullness. *Tricycle Magazine*. Retrieved from *https://tricycle.org/trikedaily/felt-its-fullness*.

2 중립적인 의견: When teens are shown a neutral face in brain scans, it can activate the amygdala, whereas this is not the case with adults. This can help us understand their often intense and confusing reactions. In Siegel, D. J. (2015). *Brainstorm*. New York: Tarcher/Penguin, p. 107.

3 하늘 바라보기: I learned this practice from Lama Willa Miller. It can be found at *www.naturaldharma.org*.

4 앨런 말래트의 선구적 작업: Marlatt, G. A., & Gordon, J. R. (2007). *Relapse prevention: Maintenance strategies in the treatment of addictive behavior*. New York: Guilford Press.

8장 뿌리와 날개

1 내가 당신을 잡고 있을 때도: Walker, A. (1979). Even as I hold you. *Good night, Willie Lee, I'll see you in the morning*. New York: Doubleday.

2 티베트의 고전적 수행 방법: I learned this practice from Lama Willa Miller, who calls it "Refuge Tree Meditation." It can be found at *www.naturaldharma.org*.

3 부모가 사용할 수 있도록 수정: This practice was first developed by Hayes, S. C., Strosahl, K. D., & Wilson, K. G. (2011). *Acceptance and commitment therapy: The process and practice of mindful change* (2nd ed.). New York: Guilford Press. It was further adapted by Neff, K., & Germer, C. (2018). *The mindful self-compassion workbook*. New York: Guilford Press, Ch. 14.

4 Keller, H. (2000). *To love this life: Quotations by Helen Keller*. New York: AFB Press.

5 MSC 프로그램의 또 다른 선물이다: See Chapter 23 in Neff, K., & Germer, C. (2018). *The mindful self-compassion workbook*. New York: Guilford Press.

6 우리가 자주 보지 못하는 작은 것들: Adapted for parents from Neff, K., & Germer, C. (2018). *The mindful self-compassion workbook*. New York: Guil- ford Press, Ch 22.

참고자료

도서

Ariès, P. (1962). *Centuries of childhood: A social history of family life.* New York: Vintage.

Baratz, J., & Alexander, S. (2012). *Awakening joy.* Berkeley, CA: Parallax Press.

Bluth, K. (2017). *The self-compassion workbook for teens.* Oakland, CA: New Harbinger.

Brach, T. (2003). *Radical acceptance: Embracing your life with the heart of a Buddha.* New York: Bantam.

Brach, T. (2013). *True refuge.* New York: Bantam.

Chodron, P. (1997). *When things fall apart: Heart advice for difficult times.* Boston: Shambhala.

Chodron, P. (2002). *Comfortable with uncertainty.* Boulder, CO: Shambhala.

Coleman, M. (2016). *Make peace with your mind.* Novato, CA: New World Library.

Dalai Lama. (1995). *The power of compassion.* New York: HarperCollins.

Druckerman, P. (2014). *Bringing up bébé.* New York: Penguin.

Germer, C. K. (2009). *The mindful path to self-compassion.* New York: Guilford Press.

Gilbert, P. (2009). *The compassionate mind.* Oakland, CA: New Harbinger.

Goldstein, E. (2015). *Uncovering happiness: Overcoming depression with mindfulness and self-compassion.* New York: Atria.

Goleman, D., & Davidson, R. (2017). *Altered traits.* New York: Penguin.

Gopnik, A. (2016). *The gardener and the carpenter.* New York: Farrar, Straus and Giroux.

Hanh, T. N. (1998). *Teaching on love.* Berkeley, CA: Parallax Press.

Hanson, R. (2009). *The Buddha's brain.* Oakland, CA: New Harbinger.

Hanson, R. (2014). *Hardwiring happiness.* New York: Harmony/Crown.

Hanson, R. (2018). *Resilient.* New York: Harmony.

Harris, D. (2014). *10% happier.* New York: HarperCollins.

Hayes, S. C., Strosahl, K. D., & Wilson, K. G. (2011). *Acceptance and commitment therapy: The process and practice of mindful change* (2nd ed.). New York: Guilford Press.

Hoffman, K., Cooper, G., & Powell, B. (2017). *Raising a secure child.* New York: Guilford Press.

Hulbert, A. (2004). *Raising America.* New York: Vintage.

Kabat-Zinn, J. (1990). *Full catastrophe living.* New York: Dell.

Kabat-Zinn, M., & Kabat-Zinn, J. (1997). *Everyday blessings: The inner work of* mindful parenting. New York: Hyperion.

Kornfield, J. (1993). *A path with heart.* New York: Bantam Books.

Kornfield, J. (2008). *The wise heart.* New York: Bantam Books.

Kornfield, J. (2017). *No time like the present.* New York: Atria.

LeVine, R., & LeVine, S. (2016). *Do parents matter?* New York: Public Affairs.

Lythcott-Haims, J. (2015). *How to raise an adult.* New York: St. Martin's Press.

Naumburg, C. (2014). *Parenting in the present moment.* Berkeley, CA: Parallax Press.

Neff, K. (2011). *Self-compassion: The proven power of being kind to yourself.* New York: William Morrow.

Neff, K., & Germer, C. (2018). *The mindful self-compassion workbook.* New York: Guilford Press.

Peterson, C. (2015). *The mindful parent.* New York: Skyhorse.

Pollak, S. M., Pedulla, T., & Siegel, R. D. (2014). *Sitting together.* New York: Guilford Press.

Salzberg, S. (1997). *Lovingkindness: The revolutionary art of happiness.* Boston: Shambhala.

Salzberg, S. (2011). *Real happiness: The power of meditation.* New York: Workman.

Salzberg, S. (2017). *Real love: The art of mindful connection.* New York: Flatiron Books.

Siegel, D. J. (2013). *Brainstorm.* New York: Tarcher/Penguin.

Siegel, D. J., & Bryson, T. P. (2012). *The whole-brain child.* New York: Bantam.

Siegel, D. J., & Hartzell, M. (2003). *Parenting from the inside out.* New York: Tarcher/Perigee.

Tsabary, S. (2017). *The awakened family.* New York: Penguin.

Willard, C. (2017). *Raising resilience.* Boulder, CO: Sounds True.

Williams, M., Teasdale, J., Segal, Z., & Kabat-Zinn, J. (2007). *The mindful way through depression.* New York: Guilford Press.

웹사이트

Center for Mindful Self-Compassion
www.centerformsc.org

Center for Compassion and Altruism Research and Education, Stanford University
http://ccare.stanford.edu

232 Resources Center for Mindfulness and Compassion, Cambridge Health Alliance, Harvard Medical School Teaching Hospital
www.chacmc.org

Cognitively-Based Compassion Training, Emory University
www.tibet.emory.edu/cognitively-based-compassion-training

Greater Good Magazine, Greater Good Science Center, UC Berkeley
www.greatergood.berkeley.edu

Institute for Meditation and Psychotherapy
www.meditationandpsychotherapy.org

Internal Family Systems, Center for Self Leadership
www.selfleadership.org

Mindfulness-Based Cognitive Therapy (MBCT)
www.mbct.com

국제 사이트

Australia

  www.adelaidemindfulness.com

Canada

  www.mindfulnessstudies.com (Toronto)

  https://ottawamindfulnessclinic.com (Ottawa)

New Zealand

  www.annafriis.com

United Kingdom Compassionate Mind
Foundation

  https://compassionatemind.co.uk